50 के बाद मेरी सफलता

मोटिवेशनल गाइड 222 जीवन सलाहें।

किरण

Made with ♥ on the Notion Press Platform

www.notionpress.com

यह पुस्तक एक साधारण व्यक्ति को समर्पित है।

क्रम-सूची

प्रस्तावना

समुद्र किनारे एक देश होता है... उस देश की खासियत क्या है? वहाँ के लोग हर साल एक व्यक्ति को राजा चुनते हैं और उसे राजा बनाते हैं। उस देश की परंपरा के अनुसार, राजा का कार्यकाल केवल एक साल का होता है। एक साल का कार्यकाल समाप्त होने के बाद, उस राजा को समुद्र के बीच में स्थित एक द्वीप पर छोड़ दिया जाता है। इसी तरह, हर साल उनमें से एक को राजा चुना जाता है और एक साल के बाद उस राजा को द्वीप पर भेजा जाता है।

वर्तमान में, राजा का कार्यकाल समाप्त हो चुका था और उसे उस द्वीप पर भेज दिया गया था। अब लोगों ने नए राजा के रूप में एक और व्यक्ति को चुना और उसे राजा बनाया। जैसे ही नए राजा ने अपना कार्यभार संभाला, उसने सबसे पहला काम क्या किया?

वह अपने आदमियों को साथ लेकर उस द्वीप पर गया और देखा कि वहाँ केवल कंकाल ही पड़े हुए थे। वे कंकाल किसके थे? ये वे राजा थे जो उससे पहले वहाँ भेजे गए थे। उस द्वीप में मौजूद जंगली जानवरों ने उन राजाओं को तुरंत मारकर खा लिया था, जिससे वहाँ कंकाल बन गए थे। राजा ने अपनी राज्य में लौटकर दो टीमों को वहाँ भेजा।

पहली टीम का काम क्या था? उन जंगली जानवरों को पकड़कर उन्हें कहीं और छोड़ना। दूसरी टीम का काम क्या था? वहाँ सुंदर मकान, बगीचे और फलों के पेड़ लगाना। राजा ने जैसा कहा, वैसे ही उन्होंने अपना काम शुरू कर दिया।

साल खत्म हो गया और अन्य राजाओं की तरह, लोगों ने इस राजा से भी कहा कि अब वह द्वीप पर जाए। लेकिन राजा खुशी-खुशी द्वीप की ओर निकल पड़ा। जहाँ पहले के राजा दुखी होकर वहाँ जाते थे, इस राजा की खुशी देखकर लोग भी उसके साथ द्वीप देखने आए। वहाँ सुंदर मकान, खूबसूरत बगीचे और फलों के पेड़ थे। यह द्वीप अब इतनी सुविधाओं से युक्त था कि यह राजा के वर्तमान राज्य से भी ज्यादा सुंदर था। राजा ने अपने जीवन के बाकी दिन वहाँ खुशी-खुशी बिताए।

इस कहानी से हमें यह समझ आता है कि जब तक समय हमारे हाथ में है, हमें उसका सही इस्तेमाल करना चाहिए। अगर हम इसे सही तरह से उपयोग नहीं करते, तो जीवन दुखों और कठिनाइयों से भर जाएगा, और व्यर्थ हो जाएगा। यही इस कहानी की नैतिकता है।

इस कहानी में जो कहा गया है, वह सच हो सकता है, लेकिन वर्तमान समाज में सभी लोग इस तरह समय का सदुपयोग नहीं कर पाते। इसके पीछे कोई भी कारण हो सकता है। जिन्होंने समय को खो दिया है, वे यह न सोचें कि उनका काम खत्म हो गया है। बल्कि बचे हुए समय का सदुपयोग करके कैसे सफल हो सकते हैं, यही इस पुस्तक का मुख्य उद्देश्य है।

भूमिका

इस दुनिया में कई विद्वानों ने बताया है कि कैसे व्यक्ति आर्थिक रूप से उन्नति कर सकता है, कैसे अवसर होते हैं और तकनीकी रूप से कैसे आगे बढ़ा जा सकता है। उन्होंने कई विचार दिए हैं। लेकिन मैं यहाँ तकनीकी बातें नहीं कह रहा हूँ। महान लोग, जो योग्य हैं, किसी न किसी तरह सफल हो ही जाते हैं। 'सीताराम', जो 82 साल के एक साधारण व्यक्ति हैं, उन्होंने अपनी उपलब्ध अवसरों और जीवन अनुभव का उपयोग करके कैसे सफलता प्राप्त की, यह मैं उनकी ही शब्दों में मनोरंजक तरीके से बता रहा हूँ। इसमें कुछ नाटकीयता और ड्रामा भी है, (आप समझेंगे, यही मेरी प्रार्थना है)।

आपका,

किरण

"इस दुनिया में गरीबी से बड़ा कोई गुरु नहीं है, क्योंकि गरीबी अनुभव देती है, विनम्र रहना सिखाती है, जीना सिखाती है, संयम रखना सिखाती है, कठिनाइयों का सामना करना सिखाती है, और साथ ही आगे बढ़ने का अवसर देती है। यह आगे बढ़ने के लिए आवश्यक शिक्षा प्रदान करती है, और उच्चतम स्तर तक पहुँचने के लिए बुनियादी नींव देती है। इतने गुणों के होते हुए भी गरीब व्यक्ति को अपनी भीतर की संपत्ति को पहचानना चाहिए, और वह संपत्ति क्या है?

भगवान ने इस धरती पर पैदा हुए हर व्यक्ति को धनी ही बनाया है, वह धन है बुद्धि का। अगर उस बुद्धि का सही से उपयोग किया जाए, तो भाग्य को भी बदला जा सकता है।"

एक

अमीर व्यक्ति

पावती (स्वीकृति)

आमुख

विभिन्न माध्यमों से प्रेरित होकर कुछ छोटी कहानियों का यहाँ उपयुक्त संदर्भ में उपयोग किया गया है, इसके लिए मैं उन सभी का आभारी हूँ।

1

अध्याय ... यात्रा की शुरुआत।

वो दिन 25 दिसंबर था।

हैदराबाद की एक गली में सुबह के 6 बजे, एक सुंदर लड़की बस स्टॉप पर बैठी हुई बस का इंतजार करते हुए अपने फोन पर मेल चेक कर रही थी। बस स्टॉप से दस फीट की दूरी पर एक चाय की दुकान थी, उस चाय की दुकान के रेडियो पर 16 साल की उम्र फिल्म का गाना "सिरिमल्ले पुव्हा ना वाडेवडे एन्नाल्लु की वस्तादे" बज रहा था। बस स्टॉप पर बैठी लड़की एक तरफ मेल चेक करते हुए उस गाने को सुन रही थी और गुनगुना भी रही थी। देखने वालों को पता चल रहा था कि वह लड़की उस गाने को कितनी एन्जॉय कर रही थी।

चाय की दुकान के पास खड़ा एक लड़का उस लड़की की तरफ देख रहा था और लाइन मारने की कोशिश कर रहा था। यह देखकर लड़की ने उसकी तरफ एक छोटा सा एक्सप्रेशन दिया (जैसे कि उसे पसंद नहीं आया) और अपना चेहरा दूसरी तरफ घुमा लिया। यह देख वह लड़का शर्मिंदा महसूस कर सिर झुका लेता है। चाय की दुकान का मालिक इस पर अपनी हंसी नहीं रोक पाता और जोर से हंस पड़ता है, जिससे वह लड़का और भी शर्मिंदा होकर वहां से चला जाता है।

बस के आने की आवाज सुनकर लड़की ने फोन से ध्यान हटाकर देखा और पाया कि वही बस आ रही थी जिसका वह इंतजार कर रही थी। बस स्टॉप पर वह अकेली थी, इसलिए जब वह बस में चढ़ने लगी तो उसके चेहरे पर हल्का गर्व झलक रहा था, जैसे कि बस सिर्फ उसी के लिए आई हो। उसकी मुस्कान में वह गर्व साफ दिखाई दे रहा था। बस में एक सीट खाली होने पर वह जाकर बैठ गई। ऐसा लगा जैसे ड्राइवर उसके बस में चढ़ने का इंतजार कर रहा था, क्योंकि उसके बैठते ही उसने गियर बदलकर बस को आगे बढ़ा दिया। बस भी आलस के साथ धीरे-धीरे वहां से चल पड़ी।

उसी समय, एक और लड़का उसी बस के लिए वहां आया, लेकिन बस पहले से ही चल चुकी थी। चूंकि बस ने अभी रफ्तार नहीं पकड़ी थी, इसलिए वह लड़का बस को पकड़ने के लिए दौड़ने लगा। जैसे ही वह दौड़ते हुए बस के पास पहुंचा, अचानक बस के बैक डोर से एक हाथ बाहर आया। वह दौड़ता हुआ लड़का सोचने लगा कि कोई उसकी मदद के लिए हाथ बढ़ा रहा है। बस के अंदर से एक और लड़का अपना सिर बाहर निकालकर जल्दी से चढ़ने का इशारा करता है। दौड़ने वाला लड़का पूरी ताकत लगाकर और तेजी से दौड़ता है और जैसे ही वह बस के पास पहुंचता है, दरवाजे के पास खड़ा लड़का उसे खींचकर बस के अंदर ले जाता है। (यहां पर जिस लड़के ने उसे बस के अंदर खींचा, वह इस कहानी का नायक है, जिसका नाम 'रवि' है।)

बस के अंदर आने के बाद रवि उस लड़के से कहता है:

रवि: चलती बस में चढ़ना खतरनाक है, भाई।

लड़का: (हांफते हुए) हां, सही कह रहे हो भाई, लेकिन वो... (बस स्टॉप पर बैठी हुई लड़की की तरफ इशारा करते हुए) वो लड़की 'मधुरै' जा रही है। मैं उसे दूर से विदा कहने के लिए आया था।

रवि: (मुस्कुराते हुए) वन-साइडेड लव है क्या?

लड़का सिर हिलाकर हामी भरता है और आराम से बैठ जाता है।
*****

बस बिरला मंदिर के सामने वाले बस स्टॉप पर आकर रुकती है। रवि बस से नीचे उतरता है और सिर उठाकर बिरला मंदिर को देखता है। मंदिर को देखते ही रवि के चेहरे पर खुशी झलकती है क्योंकि उसे कोई भी काम शुरू करने से पहले मंदिर आकर भगवान से प्रार्थना करने की आदत है। आज वह पहली बार जीवन में लंबी यात्रा पर जा रहा है...! (अरे, मैंने रवि की उम्र नहीं बताई, उसकी उम्र 24 साल है।)

रवि मंदिर के अंदर जाता है, नारियल फोड़ता है और भगवान से इस तरह प्रार्थना करता है, "स्वामी, हमारी यात्रा सफल हो, ऐसा देखना।"
*****

रवि के घर के सामने और आसपास की सारी औरतें इकट्ठा थीं, जिनमें से ज्यादातर बूढ़ी महिलाएँ थीं। उनमें से कुछ बुजुर्ग रवि के पास आकर वहाँ खड़े बड़े आदमी की ओर इशारा करते हुए कहने लगे...

(उनकी उम्र 82 साल से ऊपर थी, वे दुबले और कमजोर थे। बिना किसी की मदद के चल नहीं सकते थे, और जब भी कोई सहारा होता, उनके दाहिने हाथ में हमेशा एक छड़ी होती। दोनों आंखों पर चश्मा अनिवार्य था, उसके बिना वे एक कदम भी आगे नहीं बढ़ सकते थे। उनके सांवले रंग के खूबसूरत चेहरे पर थोड़ी झुककर चलते हुए भी एक आकर्षण था, भले ही वे कमजोर दिखते थे। और, ज़ाहिर है, गंजा सिर न होना भी उनकी खासियत थी।)

वे लोग रवि से कहने लगे, "उन्हें वहाँ मंदिर दिखाओ, उस मंदिर तक ले जाओ, वहाँ सोने की गेंद को छूने दो, उस जगह जाओ और उस तालाब में डुबकी लगवाओ," और इस तरह के कई सुझाव देने लगे। सलाह देने में बुजुर्ग एक-दूसरे से आगे निकलने की कोशिश करने लगे। उनकी इस प्रतिस्पर्धा को देखकर रवि की माँ मन ही मन मुस्करा उठीं।
रवि उन सबकी बातें सुनते हुए "ठीक है" कहकर जवाब देता रहा। जब सभी अपनी सलाह देकर चुप हो गए, तो रवि की माँ उसके पास आईं और बोलीं, "अब मैं क्या कहूँ, उन्होंने सब कुछ कह दिया है, बस अब निकलो।" ये कहकर उन्होंने रवि को उसका सामान दिया। रवि ने वो सामान उठाया और उसे लाल रंग की पुरानी इम्पाला कार की डिक्की में रख दिया। फिर उसने बड़े आदमी को कार की आगे की सीट पर बिठाकर सीट बेल्ट लगाई और खुद ड्राइविंग सीट पर बैठकर सबको एक साथ "बाय" कहा। कार स्टार्ट की और वहाँ से चल पड़ी। तब तक सुबह के 8 बज चुके थे।.
*****

रवि कार को स्टेट हाइवे पर लेकर आता है। वह ड्राइव कर रहा होता है, और एफएम पर एक इंग्लिश गाना धीमी आवाज़ में बज रहा होता है। इसकी वजह यह है कि बगल में बैठे बड़े अंकल अपना सिर कार के दरवाजे से टिकाकर सो रहे होते हैं। अब सवाल यह है कि क्या रवि को वह गाना समझ में आ रहा था?

नहीं...! गाना समझ में नहीं आ रहा था, लेकिन वह ऐसा दिखा रहा था जैसे समझ रहा हो। वह अपने आप में गाने को हल्के से गुनगुना रहा था। (इससे आपको थोड़ी बहुत समझ में आ ही गया होगा कि रवि कैसा है, बाकी का आगे समझ आएगा।)

रवि जिस हाइवे पर जा रहा था, उसके पीछे एक ऑडी कार आ रही थी। अचानक, एक ट्रक उस ऑडी कार को ओवरटेक कर देता है, और यह देखकर ऑडी ड्राइवर को बहुत गुस्सा आता है। वह अपने आप से बड़बड़ाता है, "1 करोड़ 20 लाख की कार को एक ट्रक ड्राइवर ओवरटेक करेगा?" गुस्से में वह ट्रक को ओवरटेक करने की कोशिश करता है, लेकिन सड़क पर ज्यादा गाड़ियां होने की वजह से यह जल्दी संभव नहीं हो पाता।

फिर भी, वह ट्रक का पीछा नहीं छोड़ता। ट्रक का ड्राइवर आराम से गाड़ी चलाते हुए अपनी दाईं ओर के शीशे में देखता है और समझता है कि ऑडी कार उसका पीछा कर रही है। वह भी अपनी इगो में आकर सोचता है, "मैं भी किसी से कम नहीं हूं," और ट्रक की स्पीड बढ़ा देता है। इससे ऑडी ड्राइवर को और भी गुस्सा आता है, और वह और तेज स्पीड में कार चलाने लगता है।

इस तरह, दोनों एक-दूसरे से मुकाबला करते हुए, हाइवे पर हॉलीवुड फिल्म की तरह एक तेज़ रफ्तार चेज़ शुरू कर देते हैं। आखिरकार, ऑडी कार ट्रक के बराबर आ जाती है...

ऑडी कार का ड्राइवर उस ट्रक ड्राइवर की तरफ देखता है, लेकिन ट्रक ड्राइवर ऑडी कार की तरफ नहीं देखता, यह समझते हुए कि वह उसे गाली देगा। ऑडी कार का ड्राइवर बार-बार हॉर्न बजाता है, लेकिन ट्रक ड्राइवर जानबूझकर उसकी तरफ नहीं देखता।

ऑडी कार का ड्राइवर एक अलग लेवल पर ट्रक ड्राइवर को सबक सिखाने की ज़िद में रहता है, लेकिन मौका नहीं मिल पाता क्योंकि ट्रक ड्राइवर धीरे-धीरे स्पीड कम कर देता है। जैसे ही ट्रक स्लो होता है, ऑडी कार का ड्राइवर ट्रक के दाईं ओर से बाईं ओर कार को आगे ले जाता है, यह सोचकर कि वह कार को ट्रक के आगे रोक देगा और उसे गाली देगा।

लेकिन तभी ऑडी कार के ड्राइवर को शक होता है, "अगर ये पीछे से आकर टक्कर मार दे, तो मेरा काम तमाम हो जाएगा।" यह सोचकर वह बिना कोई जोखिम लिए आगे बढ़ जाता है।.
*****
भले ही कार किराए पर ली गई थी, लेकिन जब तक वह रवि के पास थी, वह उसे अपनी समझते हुए बगल से गुजरने वाली गाड़ियों को यह अहसास दिला रहा था कि वह ही इसका मालिक है। कार पुरानी थी, लेकिन फिर भी वह सड़क पर नए वाहनों से किसी भी तरह कम नहीं थी, जैसे गर्व से दौड़ रही हो।

उसी समय, वह ऑडी कार, जिसने अभी-अभी ट्रक का पीछा किया था, रवि की कार को ओवरटेक करते हुए आगे निकल जाती है। थोड़ी दूर चलने के बाद, वही ट्रक बगल वाली सड़क पर दिखाई देता है। ऑडी ड्राइवर ट्रक ड्राइवर को मिडिल फिंगर दिखाते हुए कुछ गालियाँ बकता है, लेकिन ट्रक ड्राइवर उस पर ध्यान नहीं देता। ऑडी ड्राइवर गुस्से में ट्रक ड्राइवर को गालियाँ देते हुए आगे बढ़ जाता है। रवि उस ऑडी कार के नंबर पर ध्यान देता है; वह एक फैंसी नंबर था।

रवि थोड़ा और आगे बढ़ता है और ट्रक ड्राइवर की तरफ देखता है। वह एक पंजाबी आदमी था। रवि सोचता है, "शायद इन दोनों के बीच पहले से ही कोई झगड़ा हुआ होगा।"

उनके बारे में सोचते हुए, रवि बगल में बैठे बड़े आदमी की ओर देखता है, जो दरवाजे से सिर टिकाकर सो रहे होते हैं, और उनके मुँह से थोड़ा पानी बह रहा होता है। रवि कार को साइड में रोकता है, टिश्यू पेपर लेकर बड़े आदमी के मुँह से बह रहा पानी पोंछता है। इससे बड़े आदमी की नींद खुल जाती है।
*****
रवि गाड़ी चलाते हुए जा रहा होता है। उसकी बाईं तरफ एक आदमी बाइक पर रवि की कार को ओवरटेक करता है और थोड़ी आगे जाकर गुटखा चबाते हुए थूकता है। वह गुटखा आकर रवि की कार के फ्रंट मिरर (जहाँ बड़े अंकल बैठे थे) पर गिरता है। रवि यह देखता है और कुछ कहने से पहले ही वह आदमी 'सॉरी ब्रो' कहकर वहां से चला जाता है।

रवि को कुछ करने का कोई चारा नहीं रहता, इसलिए वह गाड़ी को सड़क के किनारे रोकता है, नीचे उतरता है और कार में रखी पानी की बोतल से गुटखे के धब्बे को साफ करने लगता है। इसी दौरान, बड़े अंकल इधर-उधर देखने लगते हैं। कुछ दूरी पर एक तालाब में बच्चे खेल रहे होते हैं। उन्हें देखकर बड़े अंकल को अपना बचपन याद आ जाता है, जब वे अपने दोस्तों के साथ घरवालों को बताए बिना तालाब में डुबकी लगाते थे।

उन्हें पुराने दिन याद आते हैं और वे रवि से कहते हैं, "तालाब में डुबकी लगाने का मन कर रहा है।" रवि 'ठीक है' कहता है और उन्हें तालाब के पास लेकर जाता है।.
    *****
बुज़ुर्ग तालाब में बच्चों के साथ तैरना शुरू करते हैं। इस तरह बुज़ुर्ग भी बच्चों के साथ एक बच्चे की तरह मजा कर रहे होते हैं, जिसे देखकर रवि बहुत खुश महसूस करता है। वहां बच्चों को लाने वालों में से एक बच्चे की बहन भी आई होती है। वह लड़की चोरी-छिपे रवि को देख रही होती है। यह बात उसके पास खड़े लोग नोटिस करते हैं और उसे मना करते हैं, लेकिन वह बिना किसी को पता चले रवि को देखती रहती है, क्योंकि रवि एक हीरो जैसा दिखता है। उसका चेहरा और पर्सनालिटी दोनों हीरो की तरह हैं। अगर उसका बैकग्राउंड होता, तो वह एक अच्छे रेंज का हीरो होता। वह पहले से ही ऐसा है।

उस लड़की का भाई तैरना खत्म करके उसकी बहन के पास आता है और कहता है, "चलो, घर चलते हैं।" वह सोचती है कि काश उसका भाई

कुछ देर और तैरता। वह अपने भाई से कहती है, "कुछ देर और स्विम कर सकते हो न?" लेकिन उसका भाई जवाब देता है, "मैंने तैर लिया है, अब और सहन नहीं कर सकता, चलो।" मजबूरी में वह वहां से चल पड़ती है। जाते समय वह मन में सोचती है, "किस्मत का खेल ही ऐसा होता है।"

बुजुर्ग का भी तालाब में तैरना खत्म हो जाता है, वे कपड़े बदलकर वहां से निकल जाते हैं।.
*****
रवि गाड़ी चला रहा है, और बुजुर्ग हेडरेस्ट पर सिर टिकाकर आँखें बंद कर आराम करते हुए अपनी कहानी बताने लगते हैं।

"हर इंसान की ज़िंदगी एक नई कहानी होती है, और यह मेरी कहानी है।"

हमारे माता-पिता को कुल चार बच्चे हुए। मेरे आगे तीन बहनें थीं, और मैं चौथा बच्चा था। मेरा जन्म 3-3-1942 को हुआ। हम गांव में रहते थे। मेरे पिता का नाम शिवाजी था और मेरी माँ का नाम भाग्यवती था। हमारे घर में मैं ही राजा था। मुझे मेरी माँ और पिता से ज्यादा मेरी बहनें संभालती थीं। मेरी सबसे बड़ी बहन मुझसे 12 साल बड़ी थी, दूसरी बहन 10 साल बड़ी थी, और तीसरी बहन मुझसे 8 साल बड़ी थी। वे सभी मुझे बेहद लाड़-प्यार करती थीं, और जब मुझे नीचे उतारती थीं, तो ऐसा लगता था जैसे मैं कहीं खो न जाऊं। वे मुझे बिना मेरी माँ को मौका दिए ही संभालती थीं।

मुझे अपने घर के बाद अपनी नानी का घर बहुत पसंद था, क्योंकि मैं वहाँ अक्सर जाया करता था। मेरी माँ ही मेरे नाना-नानी की इकलौती संतान थीं, इसलिए वे हमारे घर भी आते थे, और हम उनके घर जाते थे। जो भी हमारे घर होता था, हम वहाँ ले जाते थे, और वहाँ जो भी होता, हम उसे यहाँ लाते थे। इसके अलावा, मेरी नानी का गाँव हमारे गाँव से 13 किलोमीटर दूर था। हमारे घर में एक घोड़े की गाड़ी थी, जिसमें हम सभी वहाँ जाया करते थे।.

हमारा परिवार थोड़ा संपन्न था, कुछ खेत थे... गाँव में लड़कियाँ ज्यादा पढ़ाई नहीं करती थीं। शायद उसी का असर था कि मेरे पिता ने मेरी बहनों को पढ़ाया नहीं। लेकिन मुझे स्कूल में भर्ती करवाया। जैसे फूल खिलते ही खुशबू देने लगता है, वैसे ही मैं पढ़ाई में तो खुशबू नहीं दी, लेकिन पढ़ाई के नाम पर अपनी बहनों के सामने अपनी पढ़ाई का दिखावा करता था। बेचारी मेरी बहनें मेरी पढ़ाई को देखकर खुश हो जाती थीं। यहीं से मेरी हीरोइज्म की शुरुआत हुई... इसके साथ ही एक तरह से मेरा घमंड भी बढ़ने लगा, जो मैं चाहता था, वो मुझे मिलना ही था।

उस समय मेरी उम्र 12 साल थी। गर्मियों की छुट्टियों में मैं अपनी नानी के गाँव गया। वहाँ गर्मियों के दौरान गाँव के बच्चे तैरने जाते थे, जिसे देखकर मैंने भी तैरने जाने का सोचा। लेकिन मेरी नानी ने मना कर दिया कि तुम तैरना नहीं जानते, इसलिए मत जाओ। लेकिन मैंने जिद की, तो उन्होंने कहा कि तुम्हारे दादा तुम्हें सिखा देंगे। इस पर मैंने उस दिन के लिए धैर्य रखा।.

अगले दिन मैं अपने दादा का खेत से लौटने का बेसब्री से इंतजार कर रहा था, उस इंतजार में यह सोचते हुए कि काश वे जल्दी आ जाएं। आखिरकार, वे दोपहर 12 बजे के करीब आए। जैसे ही उन्होंने रस्सी लेकर कहा, "चलो," तो मैं खुशी से उनके पीछे दौड़ने जैसी तेज चाल चलने लगा। लेकिन क्या करूं, मेरे दादा मुझसे तेज चलते थे, तो उन्हें पकड़ने के लिए मुझे दौड़ना ही पड़ता था। वे लंबे-चौड़े और सम्माननीय व्यक्तित्व वाले थे, जिन्हें देखकर हर कोई सम्मान करने को मजबूर हो जाता था।

आखिरकार, हम कुएं के पास पहुंचे। वह कुआं एक तालाब के नीचे था। कुएं के पास से तालाब का पानी बहता हुआ एक छोटी सी नहर में जाता था। मुझे याद आया कि उस नहर के पास ही कुएं को 10-12 फीट गहरा खोदने पर पानी निकल आता था। शायद इसी वजह से वह कुआं पूरी तरह से पानी से भरा हुआ था। कुएं में मुश्किल से दो फीट भी खाली जगह नहीं थी, वह पूरा भर चुका था।

कुआं देखकर मुझे डर लगने लगा, लेकिन दादा के होने से हिम्मत मिली, तो मैंने अपनी शर्ट उतार दी और खड़ा हो गया। मेरे दादा ने रस्सी को मेरी कमर से बांधकर मुझे कुएं के पास ले जाकर अचानक कुएं में धक्का दे दिया। जैसे ही मैं पानी में गिरा, डूब गया और कुछ पानी भी पी लिया। इस बीच, दादा ने मुझे रस्सी से ऊपर खींचा, जिससे मैं ऊपर आया और सांस ली। मैं पूरी तरह से डर गया था, तो मैंने कहा, "नहीं, मुझे नहीं करना है।" लेकिन उन्होंने कहा, "डर मत," और मुझे रस्सी से खींचकर कुएं के किनारे ले गए और कहा, "इस पत्थर को पकड़ लो ताकि तुम डूबो नहीं।" मैंने उस पत्थर को मजबूती से पकड़ लिया। फिर उन्होंने अपनी शर्ट उतारकर पानी में छलांग लगाई और मुझे अपने हाथों में पकड़कर कहा, "अपने हाथ-पैर चलाओ।" मैंने वैसा ही किया जैसा उन्होंने कहा, और थोड़ा सीखने लगा।

बाकी तैराकी मैंने सूखी हुई मोरिंग की शाखाओं को कमर से बांधकर सीखी। जब भी मैं तैरने जाता हूं, मेरे दादा द्वारा पहले दिन सिखाई गई तैराकी की यादें मेरी आँखों के सामने घूमती रहती हैं। तभी, रवि ने अचानक ब्रेक लगाया, जिससे बुजुर्ग अपने पुराने विचारों से बाहर आ गए। जब उन्होंने देखा तो एक भैंस सड़क के बीच आ गई थी।
*****

रवि गाड़ी चलाते हुए जा रहा था, तभी एक छोटा सा गाँव नजर आता है। माइक से कुछ बोलने की आवाज सुनाई देती है। जब वह देखता है, तो सड़क के किनारे खाली जगह में कुछ कॉलेज के छात्र होते हैं, जिनमें ज्यादातर लड़कियाँ होती हैं और कुछ ही लड़के। वहां एक स्टेज पर एक बाबा बैठे होते हैं, कुछ बता रहे होते हैं। रवि सोचता है, "देखें, यह क्या है," और थोड़ी दूर जाकर यू-टर्न लेकर वापस आता है और वहीं गाड़ी रोकता है।

रवि बुजुर्ग से कहता है, "तात, थोड़ी देर यहाँ रुककर चलते हैं।" बुजुर्ग सिर हिलाते हुए सहमति जताते हैं।

रवि बुजुर्ग को कार से नीचे उतारता है और खाली पड़ी कुर्सियों में से एक कुर्सी पर बैठाकर खुद उनके बगल में बैठ जाता है। स्टेज पर बैठे बाबा योगासन के बारे में बता रहे होते हैं, जबकि रवि वहीं बैठे लड़कियों में से कौन अच्छी लग रही है, यह सोचते हुए किसी को पता न चले इस तरह इधर-उधर नजर घुमाता है और लड़कियों को देखता रहता है।

उसी समय, स्टेज पर बाबा योगासन के बारे में बताते हुए कहते हैं कि उनमें से किसी एक को योगासन कर के दिखाना चाहिए, और कहते हैं कि कोई एक आकर डेमो दे सकता है। तभी रवि उठता है और कहता है, "मैं आऊँगा।" बाबा कहते हैं, "ठीक है, आओ।"

रवि उठकर स्टेज पर जाता है। बाबा योगा दिखाने के लिए कहते हैं, "जैसे मैंने आसन किया है, वैसे ही तुम भी आसन करो।" रवि कहता है, "ठीक है," और बाबा के आसन को दोहराता है। उसे लगता है कि उसने आसन ठीक से कर लिया। लेकिन बाबा उस आसन में बच्चों को समझाते रहते हैं और आसन से बाहर नहीं आते। बाबा को तो इसकी आदत थी, इसलिए उनके लिए यह सामान्य बात थी, लेकिन रवि को इसकी आदत नहीं थी, इसलिए उसे असुविधा महसूस होने लगती है। वह सोचता है कि अगर वह आसन से बाहर आ गया तो इतने सारे लड़कियों के सामने शर्मिंदगी होगी, इसलिए वह दर्द सहते हुए उसी अवस्था में बना रहता है।

यह देखकर कुछ लड़कियाँ और लड़के रवि की स्थिति पर हंसने लगते हैं, जबकि कुछ और अपने मन में हंसी रोकते हैं। थोड़ी देर बाद बाबा आसन से रिलैक्स होते हैं और रवि से भी कहते हैं, "रिलैक्स हो जाओ।" रवि सोचता है, "अरे, बच गया!" और राहत की सांस लेते हुए आसन से बाहर आ जाता है। फिर वह बाबा से कहता है, "मेरे दादा बुला रहे हैं," और स्टेज से नीचे उतरकर तेज कदमों से बुजुर्ग के पास जाता है और उनके बगल में बैठकर सोचता है, "यहां से चले जाना ही बेहतर है।"

रवि बुजुर्ग से कहता है, "तात, अब हम चलें?" खुशी से सिर हिलाते हुए बुजुर्ग सहमति जताते हैं। फिर रवि बुजुर्ग को सहारा देकर कार में बैठाता है और वहां से गाड़ी आगे बढ़ा देता है।

वे चलते हुए एक छोटे से टाउन में प्रवेश करते हैं। दोपहर हो रही थी, तो वे सोचते हैं कि भोजन कर लें। वहां एक आदमी से पूछते हैं, "यहां भोजन कहां अच्छा मिलेगा?" वह आदमी पास में स्थित एक होटल की ओर इशारा करते हुए कहता है, "उस होटल में अच्छा मिलता है।" वे कहते हैं, "ठीक है," और उस होटल की ओर जाते हैं।

होटल के कर्मचारी उन्हें बताते हैं, "टेबल खाली नहीं है, कुछ देर हॉल में इंतजार करें," और उन्हें टोकन दे देते हैं। टोकन लेकर वे हॉल में बैठ जाते हैं।

रवि एक मिनट के लिए बैठता है, फिर उठकर होटल के मालिक से बात करने चला जाता है। बातचीत के दौरान वह पूछता है, "इस होटल को शुरू करने में कितना खर्च हुआ?"

मालिक जवाब देता है, "करीब एक करोड़ रुपये खर्च हुए हैं।" यह सुनकर रवि किसी गहरी सोच में डूब जाता है।
*****

हॉल में बैठे बुजुर्ग के बगल में एक महिला, जिसकी उम्र लगभग 26 साल हो सकती है, आकर बैठती है। वह अपने आप में परेशान दिखती है और धीरे-धीरे रो रही होती है। बुजुर्ग यह देखकर थोड़े संकोच में रहते हुए सोचते हैं कि अगर पूछूँ, तो वह क्या सोचेगी, फिर भी वे पूछते हैं, "क्या हुआ, बेटी?"

महिला अपने आँसू रोकते हुए धीरे से कहती है, "गर्भपात हो गया।"

यह सुनकर बुजुर्ग उसे सांत्वना देने के लिए सिर हिलाते हैं और चुप हो जाते हैं। लेकिन जितना भी वह चुप रहने की कोशिश करते हैं, उनका अतीत उन्हें शांत नहीं रहने देता। उनकी यादें उन्हें बार-बार सताने लगती हैं...। और जैसे वह इसे स्वीकारते हुए उन यादों को फिर से याद करना शुरू करते हैं, जो करीब 50 साल पुरानी हैं। यह एक ऐसी याद है, जो उनके मन पर गहरी छाप छोड़ गई है। वह याद अक्सर उनके मानसिक शांति को भंग करती रही है।

उस दिन उन्हें अच्छी तरह याद है, क्योंकि वह उनके जीवन के उन लम्हों में से एक था, जिसे वे कभी नहीं भूल सकते। उनकी पत्नी ने बड़े उत्साह से उन्हें यह खुशखबरी दी थी कि वह गर्भवती है। उस समय उन्होंने बहुत खुशी महसूस की थी।.

पहले बच्चे के जन्म के चार साल बाद फिर से उनकी पत्नी गर्भवती हुई। लेकिन उस खुशी ने ज्यादा दिन तक साथ नहीं दिया, क्योंकि गर्भपात हो गया। उन्होंने दुखी होकर सोचा कि फिर से बच्चा होगा, लेकिन वह कभी नहीं हुआ। उन्होंने कितने ही डॉक्टरों से दिखाया, पर कोई फायदा नहीं हुआ। आखिरकार, उनकी पत्नी की इच्छा अधूरी ही रह गई और वह दुनिया से चली गई। हालांकि इसमें उनकी कोई गलती नहीं थी, फिर भी यह भावना कि वह अपनी पत्नी की इच्छा पूरी नहीं कर पाए, आज भी उन्हें अंदर से कचोटती है।

इसमें सिर्फ उनकी पत्नी की इच्छा ही नहीं थी, बल्कि एक और न्याय था। वह यह कि चाहे कोई व्यक्ति कुछ भी हासिल करे या न करे, लेकिन जिस तरह उसे किसी ने जन्म दिया, उसी तरह उसे भी किसी और को जन्म देना चाहिए। यही मानव धर्म है। ऐसा तभी हो सकता है जब मानवता आगे बढ़े। न्याय के अनुसार, पति-पत्नी दो होते हैं, इसलिए उन्हें दो और लोगों को इस दुनिया में लाना चाहिए। लेकिन वह सिर्फ एक ही संतान को दुनिया में ला सके। कुछ लोगों को एक बच्चा काफी लगता है, लेकिन उन्हें हमेशा लगता रहा कि उन्होंने अपना न्याय पूरा नहीं किया। कई बार उन्हें लगता था कि काश एक और बच्चा होता, तो अच्छा होता...।

जैसे ही उनकी यादें आगे बढ़ने वाली थीं, रवि ने उन्हें पुकारा, जिससे उनकी यादें किनारे हो गईं।

गर्भपात की बात कहने वाली उस महिला की ओर देखते हुए बुजुर्ग कुछ कहने की कोशिश करते हैं, लेकिन समझ नहीं पाते कि क्या कहें। फिर वे रवि के साथ अंदर भोजन करने चले जाते हैं। वह एक शाकाहारी होटल था, जहाँ पतल भरकर तरह-तरह के व्यंजन परोसे गए थे। लेकिन बुजुर्ग का मन खाने में नहीं लग रहा था। उन्हें अंदर से कुछ अजीब सा महसूस हो रहा था।

रवि ने, हालांकि, दिए गए पैसे का पूरा मोल चुकाया और पेट भरकर खा लिया। फिर उठकर तैयार हो गया।.
*****
रोड पर इम्पाला कार 40 किलोमीटर की स्पीड से चल रही थी, इसका कारण था... रवि सोच रहा था, थोड़ी देर पहले जब उसने होटल के मालिक रो पूछा था कि होटल शुरू करने में कितना खर्च आया, तो उसने कहा था, "एक करोड़ रुपये।" उसी के बारे में रवि सोचने लगा—"अगर एक करोड़ रुपये खर्च करें, तो ऐसा होटल शुरू किया जा सकता है।" फिर वह सोचने लगा, "अगर मैं ऐसा होटल शुरू करूं, तो क्या वह शाकाहारी होना चाहिए या मांसाहारी, या फिर दोनों का मिश्रण?"

यह विचार करते हुए वह धीरे-धीरे कल्पना में खो जाता है। उसे लगता है कि उसने एक होटल शुरू किया है, जिसका नाम "रवि विलास" रखा है, और वह बहुत शानदार तरीके से चल रहा है। फिर वह धीरे-धीरे 2 स्टार, 3 स्टार से 5 स्टार होटल तक पहुँच जाता है। लोग उसकी तारीफ कर रहे हैं कि उसने बहुत कम समय में होटल शुरू कर उसे सफल बनाया है। उसकी प्रगति पर एक किताब भी लिखी गई है।

इस तरह की कल्पनाओं में खोए हुए, रवि खुश हो रहा था, और इसलिए उसकी कार की स्पीड कम थी। तभी पीछे से आ रही गाड़ी ने हॉर्न बजाया, जिससे रवि अपनी कल्पनाओं से बाहर आ गया और कार की स्पीड बढ़ाकर आगे चलने लगा।.
*****

थोड़ी दूर जाने के बाद रवि को मजबूरी में गाड़ी की स्पीड कम करनी पड़ती है। न सिर्फ वह, बल्कि उसके साथ-साथ चलने वाली और पीछे आ रही गाड़ियाँ भी। इसका कारण यह था कि उनके आगे एक शव ले जाया जा रहा था, जो सड़क पार कर रहा था। जब तक वह शव जुलूस सड़क पार नहीं कर लेता, सभी को धीमी गति से उनके पीछे चलना पड़ता है।

बुजुर्ग उस शव को देखकर मन ही मन सोचते हैं, "कोई न कोई तो जरूर जाएगा... मैंने अपनी आँखों के सामने न जाने कितने लोगों को जाते देखा है—दोस्त, रिश्तेदार, और भी कई लोग। कुछ लोग मुझसे कहते हैं, 'आप 82 साल तक जिंदा रहे हैं, ये अपने आप में बड़ी बात है।' उनके कहने पर मैं बस हल्के से मुस्कुरा देता हूँ, जैसे यही मेरा जवाब हो, और आगे बढ़ जाता हूँ।"

लेकिन सिर्फ बुजुर्ग ही जानते हैं कि इतने समय तक जीवित रहना उनके लिए सौभाग्य है या दुर्भाग्य... इसका उतर सिर्फ उनके दिल में ही है।.
*****

2

अध्याय ... मदुरै।

यात्रा के दौरान जगह-जगह रुकते हुए, ज़रूरी चीजें खाते हुए, खुशी से सफर करते हुए, वे तमिलनाडु के मदुरै पहुँचते हैं।
*****

मदुरै, जो मंदिरों का शहर है, वहाँ के मंदिर के कुंड में बड़े को स्नान कराते हुए, कपड़े बदलाकर मंदिर में ले आता है। दर्शन करने के बाद, रवि बड़े को मंदिर के चारों ओर परिक्रमा कराते हुए चलता है। परिक्रमा करते समय, वह देखता है कि बस में देखी गई लड़की भी मंदिर में परिक्रमा कर रही है। रवि उसे देखकर मन ही मन मुस्कुराता है। एक चक्कर लगाने के बाद, वह दूसरे चक्कर में फिर उसी तरफ देखता है और इस बार देखकर खुश महसूस करता है। कारण यह है कि एक लड़की (जो इस कहानी की नायिका है), उसे कितने लोगों को पसंद आई, यह तो पता नहीं, लेकिन उसे जरूर पसंद आई। 'पहली नजर का प्यार' शब्द तो वह अब तक केवल सुना था, लेकिन आज वह इसे अनुभव कर रहा है। वह अपने प्यार के बारे में बड़े को बिना बताए छिपाकर रखने की कोशिश करता है। जब वह लड़की मंदिर से बाहर जाती है, तो रवि उसे देखकर सोचता है कि उसके बारे में पता लगाना चाहिए। बड़े को एक जगह बिठाकर, बिना किसी को शक हुए, वह उस लड़की का पीछा करता है। वह लड़की मंदिर से बाहर जाकर वहां खड़ी स्कूटी की सीट खोलती है और उसमें से एक सफेद कोट निकालकर पहनती है और स्कूटी पर बैठकर वहां से चली जाती है। यह देखकर रवि सोचता है, "इसका मतलब यह लड़की सफेद कोट पहनकर जा रही है, तो यह जरूर मेडिकल की पढ़ाई कर रही होगी।" यही क्लू काफी है उसे फॉलो करने के लिए। यह सोचकर वह खुश हो जाता है और मंदिर में वापस चला जाता है।।

मदुरै में रहकर उसके बारे में पता लगाने का निर्णय करता है। इसके लिए, जब वह होटल ढूंढने की कोशिश करता है, तो आखिरकार उसे एक होटल के पहले माले पर डबल बेड वाला कमरा मिल जाता है। उस होटल के बगल में एक प्रसूति केंद्र होता है, यानी महिलाओं का अस्पताल। रवि बेड पर लेटकर मंदिर में देखी गई उस लड़की को याद कर रहा होता है, तभी सड़क पर कुछ शोर सुनाई देता है। वह शोर क्या है यह जानने के लिए रवि बेड से उठकर बालकनी में आता है और देखता है कि उस रास्ते से एक राजनीतिक नेता पदयात्रा कर रहा होता है। उसके पीछे सैकड़ों लोग चल रहे होते हैं, और सभी लोग नेता को शुभकामनाएँ दे रहे होते हैं। रवि भी उस नेता को शुभकामनाएँ देता है, और वह नेता रवि को वापस शुभकामनाएँ देता है।
रवि को उस नेता के बारे में और जानने की इच्छा होती है, इसलिए वह होटल से नीचे उतरकर वहां खड़े एक व्यक्ति से उस नेता के बारे में पूछता है।।

वह व्यक्ति बताता है... "उनका नाम 'अन्नामलाई' है। वह एक उभरता हुआ सितारा है और आने वाले दिनों में वह इस राज्य के चीफ मिनिस्टर बनने वाले हैं।" यह सुनकर रवि के अंदर एक अनोखी खुशी और थोड़ा सा गर्व महसूस होता है।
गर्व क्यों? क्योंकि एक पुलिस अफसर आज इस मुकाम तक पहुंचे हैं (आप सोच रहे होंगे कि रवि को उनके बारे में जानकर गर्व क्यों हो रहा है?)

वह रवि के लिए प्रेरणा बन गए। आप सोच रहे होंगे कि प्रेरित होने का क्या मतलब है? अरे, अगर ऐसा सोच रहे हैं, तो आपने रवि को कम आंका है। 'देखकर आओ और जला डालो' यह पुरानी बात हो गई। लेकिन रवि अगर किसी चीज़ को देखकर आता है, तो वह उसे जलाए बिना, वहीं बसकर उसे अपने अनुकूल बनाकर काम निकाल लेता है।
यह सच है! अब वह योजनाएं बना रहा है, आगे पढ़िए।।

अन्नामलाई के आगे बढ़ने तक रुककर, रवि होटल के सामने स्थित टी स्टॉल पर जाता है और दो चाय का ऑर्डर देता है। उनमें से एक चाय लेकर वह स्टॉल वाले लड़के को 20 रुपये टिप के रूप में देकर कहता है, "कमरा नंबर 101 में मेरे दादाजी हैं, यह चाय उन्हें दे आओ।" टी स्टॉल का लड़का वह 20 रुपये अपनी जेब में डालता है और बड़े को चाय देने के लिए जाता है।

टी स्टॉल पर रवि चाय लेकर उसे धीरे-धीरे घूंट-घूंट करके पीता है और अन्नामलाई के पीछे चल रहे लोगों को देखते हुए अपने दिमाग में योजनाएँ बनाता है... इस तरह।

रास्ते में जैसा सोचा था, वैसे ही होटल खोलना है। दसवीं कक्षा तक पढ़ने वाले बच्चों के लिए मेरे होटल में नाश्ता सिर्फ पाँच रुपये में देना है। इडली, डोसा, उपमा (पूरी और वड़ा नहीं), इनमें से कुछ भी हो लेकिन सिर्फ पाँच रुपये में। वह भी प्लेट नहीं, बल्कि पेट भरकर खाना मिलेगा। नहीं, अगर दसवीं तक सोचेंगे तो बच्चे ज्यादा खा लेंगे, इसलिए पाँचवीं कक्षा तक के बच्चों को ही देना बेहतर होगा। इसी तरह, बूढ़े लोग, जिन्हें उनके बच्चे छोड़ गए हैं (क्योंकि वे ज्यादा खा नहीं सकते, इसलिए ठीक है), उन्हें भी पाँच रुपये में नाश्ता मिलेगा। भिखारियों के लिए भी पाँच रुपये में नाश्ता। इस तरह करके सबकी नजर में आना है, ताकि हर कोई मेरी तारीफ करे। देखो, यह कितनी सामाजिक जिम्मेदारी निभा रहा है। वह गरीबों, बेसहारा लोगों और बच्चों की सेवा कर रहा है, यह संदेश देना है। धीरे-धीरे, लोगों में मेरे बारे में सकारात्मक सोच बनानी है। हर किसी के साथ अच्छे संबंध बनाए रखने हैं। जो भी मिले, उन्हें मुस्कुराते हुए अभिवादन करना है। बड़े-बुजुर्गों को नमस्कार करना है, बच्चों को स्नेह से देखना है, प्यार से बात करनी है। इसी तरह से होटल को विकसित करना है। वैसे भी पाँच रुपये वाले नाश्ते से गुडविल मिलेगी, और इस गुडविल के कारण लोग ज्यादा आएंगे, जिससे होटल अच्छी तरह से चलेगा। साथ ही, मेरी छिपी हुई योजना भी साथ-साथ चलानी है...!

धार्मिक त्यौहारों के आने पर, स्थानीय नेताओं की तस्वीरें अच्छे क्वालिटी वाले फ्लेक्सी प्रिंटिंग में ऊपर उनकी तस्वीरें और नीचे अपनी तस्वीर लगाकर, उन्हें त्यौहार की शुभकामनाएँ देते हुए, 40, 50 या 100 तक ऐसे फ्लेक्स प्रिंट करवाकर पूरे इलाके में लगाना है, ताकि धीरे-धीरे उनकी नजर में आ सकूं।

साथ ही, एक सुंदर फूलों का बुके लेकर जाकर उन्हें शुभकामनाएँ देनी हैं। ये बुके भी कुछ अलग होने चाहिए, यानी जो सब लोग लेकर जाते हैं वैसे नहीं। कुछ ट्यूलिप जैसे महंगे फूलों से बना बुके हो, थोड़ा महंगा भी हो तो कोई बात नहीं। जब वह बुके देखे, तो उसे (बाहर भले ही न कहे) ऐसा महसूस होना चाहिए कि वह इसे घर ले जाना चाहता है। और साथ ही, उसे यह याद रहना चाहिए कि मैं वह व्यक्ति हूं जो उसे वह बुके लेकर आया।

इसके अलावा, एक शॉल ओढ़ाकर, विनम्रता से उसके पास खड़े होकर हाथ जोड़े फोटो खिंचवाना चाहिए, ताकि उस नेता को यह महसूस हो कि मैं उसका समर्पित अनुयायी हूं।

धीरे-धीरे संबंध बनाए रखते हुए, बीच-बीच में पार्टी फंड के नाम पर कुछ पैसे देते हुए... उसी नेता की तरह कुछ और लोगों को भी अपने साथ जोड़ना है। चाहे उन्होंने बुलाया हो या न बुलाया हो, अगर उनके घर में कोई कार्यक्रम होता है, तो होटल में हुई पहले की जान-पहचान के आधार पर वहाँ जाकर उनका अभिवादन करना है और उनके करीब जाना है। अगर उनके पास कोई काम होता है, तो यह कहना है कि मैं करके दूँगा। भले ही वह काम न हो सके, यह कोशिश करनी है कि सामने वाले को लगे कि मैंने उसके लिए कोशिश की। ऐसा करने से वह व्यक्ति मुझे याद रखेगा, और यही तो मुझे चाहिए।

यह वैसे ही है जैसे एक मुर्गी को पाल रहे हैं, और किसी दिन उसे काटकर खा लेंगे। इसी तरह, चेहरे पर एक छोटी सी मुस्कान रखते हुए, सभी को झुककर नमस्कार करना है। मेहनत में अर्जुन, मिलनसारिता में श्रीकृष्ण, और बुद्धिमानी में चाणक्य को आदर्श मानना चाहिए। अहंकार को कभी अपने पास नहीं आने देना चाहिए, क्योंकि "अहं ब्रह्मास्मि" कहा गया है, और महान-महान लोग भी इससे नहीं बच पाए हैं।.....इसलिए ऐसी चीजों के पीछे न पड़कर, अलग-अलग तकनीकों और आदर्शों का पालन करते हुए जनता के करीब जाना है। जब जनता के करीब पहुँच जाऊँगा, तब किसी न किसी तरह से उच्च स्तरीय नेताओं को प्रेरित कर, यह साबित करना है कि इस वार्ड के मौजूदा नेता से बेहतर नाम, प्रतिष्ठा और पहचान मेरे पास है। फिर वार्ड सदस्य के रूप में चुनाव लड़ना है। वहाँ से जीतकर, धीरे-धीरे कदम दर कदम आगे बढ़ते हुए विधायक के रूप में चुनाव लड़ना है।

जीतने के लिए कुछ काम सीखने पड़ेंगे, जैसे कपड़े प्रेस करना, नारियल तोड़ना, मिर्ची भजिया तलना, डोसा बनाना। सड़कों पर लोग जो भी काम कर रहे हैं, वे सारे काम सीखने हैं और जब मैं उनसे मिलने जाऊँगा, तो उनके साथ उन कामों को करना है। काम करने के बाद, उन्हें

एक शॉल ओढ़ाकर फोटो खिंचवाना है। इस तरह अलग-अलग काम करते हुए विधायक बनना है, और वह भी राष्ट्रीय पार्टी से। क्षेत्रीय पार्टी में विकास की संभावना कम रहती है।

जैसे महाभारत में भगवान श्रीकृष्ण ने कहा था कि अस्त्र छोड़ने पर ही भीष्म पितामह को हराया जा सकता है, उसी तरह राजनीति में भी अगर मैं खुद को कमजोर छोड़ दूँ, तो कोई मुझे रोक सके, ऐसी स्थिति नहीं आनी चाहिए और न ही आनी दी जानी चाहिए...!

पहले विधायक बनने के बाद देखते हैं कि क्या योजना बनाकर आगे बढ़ना है और सामने वाले की सीट पर कैसे अड़चन (बिना उसे पता चले उसकी कुर्सी खींच लेना) डालनी है। मौका देखकर मंत्री बनना है या मुख्यमंत्री, यह तो बाद में देखा जाएगा... तब तक इस योजना को लागू करने का काम करते हैं, ऐसा सोचकर वह अपने आप में मुस्कुराता है।

कारण यह है कि बचपन में उसके पिता उसे "खिलाड़ी का बेटा" (चतुर या चालाक लड़का) कहकर बुलाते थे, और उन शब्दों को याद करके वह मुस्कुराता है, यह साबित करने वाला हूँ, ऐसा सोचकर। इस योजना के पूरे होने तक, उसकी चाय पीने की क्रिया समाप्त हो जाती है, और वह होटल की ओर जाने के लिए वहाँ से रवाना हो जाता है।

कमरे में आकर देखता है कि बड़े दादा मच्छरों से जूझ रहे हैं (सर्दी का मौसम होने के कारण ठंड ज्यादा है, इसलिए दादा ने पंखा नहीं चलाया)। यह देखकर रवि रिसेप्शन पर कॉल करता है और कहता है कि कमरे में मच्छर बहुत ज्यादा हैं।
रिसेप्शन वाला कहता है, "कॉयल भेजता हूँ।"
रवि कहता है, "नहीं, मेरे दादा को उसकी बदबू सहन नहीं होती, बैट भेजो।"
रिसेप्शन वाला जवाब देता है, "ठीक है," और बैट भेजता है।

बॉय अंदर आता है और बैट से मच्छरों को मारने की कोशिश करता है। तभी रवि बैट उसके हाथ से लेकर कहता है, "मैं मारता हूँ, तुम जाओ।" फिर बॉय को भेजकर दरवाजा बंद करता है और बैट से मच्छरों का शिकार शुरू कर देता है। जैसे-जैसे मच्छर बैट से टकराकर जलते हैं, उसमें से "चिटपट" की आवाज आती है और वह आवाज और जलते हुए मच्छरों की रोशनी को आनंद लेकर रवि पूरे उत्साह से बैट को घुमा रहा होता है, मानो वर्ल्ड कप फाइनल के आखिरी ओवर में जीतने की जिम्मेदारी उसी पर हो।

यह देखकर बड़े दादा को "दुपट्टे में मच्छर" की कहावत याद आती है... वे उन यादों में खो जाते हैं।
तभी रवि बड़े दादा से कहता है, "दादा, रात को हमें शॉपिंग पर जाना है," और बड़े दादा सहमति में सिर हिलाते हैं।.
*****
रवि बड़े दादा को लेकर कपड़ों की दुकान पर आता है। वहाँ बड़े दादा के लिए सफेद धोती और सफेद शर्ट चुनता है। इन्हें चुनने के बाद, रवि बड़े दादा से कहता है,
"दादा, अब आपको पैंट नहीं, बल्कि सफेद शर्ट और सफेद लुंगी पहननी चाहिए। आपको देखकर आप मोगरे के फूल जैसे लगेंगे, बहुत अच्छे दिखेंगे।"
यह सुनकर बड़े दादा सहमति में सिर हिलाते हैं।

इसी के साथ, रवि अपने लिए भी कुछ आधुनिक पैंट और शर्ट चुनता है। दोनों के लिए कुल मिलाकर चार जोड़े कपड़े खरीदने के बाद, वह खुश होकर सोचता है कि शॉपिंग खत्म हो गई है।

वहाँ से बाहर निकलकर, वे बगल में स्थित चश्मों की दुकान में जाते हैं, जहाँ से दो कूलिंग चश्मे लेते हैं—एक बड़े दादा के लिए और एक अपने लिए।.

शॉपिंग पूरी होने के बाद, वे पास के एक होटल में डिनर करने जाते हैं। होटल का इंटीरियर बहुत खूबसूरत होता है, टेबल्स को आरामदायक तरीके से डिज़ाइन किया गया होता है, और एसी होने के कारण बाहर की कोई भी आवाज़ अंदर सुनाई नहीं देती। वे जो खाना चाहिए होता है, उसका ऑर्डर देते हैं। वेटर ऑर्डर लेकर कहता है, "दस मिनट में तैयार हो जाएगा," और चला जाता है।

रवि "ठीक है" कहकर वहीं बैठ जाता है और टीवी देखने लगता है। टीवी पर देश की अर्थव्यवस्था के बारे में न्यूज़ चल रही होती है। न्यूज़ में

बताया जा रहा होता है कि,

"वर्तमान में देश 5वें स्थान पर है, और जल्द ही 3वें स्थान पर पहुँच जाएगा। फिलहाल, मिडिल क्लास के 6 करोड़ लोग अमीर बन चुके हैं, और यह संख्या 10 करोड़ तक बढ़ जाएगी।"

यह सुनते ही रवि टीवी की ओर देखते हुए बड़े दादा से कहता है,

"दादा, मैं उन 10 करोड़ लोगों में एक बन जाऊँगा, है न?"

बड़े दादा जवाब देते हैं, "हाँ।"

डिनर पूरा करने के बाद, वे होटल के लिए रवाना हो जाते हैं।.
*****

अगले दिन सुबह जब रवि जागता है, तो बड़े दादा को देखता है, जो गहरी नींद में होते हैं। रवि मन में सोचता है, "शाम तक यहीं रुकना पड़ेगा, कोई और रास्ता नहीं है।"

रूम में ही ब्रेकफास्ट मंगवाकर दोनों ब्रेकफास्ट करते हैं। ब्रेकफास्ट पूरा होने के बाद, कुछ समय तक टीवी देखकर समय बिताते हैं, लेकिन जब रवि का टाइम पास नहीं होता, तो वह होटल के कमरे से बाहर नीचे चला जाता है।

वह बगल में स्थित एक स्टॉल पर जाकर च्युइंग गम खरीदता है, फिर उसका पेपर खोलकर गम को अपने मुँह में डालता है और चबाने लगता है। तभी उसे कुछ चिल्लाने की आवाजें सुनाई देती हैं। वह सोचता है कि यह क्या है, और आवाज़ आने की दिशा में देखता है। वहाँ उसे करीब 100-120 फीट की दूरी पर एक गुंडा नजर आता है, जो फूल बेच रहे एक निर्दोष व्यक्ति पर दबंगई कर रहा होता है।

रवि को यह देख गुस्सा आता है और उसके भीतर का हीरो जाग उठता है। आखिरकार, वह अपनी गली का हीरो है और "गली हीरो" के इस टाइटल का सम्मान करना चाहिए, यह सोचकर वह आगे बढ़ता है। वह तय करता है कि उस गुंडे को सबक सिखाना है।....

रवि अपनी च्युइंग गम को चबाते हुए, ऐसा लगता है मानो वह अपने एटीट्यूड से मदद कर रहा हो, और गुंडे की तरफ बढ़ता जाता है। हर कदम के साथ रवि का बीपी बढ़ता रहता है और उसका गुस्सा चरम सीमा तक पहुँच जाता है। वह सोचता है कि इस गुंडे को जिंदगी भर न भूलने वाला सबक सिखाना है। गुस्से से भरे कदमों से आगे बढ़ते हुए, उसका दिमाग बैकग्राउंड में उस गुंडे का आकलन करने लगता है।

रवि देखता है कि उस गुंडे की पर्सनैलिटी काफी भारी है, कोई साधारण नहीं। वह करीब छह फीट लंबा और बलिष्ठ है। फिर भी, रवि खुद से कहता है, "मैं इसे हरा सकता हूँ। स्ट्रीट फाइट्स में इस्तेमाल की गई मेरी चालाकी यहाँ काम आएगी। आज इसे हराकर साबित करूँगा कि मैं न सिर्फ वहाँ, बल्कि यहाँ भी जीत सकता हूँ।"

यह सोचते हुए और गुस्से में आगे बढ़ते हुए, रवि अपने हाथों की बाहें चढ़ाता है, मानो तैयार हो रहा हो।.....रवि अपने हाथों की बाहें चढ़ाते हुए आगे बढ़ता है, और वहां खड़ा गुंडा उसे देख लेता है। गुंडा फूलों की ठेली वाले पर चिल्लाना बंद कर देता है और रवि की तरफ घूरने लगता है। रवि भी उसी गुस्से के साथ उसकी ओर बढ़ता रहता है, जैसे कह रहा हो, "मैं आ रहा हूँ, रुक जाओ।"

कहा जाता है कि हर इंसान का एक सबकॉन्शियस माइंड होता है, और वही रवि को चेतावनी देता है कि "अरे, तुझे इसकी जरूरत क्या है? अपना काम देख, इसमें पड़ने की कोई जरूरत नहीं। अगर वह तुझे मारने लगा, तो बचपन से भूली हुई सारी बातें याद आ जाएँगी।"

यह सोचकर रवि थोड़ी देर के लिए विचार में पड़ जाता है, और इसी के साथ उसका बीपी थोड़ा कम हो जाता है, और उसकी चाल भी धीमी पड़ जाती है।.....जैसे-जैसे रवि उस गुंडे के करीब आता है, उसकी चाल धीमी हो जाती है। अब वह उस गुंडे से सिर्फ 40 फीट की दूरी पर था, तभी रवि सोचने लगता है...

"आखिर क्यों? अभी इस एक गुंडे को मारने से क्या फायदा?"

"ऐसा सोचते हुए,"

जब वह गुंडे से केवल 20 फीट की दूरी पर होता है, तो रवि सिर झुकाकर धीरे-धीरे उसकी ओर बढ़ने लगता है। तभी गुंडा उसे रोकता है... और रोककर...

रौडी... "रुको रे!" (गंभीर लहजे में) रवि सिर उठाकर मासूमियत से ऐसे देखता है, जैसे पूछ रहा हो, "क्या हुआ?" रौडी... "क्या है? बड़े मर्द की तरह बाहें चढ़ा रहा था?" रवि... "अरे, ऐसा कुछ नहीं है भाई, बस ढीली हो गई थीं, तो चढ़ा लीं।" रौडी... "बस यही कह रहे हो?" रवि... "हां, बस यही।" रौडी... "तो फिर यहाँ क्यों आए हो?" रवि... (विनम्रता से हाथ जोड़ते हुए) बगल में मौजूद कूल ड्रिंक शॉप की ओर इशारा करते हुए, "कूल ड्रिंक लेने आया था भाई।" रौडी... "च्यूइंग गम चबाते हुए कूल ड्रिंक लेने आया था, हाँ?" इतना कहते ही, रवि च्यूइंग गम जमीन पर थूक देता है और कहता है, "अच्छा नहीं लग रहा था भाई, मुँह खराब हो गया।"
यह सुनकर रौडी कहता है, "ठीक है, जाओ।"

रवि मन में सोचता है, "जान बच गई," और कूल ड्रिंक शॉप की ओर जाता है। वहाँ से कूल ड्रिंक लेकर रौडी की ओर देखते हुए पीता है और उसे एक हल्की सी मुस्कान देता है। रौडी फिर अपने काम में लग जाता है।
रवि राहत की सांस लेते हुए मन में सोचता है, "अनावश्यक रूप से फँसने से बच गया।"
*****
शाम के चार बजे रवि कॉलेज जाने के लिए होटल से बाहर आता है और इंपाला कार में बैठकर उसे स्टार्ट करता है। लेकिन कार स्टार्ट नहीं होती, वह आवाज़ करती है। इसलिए वह कार वहीं छोड़कर कैब बुक करता है। कैब आने पर, रवि और बड़े दादा कैब में बैठकर वहां से रवाना होते हैं।

कैब मेडिकल कॉलेज के सामने आकर रुकती है। रवि कैब से नीचे उतरता है और बड़े दादा को सावधानी से नीचे उतारता है। कैब का किराया चुकाने के बाद, कैब चली जाती है। वहाँ इंतजार करने के लिए ज्यादा जगह नहीं होती, लेकिन कॉलेज के सामने बड़े-बड़े पेड़ होते हैं और उनके नीचे कई दुकानें होती हैं। वहाँ इंतजार करने का अच्छा मौका होता है।

रवि बड़े दादा का हाथ पकड़कर सावधानी से सड़क पार करता है और उन्हें एक टी स्टॉल के पास एक बेंच पर बैठा देता है। फिर वह पास की दुकान पर जाकर कहता है, "मेरे दादा ज्यादा देर तक बेंच पर नहीं बैठ सकते, क्या आप एक कुर्सी दे सकते हैं?"

विनम्रता से अनुरोध करने पर, दुकानदार बड़े दादा को देखकर कहता है, "ठीक है, ले जाओ," और एक कुर्सी देता है। रवि वह कुर्सी लेकर टी स्टॉल के पास रखता है और बड़े दादा को सावधानी से उस कुर्सी पर बैठा देता है।

रवि... "दादा, आप आराम से बैठिए। धूप काफी तेज है, आप रोशनी नहीं देख पाएंगे," कहते हुए वह बड़े दादा को काले चश्मे पहना देता है। फिर पूछता है, "आप कुछ पीना चाहेंगे?"
बड़े दादा सिर हिलाकर इशारा करते हैं कि हाँ, पीना चाहेंगे। रवि कहता है, "ठीक है, आप यहीं रहिए, मैं लेकर आता हूँ," और पास ही में स्थित गन्ने के रस की दुकान पर जाकर पूछता है, "कितने का है?"
दुकानदार कहता है, "स्मॉल 30 रुपये, मीडियम 50, लार्ज 80 रुपये।"
रवि... "दो लार्ज देना," कहता है।
दुकानदार दोनों लार्ज कप में स्ट्रॉ डालकर देता है। रवि कप उठाकर उनमें से एक बड़े दादा को देते हुए कहता है, "दादा, आराम से धीरे-धीरे इसे पीते रहिए," और फिर वह थोड़ी दूरी पर कॉलेज के गेट के सामने खड़ा होकर, गन्ने का रस पीते हुए कॉलेज गेट की ओर देखता है।

रवि सोचता है कि जैसे ही कॉलेज छुट्टी होगी, लड़की बाहर आएगी, और उसे देखना चाहिए। लेकिन वह ऐसा दिखाना नहीं चाहता कि वह लड़की का इंतजार कर रहा है, इसलिए वह काले चश्मे पहनकर किसी काम में व्यस्त व्यक्ति की तरह इधर-उधर घूमता रहता है और कॉलेज गेट की ओर नजर डालते हुए धीरे-धीरे कदम बढ़ाता है।

(रवि सोचता है, "दादा को पता नहीं है कि मैं क्या कर रहा हूँ," लेकिन सच्चाई यह है कि बड़े दादा को साफ-साफ पता होता है कि रवि क्या कर रहा है।)

थोड़ी देर बाद कॉलेज से सभी लड़कियाँ बाहर आती हैं, लेकिन वह लड़की, जिसे रवि देखना चाहता था, उनमें नहीं होती। यह देखकर रवि निराश

हो जाता है। वह सोचता है, "चलो, थोड़ी देर और इंतजार कर लेते हैं," और अंधेरा होने तक, यानी 6:30 तक वहीं खड़ा रहता है। जब लड़कियों का आना बंद हो जाता है, तो वह कॉलेज गेट के पास जाकर वॉचमैन से पूछता है।

वॉचमैन कहता है, "अब तक कोई नहीं है।"

यह सुनकर रवि बड़े दादा के पास लौटता है और कहता है, "दादा, मेरा दोस्त आज कॉलेज नहीं आया, कल आते हैं," जिस पर बड़े दादा धीरे से कहते हैं, "ठीक है।"

रवि कैब बुक करता है, कैब आ जाती है, और वे होटल की ओर वापस यात्रा करते हैं।.

*****

3

अध्याय ... मेरे स्कूल के दिन।

रवि, बड़े साहब डिनर खत्म करते हैं, रवि और बड़े साहब होटल के कमरे में आते हैं, रवि लाइट ऑफ करके सो जाता है, बड़े साहब लेट जाते हैं लेकिन सो नहीं पाते। लेटे हुए रवि को देखते हैं और हल्के से मुस्कुराते हैं, मुस्कुराते हुए सोचते हैं "मैं भी वहीं से तो आया हूँ" और इस तरह यादों में खो जाते हैं...!

"बिना कदमों का पता चले मछली के बच्चे की तरह मेरा बचपन बीत गया।"

शुरू में हमारे स्कूल में केवल सातवीं तक की पढ़ाई होती थी। बाद में हमारी कक्षा से ही सातवीं से आठवीं, आठवीं से नौवीं और नौवीं से दसवीं तक की पढ़ाई को अपडेट किया गया। छुट्टियों के बाद स्कूल खुला और हमने दसवीं कक्षा में दाखिला लिया।....

दसवीं कक्षा में सुदाकर सर नए आए थे। उन्होंने पिछले दिन कक्षा में सभी से कहा था कि सबको इस्त्री किए हुए कपड़े पहनकर आना है। उन्होंने ऐसा कहा था, इसलिए मैं इस्त्री करने वाले के घर गया, शर्ट लेकर पहनी, और जब स्कूल पहुँचा, तो देर हो गई। स्कूल देर से पहुँचने पर सर ने कहा हाथ आगे बढ़ाओ, और बेंत से हाथ पर मारना शुरू कर दिया। मारते वक्त किसी लड़की की हँसी की आवाज सुनाई दी। जब मैंने देखा तो हमारी कक्षा में एक नई लड़की बैठी थी। मुझे देखकर वह सिर झुका कर धीरे-धीरे मुस्कुरा रही थी। सर मारते जा रहे थे, और उस लड़की की हँसी से मेरी दर्द और भी बढ़ गई। सर ने मारना बंद किया और कहा कि जाकर बैठो। जब मैं जाकर बैठा, तो मुझे यह जानने की बहुत जिज्ञासा हुई कि वह लड़की कौन है। मैं बेसब्री से इंतजार कर रहा था कि इंटरवल कब होगा। मुझे उसे दिखाना था कि मैं कौन हूँ। इस बीच, मेरा अहंकार यह सोचने लगा कि उसे किस तरह से अपमानित करूँ। तरह-तरह की बातें सोचते हुए, आखिरकार इंटरवल हो गया। वह लड़की उठकर बाहर चली गई। उसके जाते ही मैंने अपने पास बैठे लड़के से पूछा कि वह कौन है। उसने कहा, "उस लड़की का नाम कल्याणी है। वे लोग केरल से हैं। उसके पिताजी पुलिस ऑफिसर हैं, और उनका ट्रांसफर होकर हमारे गांव के पास के शहर में हुआ है। हमारे हेडमास्टर उसके पिताजी के दोस्त हैं, और हेडमास्टर की सिफारिश पर उसे हमारे स्कूल में दाखिला मिला है।"

एक तरफ हेडमास्टर और दूसरी तरफ पुलिस ऑफिसर का नाम सुनते ही मेरा गुस्सा हवा हो गया। मैंने खुद को समझाया कि अगर समय पर नहीं आते तो मार खानी ही पड़ती है, और अगर मारते वक्त कोई हँसता है, तो यह स्वाभाविक है। इसमें गुस्सा करने की कोई जरूरत नहीं है। उसके बारे में सोचना तो छोड़ ही दिया, और दूसरों से भी इस बारे में बात करना बंद कर दिया।.

उस समय मैंने उसके बारे में सोचना भले ही छोड़ दिया हो, लेकिन उसने बार-बार कुछ ऐसा किया कि मैं फिर से उसके बारे में सोचने लगा, और इसके पीछे एक कारण था। हमारी अंग्रेजी टीचर ने कहा था कि अगर हम में से कोई भी सही उत्तर नहीं देता, तो वह मारते नहीं थे। वह जिस भी छात्र से सवाल पूछते और वह सही उत्तर देता, उस छात्र से दूसरे को थप्पड़ मारने को कहते, खासकर लड़कियों से। जब मैं अंग्रेजी में कमजोर था, तो लड़कियाँ मुझे थप्पड़ मारती थीं। जब कोई लड़की जवाब देती और मुझे मारती, तो कल्याणी ऐसे मुस्कुराती, मानो मुझे मारते वक्त हँसना उसका अधिकार हो।

हमारी कक्षा की लड़कियाँ कभी जोर से नहीं मारती थीं, लेकिन एक लड़की थी, जिसका नाम मंजुला था। वह दिखने में अच्छी थी, लेकिन थप्पड़ बहुत जोर से मारती थी, और इसलिए मुझे उससे गुस्सा आता था, लेकिन कुछ कर नहीं सकता था। कहीं न कहीं मेरा अहंकार मुझे उसकी ओर उकसाता था। कभी-कभी मुझे हमारी टीचर पर भी गुस्सा आता था कि लड़कियों से मार क्यों लगवाते हैं। अगर मारना ही है, तो

वह खुद क्यों नहीं मारते? वैसे भी मुझे मार खाने की आदत हो गई थी।

मुझे तो यह भी लगने लगा था कि कुछ और छात्रों को साथ लेकर धरना या रोड पर प्रदर्शन करूँ, लेकिन इस बात को बाहर बताने पर और ज्यादा मार पड़ेगी, इस डर से कुछ नहीं कर पाता था।.

एक दिन मेरी कक्षा में मेरे अहंकार ने मुझे उकसाया, और मैंने मंजुला से कहा, "बाहरी सुंदरता नहीं, आंतरिक सुंदरता होनी चाहिए।" मंजुला को इस बात का अर्थ समझ में नहीं आया और उसने पूछा, "आंतरिक सुंदरता क्या होती है?" यानी उसे पता ही नहीं था। वैसे भी, किताबों से चिपके रहने वाले मूर्खों को गहरे अर्थ कैसे समझ आएंगे? तभी से मैं अखबार में कुछ गहरे अर्थ वाले शब्द इकट्ठा करता, उनके अर्थ समझता और मंजुला पर आजमाता। उसे कुछ भी समझ नहीं आता, और जब वह ऐसा हक्का-बक्का चेहरा बनाकर मुझे देखती, तो मुझे खुशी महसूस होती।

लेकिन यह कहते हुए भी, मेरी कक्षा की बाकी सभी लड़कियों में, मंजुला सबसे सुंदर थी, यहाँ तक कि कल्याणी से भी ज्यादा। (मैं गुस्से में उसे वर्णित करना चाहता था, लेकिन ऐसा करना सही नहीं लगा, इसलिए छोड़ दिया)। फिर भी, मैंने कल्याणी को चुना...!

कहते हैं कि अगर किसी पर गुस्सा हो, नफरत हो, पसंद हो या प्यार हो, तो वह किसी न किसी रूप में बाहर आ ही जाता है। एक दिन हमारी अंग्रेजी सर ने मुझसे एक सवाल का जवाब पूछा। मैंने पहले ही बताया था कि मैं अंग्रेजी में कमजोर हूँ। आप कह सकते हैं कि मुझे शर्म नहीं आती, पढ़ाई कर सकता हूँ। सिर्फ आप ही नहीं, घर के लोग और जानने वाले भी यही कहते थे। लेकिन क्या करूँ, कुछ चीजें दिमाग से बाहर होती हैं। बचपन से हिंदी मीडियम था, इसलिए मुश्किल हो गया।

खैर, असली बात यह है कि हमेशा की तरह मैं जवाब नहीं दे पाया। सर ने कल्याणी से पूछा। कल्याणी ने जवाब दे दिया। मुझे लगा कि वह मुझे थप्पड़ मारेगी, लेकिन जब उसने मारा, तो मुझे कुछ महसूस नहीं हुआ। कुछ अलग ही महसूस हुआ, जैसे वह थप्पड़ यह कह रहा हो कि 'इतनी आसानी से पढ़ाई कर सकते हो, जान सकते हो, फिर क्यों मार खा रहे हो?' ऐसा लगा जैसे वह थप्पड़ कई अर्थों से भरा हुआ हो। इसलिए मुझे लगा कि वह मेरे प्रति सॉफ्ट है।

मैंने उसके लिए कविताएँ गढ़ लीं और तरह-तरह की कल्पनाएँ करने लगा। सच तो यह है कि मुझे यह भी नहीं पता था कि वह मेरे बारे में वैसे ही सोचती है जैसा मैं सोचता था या नहीं। लेकिन मैं, एकतरफा, बहुत ज्यादा सोचने लगा था। उम्र भी ऐसी थी, और मैं कर भी क्या सकता था...?

मैंने अपने विचारों को प्यार में बदल लिया और खुद को एक बड़ा कवि मानने लगा। किसी को भी बताए बिना मैंने कविताएँ लिखना शुरू किया, न तो कागज पर और न ही नोटबुक में, बल्कि अपने दिल में। मानो मैंने कागज या नोटबुक पर लिखा हो, अगर किसी की नजर पड़ गई तो क्या पता, कल्याणी को बता देंगे। अगर कल्याणी को पता चल गया और उसने जाकर अपने पिताजी को बता दिया, तो क्या होगा? पहले मुझे नहीं पता था, लेकिन बाद में थोड़ा जानकारी लेने पर पता चला कि वह आईपीएस ऑफिसर हैं। वैसे ही पुलिस का नाम सुनकर मुझे डर लगता था। अगर मुझे पता चलता कि कोई पुलिसवाला इस गली से आ रहा है, तो मैं उस गली से भाग जाता था। अब सोचिए, अगर पता चल गया कि मैं एक आईपीएस ऑफिसर की बेटी के बारे में कविताएँ लिख रहा हूँ, तो फिर क्या होगा? इसलिए मैंने कभी भी उसके सामने नजरें नहीं मिलाईं, कभी भी सीधे उसकी ओर नहीं देखा। चोरी-चुपके ही उसे देखा करता था, और इस तरह से मेरी पूरी दसवीं कक्षा बीत गई।

मेरे दिल में उसके लिए जो प्यार था, वह बेकार नहीं गया, ऐसा मुझे एक घटना से महसूस हुआ, और उसके बाद तो मुझे यकीन हो गया कि उसे भी मुझसे प्यार है। वह घटना यह थी कि दसवीं कक्षा की फाइनल परीक्षा में, परीक्षा हॉल में कल्याणी का रोल नंबर मेरे ठीक बगल में था। जब मैं अंग्रेजी के प्रश्नों के उत्तर ढूंढने में पूरी तरह से डूबा हुआ था, तो कल्याणी ने इसे देखा और उसने अपने लिखे हुए उत्तर मुझे दिखाए। मुझे लगा कि इस मौके को हाथ से जाने नहीं देना चाहिए, इसलिए मैंने वह सब लिख लिया, जो उसने दिखाया था। इस तरह, मुझे लगा कि मेरी किस्मत अच्छी है, और मैंने परीक्षा पूरी की। जैसा कि मैंने सोचा था, मैं दसवीं कक्षा में सेकंड क्लास से पास हो गया। बाकी विषयों में मैंने औसत अंक प्राप्त किए, लेकिन अंग्रेजी में केवल पासिंग मार्क्स से ही पास हो पाया।

अगर कल्याणी ने मुझे वह उत्तर नहीं दिखाए होते, तो मैं निश्चित रूप से फेल हो गया होता। जब भी मुझे वह घटना याद आती है, तो जो खुशी

महसूस होती है, उसे मैं न तो व्यक्त कर सकता हूँ, न ही उसका मूल्य लगा सकता हूँ, और न ही किसी चीज़ से तुलना कर सकता हूँ। वह एक ऐसा अनुभव था जिसने मुझे अपार खुशी दी। (आप सोच रहे होंगे, 'तुम्हें पढ़ाई क्यों नहीं करनी चाहिए थी?' लेकिन क्या करें, कुछ ज़िंदगियाँ ऐसी ही होती हैं।) उस अनुभव ने मुझे अपार आनंद दिया, जिसे मैं कभी नहीं भूल सकता।

धीरे-धीरे बड़े साहब अपनी यादों से नींद की गोद में चले गए।.
*****

अगले दिन शाम को, रवि बड़े साहब को लेकर उसी कॉलेज के सामने वाली चाय की दुकान पर पहुँचा। जैसे पिछले दिन किया था, वैसे ही उन्हें कुर्सी पर बैठाया और काले चश्मे पहनाकर कहा, "दादाजी, मैं जूस लेकर आता हूँ।" फिर वह मिक्स्ड फ्रूट्स जूस एक बड़े कप में लेकर आया और बड़े साहब को पीने के लिए दिया। उन्हें जूस पीते रहने के लिए कहकर, रवि कॉलेज के सामने खड़ा हो गया और काले चश्मे लगाकर बाहर आने वाली लड़कियों को देखने लगा।

बड़े साहब काले चश्मे से कॉलेज को देखते हुए, उनके चेहरे पर खुशी झलक रही थी। उस खुशी में वे कुर्सी पर पीछे की ओर झुक गए, सिर कुर्सी से टिका लिया, और आँखें बंद कर लीं। जैसे अच्छे भोजन से पहले जो उत्साह और खुशी होती है, वैसे ही एक अच्छी याद को याद करते समय भी वैसा ही आनंद होता है। इसी तरह, वे अपनी यादों में खो गए।.
*****

4

अध्याय ... मेरे इंटरमीडिएट कॉलेज के दिन।

मुझे टेन्थ क्लास पास नहीं करने का पूरा भरोसा था, क्योंकि मेरे पिताजी को मेरी क्षमता अच्छी तरह से पता थी। लेकिन वहाँ जो जादू हुआ, वो उन्हें मालूम नहीं था। जब मैंने सेकेंड क्लास में पास कर लिया, तो उनके खुशी की कोई सीमा नहीं थी। उन्होंने खुश होकर मुझसे पूछा, "तुझे क्या चाहिए?" तब मैंने अपनी दिली इच्छा व्यक्त की और कहा कि मुझे एक साइकिल चाहिए। हमारी आर्थिक स्थिति का मुझे पता था, इसलिए मैंने उससे ज्यादा कुछ मांगने का कोई फायदा नहीं देखा (बारिश सही से नहीं होने के कारण फसल ठीक से नहीं हुई थी)। उन्होंने तुरंत हाँ कहकर मुझे साइकिल दिला दी। इसके अलावा, जब मैंने अपने पसंदीदा सफारी ड्रेस की माँग की, तो उन्होंने वो भी सिलवा दिया।

मैं पास के गाँव के टाउन में इंटरमीडिएट के फर्स्ट ईयर में दाखिल हो गया।

हमारे गाँव से टाउन दो किलोमीटर की दूरी पर था। उसी कॉलेज में कल्याणी भी दाखिला ले चुकी थी, यह जानकर मुझे बेहद खुशी हुई। छुट्टियां खत्म होते ही मैं बेसब्री से इंतजार करने लगा कि कब कॉलेज शुरू होगा। इसके पीछे एक खास वजह थी।

स्कूल में तो लड़कियों से पिटने का डर होता था, टीचर भी मारते थे, और स्कूल जाने का ख्याल ही डराता था। लेकिन कॉलेज में ऐसा कुछ नहीं होता, न कोई मारता है, न कोई अपमान करता है। इसीलिए कॉलेज जाने का उत्साह और आत्मविश्वास था। जीवन के उन अविस्मरणीय आनंदमय पलों में, पहली बार कॉलेज जाने का अहसास और पहली बार प्यार में पड़ने का एहसास भी शामिल थे...लेकिन बाकी बातें बाद में।

मैं पढ़ाई में कमजोर क्यों था, इसका एक खास कारण है। पर यह खुशी के समय उस कारण का जिक्र करना ठीक नहीं है। वो बात भी सही समय पर बताऊंगा।

एक साल देरी से स्कूल में दाखिला लेने के कारण, जब मैंने टेन्थ क्लास पूरा किया, मेरी उम्र 16 साल हो चुकी थी। 17 साल की उम्र में कॉलेज जाने वाला, हल्की मूंछों वाला मैं, खुद को बड़ा मानने लगा था। लेकिन यह अहसास जल्द ही गलत साबित हुआ... कैसे?

12-6-1959 को मैंने इंटरमीडिएट में दाखिला लिया।

अपने पसंदीदा ड्रेस पहनकर और साइकिल चलाते हुए कॉलेज गया। जब मैं कॉलेज पहुँचा, सबकी नज़रें मुझ पर थीं, जिससे गर्व के साथ हल्की शर्म भी महसूस हुई। क्लास में कदम रखते ही मैंने पूरी क्लास पर नज़र डाली, लेकिन कल्याणी नजर नहीं आई। हमारे पुराने दोस्त वहाँ मौजूद थे, पर उसके न होने से मन उदास हो गया, और मैं चुपचाप जाकर बैठ गया। थोड़ी देर बाद, "मॅ आय कमिंग, सर?" की आवाज़ सुनाई दी। उस आवाज़ को मैं अच्छी तरह पहचानता था। मैंने तुरंत सिर उठाया और देखा कि कल्याणी दरवाजे के पास खड़ी थी। कुछ क्षण के लिए मैं खुशी में खो गया था, और वह खुशी वापस लौट आई, जैसे दीवाली का त्योहार मेरे जीवन में दस्तक दे रहा हो।

"आप सोच रहे होंगे कि दीपावली का त्यौहार क्या है, है ना? मुझे सभी त्यौहारों में दीपावली का त्यौहार सबसे ज्यादा पसंद है।

दीपावली का त्यौहार आते ही, उस दिन सुबह जल्दी उठकर स्नान करना और कुछ पटाखे जलाना, फिर बाकी पटाखे शाम के लिए बचाकर

रखना, उसका इंतजार करना – उस आनन्द की बात ही कुछ और है। इसलिए मुझे दीपावली का त्यौहार बहुत पसंद है।

कल्याणी को चोरी-छुपे देखने की बात मेरे बगल में बैठने वाले अभिजीत (जो बिहार से हैं, उनके पिता यहां बस गए थे, और वह यहीं पले-बढ़े और पढ़ाई कर रहे हैं) ने ध्यान दिया और एक दिन मुझसे बातों में पूछा। उसने भी मेरी प्रेम कहानी को प्रोत्साहित करने जैसा बात की, जिस पर मुझे विश्वास हो गया। मैंने उसे कल्याणी के प्रति अपनी राय बताई, तब उसने मुझे बधाई दी और कहा कि तुम्हारा प्यार सफल होगा। उसने कहा कि प्रेम के रास्ते में जाति, धन, या स्थान कोई बाधा नहीं हैं। उसने कई प्रेम उद्धरण और सफल प्रेम कहानियां बताई और कहा कि तुम्हारा प्यार भी सफल होगा। उसके द्वारा दिए गए प्रोत्साहन से उस दिन मैंने दिन और रात अपनी कल्पनाओं में बिता दी, जैसे किसी महान प्रेम कहानी के फिल्मी दृश्य की तरह।"

"अगले दिन सुबह मैं हमेशा की तरह कॉलेज गया। वहां, हमारा एक क्लासमेट दीवार की ओर इशारा करते हुए बोला, 'क्या लिखा है, जाकर देखो।' मैंने जाकर देखा, दीवार पर मेरा नाम और कल्याणी का नाम लिखा हुआ था। (मुझे लगता है, मैंने आपको अभी तक अपना नाम नहीं बताया, मेरा नाम सीता राम है)। मैंने देखा कि और भी कुछ जगहों पर हमारे नाम लिखे हुए थे, और कुछ लोग उन्हें पढ़ रहे थे। यह देखकर मेरे अंदर वैसी ही घबराहट पैदा हो गई जैसे कि अगर कोई हमसे मंगल और शुक्र के बीच की दूरी को तुरंत कम करने को कहे और हमारी गर्दन पर तलवार रख दे। डरते-डरते मैं क्लास में गया।

क्लास में मेरे कुछ क्लासमेट्स मुझे सहानुभूति भरी नजरों से देख रहे थे, जबकि कुछ अन्य मुझे ऐसी नज़रों से देख रहे थे जैसे कि कह रहे हों, 'तुम्हारा काम हो गया, अब सब खत्म।' उनकी नज़रों के मतलब को मैं समझ गया। मैंने कल्याणी की तरफ देखा, और वह ऐसे बर्ताव कर रही थी जैसे उसे कुछ पता ही न हो।"

यदि और कोई परिवर्तन चाहिए हो तो मुझे बताइए!

"मैंने सुना था कि 'सीने में रेलगाड़ियाँ दौड़ रही हैं', लेकिन यह कैसा लगता है, यह पहली बार अनुभव में आया। मेरे सीने में सिर्फ रेलगाड़ियाँ ही नहीं, और जो भी वाहन होते हैं, वे सब एक साथ दौड़ने लगे। मुझे डर लगने लगा कि कहीं कल्याणी का पिता मुझे पुलिस स्टेशन में डालकर पिटवाएगा। इस डर के साथ मैं बहुत तनाव में बैठा रहा। कब क्लास खत्म होगी, यह सोचते हुए मैं सिर्फ घंटों और मिनटों की नहीं, बल्कि सेकंड्स की भी गिनती करने लगा।

लंच ब्रेक के लिए क्लास छोड़ा गया, मैंने राहत की सांस ली और तुरंत अपनी किताबें लेकर बाहर आ गया। साइकिल पर घर की ओर तेजी से निकल पड़ा। अपने जीवन में पहली बार मैंने इतनी तेज़ी से साइकिल चलाई। अब क्या करना है? अगर मेरी बड़ी बहन घर पर होती, तो अच्छा होता, वे ही मेरा हौसला हैं। लेकिन अब वे यहाँ नहीं हैं, शादी करके ससुराल चली गई हैं। उनकी कमी पहली बार महसूस हुई।

किसी तरह इस समस्या से बाहर निकलना है, कैसे, यही सोचते हुए मैंने अपने दिमाग को काम पर लगाया। घर पहुँचने से पहले एक आइडिया आया, जिससे मुझे थोड़ी राहत मिली।"

अगर आपको कुछ बदलाव या और सहायता चाहिए, तो मुझे बताएं!.

"साधारण तरीके से पूछने पर काम नहीं बनेगा, अब नहीं अभिनय करूंगा तो कब करूंगा, यह सोचते हुए मैं भावुक होकर रोते-रोते पापा से बोला, 'अम्मा के गाँव जाना है, तातैया को देखना है। वो मुझे सपने में दिखाई दिए और उनकी तबियत ठीक नहीं लग रही।' पापा ने कहा, 'अभी नहीं, कॉलेज है न!' लेकिन मेरे रोने से माँ पिघल गई और पापा से लड़कर मुझे पैसे देकर कहा, 'जाओ!' फिर मैं अम्मा के गाँव किराए की घोड़ा गाड़ी से पहुँच गया और वहाँ एक हफ्ते तक रहा, इस उम्मीद में कि इस दौरान समस्या हल हो जाएगी।

एक हफ्ते बाद जब मैं वापस घर आया और फिर कॉलेज गया, तो देखा कि दीवारों पर नाम वैसे ही हैं या नहीं। लेकिन कहीं भी नाम नहीं था। यह देखकर मैंने अपने भरोसेमंद दोस्त से पूछा कि क्या हुआ। उसने बताया कि कल्याणी ने अपने पिता से कहा कि 'मैं ऐसा लड़का नहीं हूँ।' फिर उनके पिता ने कॉलेज प्रिंसिपल को बताया, और प्रिंसिपल ने वहाँ काम करने वाले से दीवार पर लिखे नाम मिटवा दिए। यह सुनकर मुझे ऐसा लगा जैसे मेरी एक नई जिंदगी शुरू हुई है, और मैं राहत की सांस ली। उसी समय कल्याणी के प्रति मेरा प्यार और भी बढ़ गया।"

अगर कुछ और बदलाव या मदद चाहिए तो मुझे बताएं!

"मुझे अभिजीत पर गुस्सा आने लगा, क्योंकि मैंने उसी को यह बात बताई थी। मैंने उससे सख्ती से पूछा, 'तूने ही यह बात लीक की होगी।' उसने वादा करते हुए कहा, 'मैंने दीवारों पर कुछ नहीं लिखा। बातचीत के दौरान मैंने सिर्फ सुनील से यह बात की थी। मेरा शक है कि यह उसी का काम होगा।' यह सुनकर मैंने अभिजीत को कुछ और नहीं कहा, क्योंकि मुझे सुनील के बारे में पता था। मैंने सोचा, सुनील मुझसे बचकर कहाँ जाएगा? किसी न किसी दिन मैं उससे बदला लूँगा। लेकिन वह कभी मिला ही नहीं, और बदला लेने का प्लान अधूरा ही रह गया।

पहला साल बीत गया और दूसरे साल में मैंने थोड़ा हिम्मत जुटा लिया। एक दोस्त ने मुझे बताया कि बस स्टैंड के पास एक व्यक्ति चावल के दानों पर नाम लिख रहा है। मैं उसके पास गया और उससे एक चावल के दाने पर कल्याणी का नाम लव सिंबल के साथ लिखवाया। नाम लिखवाने तक तो मेरी हिम्मत काम आई, लेकिन उसे देने की हिम्मत मुझमें नहीं थी। मैं वह चावल का दाना घर ले आया और अपने कपड़ों की पेटी में सुरक्षित रख दिया।"

अगर कोई और बदलाव या सहायता चाहिए हो तो बताइए!.

"समय अब अलग है, वो दिन कुछ और थे। मैंने कभी कल्याणी से बात नहीं की, न कभी उसकी आँखों में आँखें डालकर देखा। बात करने की हिम्मत नहीं हुई, और देखने की भी डर था कि लोग क्या कहेंगे, घरवाले क्या कहेंगे। शायद कहेंगे, 'तुम पढ़ाई छोड़कर ये सब क्या कर रहे हो?' कल्याणी ने भी मुझे कभी नहीं देखा और न ही बात की। मैं बस उसे छुपकर देखता रहा। इसी तरह, इन नज़रें मिलाने के पलों में इंटरमीडिएट के दो साल बीत गए। इस बार, बिना उसकी मदद के, मैंने अंग्रेजी में पास कर लिया।

'तातैया... तातैया...' रवी की आवाज़ से बड़े बुज़ुर्ग अपने खयालों से बाहर आए।

रवी ने कहा, 'आज भी हमारा दोस्त नहीं मिला। चलिए, होटल चलते हैं।' बड़े बुज़ुर्ग ने सहमति में सिर हिलाया, और फिर वे होटल के लिए रवाना हो गए।"

अगर आपको कुछ और बदलाव चाहिए या मदद चाहिए तो मुझे बताएं!.
*****

5

अध्याय ... मेरे डिग्री कॉलेज के दिन।

जब तक भंडारगृह को हिलाया नहीं जाता, वह वैसे ही रहता है। एक बार अगर हिलाया जाए, तो उसमें से चीज़ें निकलनी शुरू हो जाती हैं। बड़े व्यक्ति की यादों का भंडारगृह हिलाया गया, और अब रुकने की स्थिति नहीं रही। उन्हें अपने कॉलेज के दिन याद आने लगे।

मुझे पता चला कि कल्याणी अब उस डिग्री कॉलेज में नहीं पढ़ रही है, और वह अपने गाँव, केरल जा रही है। तब मैंने सोचा, "कल्याणी के बिना इस कॉलेज में मैं क्या कर रहा हूँ?"

(अब आप पूछ रहे होंगे कि मैं कॉलेज पढ़ाई के लिए जा रहा था या कल्याणी को देखने के लिए? जब जीवन में संघर्ष करने का समय लिखा होता है, तो कुछ गलतियाँ होना अनिवार्य है। कुछ गलत कदम यहीं से शुरू होते हैं, जो बाद में हमारे जीवन को कैसे दिशा देंगे, यह तय करते हैं। मुझे यह बात तब नहीं पता थी, लेकिन बाद में समझ में आई। आगे मैं आपको यह बताऊंगा।)

मुझे उस कॉलेज से दिलचस्पी खत्म हो गई थी। अब क्या करूं, यह सोचकर मैंने अपने गाँव से 60 किलोमीटर दूर एक कॉलेज के बारे में जानकारी जुटाई... और वहाँ जाने का फैसला किया। लेकिन इस बात को घर में धीरे-धीरे कैसे बताऊं?

"कहते हैं कि दूसरों को समस्याएँ तभी दिखती हैं जब उनका पतन शुरू हो जाता है। अब मैं अपनी कॉलेज छोड़ने के बारे में सोच रहा हूँ, इसलिए उसमें खामियों की तलाश शुरू की। तलाशने पर शायद कुछ अच्छा न मिले (यह हमारे माइंडसेट पर निर्भर करता है), लेकिन क्या पता, खामियाँ तो मिल ही गईं, और मैंने उसमें अपनी क्रिएटिविटी जोड़कर धीरे-धीरे अपनी माँ को बताना शुरू किया। मैंने कहा कि मुझे वो कॉलेज नहीं चाहिए, मैं मदनपल्ली कॉलेज में पढ़ना चाहता हूँ। शुरू में उन्होंने नहीं सुना, लेकिन जब मैंने बोलते ही रहा तो उन्होंने मेरे पिताजी से कहा। एक दिन पिताजी ने मुझे बुलाया और पूछा, 'क्यों तुम वो कॉलेज छोड़ना चाहते हो? यह हमारे घर के पास है, तुम्हें खाने-पीने और बाकी सुविधाओं में कोई दिक्कत नहीं होगी।' लेकिन मैं तय कर चुका था। तब मैंने उस कॉलेज की सारी खामियाँ, जो मैंने इकट्ठा की थीं, उन्हें एक के बाद एक गिनवाना शुरू किया। इसके बाद वे भी मान गए और कहा, 'ठीक है, जाओ और वहाँ पढ़ाई करो।' और फिर क्या था, 31 दिसंबर आ गया। वो क्या? नया साल आने से पहले मिलने वाली खुशी कुछ अलग ही होती है। भविष्य के प्रति उम्मीद होती है, और अपनी इच्छाओं पर भरोसा होता है कि वे पूरी होंगी। और भी बहुत कुछ होता है।"
*****

"20-6-1961 को मैंने मदनपल्ली शहर के 'बीटी कॉलेज' में डिग्री के लिए दाखिला लिया। मैंने दो और लोगों के साथ मिलकर एक कमरा लिया। एक का नाम गोपी था और दूसरे का नाम सुरेश। गोपी हमेशा गंभीर रहता था, अपने काम में लगा रहता और पढ़ाई पर पूरा ध्यान देता था। इसलिए मैंने भी उसे ज़्यादा डिस्टर्ब नहीं किया। लेकिन सुरेश ऐसा नहीं था, वह सबके साथ घुल-मिल जाता था।

जैसे बंदर कभी एक जगह नहीं बैठता, पेड़ पर चढ़ता है, उतरता है और इधर-उधर घूमता है, उसे उत्साही रहना चाहिए। अगर बंदर एक जगह शांत बैठा रहे, तो लोग पूछते हैं कि क्या उसे कोई स्वास्थ्य समस्या है। वैसे ही इंसान का मन भी एक जगह नहीं टिकना चाहिए। लेकिन मेरा मन कल्याणी के पास अटक गया था।

मैं कॉलेज तो जा रहा था, लेकिन कल्याणी को भूल नहीं पा रहा था। कहते हैं मन बुरा होता है, यह किसी की बात नहीं सुनता। वह बात सच है। कितना भी समझाने की कोशिश की, यह नहीं मानता था। अगर किसी चीज़ को आगे बढ़ना है, तो उसे ऊर्जा चाहिए, और सुरेश वह ऊर्जा बन

गया। कैसे?"

"भले ही मैंने कल्याणी के प्रति अपनी भावनाओं को बाहर नहीं बताया, लेकिन सुरेश ने मेरे विचारों और मेरे मन को पहचान कर एक दिन मुझसे पूछा कि बात क्या है। इंटरमीडिएट के अनुभव से मैंने सोचा था कि नहीं बताना चाहिए, लेकिन वह लड़की यहाँ नहीं है, और उसके पिता भी यहाँ नहीं हैं, तो बताने में कोई समस्या नहीं है। इसलिए मैंने पूरी बात बता दी। सुरेश ने सब कुछ सुनने के बाद बिना कुछ कहे एक हल्की मुस्कान के साथ वहाँ से चला गया।

आज तक मुझे एक बात समझ नहीं आई। जब भी हमने किसी से अपने प्यार के बारे में बात की, तो जितना मुझे पता है, 99% लोग निराश नहीं करते, बल्कि प्रोत्साहित करते हैं। वही हुआ। एक दिन रात में, जब हम अपने कमरे के बाहर बैठकर पढ़ रहे थे, तो सुरेश ने बातचीत में मेरे प्यार का ज़िक्र किया और पूछा कि प्रगति कहाँ तक पहुँची है। मैंने कहा, 'वह वहाँ है और मैं यहाँ हूँ, इसलिए कोई प्रगति नहीं है।' सुरेश ने कहा, 'अगर कोशिश करोगे, तो प्रगति होगी।' 'कैसे?' मैंने पूछा। सुरेश ने कहा, 'अगर तुम्हारे प्यार में सच्चाई है, तो रास्ता तुम्हें खुद ही दिखाई देगा कि कैसे आगे बढ़ना है।' यह सुनकर मैं सोचने लगा कि यह सच है।"

"मैंने दिमाग को काम पर लगाया और आखिरकार एक आइडिया तो आ ही गया, लेकिन उसे लागू करने के लिए थोड़ा समय चाहिए। आइडिया को अमल में लाने के लिए मुझे घर जाना होगा। अभी महीने भर भी नहीं हुआ था कि मैं घर से आया था, और अब अगर फिर से घर जाऊँगा, तो पिताजी डांटेंगे। यही सोचते हुए मुझे एक और आइडिया आया... और मैंने घर जाने का फैसला किया।

जब मैं घर पहुँचा, तो पिताजी वहीं थे। मुझे देखकर बोले, 'अभी-अभी आए हो, अब फिर से घर क्यों आए?' मैंने कहा, 'होम सिकनेस।' उन्हें समझ नहीं आया, तो उन्होंने पूछा, 'मतलब?' (मैंने चेहरे पर उदासी लाकर कहा), 'आप सबकी याद आ गई, इसलिए मिलने चला आया।' इस पर उन्होंने कुछ नहीं कहा। कुल मिलाकर, सब खुश थे और मुझे देखकर घरवाले भी खुश थे।"

"योजना के हिस्से के रूप में अगले दिन मैंने अपनी क्लासमेट सुजाता से मुलाकात की और उसे सारी बात बताई। उसने सोचकर कहा, 'ठीक है, तुम्हारी मर्जी।' उसकी अनुमति मिलने पर मैं खुश होकर घर लौट आया। उसी दिन जब मैं वापस कॉलेज जाने की तैयारी कर रहा था, माँ ने कहा, 'अभी जा रहे हो? दो दिन और रुक सकते हो।' मैंने कहा, 'नहीं, मुझे पढ़ाई करनी है।' मेरी पढ़ाई के प्रति लगन देखकर वह खुश हो गई और कहा, 'ठीक है।' (वैसे घरवालों को धोखा देना इतना आसान भी नहीं है, है ना?)

मदनपल्ली आने के कुछ दिनों बाद मुझे सुजाता से एक पत्र मिला। मैंने उत्सुकता से पत्र खोला, और उसमें वही था जो मैं सुजाता से उम्मीद कर रहा था - वह था कल्याणी के घर का पता, जिसे सुजाता ने इकट्ठा करके मुझे भेजा था। अब मैं अपनी मोहब्बत को सफल बनाने के लिए पहला कदम उठाने वाला था।

जैसा सुजाता ने कहा था, मैंने कल्याणी को पत्र लिखना शुरू किया। मदनपल्ली में डिग्री में दाखिला लेने की बात और यहाँ की बातें लिखीं और वहाँ की बातें लिखने को कहा।"

"मैंने पोस्टमैन से यह सब जानकारी हासिल की कि पत्र कितने दिनों में पहुंचेगा और फिर कितने दिनों में वापस आएगा। पत्र भेजने के बाद मैंने उसके जवाब का इंतजार करना शुरू किया, लेकिन पोस्टमैन द्वारा बताई गई समय सीमा से ज्यादा समय हो गया, और फिर भी उसका पत्र नहीं आया। मुझे लगा कि शायद मैंने पता गलत लिखा है, इसलिए मैंने सुजाता को पत्र लिखकर पूछा कि क्या पता सही है। उसने जवाब दिया कि पता सही है। फिर मैं सोचने लगा, आखिर पत्र क्यों नहीं आया। सुजाता और वह (कल्याणी) दोनों क्लास में अच्छे दोस्त थे। आखिर पत्र क्यों नहीं आया, यही सोचते हुए, मैंने पहले वाले पत्र में जो लिखा था, वही बात फिर से लिखकर पोस्ट किया और फिर से इंतजार शुरू किया।

कुछ दिनों बाद कल्याणी का पत्र आया। उसमें लिखा था, 'सॉरी, तुम्हारा पहला पत्र देखकर तुरंत लिखने का सोचा, लेकिन बाद में कामों में फंसकर भूल गई। तुम्हारा दूसरा पत्र देखकर याद आया और अब लिख रही हूँ। मैं ठीक हूँ और यहाँ कॉलेज में दाखिला लिया है।' उसने हालचाल पूछे। आखिरकार, वह पत्र पढ़कर मुझे खुशी हुई। मुझे ऐसा लगा कि उसके करीब आने का एक रास्ता मिल गया।"

"उस समय उसने एक पत्र भेजने के बाद तुरंत दूसरा पत्र लिखना बंद कर दिया और महीने में एक बार लिखना शुरू किया। वैसे भी, मेरे भेजे

गए पत्र का जवाब आने में 15 दिन लगते थे, इसलिए मैंने बाकी 15 दिनों का अंतराल देकर महीने में एक पत्र लिखना शुरू किया। कभी-कभी उसकी तरफ से भी पत्र आ जाता था।

मैं उसके परिवार के बारे में जानने के लिए पत्रों में लिखा करता था कि घर में सब कैसे हैं।

उसने अपने परिवार के बारे में लिखा कि वे संयुक्त परिवार में रहते हैं। तीनों भाई एक साथ रहते हैं। उसकी चाची की शादी इसी गाँव में हुई थी। बड़े चाचा राजनीति में आना चाहते हैं और पिछले 20 सालों से इसी काम में लगे हुए हैं। बाकी दोनों भाई भी चाहते हैं कि उनका बड़ा भाई एक राजनेता बने, और इसीलिए वे भी अपना योगदान दे रहे हैं। कुल मिलाकर, सब खुश हैं।"

"मैं यहाँ के कॉलेज की बातें लिखने के साथ-साथ वहाँ उसके कॉलेज के बारे में भी पूछता था। मैं मस्ती-मजाक में लिखता था, यह जानने के लिए कि उसकी क्लास में कितने लड़के हैं और क्या कोई उसे प्यार करने की कोशिश कर रहा है। इसका मतलब था कि मैं धीरे-धीरे बात निकालने की कोशिश करता था।

वह लिखती थी, 'कोशिश तो नहीं कर रहे, पर हाँ, कर रहे हैं। मगर हमारे परिवार से थोड़ा डर है। शायद मेरे पिताजी को देखकर, या फिर बड़े चाचा को देखकर, या छोटे चाचा को देखकर। छोटे चाचा थोड़ी राउडीगिरी जैसे काम करते हैं, यानी हर तरह से चीजों को संभालते रहते हैं। इसीलिए कोई जल्दी से मुझे 'आई लव यू' कहने की हिम्मत नहीं करता। और अगर कोई कुछ और भी कहना चाहता है, तो वह भी डर जाता है। वैसे चुपके से देखने वालों को देखकर मैं हँसती हूँ और सोचती हूँ कि अब कुछ नहीं कर सकते, शादी के बाद ही देखेंगे। इसलिए मैं भी उनकी नज़रों का आनंद लेती हूँ।'"

"मुझे यह डर सताने लगा कि अगर और देर की तो कुछ गलत हो सकता है, जैसे कि मौका हाथ से निकल जाए। इस डर के चलते मैंने हमारे कॉलेज के दिनों की याद दिलाना शुरू किया। मैंने हमारी क्लासमेट्स और स्कूल और कॉलेज में हुई घटनाओं को याद दिलाना शुरू किया।

वह भी खुशी-खुशी उन दिनों के बारे में लिखने लगी।

मुझे लगा यह एक अच्छा मौका है, इसलिए मैंने हमारी क्लास के लोगों के बारे में एक-एक करके अपनी राय बताई और उसकी प्रतिक्रिया का इंतजार करता था। वह भी मेरी बातों के मुताबिक क्लासमेट्स के बारे में एक-एक करके बताने लगी। इसी बातचीत के दौरान मैंने अपने बारे में लिखा और जवाब आया, 'राम के बारे में तुम्हारी क्या राय है?'"

"'राम को देखकर मारने का मन करता था,' उसने लिखा।

मैंने हँसते हुए मज़ाक में पूछा, 'क्यों?'

रिप्लाई आया... 'राम का पढ़ाई पर ध्यान कम था। वह क्या सोचता है, समझ में नहीं आता था। उसके काम बहुत थे, और जब पढ़ाई करने का समय होता था, तब वह पढ़ाई नहीं करता था। बाकी सब कुछ करता था। इसलिए उसे देखकर मारने का मन करता था, लेकिन जब उसके पास जाती थी, तो मारने का मन नहीं करता था।'"

"आखिरी शब्द में उसने खुद को जाहिर कर दिया, ऐसा लगा - 'जब पास जाती थी, तो मारने का मन नहीं करता था।' इस शब्द को देखकर मैं कितनी बार खुश हुआ, कितनी बार उस शब्द को पढ़ा, इसका कोई हिसाब नहीं। मैं अपने आप में मुस्कुराते रहता था, तब सुरेश ने पूछा, 'क्या बात है?' तब मैंने उसे पत्र दिखाया।

सुरेश ने उसे पढ़कर कहा, 'प्रेम छुपाने से नहीं छुपता। वह तुमसे प्यार करती है,' और कुछ लव कोटेशन कहे (लेकिन अब वे याद नहीं हैं)। थोड़ी हिम्मत मिलने के बाद, मैंने तय किया कि अब उसे मुझ पर विश्वास दिलाना चाहिए।"

"उसने कहा कि मैं सही से पढ़ाई नहीं कर रहा हूँ, है ना? नहीं, अब मैं अच्छी तरह से पढ़ रहा हूँ, यह सुजाता से कहकर पत्र में लिखवाना चाहता था।

'तुमने जो कहा वह सही है, लेकिन अब राम अच्छी तरह पढ़ रहा है,' सुजाता कहेगी। 'कडपा में कॉलेज में दाखिला लिया है,' हमारे क्लासमेट्स ने बताया। मुझे उस पर पूरा भरोसा है कि वह जरूर पढ़ाई करके भविष्य में एक अच्छी जगह पर पहुँचेगा। हमारी बैच में 37 लोग थे। मुझे विश्वास है कि वह हमारे 37 लोगों में अच्छी पोजीशन में होगा।'

कल्याणी को इम्प्रेस करने के क्रम में मैंने पत्र लिखते समय ज्यादा सोचा नहीं था। फिर भी, जब मुझे याद आया कि सुजाता को मुझ पर इतना भरोसा क्यों है और उसे ये सारी बातें जानने की क्या ज़रूरत थी, तो मैं न केवल खुद पर हँसा, बल्कि एक दिन शर्म से मर जाने की स्थिति भी आ गई। (वह भी बताऊँगा)।"

"रिप्लाई... 'अगर तुमने जो कहा वह सच है, तो यह अच्छी बात है।'

जैसे लेखकों ने कहा है, 'हताश हो गया, जैसे गले में कच्ची मिर्च अटक गई,' इन दोनों शब्दों का मतलब एक साथ समझ में आ गया। ऐसा तब हुआ जब मैंने कल्याणी से आया हुआ पत्र पढ़ा।

'क्योंकि मुझे लगता है कि तुम राम से प्यार करती हो, नहीं तो तुम इतनी दिलचस्पी से उसे कैसे देखोगी? सच कहूँ तो, तुम दोनों की जोड़ी अच्छी लगेगी।'

यह पढ़कर मैं समझ नहीं पा रहा था कि क्या कहना चाहिए या क्या करना चाहिए। कुछ पलों के लिए ऐसा लगा कि बस रोना बाकी था। फिर मैंने तय किया कि अब से अपने बारे में ज्यादा नहीं लिखूँगा।"

"कुछ पत्रों के आदान-प्रदान के बाद, मुझे उसे देखने की इच्छा हुई, इसलिए मैंने कल्याणी से कहा, 'तुम्हारी फोटो भेजो।' उसने कहा, 'ठीक है,' तो मैंने सुजाता को एक पत्र लिखकर उससे अनुरोध किया कि वह अपनी फोटो भेजे। मैंने उसे इस तरह से लिखा कि अगर तुम्हारी फोटो भेजूंगा, तभी वह अपनी फोटो मांगेगी। सुजाता ने अपनी फोटो भेजी, और मैंने उसे कल्याणी को भेज दिया। कल्याणी ने अपनी फोटो भेज दी। जब मैंने वह फोटो देखा, तो ऐसा लगा जैसे सारे त्योहार एक साथ मना लिए हों। आज भी मेरे पास वह फोटो सुरक्षित रखी हुई है।"

"इस तरह पत्रों का आदान-प्रदान चलता रहा। जब भी मुझे कल्याणी को देखने की इच्छा होती, मैं सुजाता को एक पत्र लिखकर उससे फोटो मंगवाता और वह फोटो कल्याणी को भेज देता था। फिर कल्याणी से मुझे फोटो मिलती थी। मैंने इन सभी फोटो को इकट्ठा किया और अपने पास रखा। कभी-कभी उन फोटो को देखकर खुश होता था। इस तरह, अपनी पढ़ाई के साथ-साथ कल्याणी से संपर्क बनाए रखते हुए तीन साल कैसे बीत गए, पता ही नहीं चला। आखिरकार, मेरी डिग्री पूरी हो गई। डिग्री पास हो गई, बड़े मार्क्स तो नहीं आए, लेकिन 48% के साथ पास होकर संतुष्ट हो गया।"
*****
"तीन साल की कॉलेज पढ़ाई में कुछ यादें...!

हमारे कमरे में बिजली नहीं हुआ करती थी। एक मच्छर मच्छरदानी में घुसकर बहुत परेशान करता था। उसे जितना खून चाहिए, लेकर चला जाना चाहिए, लेकिन नहीं, वह कान के पास आकर आवाज करता था। मारने जाओ तो वह कहाँ है, यह पता ही नहीं चलता था। पूरा कमरा अंधेरे में होता था। उस मच्छर पर मुझे बहुत गुस्सा आता था, लेकिन मैं कुछ नहीं कर पाता था। मच्छरदानी में घुसा हुआ वह मच्छर और उस पर मेरा गुस्सा ऐसा ही रह गया। साथ ही इंटरमीडिएट में मेरी दीवारों पर नाम लिखने वाले सुनील पर भी गुस्सा था... ये दोनों बदले ऐसे ही रह गए।"

"मैंने पहले कहा था कि जब हमने कॉलेज में एडमिशन लिया, तो हम तीनों ने मिलकर एक कमरा लिया था। हमारे कमरे का ताला और कुंडी एक ही चाबी से बंद होते थे। उस दिन मेरे साथ के दोनों पहले ही कमरे से बाहर चले गए थे। बाद में मुझे भी बाहर जाना था, इसलिए मैंने कमरे को ताला लगाया। अगर वे मुझसे पहले वापस आते, तो उन्हें चाबी चाहिए होती, इसलिए मैंने वह चाबी एक जगह रख दी। चाबी रखने के बाद मैंने सोचा, उन्हें कैसे पता चलेगा कि चाबी कहाँ रखी है?"

"ऐसा सोचकर मैंने एक कागज पर लिख दिया और उसे दरवाजे पर चिपका दिया। उस समय मैंने सिर्फ इतना सोचा था कि उन्हें चाबी कहाँ है,

यह पता चलना चाहिए। लेकिन यह नहीं सोचा था कि अगर कोई और उसे देखेगा, तो क्या होगा। वैसे भी कमरे में कुछ खास था नहीं, लेकिन यह काम सच में थोड़ा बेवकूफी भरा था। जब भी मेरे दोस्त मिलते हैं, तो वे इस घटना को याद करके हंसते हैं। मैं भी उनके साथ हंसता था क्योंकि और कुछ कर नहीं सकता था। ऐसी बेवकूफी भरी हरकतें मैंने और भी बहुत की हैं, लेकिन अगर सब बताऊं तो इज्जत चली जाएगी, इसलिए रहने दो...

कोई भी इंसान अपनी एक-दो असफलताओं के बारे में बता सकता है, इसमें कोई परेशानी नहीं है, क्योंकि यह सामान्य है। लेकिन अगर कोई ज्यादा असफलताओं के बारे में बताए, तो लोगों को लगेगा कि वह व्यक्ति एक असफल उम्मीदवार है, और उस पर से इम्प्रेशन खत्म हो जाएगा।"

"मेरी नज़र में हर इंसान एक हीरा है। अगर वह हीरा किस कोण में छिपा है, इसे समझ पाएं और उसे तराशें, तो उस इंसान को एक मूल्य मिलता है। मेरे अंदर भी एक हीरा है। भले वह कोहिनूर न हो, लेकिन 'है'। उसे तराशूंगा और वह क्या है, आगे कभी बताऊंगा...!

यह सोचते हुए... उन पुरानी यादों के साथ बड़े साहब शांति से सो जाते हैं।"
*****
मदुरै में दूसरा दिन...

कॉलेज शाम 4 बजे शुरू होता था, तब तक समय खाली ही था। इसलिए रवी, बड़े साहब को साथ लेकर होटल से बाहर निकलता है और सोचता है कि ऐसे ही शहर में घूम लेते हैं। बड़े साहब का हाथ पकड़कर वे यूं ही चलते रहते हैं, तभी रास्ते में एक फोटो स्टूडियो दिखता है। उस स्टूडियो की खासियत थी कि वहाँ 1980 के दशक की ड्रेस पहनकर फोटो खींचवाई जा सकती थी। यह देखकर बड़े साहब भी उस ड्रेस में फोटो खिंचवाना चाहते हैं। तब रवी कहता है, 'ठीक है,' और उन्हें स्टूडियो ले जाता है। दोनों 1980 के ड्रेस पहनकर पोज देते हुए फोटो खिंचवाते हैं।

जब वे फोटो स्टूडियो से बाहर निकलते हैं, तो बड़े साहब रवी से कहते हैं, 'रवी, मुझे वह ड्रेस चाहिए।'

रवी: 'ठीक है, दादाजी।'

रवी उन्हें शॉपिंग के लिए ले जाता है। हल्का पीलापन लिए हरे रंग की एक शर्ट, उसकी मैचिंग पैंट, और ऑलिव ग्रीन रंग में भी एक जोड़ी, कुल मिलाकर दो जोड़ी कपड़े। साथ ही एक बड़ी जिप और बेल्ट खरीदता है। फिर वह पास के टेलर की दुकान पर लेकर जाता है। बड़े साहब नाप देते हैं। टेलर कहता है, 'कल इसी समय पर दे दूंगा।' वे 'ठीक है' कहते हैं और वहाँ से निकल जाते हैं।

"थोड़ी दूर चलते ही उन्हें एक कल्याण मंडप दिखाई देता है, जहाँ शादी हो रही होती है। उस शादी में आने-जाने वालों से पूरा इलाका हलचल से भरा होता है। यह देखकर रवी सोचता है, 'अगर शादी में चले जाएं, तो वहाँ लंच निपटा सकते हैं।' इसलिए वह बड़े साहब को उस शादी में ले जाता है। वहाँ शादी बड़े धूमधाम से हो रही होती है। ऐसा लगता है कि आँखों को जो नजारा देखना है, उसे देखने के लिए दो आँखें भी कम हैं। वहाँ हर कोई बहुत खुश और आनंदित होता है। यह सब देखकर बड़े साहब के मन में एक पुरानी याद ताजा हो जाती है।"
*****

6

अध्याय ... मेरा प्यार।

शादी एक मधुर घटना है, मेरी शादी भी एक मधुर घटना होनी चाहिए...!

1964 में मैंने डिग्री पूरी की... उस समय कम उम्र में ही शादियाँ हो जाती थीं। मुझ पर शादी करने का दबाव शुरू हो गया, मेरी दादी का भी दबाव था... "अपनी आंखों से तेरी शादी देख कर जाऊंगी (इस दुनिया से चली जाऊंगी)" ऐसा कहती थीं। उनकी उम्र बढ़ गई थी, और उनकी इच्छा उचित थी, ऐसा सब कहने लगे। इस तरह से मुझे समझाने का यह एक तरीका था। यह सच हो सकता है, लेकिन मेरा दिल केवल कल्याणी को चाहता था। जब मैंने यह बात घरवालों को बताई, तो वे नहीं समझे। समझना तो दूर, वे मुझे कई प्रकार से समझाने लगे और यहाँ तक कि अपने परिचितों के जरिए भी मुझे समझाने लगे। इसलिए मैंने अपने मन की बात बाहर न कहकर, थोड़ा समय मांगा और कहा, "मैं नौकरी प्राप्त करके वापस आऊंगा, फिर शादी करूंगा," और मैं घर छोड़कर केरल के लिए रवाना हो गया।.

मैंने यह विश्वास रखते हुए कि मैं अपने प्यार को पा सकूंगा, घर से निकल पड़ा। "मैं अभिमन्यु बनूंगा या अर्जुन, इस बारे में मैंने नहीं सोचा।"

मैं केरल पहुँचा, जहाँ कल्याणी रहती थी, उसके पड़ोस की गली में मुझे एक किराये का घर मिल गया। पहले से ही मुझे उसकी आदतों के बारे में पता था, इसलिए मैं उसी समय मंदिर गया, जब वह मंदिर जाती थी। जैसा सोचा था, कल्याणी मंदिर आई। उसने मुझे देखा, मैंने हाथ हिलाकर उसे अभिवादन किया। उसने भी हाथ से इशारा किया कि वह मुझसे मिलने आएगी। वह मंदिर के अंदर गई, और लौटकर आई। कुछ शब्दों में संक्षेप में बात की और चली गई, जैसे ज्यादा बोलने पर केरल का पूरा बजट मुझ पर आ जाएगा। बाद में मुझे समझ में आया कि उस दिन मंदिर में उसकी माँ और चाची भी उसके साथ आई थीं।.

कल्याणी हफ्ते में सिर्फ एक बार मंदिर आती थी। बाकी समय में अगर मुझे उसे देखना या बात करना था, तो कैसे? इसी सोच में था, तभी कल्याणी की गली से केरल के पारंपरिक ड्रम (मेला) की आवाज सुनाई दी। मैंने अपने बगल में खड़े व्यक्ति से पूछा, "क्या यहाँ कोई त्योहार हो रहा है?" उसने कहा, "नहीं, यह उन लोगों को सिखाया जाता है जो इसे सीखना चाहते हैं।" शायद इसे ही सही समय पर मौके का आना कहते हैं। मैंने सोचा, अगर इसे कल्याणी की गली में सिखाया जा रहा है, तो मैं इसे क्यों नहीं सीखूं? फिर मैं उन लोगों से मिलने गया जो सिखाते थे। उन्होंने मुझसे एक IAS इंटरव्यू जैसा शुरू कर दिया—"तुम कौन हो? यहाँ क्यों आए हो? यह क्यों सीखना चाहते हो?" ऐसे कई सवाल पूछे गए, और मैंने हर सवाल का सही जवाब दिया। मैंने उन्हें यह महसूस कराया कि अगर मैंने यह नहीं सीखा, तो मेरा जन्म व्यर्थ हो जाएगा। इससे वे सहमत हो गए और कहा कि वे सिखाएंगे। जब मैंने कहा कि मैं उसी दिन से जुड़ना चाहता हूँ, तो उन्होंने कहा, "नहीं, कल से आओ।" इस तरह मैंने केरल के पारंपरिक ड्रम सीखने के लिए जुड़ गया।.

अगले दिन मैंने क्लास अटेंड की। एक बार सुनकर और देखकर मैंने उन्हें कहा कि मैं सीख सकता हूँ, मैं एक एकसंताग्रही हूँ (जो एक बार में सीख लेता है)। जब सब दूसरी बार प्रैक्टिस कर रहे थे, तो मैं भी उनके साथ शामिल हो गया और ताल से बाहर बजाना शुरू कर दिया। यह देखकर बाकी सभी रुक गए। तभी हंसी की आवाज सुनाई दी। मैंने देखा, तो कल्याणी खिड़की से देख रही थी और हंस रही थी। तब मैंने भी थोड़ा शर्माते हुए हल्की मुस्कान दी। उसी क्षण मुझे अपने स्कूल के दिन याद आ गए, जब मैंने पहली बार उसे देखा था। मैंने फिर कल्याणी की ओर देखा, उसने एक छोटी सी एक्सप्रेशन दी, जैसे कह रही हो 'कीप इट अप', और फिर वहां से चली गई।

उस दिन से मैं नियमित रूप से हर रोज मेला (पारंपरिक ड्रम) सीखने जाने लगा। अगर मैं एक दिन नहीं जाता, तो अगले दिन वह जरूर मेरी

प्रैक्टिस देखने आती। जब भी वह आती, मैं उसे देखता। यह सब वहाँ के लोगों ने भी नोटिस किया और आपस में चर्चा करने लगे कि हमारे बीच कुछ है। यह बात यहीं तक नहीं रुकी, बल्कि धीरे-धीरे यह बाहर के लोगों को भी पता चलने लगी।.

उस दिन उसने कहा कि वह अकेले ही मंदिर आएगी। मुझे लगा कि थोड़ा बात करने का मौका मिलेगा, इसलिए मैं उससे पहले ही मंदिर पहुंच गया। कल्याणी आई, और हमने थोड़ी देर तक हंसी-मजाक किया। बातों के बीच उसने कहा, "ऐसा लग रहा है कि सुजाता तुमसे प्यार करती है। वह तुम्हारे बारे में बहुत अच्छी राय रखती है।" यह सुनकर मेरा दिल लगभग रुक गया। मुझे समझ नहीं आया कि क्या कहूं, बस घबराए हुए चेहरे से उसे देखता रहा। वह हंसते हुए बोली, "मुझे पता है कि वह पत्र तुमने ही लिखा था।" लगातार एक ही उम्र के फोटो आते रहे, जिससे मुझे शक हुआ, और मैंने दूसरों से सुजाता के बारे में पता किया। तब मुझे पता चला कि सुजाता ने पढ़ाई छोड़ दी और उसी गांव में शादी कर ली। इस पर मुझे बहुत शर्म महसूस हुई।.

मंदिर से लौटने के बाद, उस रात मुझे खुशी के मारे बिल्कुल नींद नहीं आई। कल्याणी को यह पता चल गया कि मैं उसे पत्र लिख रहा था, और उसने जवाब भी दिया। इसका मतलब यह है कि उसे भी मुझसे लगाव है। यह समझते ही मुझे जो खुशी हुई, उसे मैं शब्दों में बयान नहीं कर सकता। बचपन से जो प्यार मैंने उसके लिए पाला था, वह आज हकीकत बन रहा था। उस खुशी को कैसे व्यक्त करूं, यह समझ नहीं आया, इसलिए मैं बिना सोए अपने कमरे में इधर-उधर घूमता रहा।.

मामले में स्पष्टता आने के बाद, जैसे कहा जाता है कि अब कोई रोक-टोक नहीं होती, वैसे ही मैंने भी कल्याणी को देखना, मुस्कुराना शुरू कर दिया। वह भी मुझे देखकर मुस्कुराती और मौका मिलने पर अभिवादन करती। ये चोरी-छिपे नजरें मिलाना, मुस्कुराना और बातें करना, इन सबका मजा ही अलग होता है। यह कहने से समझ में नहीं आता, इसे सिर्फ अनुभव करने पर ही महसूस किया जा सकता है।

बाहर से आकर किसी लड़की से लाइन मारना, यह देखकर वहाँ के लोगों को अपनी मर्दानगी याद आ गई। कल्याणी को पहले से पसंद करने वाले लोग भी उनके साथ मिल गए, और फिर उन्होंने मुझे धीरे-धीरे चेतावनी देना शुरू कर दिया। मैं खुद को बचाने के लिए कुछ बहाने बनाकर हर बार उनसे निकल जाता था।.

कहते हैं कि अगर किसी के बीच क्या है यह जानना हो, तो जब वे एक-दूसरे से मिलते हैं, उनके चेहरे देखकर समझ में आ जाता है कि उनके बीच प्यार है या नफरत। यह बात सच लग रही थी, जैसे कल्याणी और मेरे बीच क्या है, यह बात उन लोगों को भी समझ में आने लगी जिन्हें पहले पता नहीं था।

कहते हैं चोरी और प्यार, इन दोनों को छिपाना मुश्किल होता है। यह बात हमने एक बार फिर साबित कर दी। मुझे यकीन हो गया कि उनके घरवालों को छोड़कर बाकी सभी को हमारे बारे में पता चल गया है। इससे मुझे थोड़ी हिम्मत आई और लगा कि माहौल अनुकूल है।

मुझे कल्याणी को अपना लव प्रपोज़ल कुछ अलग अंदाज़ में कहना था। मैं इस बारे में सोचने लगा कि इसे कैसे लागू किया जाए। तभी मुझे एक आईडिया आया, लेकिन उसे अमल में लाने के लिए हिम्मत चाहिए थी। अगर मैं इसे साहस के साथ पूरा करूं, तो यह बाद में मीठी यादों के रूप में रहेगा। ठीक है, जो भी हो, मैंने फैसला किया कि अब इसे लागू कर दूं।.

पहले से मिली जानकारी के अनुसार, मुझे पता चला था कि कल्याणी नई रिलीज़ हुई फिल्म के पहले शो में आने वाली है। इसलिए उस दिन सुबह जाकर मैंने ऑपरेटर को अपनी पूरी प्रेम कहानी बताई और उसे कुछ पैसे दिए। उसने पैसे देखते हुए कहा, "तुम्हारे प्यार में सच्चाई है, क्योंकि यह बचपन का प्यार है, इसलिए मैं सहयोग करूंगा।"

जैसा सोचा था, कल्याणी शो के लिए घर से निकली। थिएटर घर के पास ही था, मैं उसके पीछे-पीछे बिना उसे बताए थिएटर तक गया। उसने टिकट खरीदी और अंदर चली गई। काफी देर बाद, मैंने भी टिकट लेकर अंदर प्रवेश किया। फिल्म शुरू हो चुकी थी। थोड़ी देर बाद अचानक फिल्म रुक गई और सभी लोग इधर-उधर देखने लगे कि क्या हुआ। तभी स्क्रीन पर एक स्लाइड शो शुरू हुआ। उस स्लाइड में लिखा था:

"आमतौर पर कहा जाता है कि लड़कियाँ पुरुषों की नजरों में छिपे इरादों को तुरंत समझ जाती हैं। यह उनके लिए स्वाभाविक होता है। लेकिन कल्याणी जी को यह समझ नहीं आ रहा कि एक लड़का, जो बचपन से उन्हें पसंद करता है, उसके दिल में क्या है। एक अभागा आपको प्रेम करता है।"

यह स्लाइड देखकर थिएटर में सभी दर्शक हंसने लगे, एक-दूसरे की ओर देखने लगे और यह पूछने लगे कि वह कल्याणी कौन है। कुछ लोग चिढ़ गए, कुछ ने उसकी प्रशंसा की। इस तरह के विभिन्न प्रतिक्रियाएं होने लगीं। कल्याणी को तुरंत समझ में आ गया कि यह सब मैंने ही किया है। वह हंसते हुए और शर्माते हुए बिना यह बताए कि वही कल्याणी है, वहीं बैठी रही। उसके बगल में बैठी लड़की ने पूछा, "क्या तुम ही हो?" इस पर कल्याणी ने तुरंत अपना मुंह बंद कर लिया और शांत रहने का इशारा किया।.

यह सब कुछ, मैं जो उसकी पीछे की तीसरी पंक्ति में बैठा देख रहा था,... उस समय मैं जो महसूस हुआ, उसे शब्दों में बयान नहीं कर सकता। वह एहसास एक या दो पल का नहीं था, बल्कि पूरी फिल्म खत्म होने तक जारी रहा। फिल्म खत्म होने के बाद, कल्याणी थिएटर से बाहर आई और घर जाते समय पीछे मुड़कर देखा। थोड़ी दूरी पर मैं खड़ा था। मुझे देखते ही उसके चेहरे पर एक हजार वॉट की चमक दिखाई दी। वह मुस्कुराते हुए घर की ओर चली गई।

जो महान काम मैंने थिएटर में किया था, वह पूरे शहर में चर्चा का विषय बन गया। जब यह सबको पता चला, तो क्या उनके घरवालों को पता नहीं चलता? आखिरकार, उन्हें भी पता चल गया।.

मैं जिस मेला सीख रहा था, वहाँ कल्याणी तनाव में आकर मेरे पास आई और मुझे बाहर आने का इशारा किया। मैं बाहर आया।

कल्याणी ने कहा, "तुम सावधान रहना, हमारे छोटे चाचा अच्छे इंसान नहीं हैं। मेरे पिता तो दिखते हैं, लेकिन बिना दिखे ही हमारे बड़े चाचा भी अच्छे इंसान नहीं हैं। मैं किसी तरह अपने पिता को संभाल सकती हूँ, लेकिन मेरे पिता अपने भाइयों की बात नहीं टालते, इसलिए हमें थोड़ा दूरी बनाए रखना ही बेहतर होगा," यह कहते हुए वह आँसू भरी आँखों से चली गई।

कल्याणी की बातें सुनकर आँसू बहाते हुए उसे जाते हुए, दस कदम दूर खड़े एक व्यक्ति ने देखा। जैसे ही कल्याणी वहाँ से गई, वह व्यक्ति मेरे पास आया और इस तरह कहा...

बचपन के दोस्त, दो गधें, अचानक एक गाँव में मिले। लंबे समय बाद मिलने पर दोनों खुशी से एक-दूसरे का अभिवादन करने लगे।

पहला गधा: "कैसे हो, अच्छे हो ना?"

दूसरा गधा: "अच्छा होने को तो अच्छा हूँ कहना पड़ेगा।"

पहला गधा: "वो कैसे?"

दूसरा गधा: "क्या कहूँ, मेरा मालिक बड़ा सैडिस्ट है।"

पहला गधा (आश्चर्य से): "सैडिस्ट! सच में?"

दूसरा गधा: "हाँ, सारा बोझ मेरे ऊपर डालता है। जब मैं उस बोझ को उठाते हुए थक कर चल रहा होता हूँ, वो मेरे पीछे गंधर्व की तरह गाने गाता रहता है। चलने वाले के लिए रिलैक्सेशन के लिए गाना गाना ठीक है, लेकिन जब मैं बोझा उठाए होता हूँ और उसे भूलने के लिए गा रहा होता हूँ, तो इसमें मेरी गलती क्या है?"

पहला गधा: "नहीं, इसमें तुम्हारी कोई गलती नहीं है। अपनी मेहनत को भूलने के लिए गाना गाना गलत नहीं है।"

दूसरा गधा: "जैसे ही मैं उसकी गाने में सुर मिलाता हूँ, वह छड़ी से मारता है। अगर इसे सैडिज्म नहीं कहेंगे तो और क्या कहेंगे, बताओ?"

पहला गधा: "हाँ, यह सच है।"

दूसरा गधा: "इसके अलावा, वह मुझे बाकी गधों के बीच शर्मिंदा करता है, कहता है कि मैं बाकी से कम वजन उठा सकता हूँ। अपमान करने में वह माहिर है, और सही से खाना भी नहीं देता। इसलिए मैं सोच रहा हूँ कि एक दिन मौका देखकर भाग जाऊँगा। मेरी हालत तो ऐसी है। लेकिन तुम्हारी स्थिति कैसी है?"

पहला गधा: "तुमसे भी बुरी हालत से गुज़र रहा हूँ।"

पहली गधा: क्या वो?

दूसरी गधा: हमारा मालिक न तो ठीक से खाना देता है, न ही हमें रहने के लिए ठीक जगह। धूप में जलते हुए, बारिश में भीगते हुए, ठंड में काँपते हुए, सारे काम मैं ही करता हूँ।

पहली गधा: फिर इतना कष्ट सहते हुए वहाँ क्यों रह रहे हो? उसे चार लात मारकर वहाँ से भाग सकते हो न!

दूसरी गधा: सही बात है, लेकिन मुझे वहाँ एक मौका है, उसी के लिए रुक रहा हूँ।

पहली गधा: मौका? कौन सा मौका?

दूसरी गधा: ये एक सीक्रेट है। अगर वादा करो कि किसी को नहीं बताओगे, तो बताऊँगा।.

दूसरी गधा: अच्छा, बताऊँगा नहीं। (यह कहकर इधर-उधर देखती है और कान के पास जाकर कहती है)

पहली गधा: हमारे मालिक की एक बहुत सुंदर बेटी है। वह लड़की पढ़ाई की जगह बातें करती रहती है और खेलती रहती है। उसके पिता कितनी बार भी समझाते हैं, वह सिर्फ सुनने का नाटक करती है, फिर वही काम करती है। एक दिन उसके पिता को गुस्सा आया और उन्होंने उस लड़की से कहा, "अगर तुम परीक्षा में फेल हो गई तो (मुझे दिखाते हुए) इस गधे से तुम्हारी शादी करा दूँगा।"
मुझे पता है कि वह लड़की ज़रूर फेल होगी, क्योंकि वह कभी ठीक से पढ़ाई नहीं करती। ऐसा सुनहरा मौका हाथ में है, फिर उसे क्यों गंवाऊँ? चाहे कितनी भी परेशानियाँ हों, कितने भी दुख मिलें, मैं वहीं रुका हूँ इस विश्वास के साथ कि वह लड़की एक दिन मेरी हो जाएगी।

वह... जब उस गधे को इतना विश्वास है, तो तुम इंसान होकर अपने विश्वास को क्यों खोना चाहते हो? तुम्हारा प्यार सफल होगा। यह कहते हुए उसने मेरे कंधे पर हाथ रखा और वहाँ से चला गया। उसकी कहानी मज़ेदार थी, लेकिन अंत में कही गई उसकी बात ने मुझे प्रोत्साहन दिया।

*****

जब मैं समझ नहीं पा रहा था कि क्या करना है, तो मेरे साथ मेला सीखने वाला एक व्यक्ति बोला, "बहुत ही कम समय में चुनाव होने वाले हैं। कल्याणी के बड़े पिताजी लंबे समय से चुनाव में विधायक का टिकट पाने की कोशिश कर रहे हैं। शायद इस बार उन्हें टिकट मिल सकता है, और सब लोग भी यही मान रहे हैं। क्योंकि उन्हें टिकट मिलेगा, इसलिए अगर अभी तुम्हारे खिलाफ कोई कार्रवाई की जाती है, तो इसका उन पर असर पड़ेगा। इसलिए हो सकता है कि वे तुम्हारे खिलाफ कोई कार्रवाई न करें। मेरी बात सुनो और यहाँ से चले जाओ, या अगर कल्याणी तुम्हारे साथ आना चाहती है, तो किसी भी आधी रात को उसे साथ लेकर भाग जाओ। लेकिन अगर यहीं रुके तो चुनाव के बाद पक्का तुम्हें मार डालेंगे।" यह कहकर वह चला गया।

उसकी बात सुनने के बाद मेरा दिमाग सुन्न हो गया। मुझे समझ नहीं आया कि क्या करना चाहिए। ठीक है, एक तरह से उसने न सिर्फ मुझे चेतावनी दी, बल्कि एक आइडिया भी दिया। मैंने तय किया कि इस आइडिया को लागू करने की कोशिश करनी चाहिए।

अगर कोई बदलाव चाहिए हो तो मुझे बताइए!

मैंने वह बात एक पत्र में लिखकर एक बच्चे के हाथों कल्याणी को भेजा। उस लड़के ने आकर कहा कि उसने पत्र कल्याणी को दे दिया है। अगले ही दिन, कल्याणी मेरे पास आई। उसने बताया कि वह लड़का जब पत्र दे रहा था, तब उसके घर वालों ने उसे देख लिया और वह पत्र लेकर पढ़ा। पत्र पढ़ने के बाद, उन्होंने कहा, "शाम तक हम कुछ बताएँगे, तब तक तुम घर से बाहर नहीं जाओगी।" यह सुनकर मैं पक्का मान बैठा कि अब हम कभी नहीं मिल पाएँगे। लेकिन मेरी उम्मीद के विपरीत, कल्याणी ने एक अच्छी खबर सुनाई। उसने कहा, "उन्होंने मुझे तुम्हें घर लेकर आने के लिए कहा है। वे हमारी शादी के लिए तैयार हो गए हैं।" यह कहते हुए वह खुशी-खुशी चली गई और कहा, "कल सुबह घर आना।" मैं दिल से प्रार्थना कर रहा था कि यह बात सच हो।

ज़िंदगी में पहली बार ऐसा महसूस हुआ कि घंटे, मिनट और सेकंड इतने धीरे क्यों चल रहे हैं। मैं बेसब्री से इंतज़ार कर रहा था कि अगला दिन कब होगा। जैसे ही कल्याणी ने कहा था, अगली सुबह जल्दी उठकर, मैं आठ बजे ताज़ा होकर कल्याणी के घर गया। सुबह होने के कारण घर में सभी लोग मौजूद थे। कल्याणी ने अपने घर वालों से मेरा परिचय कराया। उसके पिता ने मेरे और मेरे परिवार के बारे में सब कुछ पूछा। मैंने विस्तार से सब कुछ बताया। कल्याणी के बड़े पिताजी और छोटे पिताजी बिना कुछ कहे सब सुनते रहे। फिर उन्होंने कहा, "हमारे परिवार में कल्याणी इकलौती लड़की है, उसे दुख पहुँचाना हमें पसंद नहीं है। वैसे भी तुम पढ़े-लिखे हो, तो कोई दिक्कत नहीं है। हम तुम्हारे लिए कोई न कोई नौकरी देख लेंगे। फिलहाल चुनाव नज़दीक हैं, और चुनावों के बाद हम तुम दोनों की शादी करा देंगे। तब तक थोड़ा सब्र रखो। तुम्हारे वहाँ उनके घर में रहना ठीक नहीं है। यहाँ हमारे घर में बाहरी घर में रहो, अपनी हद में रहो," यह एक मीठी चेतावनी थी। उन्होंने असली बात बता दी, और मैं उसी तरह वहाँ से निकल गया, सोचते हुए कि अब घर खाली करना चाहिए।

कुछ डर बेमानी होते हैं, यह बात मुझे उस घर से बाहर निकलने के बाद समझ में आई। मैं कल्याणी के पिता के बारे में तरह-तरह की कल्पनाएँ करके डरता था, लेकिन जब तक किसी चीज़ का सामना नहीं करते, कैसे पता चलेगा कि वह डर है या नहीं? इसी तरह मैंने खुद को समझाया और अपने घर वापस आ गया। मैंने मकान मालिक को बताया कि मैं घर खाली कर रहा हूँ।

अगले दिन मैं अपने सामान के साथ कल्याणी के घर गया। उन्होंने मुझे दामाद की तरह नहीं, बल्कि उससे भी ज्यादा इज्जत दी, मानो शादी हो भी नहीं पाई हो, फिर भी पूरे घर ने मुझे स्वागत किया और आउट हाउस में रहने के लिए कहा। उन्होंने मेरे लिए नाश्ता और बाकी सारी चीज़ें अपने हाथों से परोसना शुरू कर दिया। वैसे भी जब उन्होंने हमारी शादी के लिए सहमति दे दी, तो कल्याणी भी मुझसे थोड़ा दूरी बनाते हुए बात करने लगी। वह खुशी कुछ अलग ही थी। इसी तरह एक हफ्ता गुजर गया। एक हफ्ते के बाद चुनावों की अधिसूचना जारी हुई, और असली तनाव वहीं से शुरू हुआ।

नोटिफिकेशन तो आ गया, लेकिन कल्याणी के बड़े पिताजी का विधायक टिकट अब तक कन्फर्म नहीं हुआ। इस तनाव से घर के सभी लोग परेशान थे। पिछले हफ्ते से मैं उनके घर पर रह रहा था, और शायद उनकी रोटी खाने का असर था कि धीरे-धीरे तनाव मुझमें भी शुरू हो गया। मुझे भी लगने लगा कि उन्हें टिकट मिलना चाहिए। मैंने अपने पसंदीदा भगवान से प्रार्थना करना शुरू कर दिया। इसी दौरान कल्याणी की दादी की तबियत अचानक बहुत बिगड़ गई। पहले से ही उनकी उम्र के कारण वे बिस्तर पर थीं, लेकिन अब उनकी हालत गंभीर हो गई और वह अंत की ओर बढ़ रही थीं।

अगर किसी बदलाव की जरूरत हो, तो बताइए!.
*****

अगले दिन, जब सभी लोग कल्याणी की दादी के पास जा रहे थे क्योंकि वह अंतिम क्षणों में थीं, मैं भी वहां गया। उन्होंने अपनी आंखें खोलीं और ऊपर देखते हुए कहा, "वो मुझे बुला रहे हैं, वो वहाँ खड़े हैं, मुझे डर लग रहा है, आप आइए।" यह सुनकर वहां मौजूद सभी लोग थोड़े डर गए और पीछे हटने लगे, लेकिन मुझे लगा कि दादी कुछ कह रही हैं, तो मैं उनके पास बैठ गया। उन्होंने फिर कहा, "वो वहाँ खड़े हैं, मुझे बुला रहे हैं, मुझे साथ चलो।" मैंने सिर हिलाते हुए सहमति दी। तभी कल्याणी ने इशारा किया और कहा, "बाहर आओ," तो मैं कमरे से बाहर आ गया और पूछा, "क्या हुआ?" तब उसने कहा, "मेरी दादी को यमदूत दिखाई दे रहे हैं, तुम वहां मत रहो, बाहर आ जाओ।" मैंने "ठीक है" कहा और अपने कमरे में चला गया। कुछ समय बाद रोने की आवाज आई। मैं कमरे से बाहर निकला। कल्याणी सामने आई और उसने कहा, "मेरी दादी गुजर गईं।" यही वह पहली बार था जब मैंने किसी की मृत्यु देखी थी।

कल्याणी की दादी का अंतिम संस्कार पूरा हो गया था। दादी की मृत्यु का दुःख तो था ही, साथ ही कल्याणी के ताऊजी को अभी तक विधायक टिकट की पुष्टि न होने का भी एक और दुःख था। ऐसे में कई तरह की अफवाहें सुनने को मिलने लगीं। जैसा कि हमेशा होता है, बाहर लोग यह कहने लगे कि इस बार भी टिकट नहीं मिलेगा, पिछली बार भी कहा था कि देंगे, लेकिन धोखा दिया था, और इस बार भी वैसा ही करेंगे। ये बातें कल्याणी के ताऊजी तक पहुँच गईं, और घर के अंदर भी सभी को, उनके शुभचिंतकों और कार्यकर्ताओं तक ये बातें फैल गईं। तभी घर में कहीं छिपी हुई या शर्म से दबकर छिपी पड़ी मर्दानगी और गुस्से की भावनाएँ बाहर आने लगीं। वहाँ एक गंभीर माहौल बन गया। उस दिन, ताऊजी के शुभचिंतक यह कहने लगे कि अगर वे पानिपत के युद्ध में होते, तो भी हर तरह की लड़ाई जीत लेते। यह सुनकर ताऊजी भी जोश में आ गए, मूंछ मरोड़ते हुए और कमर कसते हुए बोले, "मेरा विधायक बनना तो छोटी बात है, मेरी जीत पक्की है।" जब उन्होंने इधर-उधर देखा और कहा, "हमारे सीताराम ही विधायक बनेंगे," तो वहाँ मौजूद सभी लोग एक-दूसरे का चेहरा देखने लगे, जैसे उन्हें कुछ समझ नहीं आ

रहा हो।.

उनके चेहरे पर सवालिया निशान के साथ सबने देखा, जैसे कि पूछ रहे हों, "सीताराम कैसे जीत सकते हैं अगर इन्हें टिकट नहीं मिला?" उनकी शंका को समझते हुए, उन्होंने कहा, "अगर पार्टी टिकट नहीं देती, तो क्या हुआ? मैं निर्दलीय उम्मीदवार के रूप में चुनाव लड़ूंगा और विधायक बनकर जीतूंगा। मैं ऐसा करूंगा कि वे खुद मेरे पास आकर मेरे पैर छुएंगे।" यह सुनकर सभी ने तालियाँ बजानी शुरू कर दीं, चिल्लाने लगे, और कुछ ने तो अपनी जांघें थपथपाईं। उनमें से कुछ मेरे पास आए और मुझे अपने कंधों पर उठा लिया और हवा में उछालने लगे। उस एक पल के लिए, मुझे कुछ समझ में नहीं आया कि मैं क्या देख रहा हूँ और क्या सुन रहा हूँ। यह हकीकत थी या कोई सपना? मैं इस दुविधा में पड़ गया। इसी दुविधा में मैंने कल्याणी की तरफ देखा, और कल्याणी का चेहरा खुशी से चमक रहा था। तब, भले ही मैंने बाहर से यह नहीं कहा था, लेकिन अंदर से मैंने मान लिया था कि मैं निर्दलीय चुनाव लड़ूंगा। कल्याणी के चेहरे की वह खुशी देखकर, मैं कैसे कह सकता था कि मैं चुनाव नहीं लड़ूंगा? कल्याणी की खुशी पूरे घर में दिख रही थी। मेरे जीवन में वह दिन किसी त्योहार जैसा था। जीवन में कई त्योहार आए, लेकिन ऐसा दिन पहले कभी नहीं आया था।.

पौराणिक फिल्मों में मैंने मेघों के बीच पुष्पक विमान में उड़ते हुए देखा था, लेकिन मैंने वास्तविक जीवन में खुद को पुष्पक विमान में उड़ते हुए महसूस किया। यह एक अविस्मरणीय अनुभव था।

निर्णय लेने के दो दिन बाद, नामांकन दाखिल करने के लिए मेरे कुंडली को एक पुजारी को दिखाया गया। उन्होंने तारीख और समय बताई और उसी के अनुसार मेरे नामांकन दाखिल करने का निर्णय लिया गया। इसके बाद, बड़ी संख्या में समर्थकों के साथ, दर्जनों वाहनों की एक लंबी रैली में, पूरे उत्सव के माहौल के साथ, मैंने निर्दलीय उम्मीदवार के रूप में नामांकन दाखिल किया।.

नामांकन दाखिल करने के बाद प्रचार शुरू हुआ, और बड़े पैमाने पर खर्चा करना भी शुरू हो गया। कल्याणी के ताऊजी की दृढ़ता को देखकर मुझे भी यकीन होने लगा कि मैं किसी भी हाल में जीतूंगा। मैंने किसी को नहीं बताया, लेकिन भीतर ही भीतर छोटी-छोटी कल्पनाएँ करने लगा, जैसे कि मैं विधायक बन चुका हूँ। विधायक बनने के बाद मेरी ड्रेस सेंस भी बदल गई, सफेद शर्ट, सफेद धोती, पैरों में सैंडल, और कुर्सी पर बैठते समय पैर पर पैर रखकर बैठना। जब भी मैं कार से उतरूं, सब लोग खड़े होकर मुझे नमस्कार करें, और मैं उन्हें हाथ के इशारे से कहूं, "ठीक है, बैठ जाइए।" इस तरह की कई कल्पनाओं में खोकर खुश होता रहता था।

मैंने अपने माता-पिता को यह नहीं बताया, लेकिन सोच रहा था कि विधायक बनने के बाद पिता जी से कहूँगा, "आपका बेटा अब एक सफल व्यक्ति बन गया है," और इसके लिए कोई पत्र भी नहीं लिखा।

प्रचार जोरों पर शुरू हो गया था, और भले ही नामांकन दाखिल करने का समय अभी बाकी था, लेकिन यह खबर फैल चुकी थी कि वे प्रचार में सबसे आगे हैं।.

कल्याणी के ताऊजी काफी पैसे खर्च कर रहे थे, और सैकड़ों कार्यकर्ता हमारे साथ घूम रहे थे। सभी को यह विश्वास हो गया था कि जीत हमारी ही होगी। इसी बीच, नामांकन दाखिल करने का आखिरी दिन आया, और सुबह 8 बजे दर्जनों पार्टी के लोग आए। वे कल्याणी के ताऊजी के हाथ में बी-फॉर्म लेकर आए। ताऊजी थोड़ी देर के लिए नाराज़ हो गए, लेकिन पार्टी के लोगों ने उन्हें समझाया, और घरवालों ने भी उन्हें समझाया। फिर उन्होंने मेरी तरफ देखा और सभी से कहा, "अब फैसला लेना ही होगा। मैं नहीं, बल्कि हमारे दामाद सीताराम चुनाव लड़ेंगे।" सभी ने मेरी तरफ देखा, और मैंने एक पल भी सोचे बिना कहा, "आप बी-फॉर्म लीजिए और उस पर साइन करके फॉर्म भरिए।" यह सुनकर वे खुश हो गए और कहा, "ठीक है।" उसी दिन सुबह 10 बजे, हमने साधारण तरीके से, कुछ ही लोगों के साथ जाकर विधायक के रूप में नामांकन दाखिल किया।.

प्रचार शुरू हो गया था। पहले मैं सबसे आगे खड़े होकर सभी को अभिवादन करता था (नमस्कार), लेकिन अब कल्याणी के ताऊजी आगे खड़े होकर अभिवादन कर रहे थे, और मैं उनके बगल में था। पहले की तरह ही प्रचार चल रहा था। जब अखबारों और रेडियो में यह खबर आई कि जिस पार्टी से वह (कल्याणी के ताऊजी) चुनाव लड़ रहे हैं, वह सत्ता में आएगी, तो मुझे भी यकीन हो गया कि उनकी पार्टी सत्ता में आएगी। इसी तरह हमारा प्रचार चल रहा था। हमारे विपक्ष में जो उम्मीदवार था, वह मौजूदा विधायक था। उन्होंने पैसा पानी की तरह बहाना शुरू कर दिया, हमसे भी ज्यादा खर्च करने लगे। ऐसे ही प्रचार चल रहा था।.

एक दिन कल्याणी ने मुझसे व्यक्तिगत रूप से कहा, "लोग कह रहे हैं कि सिटिंग विधायक अपनी पहुँच का उपयोग करके खुद ही जीत जाएगा, और उसकी छवि भी अच्छी है। उसके जीतने के मौके ज्यादा हैं। हमारे लोग हमारे साथ हैं, लेकिन वे जानते हैं कि सिटिंग विधायक ही जीतेगा।" फिर उसने कहा, "देखते हैं, हम अपनी तरफ से पूरी कोशिश करेंगे।" इसके बाद हमने पूरी ताकत से प्रचार किया। सिटिंग विधायक भी हमारे साथ मुकाबला करते हुए प्रचार कर रहा था। जब चुनाव में दो दिन बचे थे, तब प्रचार रुक गया।.

जब एक बड़ा युद्ध शुरू होकर कुछ दिनों तक चलने के बाद रुक जाता है, तो जितनी शांति महसूस होती है, उतनी ही शांति महसूस हो रही थी। लोगों की चीखें, नारों की गूंज, भावनाओं का उबाल और माइक से की जा रही घोषणाएँ सब खत्म हो गई थीं, और शांति का माहौल स्थापित हो गया था।

हम किसी पेड़ को कैसे पहचानते हैं? उसके फूलों या फलों से, हम कह सकते हैं कि यह अमुक पेड़ है। उसी तरह, किसी इंसान के बारे में जानने के लिए, उसके भीतर क्या है, वह बाहर आना चाहिए, तभी हम जान सकते हैं कि वह इंसान कैसा है। मुझे भी ऐसा ही एहसास हुआ।.

सुबह चुनाव होने वाले थे, और उस रात करीब एक बजे जब मैं सो रहा था, मुझे लगा जैसे कल्याणी धीमी आवाज़ में मुझे बुला रही है और दरवाजा खटखटा रही है। मैं उठा और दरवाजा खोला। सामने कल्याणी घबराई हुई दिख रही थी। मैंने पूछा, "क्या हुआ?" कल्याणी ने इशारे से कहा, "मुँह बंद रखो और बात करो," और मुझे थोड़ी दूर अंधेरे में ले गई। मुझे कुछ समझ में नहीं आया, तो मैंने फिर पूछा, "तुम इतनी टेंशन में क्यों हो?" उसने कांपती हुई आवाज़ में कहा, "तुम यहाँ से चले जाओ, किसी को मत दिखना," और मेरे हाथ में कुछ पैसे रख दिए। मुझे अभी भी कुछ समझ में नहीं आया, तो मैंने फिर पूछा, "क्या हुआ?" वह आँसुओं को रोकते हुए बोली...

सिटिंग विधायक की जीत पक्की है, यह बात हमारे लोगों को पता चल गई है। अब वे किसी भी तरह चुनाव को रोकने की कोशिश कर रहे हैं। चुनाव रोकने के लिए, उम्मीदवारों में से किसी एक की मौत होनी चाहिए। इसलिए उन्होंने योजना के अनुसार तुम्हें निर्दलीय चुनाव लड़वाया। मेरे पिता, चाचा और ताऊजी शुरू से ही सोच रहे थे कि किसे बलि का बकरा बनाया जाए, और उनकी नजर तुम पर पड़ी। इसलिए उन्होंने मुझसे तुम्हारी शादी करने के लिए सहमति दी। उनकी योजना के अनुसार, अगर चुनाव हारने की स्थिति बनी, तो वे तुम्हें मार डालेंगे और तुम्हारी लाश बस स्टैंड पर फेंक देंगे, जिससे चुनाव रुक जाएगा।.

"वैसे भी उनकी सरकार आने वाली है, इसलिए छह महीने बाद उपचुनाव होंगे, तब कुछ न कुछ किया जा सकता है। इसी सोच के साथ उन्होंने तुम्हें निर्दलीय चुनाव लड़वाया। सबने मिलकर पक्का प्लान बनाकर यह नाटक खेला है। मेरे बड़े पिताजी के साथ-साथ उस पार्टी के लोगों को सब कुछ पता है। जानबूझकर उन्होंने आखिरी दिन बी-फॉर्म दिया, ये सब उसी योजना का हिस्सा था। आज रात तीन बजे हमारे लोग आएंगे और कहेंगे कि बड़े पिताजी बुला रहे हैं, और फिर वे तुम्हें मार डालेंगे और तुम्हारी लाश बस स्टैंड पर फेंक देंगे। इससे चुनाव रुक जाएगा। यही होने वाला है। मेरी माँ ने मुझे अभी बताया कि बिना वजह वे लोग अपने स्वार्थ के लिए उस लड़के की ज़िंदगी बर्बाद कर देंगे। कोई माँ किसी और के बेटे की ज़िंदगी बर्बाद होते नहीं देख सकती। इसलिए माँ ने मेरे हाथ में पैसे रखकर कहा कि तुम्हें यहाँ से किसी को बताए बिना भेज दूँ।"

सब कुछ सुनने के बाद मुझे ऐसा लगा जैसे मेरे पैरों तले ज़मीन खिसक गई हो। मुझे समझ में नहीं आ रहा था कि क्या बोलूं। मैं सोच में पड़ गया कि उनकी प्रेम और स्नेह के पीछे इतनी बड़ी साजिश हो सकती है। इसी बीच, कल्याणी ने जल्दी करने के लिए कहा और रोते हुए मेरे पैरों पर गिर पड़ी, "तुम यहाँ से चले जाओ," कहकर। मैंने "ठीक है" कहा और कल्याणी के हाथ में जो पैसे थे, उन्हें लेकर उस अंधेरे में घर से बाहर निकल गया, बिना किसी को दिखे, कुछ दूरी तक चला। लेकिन फिर मुझे उनकी असली सच्चाई जानने की इच्छा हुई, इसलिए मैं वापस लौट आया। मैंने देखा कि जिस आउटहाउस में मैं रह रहा था, उसके पास एक बड़ा पेड़ था। मैं उस पेड़ पर चढ़कर बैठ गया।.

मैंने आउट हाउस की तरफ देखना शुरू किया, यह जानने के लिए कि क्या वे तीन बजे, जैसा कि कल्याणी ने कहा था, आएंगे। इंतजार करते हुए, करीब तीन बजे चार लोग आउट हाउस के पास आए और दरवाजा खटखटाने लगे। अंदर से कोई जवाब नहीं मिला, तो उन्होंने दरवाजा धक्का देकर खोला और अंदर देखा। मुझे वहां न पाकर वे हैरान हो गए और सोचने लगे कि मैं कहां चला गया हूँ। फिर वे घबराए हुए वहां से चले गए। तब मुझे पूरी बात समझ में आ गई। उनके जाने के दस मिनट बाद, मैं पेड़ से नीचे उतरा और किसी को दिखे बिना उस घर से, उस गांव से बाहर निकल गया। फिर मैंने दौड़ना शुरू कर दिया। मुझे यह भी नहीं पता था कि मैं कहां जा रहा हूँ, बस दौड़ रहा था। इस तरह करीब

दो घंटे से ज्यादा दौड़ता रहा। इसी दौरान, सुबह के समय एक लारी दिखाई दी। मैंने लारी को रोका। लारी रुक गई, तो मैंने पूछा, "यह कहां जा रही है?" उसने कहा, "तमिलनाड़ु।" मैंने कहा, "मुझे वहीं जाना है," और उसे पैसे देकर लारी में बैठ गया। इस तरह, मैं कल्याणी का घर, गांव, और राज्य पार करके निकल गया, बस सोचता रहा, "ज़िंदगी जीने के लिए यही रास्ता है।"

राजू साहब घोड़े पर सवार होकर आ रहे थे, और लोग उनका स्वागत करने के लिए लाल कालीन बिछा रहे थे। घोड़े ने सोचा कि वह कालीन उसके लिए बिछाया गया है, वैसे ही मैंने भी सोचा कि विधायक की सीट मेरे लिए ही है।

मैं उन लोगों की चालाकियों और धोखों को पहचान नहीं सका। मैं अभिमन्यु नहीं बना, न ही अर्जुन बना, बल्कि दुर्योधन बन गया।

मैं घर वापस लौटा, केवल अपने कपड़ों के साथ। भले ही मैंने अपनी घबराहट और डर को छिपाने की कोशिश की, लेकिन थोड़ी बहुत झलक बाहर आ ही गई। मेरी माँ ने पूछा, "क्या हुआ? तुम ऐसे क्यों लग रहे हो? तुम्हारा सामान कहाँ है?"

मैंने थोड़ी शांत आवाज़ में कहा, "ट्रेन में सो गया था, जब उठकर देखा, तो किसी ने सामान उठा लिया था।" इस पर मेरी माँ बोली, "अरे, इसलिए तुम ऐसे लग रहे हो? चलो, जो हुआ सो हुआ। नहा लो और फिर खाना खा लो, तुम्हारा चेहरा मुरझा गया है।" मैंने कहा, "ठीक है," और नहाने चला गया।.

किसी व्यक्ति या किसी घटना के प्रति एक बार जब भय इंसान के दिल में प्रवेश कर जाता है, तो कहते हैं कि वह डर हमेशा जाग्रत रहता है। वह डर मुझे मानसिक रूप से चोट पहुँचाने लगा। "मौत के करीब जाकर वापस आ गया," यह सोचते ही मेरा दिल तेजी से धड़कने लगता था। मैं किसी से ज्यादा घुलता-मिलता नहीं था, न ही किसी से ज्यादा बात करता था। मैं अक्सर नींद में चौंककर उठ जाता था, और वह घटना मुझे एक बुरे सपने की तरह सताने लगी।

इसी दौरान, हमारे गाँव का एक व्यक्ति मुझसे आकर बोला, "तुम्हारी दोस्त सुजाता ने तुम्हें मिलने के लिए बुलाया है।" मैंने कहा, "ठीक है," और वहाँ से सुजाता के घर चला गया। मुझे पता था कि कल्याणी की तरफ से कोई पत्र आया होगा। मेरी सोच सही निकली। जैसे ही मैं सुजाता के घर पहुँचा, उसने पत्र लाकर मेरे हाथ में दे दिया। मैंने उतावली में पत्र खोला, और उसमें यह लिखा था...

"मुझे उम्मीद है कि तुम सुरक्षित घर पहुँच गए हो। तुम वहाँ नहीं थे, इसलिए चुनाव हो गए। जैसे टोकरी में साँप होता है, लेकिन उन्होंने वार कहीं और कर दिया। इसका मतलब है कि टोकरी एक जगह थी, लेकिन वार दूसरी जगह पड़ा, इसलिए साँप सुरक्षित है। इसका मतलब यह है कि उनका लक्ष्य सही नहीं था, और उन्होंने साजिशों और चालों को ज़्यादा महत्व दिया, इसलिए हमारे ताऊजी हार गए।"

"जैसा कि सोचा था, चुनाव में सिटिंग विधायक ही जीत गया। तुम्हें खतरे से बाहर निकालने के लिए मेरी माँ और मुझे कुछ समस्याओं का सामना करना पड़ा, लेकिन कोई बात नहीं, हमारी तकलीफें थोड़ी देर की ही थीं, तुम्हारी जान बच गई, और यही मेरे लिए खुशी की बात है।

अगर तुम्हारे मन में मेरे लिए प्यार है, तो मेरी बात सुनो। मुझे भूल जाओ और किसी और से शादी करके एक नई ज़िंदगी शुरू करो। ज़िंदगी में हम बहुत कुछ सोचते हैं, लेकिन सब कुछ हमारे अनुसार नहीं होता। कुछ ही चीज़ें होती हैं, और उनमें हमारी मनचाही चीज़ें नहीं होतीं, बस इतना ही। मैं अपने बुआ के बेटे से शादी कर रही हूँ, और मेरे घरवालों ने मुझे इसके लिए मना लिया है। मैंने भी मान लिया, और अब मुझे उम्मीद है कि तुम मेरी स्थिति को समझोगे।

जब मुझे यह सुनने को मिलेगा कि तुमने शादी कर ली है, तब ही मुझे मानसिक शांति मिलेगी। मुझे भरोसा है कि तुम मेरी बात को नहीं टालोगे। तुम्हें मुझे जवाब नहीं देना है, सुजाता मुझे सब कुछ बताएगी।

तुम्हारी दोस्त, कल्याणी।"

पत्र पढ़ने के बाद मैंने सोचा, जो मैंने कल्पना की थी, वही पत्र में लिखा हुआ था।.

मेरी स्थिति को समझने वाली सुजाता ने मुझे सलाह दी, "मौन व्रत करो।"

"कम से कम दो दिन मौन व्रत करो। इन दो दिनों में ठोस भोजन मत लो, केवल तरल आहार लो। थोड़ी देर भगवान का ध्यान करो। ध्यान करने के बाद, खुद से बात करो। खुद को विश्लेषित करो, अच्छे और बुरे पर विचार करो। फिर दूसरी तरफ जाकर उनके दृष्टिकोण से सोचो। अंत में, तुम्हें एक समाधान मिलेगा, और वह तुम्हें आगे की दिशा दिखाएगा कि तुम्हें किस रास्ते पर चलना चाहिए," उसने कहा। मैंने कहा, "ठीक है।"

उसने जैसा कहा, मैंने वैसा ही किया। मैंने घरवालों से कह दिया कि मैं दो दिन मौन व्रत कर रहा हूँ और सुजाता द्वारा बताई गई सभी बातों का पालन किया। इन दो दिनों में मैंने किसी से एक शब्द भी नहीं बोला और पूरी श्रद्धा से व्रत किया। आखिरकार, मुझे एक उत्तर मिला।.

दुःख कोई सजा नहीं है! सुख कोई वरदान नहीं है! दोनों ही कर्मों के फल हैं, यह मुझे समझ में आ गया... वास्तविकता को समझे बिना भ्रम में जीने के कारण ही यह स्थिति आई।

यहाँ हर कोई अपना स्वार्थ देखता है, कोई भी किसी और के लिए नहीं है। उन्होंने अपने स्वार्थ को देखा, जो होना था, वह हो गया। अब एक नई ज़िंदगी की शुरुआत करने का सोच लिया है। मौन व्रत की वजह से मेरे भीतर की निराशा दूर हो गई, लेकिन मैं यादों से इतनी जल्दी बाहर नहीं निकल पाया...!
*****

7

अध्याय ... मेरी शादी।

मेरे मूक भाव को देखकर मेरे माता-पिता और मेरी बड़ी बहन (जो मुझे देखने आई थीं, क्योंकि उन्हें पता चला कि मैं घर आया हूँ) ने सोचा कि मैं नौकरी न मिलने के कारण ऐसा हूँ। मुझे इस स्थिति से बाहर निकालने का एक ही तरीका था, और वो था मेरी शादी करवाना। इस निर्णय पर पहुँचे... मेरे पिता मुझे एक ज्योतिषी के पास ले गए और उनसे पूछा कि मेरे बेटे के लिए किस प्रकार का रिश्ता आएगा। ज्योतिषी ने मेरी बैठने की दिशा देखकर कहा कि आपके बेटे के लिए एक बड़े घर से रिश्ता आएगा। साथ ही, ज्यादा शादी के प्रस्ताव देखने की जरूरत नहीं पड़ेगी, पहली बार ही उसे पसंद आएगी और वह लड़की उसकी पत्नी बनेगी।.

मैंने अपने दोस्त सुरेश को केरल में जो हुआ था, वह बिना बताए सिर्फ इतना ही कहा कि मेरी शादी कल्याणी से नहीं हुई। तब उसने कहा... "मनुष्य के भीतर तरह-तरह की भावनाएँ होना स्वाभाविक है, उन भावनाओं को साझा करने के लिए एक भरोसेमंद रिश्ता चाहिए और वही रिश्ता शादी कहलाता है। उसी से एक परिवार की स्थापना होती है।" इस तरह से उसने मुझे समझाने की कोशिश की।

दोस्तों और घरवालों ने मुझ पर शादी करने के लिए सलाह देना और दबाव डालना शुरू कर दिया, लेकिन मैं उलझन में था। आप कह सकते हैं, "सीताराम, यह सिरदर्द हमें क्यों दे रहे हो? तुमने तो कोई न कोई निर्णय लिया ही होगा, तो हमें वह निर्णय बता सकते हो।" कुछ चीजें, चाहे हम कितनी भी कोशिश करें, टाल नहीं सकते। कैसे?

एक गाँव में एक आदमी रहता था, आप मान सकते हैं कि वह किसी का नाम या पहचान नहीं रखता, मेरे जैसा ही कोई था। वह सन्यास लेने की सोचकर जंगल की ओर जाने लगा, साथ में दो तौलिये और दो लुंगियाँ लेकर। जंगल में जाकर उसने एक झोपड़ी बनाई और वहीं रहने लगा। एक जोड़ी कपड़े पहनता और दूसरी जोड़ी को एक डंडे पर सूखने के लिए टाँग देता।

एक दिन डंडे पर सूख रही तौलिया हवा के कारण नीचे गिर गई, और एक चूहे ने उस तौलिये को कुतर दिया। उसने सोचा कि अगर इस चूहे को यूं ही छोड़ दिया तो वह दूसरी तौलिया भी कुतर देगा। इसलिए चूहे को मारने के लिए उसने एक बिल्ली लाने का फैसला किया। अब बिल्ली के लिए दूध चाहिए, तो उसने दूध के लिए एक गाय लाने का निर्णय लिया। गाय को घास चाहिए, इसलिए उसने 13 साल के एक लड़के को घास लाने के लिए रखा। लड़का घास लाता है, गाय घास खाती है और दूध देती है।.

वह बिल्ली दूध पीकर चूहे को पकड़ने के काम में लग जाती है। लेकिन अब उस लड़के के लिए खाना पकाने की जिम्मेदारी उस आदमी पर आ गई। इसके लिए वह जंगल में एक 21 साल की लड़की से पूछता है, "क्या तुम हमारे घर रहकर इस लड़के के लिए खाना पकाओगी?" वह लड़की मान जाती है। इस दौरान, खाना पकाने के क्रम में, उन दोनों के बीच एक खास संबंध विकसित हो जाता है, और वे दोनों एक-दूसरे से प्यार करने लगते हैं और दांपत्य जीवन की शुरुआत कर देते हैं।

जिस चीज से बचने के लिए वह आदमी जंगल में गया था, वह फिर से उसी स्थिति में आ गया। कुछ चीजें, चाहे हम कितनी भी कोशिश करें, वे हमें हमेशा घेरती रहती हैं। हम उन्हें नकार नहीं सकते, न ही उनसे छुटकारा पा सकते हैं। इसे ही कमजोरी कहते हैं, और मेरे अंदर भी ऐसी ही कमजोरी है। इसलिए मैंने सबकी बात मानकर शादी करने का फैसला किया। इसके बाद, उन्होंने मेरे लिए रिश्ते देखना शुरू किया।

कुछ लोगों की सुंदरता उनकी उम्र के कारण होती है, वे सिर्फ इसलिए सुंदर दिखते हैं क्योंकि वे अपनी उम्र के सटीक दौर में होते हैं, इसे 'उम्र

की सुंदरता' कहते हैं। लेकिन जब मैं पहली बार शादी के प्रस्ताव के दौरान अपनी होने वाली पत्नी से मिला, तो मुझे ऐसा नहीं लगा कि यह 'उम्र की सुंदरता' है, बल्कि वह सचमुच सुंदर थी। बड़े घर का रिश्ता मतलब केवल आर्थिक रूप से बड़ा घर नहीं, बल्कि उनके घर में बहुत सारे लोग रहते थे, इस तरह से यह एक बड़े घर का रिश्ता बन गया। आखिरकार, मैंने पहली नज़र में ही उसे पसंद कर लिया। मैंने अभी तक अपनी होने वाली पत्नी का नाम नहीं बताया, उसका नाम अवंतिका है।.

24 साल के मेरे जीवन में, जो सबसे महत्वपूर्ण था और जिसके बारे में मैंने कई सपने देखे थे, वह बहुत साधारण तरीके से, बिना किसी बड़ी धूमधाम के, मेरे संबंधी और मित्रों की उपस्थिति में मेरी शादी हो गई। कल्पना और वास्तविकता में कितना अंतर होता है, यह मुझे तब समझ में आया।

(ज्योतिषी ने जो कहा था कि मैं अधिक शादी के प्रस्तावों को देखने से पहले ही पहली नजर में लड़की को पसंद कर लूंगा, इस पर मैंने विश्वास नहीं किया था। और 'बड़े घर की लड़की' वाली बात पर भी मैंने विश्वास नहीं किया था, क्योंकि उन दिनों ज्यादातर घर बड़े ही होते थे और उनमें बहुत से बच्चे होते थे। चूंकि मैं मानसिक रूप से डिप्रेशन में था, इसलिए बार-बार शादी के प्रस्ताव देखने की बजाय, मैंने सोचा कि किसी एक को ही चुन लूं। इसलिए मैंने हाँ कहा, लेकिन इसका यह मतलब नहीं कि ज्योतिषी की भविष्यवाणी सच हुई थी, इस पर मुझे विश्वास नहीं है।)

मैंने अपनी शादी की फोटो सुजाता के माध्यम से कल्याणी को भेज दी।.
*****

इस तरह, जब मैं सोच रहा था कि मेरी शादी का अध्याय समाप्त हो गया है, उसी समय, यहाँ (मधुरई में) कल्याण मंडपम में एक जोरदार बैंड की आवाज सुनाई दी। बड़े साहब अपने अतीत से बाहर निकलते हैं और वहां हो रही शादी को देखते हैं। अपने दिल से नवविवाहित जोड़े को आशीर्वाद देते हैं कि उनका वैवाहिक जीवन खुशहाल हो।

इसके बाद, बड़े साहब शादी के भोज का आनंद लेते हैं और भोजन समाप्त करने के बाद, दोनों (बड़े साहब और उनका साथी) कल्याण मंडपम से होटल वापस जाने के लिए पैदल निकल पड़ते हैं। चलते हुए, बड़े साहब के मन में फिर से अतीत की यादें आने लगती हैं, क्योंकि ये सारी घटनाएं एक-दूसरे से जुड़ी हुई थीं। अभी थोड़ी देर पहले ही उन्होंने नवविवाहितों को आशीर्वाद दिया था कि उनका वैवाहिक जीवन खुशहाल हो। अब उन्हें याद आने लगता है कि उनका खुद का वैवाहिक जीवन कैसा रहा और उसे साझा करने का मन करता है।.
*****

8

अध्याय ... मेरा दांपत्य जीवन

(सास और बहू की मित्रता)

*****

एक राजा को एक दिन एक शक हुआ...!

वो क्या था...?

शक यह था कि शादी करके ससुराल जाने वाली लड़की की सबसे बड़ी ख्वाहिश क्या होती है? ससुराल में क्या होना चाहिए, जो उसे अच्छा लगे?
राजा ने यह सवाल अपने मंत्री से पूछा।
मंत्री ने जवाब में कहा, "मुझे नहीं पता।"
तब राजा ने मंत्री से कहा, "अगर कल शाम तक तुम इस सवाल का जवाब नहीं दोगे, तो तुम्हें फांसी दे दी जाएगी।"
यह सुनकर मंत्री अपने घर चले गए। घर पहुंचकर वे इस सवाल के बारे में सोचते हुए इधर-उधर टहलने लगे।
उन्हें टेंशन में देख उनका बेटा पूछता है, "पिताजी, आप क्यों चिंता में इधर-उधर टहल रहे हैं?"
तब मंत्री ने जवाब दिया, "राजा ने मुझसे यह सवाल पूछा है। अगर मैंने कल तक जवाब नहीं दिया, तो मुझे फांसी दे दी जाएगी। मेरे पास सिर्फ एक बेटा है, बेटी नहीं, तो मुझे कैसे पता चलेगा?"

मंत्री का बेटा चिंता में पड़कर घोड़े पर सवार होकर निकल पड़ता है। उसे नहीं पता कि वह कहां जा रहा है, बस जिस रास्ते पर नज़र पड़ती है, उसी पर चल रहा है। कुछ गाँवों को पार कर जाता है। चलते-चलते, वह एक पहाड़ी पर एक पुराने खंडहर मंदिर के पास पहुँचता है। वहाँ एक बुजुर्ग महिला, जो बहुत बदसूरत और कुरूप दिखाई देती है, बैठी होती है।

वह महिला मंत्री के बेटे को देखकर पूछती है, "मंत्री के पुत्र, तुम कहां जा रहे हो?"
तब मंत्री का बेटा जवाब देता है, "राजा ने एक सवाल पूछा है कि जब एक लड़की शादी करके ससुराल जाती है, तो वह क्या चाहती है? मेरे पिताजी उस सवाल का जवाब नहीं दे पाएंगे, और कल शाम को उन्हें फांसी दी जाएगी। मुझे इसका जवाब नहीं पता, और मुझे समझ नहीं आ रहा कि किससे पूछूं।"

यह सुनकर बुजुर्ग महिला कहती है, "राजा के सवाल का जवाब मैं जानती हूँ।"
मंत्री का बेटा उत्सुकता से कहता है, "तो कृपया बताइए।"
तब वह महिला कहती है, "मैं जवाब तभी दूंगी, जब तुम मुझसे शादी करोगे।"
मंत्री का बेटा सोच में पड़ जाता है। वह महिला न तो सुंदर है, बल्कि बहुत कुरूप और बूढ़ी है। लेकिन उसे अपने पिता की जान बचानी है, इसलिए वह कहता है, "मैं तुमसे शादी करूंगा।" फिर वह महिला को राजा के पास ले जाता है है।

वह महिला राजा से कहती है, "राजा, जब एक लड़की शादी के बाद ससुराल जाती है, तो वह चाहती है कि ससुराल में भी उसे अपने मायके जैसा ही सम्मान और अपनी पहचान मिले।"

उसके जवाब से राजा संतुष्ट हो जाता है और मंत्री की फांसी की सज़ा को रद्द कर देता है।

(मंत्री का बेटा उस बुज़ुर्ग महिला से शादी करने के लिए तैयार हो जाता है। उसकी सच्चाई और ईमानदारी देखकर एक देवी प्रकट होती है और उसे वरदान देती है। वह कहती है, "तुम्हें एक विकल्प चुनना है। विकल्प यह है कि वह महिला 12 घंटे तक सुंदर और युवा रहेगी, और बाकी 12 घंटे वैसी ही रहेगी, जैसी वह अब दिख रही है – बदसूरत और बूढ़ी।"
देवी के इस वरदान को सुनकर सभा में बैठे लोग सोच में पड़ जाते हैं। अगर वह रात के समय उसकी सुंदरता को चुने, तो दिन में वह बुज़ुर्ग और बदसूरत रहेगी, और उसके साथ बाहर घूमना ठीक नहीं लगेगा। अगर वह दिन के लिए उसकी सुंदरता को चुने, तो रात को वैवाहिक जीवन में कठिनाई होगी।
इस बड़े सवाल का समाधान सोचते हुए मंत्री का बेटा देवी से कहता है, "अगर मैं यह निर्णय लूंगा, तो यह स्वार्थी होगा। उसके अपने व्यक्तित्व का सम्मान करना ही सबसे अच्छा है, इसलिए उसे ही फैसला लेने दें।"
यह सुनकर देवी मंत्री के बेटे की बुद्धिमानी से प्रभावित होती है और उसे आशीर्वाद देती है कि वह महिला 24 घंटे तक सुंदर और युवा रहेगी।
इसके बाद मंत्री का बेटा उस महिला से शादी कर लेता है।)

उस कहानी में जैसे बताया गया, मेरी पत्नी को अपने मायके के व्यक्तित्व को यहां जारी रखने का मौका नहीं मिला…!

कहा जाता है कि प्रेम एक ठोस पदार्थ की तरह नहीं होता, बल्कि तरल की तरह, जैसे पानी, बहता है। प्रेम एक ही जगह नहीं रुकता, वह एक जगह से दूसरी जगह यात्रा करता है। यह सच है, और मैंने इसे एक बार फिर साबित किया। मैंने अपना प्रेम कल्याणी से अपनी पत्नी की ओर स्थानांतरित कर दिया।

जब घर में नई बहू आती है, तो जैसा माहौल होता है, वैसा ही माहौल हमारे घर में भी शुरू हुआ।

जब पूर्व से हवा बहती है, तो वह सभी को छूती है, उसी तरह वह हवा हमारे परिवार को भी छू गई। यहाँ पूर्व की हवा से मेरा मतलब सास और बहू के बीच होने वाले संघर्ष से है। (मैंने यह नाम मज़ाक में दिया है।)

कुछ विश्वास घरों को मुश्किलों में डाल देते हैं। उनमें से एक यह था कि मेरी पत्नी के शादी के बाद घर आने के बाद, हमारी भैंसों में से एक भैंस मर गई। उसी साल बारिश भी नहीं हुई, जिससे फसल का नुकसान हुआ। इसके बाद लोग धीरे-धीरे यह सोचने लगे कि बहू का कदम शुभ नहीं है। उसके घर में कदम रखने के बाद से ही बुरी घटनाएं होने लगीं। उसे बदकिस्मत समझा जाने लगा, और यह बात धीरे-धीरे एक-दूसरे से गुपचुप तरीके से कही जाने लगी। जब यह सारी बातें कई चरणों से गुजरने के बाद खुलकर सामने आईं, तो मेरी माँ ने सीधा मेरी पत्नी से कह दिया। इससे मेरी पत्नी मानसिक रूप से बहुत टूट गई और अब वह वहाँ रहने की इच्छा नहीं रखती थी।

इस स्थिति को और भी बदतर बनाने के लिए, जैसे एक समस्या के बाद दूसरी समस्या आती है, मेरी पत्नी सुबह देर से उठती थी। मेरी माँ चाहती थी कि बहू सुबह जल्दी उठकर घर के कामकाज संभाले। इस वजह से सास-बहू के बीच का टकराव और बढ़ गया। मेरी पत्नी छोटी-छोटी गलतियाँ करती, और उन गलतियों का दोष मुझ पर डाल दिया जाता। मैं कभी यह नहीं कहता था कि वह गलतियाँ मेरी पत्नी ने की थीं, क्योंकि मैं नहीं चाहता था कि मेरे माता-पिता को यह पता चले।

शादी के बाद काफी समय तक बच्चे नहीं होने के कारण मनमुटाव और झगड़ों का एक और कारण यह था कि बच्चों का न होना लगातार विलंबित हो रहा था, जिससे मेरी पत्नी को घर में मेरी मां के साथ-साथ बाकी लोगों की बातें सुनने में कठिनाई हो रही थी।

हमारे घर में सास-बहू के बीच कैसे संबंध थे, इसे समझाने के लिए मैं आपको एक कहानी सुनाऊंगा। वह कहानी थोड़ी-बहुत इधर-उधर हो सकती है।

नारद मुनि अपनी डेली ड्यूटी के हिस्से के रूप में तीनों लोकों का भ्रमण करके, जो देखा वह अपडेट देने के लिए पहले ब्रह्मा और विष्णु से मिलने के बाद शिव के पास आते हैं। शिव: "नारद, बताओ, भूलोक (पृथ्वी लोक) कैसा है?" नारद मुनि: "ब्रह्मांड की तरह है, स्वामी। मनुष्य बहुत बुद्धिमान हो गए हैं। वे बिना हमारी आवश्यकता के ही अच्छा जीवन जी रहे हैं और तरक्की कर रहे हैं।" शिव: "हाल के दिनों में तुम

काफी आलसी हो गए हो, नारद। तुम्हारी कामचोरी बढ़ गई है।"

हमेशा शिव के मुख से न सुनी हुई बात सुनकर, नारद मुनि हतप्रभ हो गए। फिर जब होश में आए, तो दुख से तड़पते हुए कुछ आंसू बहाते हुए बोले, "स्वामी, आपने कैसी बातें कह दीं? क्या मैं आलसी हूं? क्या मैं कामचोर हूं? ऐसी बातें आपके मुख से सुनने के बाद अब मुझे इस जन्म में रहने का क्या मतलब? मैं यहीं से भुलोक (पृथ्वी लोक) में कूदकर जान दे दूंगा…" और जब वह ऐसा करने की कोशिश कर रहे थे, तो शिव उन्हें रोकते हैं।

शिव: "दुखी मत हो, मैंने तो मजाक में कहा था।"

नारद मुनि: "स्वामी, मैं कितने युगों से प्रतिदिन अपनी ड्यूटी निभा रहा हूं।"

शिव: "सच है, लेकिन अब मैं तुम्हें सच्चाई दिखाऊंगा। हम दोनों साथ में भुलोक चलेंगे।" इस पर नारद मुनि सहमति में सिर हिलाते हैं।

शिव और नारद स्वामीजी के रूप में भुलोक (पृथ्वी लोक) में प्रकट होते हैं। थोड़ा दूर चलने के बाद, वे एक घर चुनते हैं और वहां जाकर दरवाजा खटखटाते हैं। उस घर में सास, बहू और बहू का पति होते हैं। घर की बहू दरवाजा खोलकर पूछती है, "आप कौन हैं?"

तब नारद मुनि कहते हैं, "हम आपके कल्याण के लिए आए हैं, क्या हमें अंदर आने देंगी?" इस पर वह कहती है, "ठीक है," और उन्हें अंदर आने देती है।

रसोई से सास हॉल में आती हैं और पूछती हैं, "आप कौन हैं?" तब नारद मुनि कहते हैं, "हम देवता हैं और आपको वरदान देने आए हैं।"

बहू: "आप लोग देवता हैं, यह कैसे मानें?"

नारद मुनि: "आप हमें कैसे साबित करने के लिए कहेंगी, बताइए?"

बहू अपने पति की ओर इशारा करते हुए, जो सोफे पर बैठकर अखबार पढ़ रहा होता है, कहती है, "उन्हें एक भेड़ में बदल दीजिए, देखते हैं।"

बहू की बात सुनकर सास मन ही मन सोचती है, "इन्हें भेड़ में बदलने का क्या मतलब? तुम तो कब से भेड़ बना कर नचा रही हो।"

शिव बहू के पति को भेड़ में बदल देते हैं।

यह देखकर सास और बहू दोनों खुश होकर आश्चर्य से भर जाती हैं और सोचती हैं कि सच में हमारे लिए देवता आए हैं। वे दोनों शिव के चरणों में गिरकर प्रणाम करती हैं।

इधर भेड़ के रूप में उनका पति (भेड़ की भाषा में ही) चिल्ला रहा होता है, लेकिन वे उसकी परवाह किए बिना अपने आनंद में मग्न हो जाते हैं।

शिव: (बहू से कहते हैं) "हम आपकी दोनों की प्रार्थनाओं से प्रसन्न होकर आए हैं। आप जो चाहें मांग सकती हैं, हम आपको देंगे। लेकिन आपकी सास ने हमसे बहुत पहले से प्रार्थना की है, इसलिए उन्हें वरिष्ठता का अधिकार है और आपको जो कुछ भी मिलेगा, उसका डबल आपकी सास को मिलेगा। फिर भी, आप बहू के रूप में पहले मांग सकती हैं।"

बहू खुशी से कहती है, "ठीक है, स्वामी," और अपनी इच्छाएं मांगना शुरू करती है।

बहू: "मुझे एक कमरबंद चाहिए।"

डाइनिंग टेबल पर बहू को एक कमरबंद मिलता है और सास को दो कमरबंद मिलते हैं।

सास की खुशी का ठिकाना नहीं रहता, जबकि बहू को जलन होती है।

बहू: "मुझे आठ सोने की चूड़ियां चाहिए।"

डाइनिंग टेबल पर बहू को आठ सोने की चूड़ियां मिलती हैं, और सास को सोलह चूड़ियां।

बहू को सास की चूड़ियां देखकर जलन होती है।

बहू: "मुझे एक नेकलेस चाहिए।"

डाइनिंग टेबल पर बहू को एक नेकलेस मिलता है और सास को दो नेकलेस मिलते हैं।

सास के नेकलेस देखकर बहू को ईर्ष्या होती है और उसका पेट जलन से फटने लगता है।

बहू: "मुझे सात हफ्तों के गहने चाहिए।"

डाइनिंग टेबल पर बहू को सात हफ्तों के गहने मिलते हैं, और सास को चौदह हफ्तों के गहने।

(भेड़ के रूप में पति को अपनी पत्नी की आदतों के बारे में अच्छी तरह से पता था, इसलिए वह आने वाली मुसीबत को समझते हुए भेड़ की भाषा में जोर-जोर से चिल्ला रहा था, लेकिन उसकी पत्नी उसे सुनने की स्थिति में नहीं थी।)

बहू सास के गहने देखकर एक निर्णय पर पहुंचती है।

बहू: "मुझे थोड़ा बिजली का झटका लगे तो कैसा रहेगा, वैसा चाहिए..."

बहू को हल्का बिजली का झटका लगता है, जिससे उसे एक झटका महसूस होता है, और सास को डबल झटका लगता है, जिससे वह थोड़ी अस्वस्थ हो जाती है।

सास की हालत देखकर बहू मन ही मन सोचती है, "लोहे को तभी पीटना चाहिए जब वह गरम हो।"

बहू: "मेरी दिल की धड़कन एक मिनट में 150 बार होनी चाहिए।"

बहू की दिल की धड़कन 150 बार प्रति मिनट होने लगती है, जिससे वह थोड़ी अस्वस्थ हो जाती है। इसके बाद, सास की दिल की धड़कन 300 बार प्रति मिनट हो जाती है, और वह प्राण त्याग देती है। सास को मृत देखकर बहू सारा सोना अपनी ओर खींच लेती है और खुश महसूस करती है।

नारद मुनि को समझ में नहीं आता कि क्या कहें। इतने युगों में उन्होंने ऐसा दृश्य कभी नहीं देखा था, और वह आश्चर्यचकित होकर खड़े रह जाते हैं।

शिव: (बहू से पूछते हैं) "अम्मा, तुमने कहा था कि अपने पति को भेड़ में बदलो, तो अब क्या तुम्हारा पति वापस इंसान बने?"

बहू: "नहीं, स्वामी..." (भेड़ के रूप में पति गुस्से में भेड़ की भाषा में जोर-जोर से चिल्लाता है, लेकिन वह उसकी परवाह किए बिना कहती है), "मैं उसका ध्यान रख लूंगी, आप जा सकते हैं।"

बहू की चालाकी से स्तब्ध नारद मुनि शिवजी का हाथ पकड़कर उन्हें उस घर से बाहर ले जाते हैं। जैसे ही वे घर से 10 कदम बाहर आते हैं, अंदर से बहू बाहर आती है और रास्ते में जा रहे मांस की दुकान वाले को पुकारती है।

बहू: "हमारे घर में एक भेड़ है, चाहिए क्या?"

मांसवाला: "चाहिए," कहकर घर के अंदर जाता है।

नारद मुनि, जो अब होश में आ चुके थे, कहते हैं: "स्वामी, मैंने क्या देखा और क्या सुना?"

शिव: "यह कलियुग का नेक्स्ट वर्जन है... और कुछ देखना चाहोगे?"

नारद मुनि: "और देखूंगा तो मेरा दिमाग खराब हो जाएगा, रहने दीजिए, चलिए यहां से।"
*****
(कहानी को रोमांचक बनाने के लिए मैंने थोड़ा डोज़ बढ़ाया है, कृपया समझ लें)
*****
अगर मेरा वैवाहिक जीवन ऐसा है, तो इस अवसर पर मुझे एक और व्यक्ति के वैवाहिक जीवन के बारे में भी बताना होगा। वह कोई और नहीं, बल्कि अभिजीत है। एक दिन जब मैं अपनी ससुराल जाने के लिए बस स्टैंड पर गया था, तो वहां बस के इंतजार में इधर-उधर देखते हुए मैंने देखा कि अभिजीत भी बस के इंतजार में खड़ा था, ठीक मेरी तरह...!

इंटरमीडिएट के दौरान मैंने अपने क्लासमेट अभिजीत के बारे में बताया था, वही अभिजीत। हमारी कॉलेज की पढ़ाई खत्म होने के तीन साल बाद वो दिखाई दिया। मैंने उसे नमस्ते कहा। लंबे समय के बाद मिलने के कारण हाल-चाल पूछने लगे। चूंकि हम इतने लंबे समय के बाद मिले थे, हमने अपनी यात्रा को थोड़ी देर के लिए टाल दिया और होटल जाकर लंच करने का सोचा। हम बैठे और लंच का ऑर्डर दिया। बातचीत के दौरान मैंने पूछा, "कैसी चल रही है तुम्हारी जिंदगी? क्या कर रहे हो?" अभिजीत ने उदास होकर कहा, "शादी हो गई है।"

शादी हो तो खुश होकर बताना चाहिए, लेकिन तुम इतने उदास होकर क्यों बता रहे हो?

अभिजीत... वो एक अलग शादी थी।

मतलब स्वयंवर?

अभिजीत... नहीं।

अरेंज्ड मैरिज?

अभिजीत... नहीं।

लव मैरिज?

अभिजीत... नहीं।

तो फिर क्या? (बेचैन होकर)

अभिजीत... वो एक राक्षस विवाह था।

राक्षस विवाह मतलब?

अभिजीत... पुराणों में राक्षस जब किसी को पसंद कर लेते थे, तो चाहे सामने वाले को पसंद हो या न हो, वे ज़बरदस्ती शादी कर लेते थे। इसे असुर विवाह कहते हैं। (थोड़ा थके हुए अंदाज़ में)

मतलब...?

अभिजीत... लड़की को मैं पसंद आया, लेकिन मुझे वो पसंद नहीं आई। वो अच्छी है, पर मुझे नहीं भाती। लेकिन उसे मैं पसंद आ गया हूँ।

पसंद आ गया तो...?

अभिजीत... उसने अपने माँ-बाप से कहकर मुझसे पूछा, मैंने मना कर दिया।

मना करने पर भी शादी कैसे हो गई?

अभिजीत... ये बिहार में हुआ था। मुझे किडनैप कर लिया गया। मुझे उस लड़की से प्यार नहीं था। मैंने साफ कहा था कि मुझे मार डालो, लेकिन मैं उससे शादी नहीं करूंगा। लेकिन शादी करवाने का कॉन्ट्रैक्ट लेने वाले लोग मानते हैं क्या? उन्होंने मुझे मारकर, तरह-तरह की यातनाएं देकर जबरदस्ती उस लड़की के गले में मंगलसूत्र पहनवा दिया। तुम शायद यकीन नहीं करोगे, लेकिन मैं रोते हुए मंगलसूत्र पहनाया।

लेकिन इस तरह ज़बरदस्ती शादी करने से पति-पत्नी कैसे बन सकते हैं?

अभिजीत... जब वे कॉन्ट्रैक्ट लेते हैं, तो वे पूरी तरह से पति-पत्नी बना देते हैं। यानी, वे फर्स्ट नाइट भी करवाते हैं।

तो क्या... फर्स्ट नाइट हुई?

अभिजीत... हां, फर्स्ट नाइट हुई। हमें कमरे में बंद कर दिया गया और बाहर पहरा लगा दिया। मैंने कहा था, अगर मुझे ज़बरदस्ती किया गया, तो मैं अभी आत्महत्या कर लूंगा। इसके बाद वे लोग हमें छोड़कर चले गए, सोचते हुए कि धीरे-धीरे मैं संभल जाऊंगा।

अभिजीत... वे लोग ज़बरदस्ती शादी तो करवा सकते थे, लेकिन साथ में रहना तो नहीं करवा सकते। मैं अब अपनी पत्नी से छुटकारा पाने की कोशिश कर रहा हूं।

यह सब उसने उदासी से कहा, और मुझे लगा कि उसे और सवाल पूछकर दुखी करना सही नहीं है, इसलिए मैंने ज्यादा नहीं पूछा।

कुछ समय बाद अभिजीत फिर से दिखाई दिया, लेकिन इस बार वह खुश था। उसने कहा, "अब मैंने एक नई जिंदगी की शुरुआत की है।"

"क्या? दूसरी शादी कर ली?"

अभिजीत: "नहीं, वही।"

"मतलब उसी लड़की के साथ...!"

अभिजीत: "हाँ।"

"तुमने तो कहा था कि तुम्हें वह पसंद नहीं है, फिर कैसे पसंद आ गई?"

अभिजीत: "लोगों को 'हैबिट का प्राणी' कहा जाता है, लोग आदत में ढल जाते हैं, और मैंने भी वही किया। वह मेरी माँ का बहुत ख्याल रखती थी, घर के लोगों और रिश्तेदारों के साथ अच्छे संबंध बनाकर रखती थी, तो मुझे कहीं न कहीं उसके प्रति थोड़ा अच्छा महसूस होने लगा। इसी तरह, एक कमजोर पल में मैंने उसे स्वीकार कर लिया..." उसने शर्माते हुए कहा, और मैं हँसने से नहीं रुक सका।

मेरे साथ वह भी हँसने लगा। हँसना पूरा होने के बाद,

अभिजीत: "हमने परिवार को यहाँ शिफ्ट कर लिया है (जहाँ मैंने इंटरमीडिएट की पढ़ाई की थी)। तुम्हें हमारे घर आना होगा," जब उसने जोर दिया, तो मैं मना नहीं कर सका और उसके साथ चल दिया।.

अभिजीत के घर गया, उसने मुझे घर के बरामदे में बैठाया और खुद अंदर चला गया। मैं बरामदे से बाहर सड़क पर जाते हुए लोगों को देख रहा था कि पीछे से आवाज आई, "कैसी हो उमा?" मैंने पलटकर देखा और एक पल के लिए चौंक गया, वहाँ मंजुला खड़ी थी। मैंने कहा, "मैं ठीक हूँ।" तभी मुझे याद आया कि मंजुला के पूर्वज बिहार से थे।

मुझे शुरू से ही मंजुला पर गुस्सा आता था, इसलिए मैंने ज्यादा बात नहीं की। उसने जो पूछा, उसका संक्षेप में जवाब दिया। लेकिन उसने बड़े स्नेह से बात की। जब मैंने कहा कि मैं जा रही हूँ, तो उसने ज़िद की कि बिना खाना खाए नहीं जा सकती। उसने मुझे जबरदस्ती बैठाकर खाने के लिए कहा और धीरे-धीरे परोसना शुरू किया। खाना स्वादिष्ट था, इसलिए मैंने मना नहीं किया और खा लिया। तभी मुझे महसूस हुआ कि उसके पास बाहरी सुंदरता ही नहीं, बल्कि आंतरिक सुंदरता भी है।.....कुछ लोग बाहर से कठोर दिखाई देते हैं, लेकिन अंदर से उनका दिल अच्छा होता है। हम उन्हें पहचानने में गलती कर बैठते हैं, और मुझे लगा कि मैंने भी ऐसी ही गलती की थी। भोजन के बाद, मैंने उसे हमारे स्कूल के दिनों की यादें दिलाना शुरू किया। वह उन सबको याद करके मज़े से हँसते हुए बातें करने लगी। मैं अपने दिल से उसके प्रति जो भावनाएँ थीं, उन्हें मिटा चुका था और समझ लिया था कि गलती मेरी ही थी। हालाँकि मैंने उसे बाहर से माफ़ी नहीं कहा, लेकिन अंदर ही अंदर मैंने सॉरी कह दिया।

वह कहने लगी, "आप ज़रूर हमारे घर आना," और फिर मैं वहाँ से निकल पड़ा। उस समय मुझे बहुत अच्छा महसूस हुआ, क्योंकि बचपन के दोस्त या स्कूल के साथी जब भी मिलते हैं, तो जो भावना होती है, वह बहुत ही मधुर होती है। उस दिन मेरा दिल खुशी से भर गया था।.
*****
अगर फिर से मेरे वैवाहिक जीवन की बात करें, तो धीरे-धीरे स्थिति इस हद तक पहुँच गई कि मेरी पत्नी मेरी माँ से बात करते हुए देख भी नहीं पाती थी।

उससे, मैं दोनों के बीच में फँस गया था। अगर आज की भाषा में कहें, तो मैं "सैंडविच" बन गया था। मैंने खुद को बचाने के लिए, और इन दोनों के बीच जो अविश्वास और मतभेद थे, उन्हें दूर करने के लिए लगभग 100 तरह के प्रयास किए। लेकिन जितना भी मैंने किया, वही हुआ—जिसकी जैसी सोच, वैसी ही बनी रही। मेरी माँ और मेरी पत्नी अपनी-अपनी जगह पर अड़ी रहीं।

मैंने महसूस किया कि अगर यह स्थिति ऐसे ही लंबे समय तक चलती रही, तो रिश्ते दुश्मनी में बदल सकते हैं। इसलिए मैंने एक निर्णय लिया—चाहे जैसा भी हो, मैं अपनी पत्नी के साथ हैदराबाद चला जाऊँगा।

फिर, मैं और मेरी पत्नी... 1971 में एक शुभ दिन देखकर, हम हैदराबाद के लिए रवाना हो गए।.
*****

9

अध्याय ... स्कूटर चालक के रूप में।

हमारे जान-पहचान के व्यक्ति के माध्यम से हमें किराए का घर आसानी से मिल गया। उस घर में दो हिस्से थे, जिनमें से एक हिस्से में हम रहने लगे। हमारे मकान मालिक का नाम अमृता था, जो लगभग 30 साल की होंगी। उनके दो बच्चे थे, एक बेटा और एक बेटी। बेटे की उम्र 8 साल और बेटी की उम्र 5 साल होगी। वह अपने पति से अलग रह रही थीं। मकान मालिक को घर किराए पर देने की ज़रूरत नहीं थी क्योंकि उनकी आर्थिक स्थिति अच्छी थी। उन्होंने यह सोचकर घर किराए पर दिया कि घर में कोई साथ रहने वाला हो तो अच्छा रहेगा।"

"कोई नौकरी करने का फैसला किया। इसके लिए कुछ प्रयास कर रहा था, तभी किसी ने कहा कि 'जितेन्द्र ट्रेडर्स' में नौकरी के इंटरव्यू चल रहे हैं। आज शाम पांच बजे हैं, ऐसा सुनकर मैं अपने डिग्री सर्टिफिकेट्स लेकर वहां गया।"

"वहां नौकरी के लिए आए हुए लोग लगभग 20 होंगे। हम सब इंतजार कर रहे थे, तभी शाम 6 बजे कंपनी के एमडी जितेन्द्र जी आए। वे सूट-बूट में एक अंग्रेज सज्जन की तरह दिख रहे थे, उनकी उम्र 60 साल से ऊपर होगी। आते ही उन्होंने सभी को देखा और अंदर चले गए। इंटरव्यू शुरू हो गया, लेकिन मुझसे छोड़कर बाकी सबका इंटरव्यू हो गया। मैंने जितेन्द्र जी के पीए से पूछा, उन्होंने कहा, 'थोड़ा इंतजार करें, बुलाएंगे,' और फिर वे घर चले गए। जैसे-जैसे समय बीतता गया, ऑफिस में मौजूद लोग एक-एक करके घर जाने लगे। मैं दीवार पर लगी घड़ी में समय देखते हुए, जितेन्द्र जी के कमरे की ओर देखना शुरू कर दिया। आखिरकार, रात 8 बजे जितेन्द्र जी ने अपने कमरे से मुझे अंदर बुलाया (क्योंकि ग्लास डोर होने के कारण दिख रहा था)। मैं अंदर चला गया।"

"उन्होंने सामने की सीट दिखाकर कहा, बैठ जाओ।
मैं विनम्रता से बैठ गया... मैंने अपना सर्टिफिकेट दिया, उन्होंने देखा। मेरे सर्टिफिकेट्स या पढ़ाई के बारे में कुछ भी बात नहीं की, बल्कि थोड़ी देर तक हल्की-फुल्की बातें करने लगे।
जितेन्द्र जी...(मुस्कुराते हुए) केवल पढ़ाई ही की है या किसी और चीज़ में भी माहिर हो?
(समझ में न आते हुए) सर...मतलब? (मैं थोड़ा घबराते हुए)
जितेन्द्र जी वही, 'ललित कलाओं' की कोई जानकारी है क्या?
सर, ललित कलाएँ...?
जितेन्द्र जी...वही, कुचिपुड़ी, भरतनाट्यम जैसी कलाएँ।
सॉरी सर, नहीं, मैंने नहीं सीखा।
जितेन्द्र जी शरारती अंदाज़ में देखते हुए, तो फिर क्या सीखा है...?
पढ़ाई के अलावा बाकी चीज़ों में ध्यान नहीं दिया, सर।
जितेन्द्र जी...पढ़ाई के साथ-साथ बाकी चीज़ों का भी होना ज़रूरी है...तो क्या पर्सनैलिटी डिवेलप की है? (मुझे थोड़ा मर्दाना रूप में देखकर)
कभी-कभी एक्सरसाइज़ करता हूँ, सर।
जितेन्द्र जी...ठीक है, लेकिन ड्रिंक करते हो?
नहीं सर, आदत नहीं है, सॉरी।"

"जितेन्द्र जी...ठीक है, अगर तुम्हें कोई आपत्ति न हो तो मैं दो पैग ले लूँगा।
अरे सर, इसमें क्या है, ड्रिंक कीजिए...जैसे ही मैंने यह कहा, उन्होंने बोतल खोलकर गिलास में पैग डाला और गट-गट करके पी गए। दूसरा पैग

भी वैसा ही किया...ड्रिंक खत्म होने के बाद, आराम से अपनी कुर्सी के पास वाले ग्रामोफोन को चालू किया, जिसमें वेस्टर्न गाना बजने लगा।"

"जितेंद्र जी... मुझे शाम के समय एक पैग लेने के बाद यह गाने सुनते हुए थोड़ा रिलैक्स करना पसंद है, और कभी-कभी उन गानों के साथ कदम मिलाकर डांस भी करता हूँ। आज तुम्हें मेरे साथ इस गाने पर स्टेप्स मिलाने होंगे, ऐसा कहकर उन्होंने मुझे कहा।
मुझे समझ नहीं आया कि क्या बोलूं, तो मैंने सिर हिलाकर हामी भर दी।
जितेंद्र जी खुशी से अपनी कुर्सी से उठे। नीचे पैंट नहीं थी, लुंगी थी। जब ऑफिस आए थे, तब नीचे पैंट थी, लेकिन अब पैंट नहीं थी, लुंगी थी। ऊपर फिर भी शर्ट और कोट थे। मैंने सोचा, 'क्या बात है!' फिर सोचा, हमें इससे क्या लेना-देना है, और चुपचाप बैठा रहा।"

"जितेंद्र जी अपनी कुर्सी से उठकर मेरे पास आए और मुझे बुलाया। मैं उनके पास जाकर खड़ा हो गया। वे मेरे सामने खड़े होकर बोले, 'मैं तुम्हें सिखाता हूँ कि डांस कैसे करना है।' उन्होंने मेरा दायां हाथ अपने बाएं हाथ में लिया और अपना दायां हाथ मेरी कमर पर रखा। फिर बोले, 'जैसा मैं कह रहा हूँ, वैसे स्टेप्स करो,' और मूवमेंट्स दिखाने लगे। मैंने कहा, 'ठीक है,' और वैसे ही करने लगा। जैसे ही हमने दो स्टेप्स किए, उनकी लुंगी गिर गई। मैंने कहा, 'साहब, आपकी लुंगी गिर गई।'"

"जितेंद्र जी... एक तरह से मुझे देखते हुए बोले, 'गिर गई तो गिरने दो,' और मेरी कमर को दबा दिया। तभी मुझे समझ में आया कि यह व्यक्ति ठीक नहीं है। एक ही पल में मुझे पसीना आने लगा। मुझे पहले देखी हुई फिल्मों के रेप सीन याद आने लगे। 'हे भगवान, अब मेरी हालत क्या होगी?' ऐसा सोचते हुए मेरा दिल तेजी से धड़कने लगा। जब देखा तो दरवाजा बंद था, पता नहीं किसने बंद किया और कब किया। तब मुझे समझ में आया कि मुझे इंतजार कराने का यह सब इनकी योजना का हिस्सा था। अब यहां से कैसे निकलूं, इस बारे में मेरे दिमाग ने इतनी तेज़ी से सोचना शुरू किया, जितना मैंने कभी सोचा नहीं था।"

"मेरे दिमाग ने मुझे दो तरह के आइडिया दिए।
पहला... अनुरोध करना।
दूसरा... 'धृतराष्ट्र की गले लगाना'। कभी-कभी पुराणों को पढ़ने से आपातकालीन स्थिति में यह काम आता है। अपनी मजबूत बाहों से कसकर गले लगाकर मसल देना (यानी बिना मारे ही ऐसा असर करना जैसे मारा हो)।
मैंने अपने दिमाग की बात मानी और पहले वाले आइडिया को आजमाया।
मैं जितेंद्र जी से दूर हटकर बोला, 'मुझे घर जाना है, सर।'
जितेंद्र जी रोमांटिक मुस्कान के साथ बोले, 'क्या डर गए? कुछ नहीं होगा,' और मेरे पास आकर बोले, 'जाओ, लेकिन अपॉइंटमेंट लेटर लेकर जाओ,' और मेरा हाथ पकड़ लिया।
अब मेरे दिमाग ने दूसरे आइडिया को सही बताया। मैंने दोनों हाथों से उन्हें कसकर गले लगाया और इतनी जोर से मसल दिया कि उनकी सांस रुकने लगी। डरकर उन्होंने चिल्लाते हुए कहा, 'प्लीज, छोड़ दो।'
मैंने उन्हें छोड़ दिया।
'जाओ,' कहकर उन्होंने दरवाजा खोल दिया।
जीवित रहने की खुशी के साथ मैं जितेंद्र जी के कमरे से बाहर निकला। कुछ सेकंड में ऑफिस से बाहर आ गया और कुछ ही मिनटों में घर पहुंच गया। 'क्या किस्मत है मेरी,' यह सोचकर मैं सो गया।"

"जब हम एक क्षेत्र में होते हैं, तो हमारी सोच, इच्छाएँ और उम्मीदें उस जगह के अनुसार होती हैं। एक छोटे से गाँव में हों तो वैसी ही होती हैं, और अगर शहर में हों, तो उसके अनुसार बदल जाती हैं। अब मैं शहर में आया हूँ, इसलिए मेरे अंदर नई इच्छाएं और उम्मीदें जन्म लेने लगी हैं। जब मैं मदनपल्ली में पढ़ रहा था, तब मुझे एक घर बहुत पसंद था। उस समय वह नया बना था और बहुत आधुनिक था। ऐसा ही घर बनाने की मेरी इच्छा थी, लेकिन मेरी स्थिति और हमारे घर की स्थिति मुझे पता थी, इसलिए उस इच्छा को वहीं दबा दिया। लेकिन यहां आने के बाद फिर से वह इच्छा जाग उठी। मुझे वैसा ही घर बनाना है, यह चाहत अब मेरे भीतर पनपने लगी है... जैसे कहा जाता है, 'उड़ नहीं सकती, फिर भी स्वर्ग की इच्छा रखी है।' अभी मेरी यही हालत है... ऐसे ही सोचते हुए..."

"एक दिन घर के बाहर कार का हॉर्न बजने की आवाज़ सुनाई दी। इसलिए, मैं घर से उठकर बाहर आया और देखा। कार चला रहे व्यक्ति ने कार से उतरकर एक छोटा सा बैग घर की कंपाउंड वॉल पर रखा। ऐसा लगा कि उसमें सिक्के हैं। इस हॉर्न की आवाज़ सुनकर थोड़ी देर बाद अमृता जी बाहर आईं। उन्होंने उस बैग को देखा, जो उस व्यक्ति ने कंपाउंड वॉल पर रखा था, और वह व्यक्ति कार में बैठकर चला गया।

अमृता जी ने वह बैग उठाया और 'सैडिस्ट' कहते हुए घर के अंदर चली गईं। मैंने कुछ नहीं पूछा और अंदर चला गया।

अमृता जी सुंदर हैं। किस कारण से पति-पत्नी अलग हो गए, यह मुझे नहीं पता। मैंने कभी नहीं पूछा, और उन्होंने भी कभी नहीं बताया। वैसे ही, मेरी पत्नी ने भी कभी इस बारे में बात करने की कोशिश नहीं की।"

"वह व्यक्ति महीने में एक बार कार में आता था, हॉर्न बजाता था, और एक बैग दीवार पर रखकर चला जाता था। अमृता जी आतीं, वह बैग उठातीं और कुछ बड़बड़ाते हुए घर के अंदर चली जाती थीं।

मैं घर से लाया हुआ पैसा खत्म कर चुका था। नौकरी की तलाश जारी थी, लेकिन कुछ भी नहीं मिल रहा था। इस बीच हैदराबाद आए हुए तीन महीने बीत चुके थे। इस दौरान अमृता जी के साथ मेरी जान-पहचान थोड़ी बढ़ गई। लोग कहते हैं कि जब सही समय आता है, तो अच्छी चीज़ें एक के बाद एक होती हैं। अमृता जी से परिचय बढ़ना एक बात थी, और दूसरी यह कि मेरी पत्नी ने छह साल बाद गर्भधारण किया।"

"मुझे नौकरी की तलाश करने के बारे में अमृता जी को पता चल गया था। जब भी मैं इंटरव्यू देकर आता, वे पूछतीं, 'क्या हुआ?' और मैं कहता, 'नौकरी नहीं मिली।' कुछ दिन इसी तरह बीत गए। फिर एक दिन अमृता जी ने कहा, 'अगर आपको कोई आपत्ति न हो, तो मैं आपको एक नौकरी दे सकती हूँ। हर महीने 100 रुपये वेतन मिलेगा, और आपको किराया देने की जरूरत नहीं होगी। मैं एक नया स्कूटर खरीदूंगी। आपको मुझे और बच्चों को सुबह स्कूल छोड़ना होगा और शाम को वापस लाना होगा। इसके अलावा, अगर मुझे कहीं जाना हो या कोई ज़रूरत हो, तो मुझे स्कूटर पर ले जाना होगा। मतलब, बस एक स्कूटर ड्राइवर की तरह।' उन्होंने ऐसा कहा, और मैंने तुरंत हाँ कह दी।

लोग कहते हैं कि परिस्थितियों, समय और ज़रूरतों के हिसाब से हमें बदलना चाहिए। जैसे अगर कहीं ज्यादा पानी हो, और हमें वहां जीना हो, तो सबसे पहले तैरना सीखना चाहिए। उसी तरह, यहाँ की परिस्थितियों के अनुसार मैंने अपनी क्वालिफिकेशन को न देखकर, स्कूटर ड्राइवर बनने के लिए हामी भर दी। मुझे इसमें कोई शर्म नहीं लगी कि डिग्री के बाद मैं स्कूटर ड्राइवर का काम कर रहा हूँ। उस वक्त मुझे अपनी पत्नी से पूछने का भी ख्याल नहीं आया, क्योंकि घर की स्थिति मुझसे ज्यादा उसे अच्छी तरह पता थी।

इस तरह, मैंने पहली बार नौकरी की शुरुआत की।"

"अमृता जी सरकारी स्कूल में टीचर के रूप में काम करती हैं। जिस घर में हम रह रहे थे, वहां से उनका स्कूल आठ किलोमीटर दूर था। बच्चे पास के एक और स्कूल में पढ़ते थे। पहले मैं बच्चों को स्कूल छोड़ता, फिर अमृता जी को उनके स्कूल छोड़ता था।

एक दिन उन्हें बैंक जाना था, तो मैंने कहा, 'ठीक है,' और स्कूटर स्टार्ट करके अमृता जी का इंतजार करने लगा। वह अंदर से सिक्कों से भरा बैग लेकर आईं और उसे स्कूटर पर रखकर बैठ गईं। मैं अमृता जी को बैंक ले गया, और वह वह बैग लेकर अंदर चली गईं। मैं बाहर इंतजार कर रहा था, तभी पहले नौकरी की तलाश के दौरान मेरी पहचान में आए एक व्यक्ति ने मुझे देखा और अभिवादन किया। फिर उसने मुझसे पूछा, 'अभी-अभी जो अंदर गईं, वो आपकी पत्नी हैं?'

मैंने कहा, 'नहीं,' और अमृता जी के बारे में बताया (डिवोर्स के बारे में नहीं बताया)। मैंने कहा कि मैं उनके घर में रहता हूँ। यह कहते ही उसके चेहरे पर एक अनजानी खुशी दिखने लगी।

मुझे समझ नहीं आया और मैंने पूछा, 'क्या बात है?'"

"उसने कहा, 'सच में, तुम लकी फेलो हो।'

मैंने कहा, 'लकी? किस चीज़ में लकी?'

उसने कहा, 'मुझे सब पता है,' और उसका चेहरा हज़ार वोल्ट के बल्ब की तरह चमकने लगा। तभी मुझे समझ में आया कि वह क्या सोच रहा था। उसके चेहरे पर इंग्लिश फिल्मों के रोमांटिक सीन दिखाई देने लगे।

मुझे लगा कि उससे ज्यादा बात करना बेकार है, और मैं वहां से जाने की सोच ही रहा था, तभी अमृता जी ने बैंक के अंदर से मुझे बुलाया और कहा कि अंदर आओ।

मैंने कहा, 'ठीक है,' और अंदर चला गया।"

"वहां पर गुप्त रूप से रखे गए सिक्कों को गिनने के लिए कहा गया। वे सभी सिक्के पाँच पैसे और दस पैसे के थे। पाँच पैसे के सिक्कों को एक तरफ और दस पैसे के सिक्कों को दूसरी तरफ रखकर, कुल मिलाकर लगभग 500 रुपये गिनने के लिए कहा। मैंने उन्हें गिना, और बैंक वालों ने उन सिक्कों को लेकर अमृता जी को 500 रुपये करंसी में दिए।

बैंक से वापस घर जाते समय, मैं अपनी जिज्ञासा को रोक नहीं पाया और पूछा, 'अगर आपको बुरा न लगे, तो एक बात पूछ सकता हूँ?'

अमृता जी ने कहा, 'पूछिए।'

मैंने पूछा, 'वे सिक्के लाने वाले व्यक्ति कौन हैं?'

अमृता जी ने कहा, 'वह मेरे पति हैं। उन्होंने मुझे तलाक दे दिया है और भरण-पोषण के तहत हर महीने 1000 रुपये देते हैं। वह अपनी सैडिस्ट, साइको मानसिकता, नीच सोच, और बेकार की बुद्धि के कारण, दूसरों को तकलीफ पहुँचाने के इरादे से ऐसे सिक्कों में पैसे देते हैं। जितनी तरह से आप सोच सकते हैं, उतने ही तरह से वह अपनी क्रूर प्रवृत्ति दिखाते हैं।'"

"मुझे समझ में नहीं आया कि क्या बोलूं, इसलिए मैं चुप ही रहा। फिर अमृता जी ने खुद कहा, 'तुम जानते हो, उन सिक्कों को खर्च करने में कितनी झुंझलाहट और चिड़चिड़ाहट होती है? वह कभी भी पाँच पैसे और दस पैसे से बड़े सिक्के नहीं देते। एक बार सोचो, अगर 1000 रुपये में सभी सिक्के पाँच और दस पैसे के हों, तो उन्हें खर्च करते समय कितनी परेशानी होगी। हर बार इन्हें किसी और से बदलवाना पड़ता है, और यह कितना सिरदर्द भरा काम है।'"

"बाहर से मैं नहीं हंसा, लेकिन अंदर ही अंदर मुझे हंसी आ गई। पर हंसने से कहीं अमृता जी क्या सोचेंगी, यह सोचकर मैं चुपचाप ड्राइविंग पर ध्यान देने लगा।

ड्राइविंग करते हुए मेरे मन में बार-बार यही सवाल उठने लगा कि अमृता जी के पति हर बार इन सिक्कों में ही पैसे क्यों दे रहे हैं। इसमें जरूर कोई मतलब है। सारे सिक्के इकट्ठा करने के लिए उन्हें बैंक जाना ही होगा और शायद इन सिक्कों के लिए कुछ अतिरिक्त पैसे भी देने पड़ते होंगे। हर महीने ऐसा करने की क्या जरूरत है? बार-बार सिक्कों में ही पैसे क्यों दे रहे हैं? मुझे लगा कि इसमें जरूर कुछ है, और मुझे उनसे मिलकर पूछना चाहिए।"

"कभी-कभी लगता है कि हमारे दिमाग में अद्भुत चीजें होती हैं। क्योंकि पिछले हफ्ते मैंने सोचा था कि अमृता जी के पति से मिलना चाहिए, और हफ्ते भर में ही वह मिल गए। मैंने उन्हें देखा और अभिवादन किया, उन्होंने भी जवाब दिया। इससे पहले, उन्होंने मुझे उनके घर में देखा था, इसलिए उन्होंने मुझे पहचान लिया और कुछ हल्की-फुल्की बातें कीं। मैंने भी ज्यादा कुछ नहीं कहा और वह चले गए।

उनके बारे में मुझे दो दिलचस्प बातें पता चलीं। पहली यह कि वह कभी छोटे बाल कटवाने के लिए सैलून नहीं जाते थे। वह छह महीने तक बाल बढ़ाते थे, और जब उन्हें लगता कि बाल काफी बढ़ गए हैं, तो किसी मंदिर में जाकर अपना सिर मुंडवाते थे।

दूसरी बात यह कि जब वह नहाते हैं या सिर धोते हैं, तो तौलिये से खुद को नहीं पोंछते। वह चाहते हैं कि शरीर पर मौजूद पानी खुद ही सूख जाए। ये दोनों बातें मुझे बहुत दिलचस्प लगीं।"

"एक दिन रविवार की शाम, मैंने देखा कि अमृता जी घर के आंगन में पौधों को पानी दे रही थीं। मैंने सोचा कि यह सही समय है, इसलिए मैं उनके पास गया और बातचीत शुरू करते हुए कहा कि मैंने आपके पति से मुलाकात की है। अमृता जी ने बिना किसी प्रतिक्रिया के पौधों को पानी देना जारी रखा। तब मैंने सोचा कि जो कहना है, उसे किसी और की कहानी के जरिए कहना चाहिए। इसलिए मैंने कहना शुरू किया, 'हमारी एक क्लासमेट थी, जो आपके जैसी ही अपने पति से अलग हो गई थी और बाद में दूसरी शादी कर ली थी। दूसरी शादी करने के बाद उसे एहसास हुआ कि उसने कितनी बड़ी गलती की है।' क्योंकि लोग कहते हैं, 'अनजाने भगवान से जानने वाला शैतान बेहतर है,' नहीं, आप शैतान को राक्षस मानिए।'

जैसे ही मैंने यह कहा, अमृता जी समझ गईं कि मैं उनके बारे में बात कर रहा हूं। जब मैंने उनके पति को शैतान और राक्षस कहा, तो वह खुश होकर हंसने लगीं।"

"दूसरी शादी करने वाले पति के बारे में कोई नहीं जानता कि वह कैसा होगा, कैसे व्यवहार करेगा। हो सकता है, वह अनजाने में तकलीफ दे। लेकिन जो शैतान पहले से जाना-पहचाना है, उसके बारे में सब कुछ पता होता है—वह क्या करेगा, क्या खाएगा, क्या नहीं खाएगा, उसकी पसंद-नापसंद, उसका मूड, उसकी सोच—सब कुछ। आखिरकार, कुछ समय तक साथ रहते हुए ये बातें समझ में आ ही जाती हैं।

मैं अपनी क्लासमेट को सलाह देना चाहता था, लेकिन मौका नहीं मिला। लेकिन अगर आपको बुरा न लगे, तो मैं आपको एक बात कहना चाहूंगा। आप पूरी जिंदगी अकेले नहीं रह सकते और न ही रहना चाहिए। क्योंकि जब बच्चे बड़े हो जाएंगे, वे शादी करके अपनी दुनिया में व्यस्त हो जाएंगे। आपको एक साथी की जरूरत है, जिससे आप अपनी खुशी, दुख, अच्छे-बुरे वक्त की बातें कर सकें। जीवन के अंतिम चरण में भी एक-दूसरे का साथ होना जरूरी है।

अब आपकी उम्र कितनी है, 30 साल? क्या आप बाकी की जिंदगी इसी तरह अकेले गुजारेंगी? दूसरी शादी करके किसी नए के साथ तालमेल बिठाने से बेहतर है कि आप अपने पहले पति के साथ ही तालमेल बिठा लें। मुझे लगता है कि अगर आप उनके साथ अपना जीवन फिर से शुरू करें, तो यह अच्छा रहेगा।'

जैसे ही मैंने यह कहा, अमृता जी ने पौधों को पानी देना बंद कर दिया और बिना कुछ बोले अंदर चली गईं।"

"उसके बिना जवाब दिए इस तरह चले जाने से मुझे कोई बुरा नहीं लगा। वैसे भी, एक कहावत है, 'कहा तो था, नहीं सुना, तो बाद में पछताओ,' लेकिन मैं उसका बुरा नहीं चाहता। क्योंकि अमृता जी एक अच्छे स्वभाव की इंसान हैं। मेरी तीन बड़ी बहनें हैं, लेकिन कोई छोटी बहन नहीं है, और वह कमी अमृता जी ने पूरी की। क्योंकि करीब रहने वालों को ही हमारी तकलीफ और दिल की बात समझ आती है। जब मैं बेरोजगारी में परेशान था, तो उन्होंने मेरे लिए स्कूटर खरीदकर मुझे काम दिया।
ऐसा काम करने से लोग क्या सोचेंगे, यह वह अच्छी तरह जानती थीं। फिर भी, उन्होंने मेरे लिए काम की परवाह की, चाहे लोग कुछ भी सोचें। जब उन्होंने मेरे बारे में सोचा, तो उनके बारे में सोचना मेरी जिम्मेदारी भी है, और इसमें कोई बुराई नहीं है।"
*****
"अमृता जी के पति से मिलने के लिए मैं उनके ऑफिस के पास जाया करता था, यह देखने के लिए कि वह ऑफिस से कब बाहर आएंगे, और उनके बाहर आने का इंतजार करता था। जब भी वह बाहर आते, मैं हल्की मुस्कान के साथ उनका अभिवादन करता, और वह भी मुस्कान के साथ जवाब देते। कुछ दिनों के बाद, उन्होंने मुझे देखकर बात की, और मैंने सोचा कि यह मौका है, तो मैंने भी बातचीत शुरू की। मैंने कहा, 'आपके ऑफिस के पास मिलने वाली चाय बहुत अच्छी होती है, सर। इसी के लिए इतनी दूर आता हूँ, आप जानते हैं?' उन्होंने मुस्कराया, और उनकी मुस्कान का मतलब मुझे समझ में आ गया। मुस्कान का सार यह था कि 'तुम हमसे मिलने के लिए यहाँ आते हो।' चलिए, अब जब बात सामने आ ही गई है, तो मैंने वह सवाल भी पूछ ही लिया जो पूछना था। 'आप अमृता जी को मुद्रा दे सकते हैं, तो 5 पैसे और 10 पैसे के सिक्के क्यों देते हैं? एक रुपये में 10 पैसे होते हैं, 10, 5 पैसे के 20 सिक्कों से 1000 रुपये में कितने पैसे होते हैं, यह देखिए।' यह सुनकर वह बिना कुछ कहे चुपचाप ऑफिस के अंदर चले गए, और अब मेरे लिए कोई विकल्प नहीं था, इसलिए मैं वहां से घर चला गया।"

"घर आ गया हूँ, लेकिन उन सिक्कों की गड़बड़ क्या है, यह जानने की जिज्ञासा मुझमें और बढ़ने लगी। आखिरकार, इस इंसान को जो कहना है, वह कह ही सकता था, अल्फ्रेड हिचकॉक की फिल्मों की तरह सस्पेंस क्यों बनाए रखना? किसी भी तरह से, कल मुझे यह जानना ही है, वरना मानसिक पीड़ा से पागल हो जाऊँगा, ऐसा सोचकर उस रात वैसे ही सो गया।

अगले दिन, मैं अमृता के पति के ऑफिस के पास गया। वह चाय पीने के लिए बाहर आए। मैंने उन्हें अभिवादन किया और विनती की, 'कृपया कुछ बुरा न मानें और मुझे बता दीजिए।' उन्होंने कहा, 'कुछ चीज़ों के कुछ मायने होते हैं,' और बिना पूरी चाय पिए, गिलास रखकर चले गए। मुझे लगा कि शायद मैंने उन्हें बेवजह परेशान कर दिया। ठीक है, अब कोई चारा नहीं है, सोचकर मैं अमृता जी को स्कूल से लाने के लिए निकल पड़ा।"

"यह तो जैसे एक ड्यूटी बन गई थी, अमृता के पति के ऑफिस जाना। आज वह खुद आकर हल्की मुस्कान के साथ मुझे अभिवादन किया। दोनों ने एक-एक चाय ली और पीने लगे। उन्होंने कुछ नहीं कहा, मैंने भी कुछ नहीं कहा। दोनों के बीच एक अजीब सी खामोशी चल रही थी। उन्होंने अपनी चाय खत्म की, मैंने भी चाय खत्म कर ली। जब हम जाने की सोच ही रहे थे, तभी उन्होंने कहा, 'मैं पहले कैश दिया करता था, जब वह कैश खर्च करती थी, तो उसे मेरी याद आती थी। इसलिए मैंने सिक्के दिए, ताकि वह और ज्यादा मुझे याद रखे। जब वह सिक्कों की गिनती करती और खर्च करती, तो उसे मुझ पर गुस्सा आता। इस तरह से, किसी भी हाल में, मैं उसे याद आऊं, इसलिए मैं उसे सिक्के दे रहा था।'"

"मुझे पता है कि उन सिक्कों को इकट्ठा करने के लिए मैं कितनी परेशानियां झेल रहा हूँ। मैं क्यों चाहता हूँ कि वह मुझे इतना याद करे? क्योंकि मैं नहीं चाहता कि उसके दिल में कोई और आए, और मैं चाहता हूँ कि वह फिर से मेरी ज़िंदगी में लौट आए। लेकिन यह बात उसे कहने में मेरी अहंकार आड़े आ रही है। मैं अपने दिल की बात कहे बिना उसे इस तरह मानसिक रूप से परेशान कर रहा हूँ। यह गलत है, लेकिन मैं कुछ नहीं कर सकता—यह घटिया अहंकार ही ऐसा है,' यह कहते हुए मेरी आंखों में आंसू आ गए। मुझे समझ आ गया कि अमृता जी के प्रति उनकी कितनी गहरी भावनाएं हैं। मुझे डर लगने लगा कि अगर मैं और देर तक वहां रुकूंगा, तो कहीं मैं भी रो न दूं। इसलिए मैंने कहा, 'अब समय हो गया है, मुझे जाना चाहिए, मैडम जी को लेने जाना है,' और वहां से विदा ले ली।

अमृता जी को लेने स्कूल जाते वक्त मैंने सोचा, आखिर ये दोनों अलग क्यों हो गए? मुझे इसके कारणों का पता लगाना होगा।"

"अगले दिन ऑफिस में जाकर उनसे मिला। चाय पीने के बहाने, मैंने कहा, 'नई फिल्म रिलीज़ हुई है, कल वैसे भी रविवार है, चलें?' उन्होंने

बिना कुछ कहे हामी भर दी। अगले दिन, हम दोनों सिनेमा हॉल के पास मिले। फिल्म देखने के बाद, हम चलते-चलते बात कर रहे थे, और मैंने पूछा, 'आखिर आप दोनों के अलग होने की वजह क्या थी?'

उन्होंने कहा, 'मेरी माँ के निधन के एक साल के भीतर ही मेरे पिता का भी निधन हो गया। जब मेरे पिता का निधन हुआ, तो पंडित ने समय देखकर कहा कि इस घर को छह महीने के लिए बंद कर दीजिए, और इन छह महीनों तक इसमें मत रहिए। छह महीने बाद वापस आकर घर में रहिए। यही वजह थी हमारे अलग होने की।'

कैसे?"

"मुझे घर खाली करना पसंद नहीं था। मैं इस तरह की बातों पर विश्वास नहीं करता। मेरे पिता का निधन मैं अभी तक सहन नहीं कर पा रहा था, और जिस घर में मैं पैदा हुआ और पला-बढ़ा, उसे छोड़ना मेरे लिए ऐसा था जैसे मेरे पिता कोई पराए हों। क्या सिर्फ उनके निधन के कारण मेरे पिता मुझे नुकसान पहुँचाएंगे? मुझे इन मान्यताओं पर यकीन नहीं था। मुझे उस समय भी अपने पिता से प्यार था और आज भी है। तब भी उनका सम्मान था और आज भी है। अगर मैंने आज अपना घर खाली किया होता, तो इसका मतलब होता कि मेरे दिल में न तो उनके लिए प्यार है और न ही सम्मान। उस समय मुझे यह सही या गलत नहीं पता था, लेकिन मैं अपने पिता के निधन के कारण वह घर खाली नहीं करना चाहता था।"

"मेरे पास तो मेरे पिता की यादें हैं, लेकिन अमृता ने ज़िद पकड़ ली थी कि घर खाली करना ही होगा। मैंने मना किया, पर फिर बहस शुरू हो गई। बात यहाँ तक बढ़ गई कि हम दोनों एक-दूसरे पर सवाल उठाने लगे—'तुम्हारे बिना भी मैं जी सकती हूँ,' उसने कहा। 'अगर तुम जी सकती हो, तो क्या मैं नहीं जी सकता?' आखिरकार, छोटी-छोटी बातों ने बड़ी लड़ाई का रूप ले लिया और यही हमारे तलाक का कारण बना।

वजह बताने के बाद मैंने कुछ नहीं कहा, बस शांत रहकर घर की ओर लौट गया।

उस रात मुझे नींद नहीं आई। मैं सोचता रहा और एक नजरिये से देखा तो अमृता सही थी। अमृता के दृष्टिकोण से देखा जाए तो वह सही थी। आखिरकार, यह साफ समझ में आ गया कि कुछ जिदों की वजह से वे अलग हो गए। जब यह सब स्पष्ट हो गया, तो मुझे लगा कि अब इन दोनों को मिलाना कोई मुश्किल काम नहीं होगा। यह सोचकर, मैं शांति से सो गया।"

"अगले दिन, जब मैं अमृता जी को स्कूल से घर ला रहा था, तो धीरे-धीरे बातचीत के बीच में मैंने पूछा, 'ससुर जी को तो पिता के समान माना जाता है, क्या उन्होंने कभी आपके साथ पिता की भूमिका निभाई?' अमृता जी ने सुना, लेकिन कुछ नहीं बोलीं। जब उन्होंने कुछ नहीं कहा, तो मैंने भी कुछ और नहीं कहा। हम घर पहुंचे, अमृता जी स्कूटी से उतरीं और घर के अंदर चली गईं। लेकिन मुझे लगा कि मुझे थोड़ा सा जवाब मिल गया है।

अगले दिन, मैं अमृता जी के पति के ऑफिस गया। वह चाय पीने के लिए बाहर आए। मैंने कहा, 'सिनेमा हॉल में हम दोनों का मिलना अच्छा रहा। एक नई फिल्म रिलीज हुई है, चलेंगे?' उन्होंने कहा, 'कल चलते हैं।"
*****
"अगले दिन हम फिल्म देखने गए। फिल्म देखने के बाद, हम वापस घर की ओर चल पड़े। मैं ऐसा कहने की सोच रहा था, 'जैसे श्रीराम जी ने अपने पिता की बात का मान रखकर 14 साल का वनवास किया और महान बने, वैसे ही एक बेटी के लिए भी अपने माता-पिता की बात का सम्मान करके दूसरे घर जाना एक महान कार्य है।' मैं सोच रहा था कि इस तरह की बातें कहकर मैं उन्हें फिर से मिलाने की कोशिश करूँगा। लेकिन शायद फिल्म अच्छी नहीं थी या फिर किसी और वजह से, उनका मूड खराब लग रहा था। मैंने सोचा, क्यों बेवजह माहौल बिगाड़ूं, इसलिए कुछ भी नहीं कहा।"

"दो दिन बाद, मैंने अमृता जी को स्कूल लाकर छोड़ा। वह स्कूटर से उतरकर अंदर जा रही थीं, तभी रुककर बोलीं, 'मेरे ससुर जी बहुत अच्छे इंसान हैं, मुझे उनसे कोई शिकायत नहीं है। लेकिन मेरे विश्वास को मेरे पति ने कोई महत्व नहीं दिया। ऊपर से उन्होंने कहा कि मेरे बिना भी वह ठीक रह सकते हैं। यह बात मुझे बहुत मूर्खतापूर्ण लगी। अगर मेरी मूर्खता है, तो उनकी हरकतों को आप क्या कहेंगे? वह तो सस्ता सा सैडिज्म है,' यह कहकर वह गुस्से में स्कूल के अंदर चली गई।

वहां से लौटते समय मुझे 'पापम' (बेचारा) जैसा महसूस हुआ, लेकिन अमृता जी या उनके पति के बारे में नहीं। बल्कि, अब वह गुस्से में अंदर गई हैं, तो कहीं कोई बच्चा गलती से कुछ कर बैठा तो उसे सज़ा न मिल जाए, यही सोचकर। क्योंकि जब मैं छोटा था, हमारी स्कूल टीचर भी इसी तरह घर का गुस्सा लाकर स्कूल में बच्चों पर निकालती थीं। यह सोचकर मैंने कहा... गलती हो गई हो तो माफ कीजिए।"

"अभी जब अमृता जी ने 'चिल्लर' (सिक्कों) का जिक्र किया, तो सोचा कि असली बात बता ही दूं, लेकिन वह गुस्से में थीं, इसलिए मैंने सोचा कि अभी नहीं बताना चाहिए।

कुछ बातें सही व्यक्ति के जरिए ही बताई जानी चाहिए। मुझे लगा कि अमृता जी को सिक्कों के पीछे की मंशा मैं बताने से बेहतर है कि मेरी पत्नी ही बताए। इसलिए मैंने अमृता जी के पति की बात अपनी पत्नी को बताई। उसने सही मौका देखकर अमृता जी को सिक्कों के पीछे छिपे उद्देश्य के बारे में बताया। मेरी पत्नी ने कहा कि यह सुनने के बाद अमृता जी में थोड़ा बदलाव दिखा।

चाहे मेरी पत्नी ने बताया हो, या मैंने अपनी समझ से कुछ कहा हो, आखिरकार अमृता जी ने मिलने के लिए हामी भर दी।"

"एक अच्छे दिन, दोनों मिले, और अमृता जी ने जिस घर में रह रही थीं, उसे छोड़कर अपने पति के घर वापस चली गईं।

अमृता जी की मदद करने की प्रवृति कैसी है?

वह कुएं के पानी जैसी है।

कुएं का पानी गर्मी के मौसम में 30 डिग्री रहता है और सर्दी के मौसम में भी 30 डिग्री रहता है। लेकिन उस पानी की खास बात यह है कि गर्मी में जब वह 30 डिग्री का होता है, तब वह ठंडा महसूस होता है, और सर्दी में जब वह 30 डिग्री का होता है, तब वह गर्म महसूस होता है। क्या इससे ज्यादा बेहतरीन मदद करने की प्रवृति कहीं और देख सकते हैं?"

"वे दोनों मिले और खुश हैं, लेकिन अब मेरी हालत क्या है, हे भगवान! ऐसा सोच ही रहा था कि एक दिन अमृता जी और उनके पति मेरे घर आए। अमृता जी ने कहा, 'आपको अब अगले साल किराया देने की जरूरत नहीं है। साथ ही, अभी जो 100 रुपये दे रहे हैं, उसके साथ मैं 50 रुपये और जोड़कर 150 रुपये दूंगी, क्योंकि आपका बच्चा हुआ है, और खर्चे बढ़ गए होंगे। इस साल के लिए आपकी तनख्वाह आपके घर ही आएगी। इस साल के भीतर आप किसी और नौकरी के लिए कोशिश करें और एक नई नौकरी हासिल कर लें।'

उनकी यह बात सुनकर मैंने हल्की मुस्कान के साथ 'थैंक्यू' कहा, लेकिन दिल से मैंने हाथ जोड़कर नमन किया... क्योंकि उन्होंने मुझे समझा।"

"अमृता जी द्वारा दी गई आर्थिक मदद से मैंने अपनी डिग्री पूरी की और नौकरी की तलाश में फिर से निकल पड़ा। पिछली बार नौकरी की तलाश में जो अनुभव हुआ था, उसे ध्यान में रखते हुए, इस बार मैं बहुत सतर्क रहने लगा। खासकर जब कहा जाता था कि तुम्हारा इंटरव्यू आखिरी है, तब मैं और भी ज्यादा सतर्क हो जाता था। सभी लोग वैसे नहीं होते, लेकिन आखिरकार मुझे एक नौकरी मिल ही गई। वेतन कम था, लेकिन और कोई विकल्प नहीं था, इसलिए मैंने नौकरी ज्वाइन कर ली।"
*****

व्यवसाय
*****

एक व्यक्ति जंगल में जा रहा था, तभी उसके सामने एक बाघ आ जाता है। उसे तुरंत समझ में आ जाता है कि बाघ उसे मारकर खा जाएगा। उसने चारों ओर देखा, लेकिन जितनी दूर तक नज़र जाती, जंगल में इंसान का नामो-निशान नहीं था। उसे समझ नहीं आ रहा था कि क्या करे। तभी उसे ख्याल आया कि भगवान से प्रार्थना करे, लेकिन फिर उसे याद आया कि भगवान की ओर से सुनने वालों की संख्या ज्यादा होती है, तो शायद वे कहीं व्यस्त होंगे। अब क्या करे, यह सोचते-सोचते उसके दिमाग में एक और विचार आया कि क्यों न भूत से प्रार्थना करे। उसने सोचा, 'चलो जो भी हो, वैसे भी मरने ही वाला हूँ, एक कोशिश करके देखते हैं,' और उसने भूत से मदद मांगी।

वहां पहले से ही एक व्यक्ति था, जो बाघ के द्वारा मारा जा चुका था और भूत बनकर घूम रहा था। इस व्यक्ति की प्रार्थना सुनकर भूत

आश्चर्यचकित हुआ और बोला, 'अरे! मुझसे भी कोई प्रार्थना कर रहा है?' भूत ने उस व्यक्ति को बाघ से बचा लिया।

अगर कहानी यहां खत्म हो जाती तो कोई दिक्कत नहीं होती, लेकिन असली समस्या यह थी कि बाघ तो तुरंत मार देता, लेकिन यह भूत रोज़-रोज़ उसके पीछे पड़ गया और उसे तंग करने लगा। एक समस्या से छुटकारा मिला तो दूसरी और बड़ी मुसीबत आ गई। मैं यह कहानी इसलिए बता रहा हूँ, क्योंकि मैंने भी एक समस्या से बाहर निकलने की कोशिश की, लेकिन दूसरी और बड़ी समस्या में फँस गया। वो क्या है?

"नौकरी से कोई प्रगति नहीं हो रही है, जैसे बस किसी तरह जी रहे हैं"। ऐसी स्थिति में...!

मैंने आपको बताया था कि मेरे परिचित व्यक्ति ने हैदराबाद में किराए का एक घर दिखाया। वह एक ट्रक ड्राइवर है और कभी-कभी कहता है कि अगर हमारे पास खुद का एक ट्रक हो तो व्यापार अच्छा चलेगा। इस प्रस्ताव को मैंने अपने पिताजी के सामने रखा, लेकिन उन्होंने ट्रक खरीदने के विचार को अस्वीकार कर दिया। उन्होंने मना क्यों किया?

पहला कारण... साझेदारी व्यापार मत करो। चाहे व्यापार छोटा हो या बड़ा, इसे खुद से शुरू करो। साझेदारी में व्यापार इसलिए नहीं चलता क्योंकि अगर एक व्यक्ति सही से काम न करे या दूसरा व्यक्ति सोचता है कि पहला व्यक्ति कर लेगा, तो व्यापार आगे नहीं बढ़ेगा और नुकसान होगा। इसी तरह, अगर दो लोगों के बीच मतभेद आ जाएं, तो उसका असर व्यापार पर पड़ेगा। ये बात बड़े व्यापारों पर लागू न हो, लेकिन छोटे व्यापारों पर ज़रूर लागू होती है, क्योंकि आपको खुद काम करना होता है। आप केवल देखरेख नहीं कर सकते, आपको खुद ही वह काम करना होता है। क्योंकि वह व्यक्ति एक ट्रक ड्राइवर है, वह तो ड्राइविंग करेगा, लेकिन आप ड्राइवर नहीं हैं, और यहीं से समस्याएँ शुरू होती हैं।"

दूसरा कारण...जो तुम्हें पता नहीं है, जिसकी जानकारी नहीं है, जिसमें तुम्हारा अनुभव नहीं है, वह काम तुम मत करो। वह ड्राइवर है, इसलिए उसे उस काम की कमियां और कठिनाइयाँ पता हैं। उसने ट्रक खरीदा है और उसे कैसे चलाना है, वह जानता है। तुम्हें नहीं पता। वह जो भी कहेगा, तुम्हें उसे मानने की स्थिति में आना पड़ेगा, इसलिए यह काम मत करो। जो व्यापार तुम्हें पता है, चाहे वह छोटा ही क्यों न हो, वही करो। वही व्यापार तुम्हें आगे ले जाएगा... और तारिफ करने वाले और जीना सिखाने वाले को अपने पास मत आने दो। उससे तुम्हारा नुकसान होगा और वह फायदा उठाएगा, ऐसा उन्होंने कहा। लेकिन मैंने उनकी बात कहाँ मानी? उसकी बातें सुनकर मैं अपने पिताजी से झगड़ा किया। पिताजी ने कुछ नहीं कर पाए, तो उन्होंने कुछ ज़मीन बेचकर पैसे ला दिए। उन पैसों से हमने नया ट्रक खरीदा...

पिताजी की बात न मानकर कुछ महीने अच्छे चले। फिर धीरे-धीरे समस्याएँ शुरू हुईं। अगर कोई किराया आता, तो वह खुद ट्रक लेकर जाता था, ड्राइवर बनकर। सामान खराब हो गया, यह कहकर वहीं रिपेयर कराने के नाम पर हिसाब दिखाता। रास्ते में यहाँ और वहाँ लोगों को इतने पैसे दिए हैं, ऐसा कहता। कुछ दिनों बाद वह उसी जगह पर ज्यादा दिन रुककर आता, यह कहकर कि किराया नहीं मिला, और हर 10-15 दिन में घर आता।.

धीरे-धीरे नुकसान दिखने लगा। मुझे सब समझ में आने लगा। पिताजी की कही हर बात याद आने लगी, बल्कि वह मेरी आँखों के सामने दिखाई देने लगी। इससे मेरी मानसिक पीड़ा बढ़ गई। घर में लोगों पर गुस्सा करना शुरू कर दिया, और बेटे पर भी चिल्लाने लगा। मुझे समझ में आया कि इस सब का कारण क्या है। फिर मैंने सोचा कि अब और नहीं, और उससे बात की। उसने कहा... ठीक है, तो ट्रक मैं ही रख लेता हूँ। तुम जो भी कीमत बताओगे, मैं दे दूँगा। या फिर तुम मुझे उतना पैसा दे दो और ट्रक ले लो। मुझे लगा कि ट्रक रखने से कोई फायदा नहीं है, क्योंकि मुझे इसकी सही कीमत का अंदाजा नहीं था। फिर हम दोनों ने एक मध्यस्थ से इसका मूल्यांकन करवाया। उसने कहा कि ट्रक की वर्तमान कीमत उसकी खरीद कीमत का आधा है। मैंने तय किया कि ट्रक उसे ही दे दूँ, और ट्रक दे दिया। इस तरह मैंने आधा नुकसान झेल लिया। अब जो आधे पैसे बचे हैं, उन्हीं से सावधानी से काम करना है, ऐसा मैंने सोचा।.

मेरे पिताजी को लोरी के बारे में पता चला। उन्होंने मुझे कुछ नहीं कहा, पर आखिरी बार एक बात कही, सुनो:
"तुम्हारे पास पैसा होने से तुम व्यापार में सफल नहीं हो जाओगे, और सिर्फ तुम्हारी बुद्धिमानी से भी तुम महान नहीं बनोगे। कब बनोगे, जानते हो?
जब तुम्हारे पास पैसा और बुद्धिमानी के साथ-साथ, तुम्हारे साथ काम करने वाले लोग भी तुम्हारी भलाई की कामना करें। जब वे ऐसा चाहेंगे, तभी तुम वन् प्लस वन् टू की तरह आगे बढ़ोगे... और तुम्हारा धर्म क्या है, जानते हो? तुम्हारे साथ काम करने वालों का ख्याल रखना। उनकी

तरक्की में मदद करो। अपने स्वार्थ को देखे बिना, उन्हें कैसे आगे बढ़ा सकते हो, यह सोचो। अगर मौका मिले, तो उनकी मदद करो...
अगर तुम्हारे काम में सहयोग देने वाले लोग तुम्हें छोड़कर चले जाएं, तो इसके बारे में चिंता मत करो। अगर उन्हें लगे कि तुम्हारे पास काम करने से वे बेहतर होंगे, तो जो व्यक्ति गया है, उसकी जगह कोई और आ जाएगा।
तुम दुनिया को दो आँखों से देखते हो, पर दुनिया तुम्हें अनगिनत आँखों से देखती है, यह याद रखना।"

किसी के सलाह देने का मतलब यह होता है कि उसने जीवन में कई समस्याओं का सामना किया है, या उसने उस बात के अर्थ को अनुभव किया है। यह सच ही लगा।

मेरे पिताजी ने जो कहा, उसे मैंने बाद में अपनाया, और उसने मेरी तरक्की में मदद की। अब मैं बताता हूँ क्या हुआ...
रवि के "दादा-दादा" कहकर पुकारने से बड़े दादा जी अपने अतीत से बाहर आ गए।
बड़े दादा जी ने रवि की ओर मुड़कर देखा, जैसे पूछ रहे हों, "क्या है?"
रवि ने कहा, "दादा जी, हम यहीं से कॉलेज चलते हैं।" इस पर बड़े दादा जी ने कहा, "ठीक है।"
रवि ने कैब बुक की। कैब आने में थोड़ा समय था, इसलिए उसने बड़े दादा जी को पास की किराने की दुकान के सामने बिठा दिया। रवि सड़क पर खड़ा होकर कैब का इंतजार कर रहा था। इधर किराने की दुकान का मालिक आवाज़ करते हुए गैस छोड़ रहा था। यह सुनकर बड़े दादा जी मन ही मन हंसने लगे और सोचा, "यह बीमारी शायद हर किसी को किसी न किसी समय होती है," और अपने अतीत को याद करने लगे.।
*****
अमृता जी ने दिए हुए वादे के अनुसार साल भर का वेतन दिया, किराया नहीं लिया। बाद में जब वे अमेरिका चले गए, तो उन्होंने वह घर बेच दिया जिसमें हम रह रहे थे। इस मजबूरी में हमें वह घर खाली कर किसी और घर में जाना पड़ा। उनके विदेश चले जाने के साथ ही अमृता जी के साथ हमारा संबंध भी टूट गया।

व्यापार में जो पैसा खोया था, उसके बाद नौकरी करके और सावधानी से पैसे का उपयोग करते हुए मैंने कुछ समय तक गुजारा किया। ज्यादा मेहनत न होने की वजह से मैं थोड़ा मोटा हो गया और साथ ही मिडिल ऐज के करीब आ गया। शायद इसलिए धीरे-धीरे गैस की समस्या शुरू हो गई। यह समस्या भी ऐसी थी जो आवाज के साथ आती थी। एक बार शुरू हो जाने के बाद, कम से कम एक मिनट तक रुकती नहीं थी। मैं चुनौती देता हूँ, कोई इसे रोक नहीं सकता था। यह आवाज छोटे पटाखों जैसी होती थी, जिससे मुझे बहुत असुविधा होती थी। जब मेरी पत्नी अवंतिका घर में नहीं होती थी, तो मैं घर में ही गैस छोड़ देता था। लेकिन जब वह होती, तो किसी काम का बहाना बनाकर बाहर चला जाता था, क्योंकि मुझे डर था कि कहीं उसे पता चलने पर वह बुरा न मान जाए। फिर बाहर आकर, इधर-उधर देखता था कि अगर सड़क पर कोई नहीं होता, तो प्रकृति में ही मिला देता था। लेकिन अगर कोई सड़क पर होता, तो क्या करता?

पास के फुटपाथ पर एक पान का ठेला होता था, उसके पास एक टेप रिकॉर्डर होता था। वह हमेशा टेप रिकॉर्डर चालू करके गाने बजाता था, क्योंकि वह अपने ठेले पर ग्राहकों को आकर्षित करना चाहता था। मैं उस पान ठेले के पास जाकर उससे थोड़ी देर बात करता और फिर कहता कि अगर गानों की आवाज़ थोड़ी ज्यादा तेज हो तो अच्छा लगेगा। वह बिना कुछ कहे आवाज़ बढ़ा देता था। इस मौके का फायदा उठाकर मैं थोड़ा किनारे जाकर खड़ा हो जाता, और गाने के साथ अपने कूल्हे हिलाते हुए ऐसे नाचने का नाटक करता कि मेरी आवाज़ भी उस गाने की आवाज़ में मिल जाए। आह, जब गैस निकल जाती थी, तो कितनी राहत मिलती थी, मानो लॉटरी में एक करोड़ रुपये जीत लिए हों। उस पल में ऐसा लगता था जैसे जीवन में सब कुछ हासिल कर लिया हो। लेकिन हर दिन एक जैसा नहीं होता, है ना?

इस तरह पान की दुकान के पास आना, साउंड बढ़ाना, और थोड़ी देर बाद चले जाना—यह सब पान वाले ने गौर से देखा। मैंने हमेशा की तरह जाकर साउंड बढ़ाया और किनारे जाकर गाने पर स्टेप मूवमेंट करते हुए अपनी आवाज़ उस साउंड में मिला दी। पान वाले ने मुझे रंगे हाथ पकड़ने के लिए टेप रिकॉर्डर बंद कर दिया। मैंने कहा था ना, एक बार साउंड ऑन कर दिया तो उसे रोकना किसी के बस की बात नहीं!

उस दिन मेरा समय ठीक नहीं था। वहां कुछ लड़कियां बस का इंतजार कर रही थीं। उन्होंने मेरी आवाज़ सुनकर मेरी ओर देखा। वहां मौजूद सभी लोगों को सब कुछ समझ आ गया और वे हंसने लगे। इससे मुझे बहुत शर्म आई, लेकिन उस शर्म को छिपाते हुए, चेहरे पर एक छोटी सी मुस्कान लिए, मैं वहां से नई नवेली दुल्हन की तरह धीरे-धीरे चलकर चला गया.।

उसके बाद से मैंने पान की दुकान पर जाना छोड़ दिया और नई जगहों पर जाने की कोशिश करने लगा। लेकिन जहाँ भी देखो, लोग ऐसे रहते

थे जैसे बिल्ली के बच्चे हों। खासतौर पर मैं जहाँ भी जाता, वहाँ भीड़ ही होती थी। एक जगह से भागता तो दूसरी जगह ऐसी ही मुसीबत। आखिरकार, इसका समाधान मुझे मिल गया—मैंने वॉकिंग शुरू की, वजन कम किया, और दवाइयाँ लीं। अंत में समस्या दूर हो गई।

लेकिन एक समस्या हल होते ही दूसरी शुरू हो गई। वह दूसरी समस्या क्या थी?

"दादाजी, कैब आ गई," रवी के पुकारने पर बड़े साहब अपने ख्यालों से बाहर आते हैं। फिर दोनों कैब में बैठकर कॉलेज के लिए निकल पड़ते हैं।.

कैब की फ्रंट सीट पर रवि बैठा होता है, और बैक सीट पर बड़े आदमी बैठते हैं। कैब चल रही होती है। कैब ड्राइवर अपनी दाईं ओर की सड़क पर एक एक्सीडेंट देखकर कैब को साइड में रोकता है। वह वहां मौजूद लोगों में से एक से पूछता है, "एक्सीडेंट कैसे हुआ?" तब वह व्यक्ति जवाब देता है, "यह एक्सीडेंट नहीं था, यह सुसाइड था। उसने लॉरी के नीचे कूदकर अपनी जान दी।"

कैब ड्राइवर पूछता है, "कारण?"

वह व्यक्ति कहता है, "फैमिली प्रॉब्लम्स।"

यह सुनकर कैब ड्राइवर एक छोटी सी सांस छोड़ता है और गाड़ी को आगे बढ़ाते हुए सोचता है, "यह आम बात है।"

लेकिन बड़े आदमी को पता है कि यह आम बात नहीं है। जब कैब रुकी थी, तब बड़े आदमी ने सड़क पर उस व्यक्ति को देखा था, जिसने आत्महत्या की थी। साथ ही, कैब ड्राइवर द्वारा पूछे गए सवाल का जवाब भी उन्होंने सुना था। यह सुनकर उनके दिल पर भारी बोझ आ गया, और वह अपनी सीट पर पीछे की ओर झुक गए।.

कॉलेज आ गया। रवि ने हमेशा की तरह कुर्सी लाकर दुकान के पास रख दी और अपने काम में लग गया। लेकिन बड़े आदमी के मन में उस समस्या का सिलसिला जारी था, जिसे वह पहले से ही बताने की सोच रहे थे। उसी समस्या की तरह उन्हें वह आत्महत्या भी दिखाई दी। इससे उनका मन बहुत उदास हो गया।

इस वजह से उन्होंने सोचा कि जो कुछ उन्होंने अपने जीवन के सफर से सीखा, सुना, देखा और समझा है, और सफलता के सभी रहस्य, वह दूसरों को बता दें ताकि कोई और आत्महत्या न करे।

उस दिन से आज तक, उन्होंने अपने जीवन के सफर के बारे में सोचना शुरू कर दिया—सुख-दुख, सब याद करने लगे।...
*****

10

अध्याय ... मेरी गरीबी।

गरम पानी में एक मेंढ़क को डालते हैं, तो वह गरमी को सहन नहीं कर पाता और असहज महसूस करते हुए तुरंत उसमें से बाहर कूद जाता है। लेकिन अगर उसी मेंढ़क को ठंडे पानी में डालते हैं, तो वह आराम महसूस करता है। फिर अगर उस बर्तन के नीचे हल्की आग जलाकर धीरे-धीरे पानी गर्म करना शुरू करते हैं, तो मेंढ़क नोटिस करता है कि पानी गरम हो रहा है, लेकिन उसे लगता है कि थोड़ी गरमी ही तो है, इसमें क्या दिक्कत है। वह इसे नज़रअंदाज़ कर देता है और धीरे-धीरे उस गरम पानी में उबल जाता है।

इसी तरह हमारे जीवन में भी छोटी-छोटी चीज़ें बड़ी हो जाती हैं। यह कर्ज़ हो सकते हैं, या तरक्की न होने की समस्या हो सकती है। इसी तरह, हमें बिना पता चले दिन, महीने और साल बीत जाते हैं, और समय व्यर्थ चला जाता है। छोटी-छोटी बातों को नज़रअंदाज़ करने की वजह से मेरी हालत भी उस मेंढ़क जैसी हो गई। कैसे?
*****

"एक समय ऐसा आता है जब तुम्हारे लिए तुम ही सबकुछ होते हो, तुम्हारे लिए तुम ही अपनी रक्षा करने वाले श्रीराम होते हो"...!
*****

फैमिली सपोर्ट कब तक रहेगा? हर रोज़ मरने वाले के लिए कौन रोता है वैसे ही...! जो हमने सोचा था कि हमारी संपत्ति सुरक्षित है, बहन की शादियाँ और अलग-अलग कारणों से वह संपत्ति धीरे-धीरे खत्म हो गई। इसके साथ ही मेरे पिता से कोई उम्मीद रखने या केस देखने की इच्छा भी खत्म हो गई। अब जो भी हो, मुझे अपनी मेहनत पर ही निर्भर होकर जीना पड़ा। आने वाली तनख्वाह से बस जैसे-तैसे गुजारा हो रहा है। ऐसा एक-दो महीने या साल-दो साल होता तो ठीक था, लेकिन पिछले 15 सालों से यही हाल है। मेरा विकास होगा, यह विश्वास रिश्तेदारों, दोस्तों, और जान-पहचान वालों, सभी को खत्म हो गया। और इसके साथ ही एक और चीज़ पता चल गई, वह यह कि मेरे पास कुछ भी नहीं बचा है।

महान जीवन जीने के लिए कड़ी मेहनत करनी पड़ती है, ऐसा कहते हैं। मैं भी कड़ी मेहनत कर रहा हूं, लेकिन वह महान जीवन अभी तक दिखाई नहीं दे रहा है।

"गिरे हुए पेड़ से फल की उम्मीद मत करो" कहावत की तरह, मैं उन दिनों दरिद्रता का ब्रांड एम्बेसडर था। मेरी दरिद्रता कुछ लोगों के लिए एक अच्छी कहानी बन गई—रिश्तेदारों के लिए, जान-पहचान वालों के लिए, दोस्तों के लिए। मेरी गरीबी का समाधान किसी ने नहीं बताया, लेकिन समय-समय पर यह एक अच्छा मनोरंजन जरूर बन गई।

कहते हैं कि सपनों को सच करने की लगन होनी चाहिए, यह सच हो सकता है। लेकिन शायद यही कारण है कि मैं उन लोगों में से एक था, जिन्होंने कभी सपने नहीं देखे, सिर्फ यह सोचते हुए कि जीवन किसी तरह कट जाए। इस वजह से ही यह स्थिति आई।

जैसा कि किसी ने कहा था, "मानव संबंध असल में आर्थिक संबंध होते हैं," यह बात अब हमारे घर में भी दिखाई देने लगी है। चाहे मेरे बेटे के मामले में हो, मेरी पत्नी के मामले में, या फिर रिश्तेदारों के मामले में।

सड़क पर यूं ही घूमने वाली बिल्ली किस मोड़ पर किस गली में मुड़ेगी, यह किसी को पता नहीं। उसी तरह गली में चलते-चलते वह किस घर में जाएगी, यह भी पता नहीं। घर में जाने के बाद, वहां रुके बिना, वह घर की बगल की दीवार पर छलांग लगाकर ऊपर चढ़ जाती है, और दीवार

पर चलते-चलते वह दाईं ओर कूदेगी, बाईं ओर कूदेगी, या दीवार पर ही चलती रहेगी, यह कहना मुश्किल है। यह सब उसकी मर्जी पर निर्भर है। इसी तरह मेरा दिमाग भी डिप्रेशन के कारण पूरी तरह अनियंत्रित हो गया है।.

आर्थिक रूप से नुकसान होने के कारण घर में मेरी कोई कद्र नहीं रही, और बाहर समाज में भी पहचान नहीं मिल रही थी। इन सभी कारणों से, मुझे बिना पता चले ही, फ्रस्ट्रेशन के साथ भ्रम भी जुड़ गया। एक बार किराना दुकान पर गया, मैं जो सामान ले रहा था उसे देखकर दुकानदार बिल बना रहा था। तभी मुझे ऐसा सुनाई दिया कि मेरे पीछे खड़े लोग कह रहे थे, "तुम हट जाओ।" मैंने पीछे मुड़कर देखा और उन पर चिल्लाया, "यहां से हटने के लिए मुझे किसी ने क्यों कहा?" असल में वहां किसी ने मुझे हटने के लिए कहा ही नहीं था। इस तरह मैंने भ्रमित होना शुरू कर दिया, और "मुझे कम आंका जा रहा है" इस भावना ने मेरे भीतर जड़ें जमा लीं। मानसिक रूप से हार चुका इंसान जीवित होकर भी मृत के समान होता है।.

यह आर्थिक कठिनाइयों को सहन नहीं कर पा रहा था, इसलिए किसी को बताने से कोई फायदा नहीं होगा, ऐसा सोचकर मैंने भगवान से बात करने के लिए मंदिर जाने का निर्णय लिया। भगवान के दर्शन करने के बाद, जब मैं बाहर आया, तो वहां मंदिर से जुड़े दो हाथी खड़े थे। उन्हें देखते ही मुझे लक्ष्मी देवी की फोटो में हमेशा दिखाई देने वाले हाथी याद आ गए। चूंकि हाथी लक्ष्मी देवी के पास होते हैं, मैंने सोचा कि अगर मैं अपनी परेशानी इन हाथियों को बताऊँ तो शायद वे मेरी दुखभरी कहानी सुनकर दया करेंगे और देवी माँ से कहेंगे जब वे उनसे मिलेंगे। इधर-उधर देखा, मुझे कोई नजर नहीं आया जो मुझे देख रहा हो, इसलिए मैंने सोचा कि मैं हाथियों के कान में अपनी बात कहूँ। लेकिन फिर अचानक मुझे संदेह हुआ कि कहीं ये मुझे सूंड से पकड़कर नीचे पटक न दें और मुझे कुचल न दें, डर के मारे मैंने अपना विचार छोड़ दिया।.

अगर मुझे कहना पड़ता तो मैं इस तरह कहता... "माँ, आपके पास जो थाल में स्वर्णमुद्राओं का भंडार भरा रहता है, वह ओवरफ्लो होकर बाहर गिरता रहता है। उसी तरह, कृपया उन स्वर्णमुद्राओं से मेरे दिल को भी भर दो, माँ। मेरा दिल अब भी खाली है और इस जीवन में मुझे अब तक संतुष्टि नहीं मिल पाई है। आपने कई लोगों पर दया की है और बहुतों के घरों में अपने पांव रखकर उनकी इज्जत बढ़ाई है। मैं इस गरीबी को सहन नहीं कर पा रहा हूँ, यह गरीबी मुझे सभी के बीच में तुच्छ बना रही है। लोग मुझ पर कितनी बातें कह रहे हैं, और मुझे उन्हें सब कुछ सुनना पड़ता है। गरीबी का दुख तो कम है, पर उन बातों और लोगों की नजरों से मुझे ज्यादा तकलीफ हो रही है। माँ, एक बार मुझ पर अपनी नजर डालो, बस एक नजर से ही।"
*****
मेरी इस दयनीय स्थिति के लिए किसी और को दोष देने से कोई फायदा नहीं है, जल्दी जागरूक न होना ही मेरी गलती थी... लेकिन!

जैसे एक बीज को अच्छी मिट्टी में डालकर थोड़ी सी देखभाल करने से वह मजबूत नींव के साथ बढ़ता है और हजारों पेड़ों के बीजों का स्रोत बन जाता है, वैसे ही एक मनुष्य भी कुछ हद तक उसी तरह होता है।

वहां एक पौधे के लिए मिट्टी, पानी, और देखभाल नींव होती है, तो यहां इंसान के लिए शिक्षा नींव होती है। मेरे बचपन में शिक्षा का आधार कैसे रहा, अगर आप पूछें तो...?

मेरे बचपन में, हमारे गाँव में पाँचवीं कक्षा तक पढ़ाने के लिए एक ही शिक्षक थे, और वह हमारे गाँव में ही रहते थे। चूँकि पाँचवीं कक्षा तक एक ही शिक्षक थे, इसलिए सभी बच्चों को संभालना उनके लिए थोड़ा मुश्किल हो जाता था। सभी को पढ़ाना, यह देखना कि वे क्या पढ़ रहे हैं—इस तरह की चीजें कक्षा में सही ढंग से नहीं हो पाती थीं। इस कारण से, बहुत से बच्चों को कक्षा में ठीक से पढ़ाई नहीं हो पाती थी। इसलिए, लोग शाम को उन्हें ट्यूशन के लिए भेजते थे। उन ट्यूशन जाने वालों में मैं भी एक था।.

भगवान ने उन्हें एक महान वरदान दिया और भेजा, लेकिन यह हमारे लिए दुर्भाग्यपूर्ण साबित हुआ। वह वरदान क्या था, हमें नहीं पता; शायद इतने सारे बच्चों को पढ़ाना पड़ना या उनके घरों में झगड़े होना। उनके पास कोई धैर्य नहीं था। अगर उन्होंने कुछ कहा नहीं तो वे पकड़कर थप्पड़ मार देते और गाल पर गुदगुदी कर देते। इसी कारण से, इससे छुटकारा पाने की सोचकर, रास्ते में मौजूद शिक्षा भी उन्हें देखकर दूर हो जाती। बिना शिक्षा के डर शुरू हो गया। ऐसी स्थिति उत्पन्न हो गई कि हम सोचने लगे, 'क्या शिक्षा इसी तरह होती है?' यह कितना हो सकता है?

हम रोज शाम को ट्यूशन के बाद घर आकर खाना खाते और फिर ट्यूशन के लिए वापस जाते। उन्होंने एक नया नियम बना दिया था कि

ट्यूशन खत्म होने के बाद वहीं सोना होगा। इसलिए सभी को वहाँ जाना पड़ता था। कुछ दिनों तक मैं गया भी, लेकिन रात की ट्यूशन में भी उन्होंने मारना शुरू कर दिया। बिना किसी संकोच के पकड़कर झुकाते और पीठ पर मारते थे। मुझे उनके बारे में कभी यह याद नहीं आता कि उन्होंने कभी प्यार से पूछा हो या शांति से बात की हो।

इसलिए मुझे ट्यूशन जाने से डर लगने लगा। साथ ही, घर पर यह बताने का डर था कि अगर न जाऊँ तो पिताजी क्या कहेंगे। इसलिए मैं यह कहकर घर से निकलता कि मैं ट्यूशन जा रहा हूँ, और हमारे पिताजी के किसी जान-पहचान वाले अगर घर के बाहर खाट पर सो रहे होते तो मैं उनके पास जाकर कहता, "थोड़ा हट जाइए," और उनके पास ही सो जाता था। वे बिना कुछ कहे मुझे जगह दे देते और मैं वहीं सो जाता था। बाद में, जब वे उठते, तो जाकर मेरे पिताजी को बताते कि, "आपका बेटा हमारे घर के पास सो रहा है।" तब मेरे पिताजी आते, मुझे उठाते, और घर ले जाते।.

यह दो-तीन बार हुआ कि मैं उनके घर या हमारे घर के पास गिर पड़ा। वे जाकर मेरे पिताजी को बताते, और वे आकर मुझे घर ले जाते। कुछ दिनों तक ऐसा होने के बाद, एक दिन मेरे पिताजी ने मुझसे पूछा कि मैं ऐसा क्यों कर रहा हूँ। मैंने सच्चाई बताई कि शिक्षक मुझे मारते हैं। इसके बाद, उस दिन से उन्होंने मुझे उस स्कूल के शिक्षक के पास ट्यूशन भेजना बंद कर दिया। (उनकी जांच में भी यह पता चला कि वह शिक्षक सभी को वैसे ही मारता है, इसलिए पिताजी ने सोचा कि शिक्षक से बात करने का कोई फायदा नहीं है और उन्होंने यह निर्णय लिया।)

ऐसे माहौल में ही पांचवी कक्षा तक की पढ़ाई पूरी हो गई, पर जो कुछ सीखा या समझा, उसमें कुछ भी खास नहीं था, बस उस शिक्षक के कहे हुए काम करना ही था।

मेरे जीवन में पढ़ाई का मतलब सजा जैसा हो गया था... वहीं से जबरदस्ती पढ़ाई करने की शुरुआत हुई। पढ़ाई में मेरी रुचि कम हो गई, और जब भी शिक्षक कोई काम बताते, तो मैं सबसे पहले उस काम को करने के लिए हाथ उठाता था। ऐसे ही कामों में से एक का उदाहरण बताता हूँ।

छठी कक्षा भी हमारे गांव में ही पूरी हुई, जहाँ चार शिक्षक थे।.

हमारे शिक्षक पास के गांव से आते थे, और वे हफ्ते में या दो हफ्ते में एक बार पार्टी किया करते थे। वे अपने घरों से चिकन करी बनवाते थे, और हमें वह स्कूल लेकर आनी होती थी। उनका घर हमारे स्कूल से दो-तीन किलोमीटर दूर था। जब उनके लिए लंच लेकर आना होता, तो हम सुबह जल्दी निकलते थे, मतलब क्लास के समय बस भगवान भरोसे। एक हफ्ते एक शिक्षक, तो अगले हफ्ते दूसरा शिक्षक अपने घर से खाना बनवाकर मंगवाते थे, और लंच ब्रेक में स्कूल में खाते थे।

इस तरह, बचपन में मेरी पढ़ाई का समय इसी में गुजर गया, और इस कारण मैं पढ़ाई में अधिक सफल नहीं हो पाया। इस सबके चलते मेरी पढ़ाई में रुचि भी खत्म हो गई।.
*****
"बहुत समय बाद मैंने यह कहानी सुनी...!

कक्षा में पहला पीरियड शुरू हो चुका था। मैडम कक्षा में आईं। कक्षा में बैठे छात्रों में से एक छात्र खुशी-खुशी मैडम के पास आता है और मिठाई का डिब्बा खोलता है।

छात्र: मैडम, मिठाई लीजिए। मैडम: अरे, आज तुम्हारा जन्मदिन है क्या? छात्र: हां, मैडम। मैडम ने जन्मदिन की शुभकामनाएँ दीं और मिठाई लेने के बाद, छात्र के नए कपड़े देखकर बोलीं, "अरे, ये जन्मदिन का गिफ्ट है क्या?" छात्र: हां, मैडम। और मेरे पिताजी ने मुझे एक अच्छी घड़ी उपहार में दी है। मैं वह घड़ी आपको दिखाने लाया हूं। रुको, दिखाता हूं।" यह कहकर वह अपनी मेज के पास जाता है और अपने बैग में घड़ी ढूंढने लगता है। बैग में घड़ी नहीं मिलती। इस पर वह डरकर रोने लगता है। "मैडम, मैंने घड़ी बैग में रखी थी, अब वह नहीं है। अगर घर गया तो पिताजी मुझे मारेंगे।"

फिर मैडम ने उस छात्र को समझाया, "तुम्हारी घड़ी कहीं नहीं गई है, मिल जाएगी। पहले रोना बंद करो और जाकर बैठ जाओ।" यह कहकर, मैडम कक्षा में सभी छात्रों से बोलीं, "सुनो, जब तक मैं न कहूं, आप सब 10 मिनट के लिए अपनी आंखें बंद कर लो। अगर किसी ने आंखें खोलीं,

तो उसे मार पड़ेगी।" यह सुनकर सभी बच्चे आंखें बंद कर लेते हैं।

इसके बाद, मैडम ने सभी के बैग चेक करना शुरू किया। बैग्स के साथ-साथ उन्होंने बच्चों की शर्ट की जेबों को भी चेक किया। आखिरकार, एक छात्र के पास से घड़ी मिल जाती है। मैडम घड़ी लेकर सभी से आंखें खोलने के लिए कहती हैं। उन्होंने घड़ी उस छात्र को दी और कहा, "आगे से कोई भी कीमती सामान स्कूल में मत लाना।" फिर सभी बच्चों से भी यही बात दोहराती हैं कि कीमती चीजें स्कूल न लाएं। बच्चे सहमति में सिर हिलाते हैं।

फिर छात्र मैडम से पूछता है, "किसने मेरी घड़ी चुराई थी, मैडम?" तब मैडम ने उसे डांटते हुए कहा, "तुम्हें अपनी घड़ी मिल गई, अब चुपचाप बैठ जाओ और आगे से कीमती सामान मत लाना।" छात्र ने चुपचाप अपनी सीट पर जाकर बैठ गया। जिसने चोरी की थी, वह बच्चा मन ही मन मैडम का शुक्रिया अदा करता है कि उन्होंने उसका नाम नहीं बताया। बाद में भी, मैडम ने कभी उस घटना का ज़िक्र उस बच्चे के सामने नहीं किया, यहां तक कि जब वह अकेला होता, तब भी नहीं।

15 साल बाद वह बच्चा मैडम से मिलने आता है। वे दोनों बहुत देर तक बातें करते हैं। फिर वह मैडम से पूछता है, "मैडम, क्या आपको पता है कि मैं कौन हूँ?" तब मैडम कहती हैं, "अरे, तुम्हें पहचाने बिना क्या मैं इतने समय से तुमसे बात कर रही हूँ? तुम फलाना स्कूल के फलाना क्लास के छात्र थे, सही है ना? अच्छा, अब बताओ, तुम अभी क्या कर रहे हो?"

वह कहता है, "मैंने IAS पास कर लिया है। उस दिन जब आपने मुझसे घड़ी ली थी और मेरे बारे में किसी से कुछ नहीं कहा, तब से मेरे अंदर वह गलती का बोझ हमेशा बना रहा। मुझे यह अहसास हुआ कि मैंने गलती की थी। उसी दिन से मैंने कड़ी मेहनत से पढ़ाई की, और आज मैं IAS बन गया हूँ।"

तब मैडम कहती हैं, "क्या?"

वह जवाब देता है, "अरे, मैडम, उस दिन आपने ही मुझसे घड़ी ली थी।"

मैडम: "मुझे ये बात कभी पता नहीं चली कि घड़ी तुमने चुराई थी, क्योंकि जब मैंने सभी से कहा था कि अपनी आंखें बंद कर लो, मैंने खुद भी अपनी आंखें बंद कर ली थीं और तुम्हारे बैग और जेबों की तलाशी ली थी। सच में, आज तक मुझे यह नहीं पता था कि वह तुम थे। अगर उस दिन मुझे यह पता चल जाता कि तुम ही वह चोर हो, तो किसी न किसी दिन मैं तुम्हें 'चोर' कहकर डांट देती। शायद उस शब्द से तुम्हारा आत्मविश्वास टूट जाता। इसलिए मैंने अपनी आंखें बंद रखीं और तुम्हारी जेब की तलाशी नहीं ली। उस दिन मैंने सही काम किया था, और उसी वजह से आज तुमने इतनी मेहनत से पढ़ाई की और IAS अधिकारी बन गए। तुम्हारे भीतर जो पछतावा था, वह तुम्हारे लिए काफी था।"

"बच्चे जानबूझकर या अनजाने में गलतियां करते हैं, लेकिन जो शिक्षक उन गलतियों को समझकर संभाल लेते हैं, वही असली शिक्षक होते हैं। ऐसे शिक्षक जिनके पास समझ होती है, बच्चों के लिए सबसे बड़ी किस्मत होते हैं। मुझे भी काश ऐसा शिक्षक मिला होता।"

कई सालों बाद मुझे मेरे बचपन में पढ़ाने वाले शिक्षक मिले। मैं जाकर उनसे मिला, लेकिन मेरे मन में एक सवाल था जो मैं पूछना चाहता था, लेकिन सोचा कि पूछना ठीक नहीं रहेगा, इसलिए नहीं पूछा। अगर मैं पूछता, तो क्या पूछता? "सर, आपने जिन बच्चों को पढ़ाया था, उनमें से कम से कम एक भी सफल हुआ क्या?" यह सवाल मैं पूछना चाहता था।

जब आपने मेरी गलतियाँ बताईं, तब किसी और की भी गलतियाँ बतानी चाहिए थीं, इसलिए मैंने ये बात कही। अच्छा हो या बुरा, जीवन मेरा है, और मुझे इसे जीना ही होगा। कारण बताने से कोई फायदा नहीं है, लेकिन मेरे जीवन में जो घटनाएँ मेरे बिना किसी गलती के हुईं, उन्होंने मुझे आज यहाँ तक पहुँचाया है, इसलिए मैंने ये कहा। अगर बचपन में पढ़ाई मुझे सही तरीके से मिल जाती, तो शायद आज मेरा जीवन कुछ और होता।

खैर, फिलहाल की बात करें?

मेरे पिता हमेशा कहते थे, "गिरा हुआ व्यक्ति कभी हमेशा नीचे नहीं रहता। जितनी जल्दी हो सके, उठने की कोशिश करो।" लेकिन मैं ऐसा करने में सक्षम नहीं हो पाया।

लोग कहते हैं, "लड़ाई तुम्हारी है, जीत तुम्हारी होगी।" मैं लगातार लड़ रहा हूँ, लेकिन जीत कहीं दिखाई नहीं दे रही।

1987 तक हैदराबाद आए 17 साल हो चुके थे। इन 17 सालों में सिर्फ जी पाए, लेकिन कोई खास तरक्की नहीं हुई। पढ़ाई में मैं ज़्यादा सफल नहीं हो पाया, इस वजह से मुझे सरकारी नौकरी नहीं मिली। जो भी नौकरी मिली, वही प्राइवेट नौकरी करते हुए परिवार का गुज़ारा किया। लेकिन बाकी लोग मेरे जैसे नहीं थे। जैसे दुनिया आगे बढ़ रही थी, वैसे ही वो लोग भी आगे बढ़ते रहे, लेकिन मैं वहीं का वहीं रह गया। इसी वजह से हर तरफ से समस्याएं शुरू हो गईं। घर का खर्च बढ़ता गया, बेटा 16 साल का हो गया और पड़ोसियों से तुलना शुरू हो गई। एक के बाद एक समस्याएं सामने आने लगीं।

जैसे रात में डूबा हुआ सूरज अगर वापस न आए, तो जंगल में फंसे इंसान को जितना डर लगेगा, उतना ही मुझे भविष्य का डर सताने लगा। इसके साथ ही, घर का माहौल भी गरम हो गया। बाहर जाकर सोने से या छत पर सोने से उस गर्मी से राहत नहीं मिल रही थी। यह गर्मी मानसिक रूप से परेशान करने वाली थी। इसका कारण क्या है, यह मैं आपको बताने की ज़रूरत नहीं समझता, क्योंकि आप समझदार, बुद्धिमान लोग हैं। किसी विशेष व्यक्ति को दोषी ठहराना मुझे पसंद नहीं है। इस मामले में मैं एक जेंटलमैन हूँ।

कहते हैं कि मुश्किल समय में धैर्य रखना चाहिए। लेकिन कब तक? जब तक कि कठिनाइयों के आगे धैर्य जवाब न दे जाए? मैं तब तक इसे सहने के लिए जीवित रहना चाहिए, है ना?

गर्मी बहुत बढ़ गई थी, इस गर्मी को सहन न कर पाने के कारण जीवन से निराश होकर सोचा कि इस जन्म को यहीं खत्म कर दूं। किसी ने कहा था कि मरने के बाद फिर से जन्म होता है, और मैंने सोचा कि जल्दी से जन्म हो जाए तो ठीक रहेगा... और मैं उस स्थिति में आ गया।

मेरा बेटा अपनी सास के गांव गया हुआ था, इसलिए यह सही समय था। अगर वह यहाँ होता, तो उसे देखकर मैं इस दुनिया को छोड़कर नहीं जा सकता था। इसलिए मैंने अगली सुबह का मुहूर्त तय कर लिया। उस दिन मैंने उन सभी जगहों पर फिर से घूम लिया, जहां मैं पहले गया था, और जिन लोगों को जानता था, उनसे मिलकर बात की। अगर मैंने किसी के साथ कभी गलत व्यवहार किया हो, तो मन ही मन उनसे माफी मांग ली। उसी दिन दोपहर को मैंने अवंतिका से कहा कि रात के लिए मेरा पसंदीदा खाना बनाओ। उसने वैसा ही किया।

जब अवंतिका ने खाना परोसा, तो उसे देखकर मेरे भीतर का दुख बाहर आने की कोशिश कर रहा था, लेकिन मैंने जबरदस्ती उसे बाहर नहीं आने दिया और सिर झुकाकर खाना खा लिया। उस रात ज्यादा नहीं सोचा, क्योंकि ज्यादा सोचता तो शायद अगले दिन की यात्रा नहीं कर पाता।

जैसा हर दिन होता है, उस दिन भी मैं सुबह उठा। दिनचर्या पूरी करने के बाद, घर से निकलने से पहले आंगन में कपड़े धो रही अवंतिका को कुछ दूर खड़ा होकर देखा। उसे देखने के बाद मैंने उससे कहा, "अपना स्वास्थ्य ध्यान रखना।" (मन में सोचा कि बाबू का वह वैसे भी अच्छे से ख्याल रखती है, इसलिए उसे खास तौर पर कुछ कहने की जरूरत नहीं समझी। केवल उसके स्वास्थ्य के बारे में ही कहा क्योंकि वह कभी-कभी अपने बारे में ध्यान नहीं देती।) अवंतिका ने जवाब दिया, "मेरे स्वास्थ्य में कोई समस्या नहीं है।"

मैंने कुछ और नहीं कहा और घर से बाहर निकलते हुए सोचा कि शायद यह आखिरी बार है जब मैं उसे देख रहा हूँ। यह विचार आते ही मेरी आँखों में आंसू आ गए। किसी ने न देखे इसलिए मैंने घर के अंदर ही रुमाल से उन्हें पोंछा और फिर बाहर की ओर चल दिया।.

मैं घर से यात्रा के लिए रेलवे स्टेशन पहुंचा। स्टेशन से थोड़ी दूर तक चलते हुए एक जगह, जहां ज़्यादा लोग नहीं थे, वहां पड़ी एक चट्टान पर बैठ गया। वैसे भी जाने का फैसला कर लिया था, तो सोचा जल्दी ही सब खत्म हो जाए, इसलिए ट्रेन का इंतजार करने लगा। अंदर ही अंदर जल्दबाज़ी सी महसूस हो रही थी। पहले कभी इतनी जल्दी नहीं महसूस हुई थी, अगर पहले किसी चीज़ के लिए इतनी जल्दी की होती, तो शायद मेरी ज़िंदगी कुछ और होती। अब सिर्फ मरने की जल्दबाजी थी। जैसे मेरी जल्दबाज़ी को समझते हुए, दूर से ट्रेन की आवाज़ सुनाई दी और वह आती दिखी। लगा, यही मौका है, और उठकर ट्रैक पर लेटने का सोच ही रहा था कि अचानक एक जान-पहचान वाला व्यक्ति वहां से आता हुआ दिखा, और मैं रुक गया। उसने मुझसे पूछा, "यहाँ क्या कर रहे हो?"

मैंने कहा, "बस ऐसे ही, टाइम पास के लिए आया हूँ।"

वह व्यक्ति भी शायद टाइम पास के लिए आया था, क्योंकि उसने मुझसे बातें शुरू कर दीं, और इसी बीच आने वाली ट्रेन निकल गई। मुझे उस पर गुस्सा तो आया, लेकिन मैंने कुछ नहीं कहा। कुछ देर धैर्य से बातें कीं और फिर जब मैंने कहा, "आपको कहीं जाना है, जाइए," तो वह चला गया।

उसके जाने के बाद मैंने फिर से ट्रेन का इंतजार करना शुरू किया। ट्रेन आती दिखाई दी, और इस बार मैंने पक्का इरादा किया कि जैसे ही ट्रेन पास आएगी, मैं ट्रैक पर लेट जाऊँगा। लेकिन तभी हमारी गली में रहने वाली एक महिला उसी रास्ते से गुजर रही थी। मैंने सोचा कि उसके सामने आत्महत्या करना ठीक नहीं होगा, इसलिए उसके जाने तक रुका रहा। जब वह चली गई, तब तक ट्रेन भी निकल चुकी थी।

मैंने सोचा, "आखिर मेरे दिल में इतना आत्म-सम्मान क्यों है?"

इस बार मैंने पक्का फैसला किया कि चाहे जो हो जाए, किसी के आने से रुकना नहीं है। मैंने अपनी आंखें बंद कर लीं और सीधे ट्रैक पर जाकर लेट गया। लेकिन जब आवाज पास से गुजरने लगी, तो मैंने सोचा, "यह क्या है?" आंखें खोलकर देखा, तो ट्रेन मेरे ट्रैक पर नहीं, बल्कि बगल वाले ट्रैक पर मुड़कर चली गई थी।

इससे मुझे चिढ़ आ गई और मैंने सोचा, "आज का समय ठीक नहीं है।" उस दिन आत्महत्या का विचार छोड़कर मैं घर की ओर लौट आया।

शांतिपूर्ण ढंग से मरने का भी यहाँ कोई मौका नहीं है। कहते हैं कि मरने के लिए भी कर्म बीच में आता है। जो कर्म किया है, उसे भोगने के लिए वह तुम्हें जीवित रखता है। शायद यही सच है। मैं समझ नहीं पा रहा हूँ कि मैंने कौन सा कर्म किया है। किसी ने कहा था कि किसी पिछले जन्म में की गई गलती का इस जन्म में अनुभव करना पड़ता है। यह जीवन मुझे नहीं चाहिए, लेकिन फिर भी यह कहता है कि तुम्हें जीना है। यह कैसे है कि मरने नहीं देता? कहते हैं कि कर्म अपना हिसाब पूरा करके ही जाता है, तो क्या इसे और भी चुकाना है? जो कुछ अब तक चुकाया है, क्या वह काफी नहीं है? यह सोचते हुए मैं घर की ओर चल पड़ा।

जब मैं घर पहुँचा, तो घर का माहौल बहुत गर्म लग रहा था। वैसे तो घर में अक्सर गर्मी रहती है, लेकिन इस बार कुछ ज्यादा ही महसूस हो रही थी। उन लक्षणों ने भी बिना देर किए दिखना शुरू कर दिया। मेरी पत्नी गुस्से में इधर-उधर घूमती हुई दिखी। क्या उसे मेरे रेलवे ट्रैक के पास किए गए प्रयासों के बारे में कुछ पता चल गया? फिर सोचा, "कैसे पता चलेगा?" और मैं वहाँ पड़े अखबार को पढ़ने बैठ गया। मेरी पत्नी दो बार मेरे सामने से इधर-उधर घूमकर रसोई में चली गई। थोड़ी देर बाद रसोई से बर्तन गिरने की आवाजें ज़्यादा तेज़ सुनाई देने लगीं। बर्तनों की आवाज़ कुछ समय बाद बंद हो गई, और फिर मेरी पत्नी के रोने की आवाज़ आई।

"क्या हुआ?" यह सोचकर मैं अंदर गया। देखा कि वह सिंक के पास खड़ी होकर रो रही थी। मैंने पूछा, "क्या हुआ?"

अवंतिका: "अब मरने की जरूरत क्या आ पड़ी? कौन?" (जैसे कुछ पता न हो)

अवंतिका: "आप ही।"

मैं: "मैं? मैं क्यों मरूंगा? तुम गलतफहमी में हो। किसी और के बारे में सुनकर तुमने मेरे बारे में ऐसा सोचा है।"

अवंतिका: "कौन गलतफहमी में कहेगा? आपने जो सुना, वह बिल्कुल सही है। क्या मैंने कभी अपने बेटे से कहा कि तुमने क्या कमाया है? क्या मैं आपको कभी इस बात के लिए ताना देती हूँ? लोग क्या सोचेंगे? यह कि पत्नी का साथ न दे पाने के कारण वह मर गया। क्या आप पूरे गांव को यह बताने निकले हैं?"

मैं: "नहीं, मैंने किसी से कुछ नहीं कहा।"

अवंतिका: "मैंने सिर्फ इसलिए कमाई की बात याद दिलाई ताकि आप थोड़ा उत्साह से सोचें। क्या सिर्फ इतनी सी बात पर मरने की जरूरत थी? अगर पहले मुझे यह बताया होता, तो मैं आपसे पहले मर जाती। आपने सोचा कि मैं आपके बिना कैसे जी पाऊंगी?" फिर वह एक अलग ही अंदाज में मुझे डांटने लगी। जैसे कोई इमोशनल फिल्म होती है, वैसे ही मैंने अपनी रसोई में वह फिल्म देखी। मेरी पत्नी, जो पहले मुझ पर गुस्से में चिल्ला रही थी, अब मुझे मोटिवेट करने लगी।

"कोयला जब दबाव में आता है, तभी वह हीरा बनता है। आप भी दबाव में हैं, इसका मतलब आप भी हीरा बनने वाले हैं," वह कहती रही। "जैसे एक बीज तभी पेड़ बनता है जब वह अंकुरित हो जाता है, तभी हमें उसकी ताकत का पता चलता है। उसी तरह, इंसान की ताकत तब सामने आती है जब वह अपने लक्ष्य को हासिल कर लेता है। आप भी वैसे ही हैं," यह सब सुनते हुए मैं चुपचाप खड़ा रहा, आश्चर्यचकित कि यह सब ज्ञान कहाँ से आया। मैंने हमेशा सोचा था कि वह बस साधारण बातें करती है, लेकिन आज वह इतना प्रेरणादायक कैसे बोल रही है?

सब सुनने के बाद मैं जोश में आ गया और बोला, "तुम गलतफहमी में हो। तुम्हें ये सारी बातें किसने सिखाईं?"

अवंतिका: "तुम्हारे सपूत ने उसी ट्रेन में सफर किया था, और उसने तुम्हें ट्रैक पर लेटा हुआ देखा।"

यह सुनकर मैं एकदम से स्तब्ध रह गया। मैंने तो उसे बस में आने के लिए कहा था।

अवंतिका: "तुम्हारी हरकतों का पर्दाफाश करने के लिए भगवान ने उसे ट्रेन में भेज दिया। अब खड़े हो जाइए।"

उसी समय मेरा बेटा घर आ गया, लेकिन वह ऐसे बर्ताव कर रहा था जैसे कुछ हुआ ही न हो, और सीधे अपने कमरे में चला गया। मैं सोचने लगा, "मैं उससे क्या कहूँ? वह सिर्फ 16 साल का बच्चा है। मैंने जो किया, वह किसी भी तरह सही नहीं है।" बिना कुछ कहे, मैं घर से बाहर निकल गया।

घर से बाहर निकलते हुए मुझे पता नहीं था कि मैं कहाँ जा रहा हूँ। मेरा दिमाग सुन्न हो गया था। रास्ते में कोई भी मुझसे बात करता, तो मैं बस संक्षिप्त जवाब देता और आगे बढ़ जाता। मैं मेन रोड तक पहुँच गया और तभी एक बस आई। मैंने बस में चढ़कर देखा कि वह गाँव के किनारे तक जा रही थी। मैंने गाँव के आखिरी स्टॉप तक का टिकट लिया और जब वहाँ उतरा, तो थोड़ा आगे चलकर एक खेत के किनारे बैठ गया।.

जब मैं शादी के लिए देखने गया था, तब उसने मुझे दरवाजे के पीछे से देखा और खुशी के मारे छोटे बच्चे की तरह उछल पड़ी थी। यह बात मुझे बहुत समय बाद पता चली, जब उसके साथ मौजूद महिला ने बताया। उसने मुझसे इतना प्यार किया, अनगिनत सपनों के साथ शादी की, और मैं, जिसने आखिरकार जीवन यात्रा के बीच में ही उसे छोड़कर जाने का फैसला कर लिया, बहुत बड़ी गलती कर रहा था। आज मेरा दिल भी मुझे खुद को माफ करने की इजाजत नहीं दे रहा है। उस समय मुझे यह सब याद नहीं आया, शायद यह बुरा वक्त ही था।

मुझे ट्रैक पर इस हालत में देखकर मेरे बेटे ने क्या सोचा होगा? मैंने उसे जीवन भर के लिए एक ऐसा दृश्य दिया, जिसे वह कभी भूल नहीं पाएगा। अगर वह याद अच्छी होती तो कोई बात नहीं, लेकिन मैंने उसे एक ऐसी याद दी है, जिसके बारे में सोचकर उसे हमेशा शर्मिंदगी महसूस होगी।.

बच्चों के पहले गुरु माता-पिता होते हैं, कहते हैं कि वे अच्छे-बुरे के बीच का फर्क और जीवन में कैसे आगे बढ़ना है, यह माता-पिता सिखाते हैं। लेकिन मैंने अपने बेटे को क्या सिखाया? आत्महत्या कैसे करनी है, यह सिखाने जा रहा था। उसके कोमल मन में एक ऐसी याद बन गया हूँ, जो कभी मिट नहीं सकती। जब यह सब सोचता हूँ, तो खुद से ही नफरत होने लगती है। कहते हैं कि पिता बच्चे के लिए सहारा होता है, "मैं तुम्हारे पीछे हूँ" यह वाक्य सिर्फ सहारा नहीं, कभी-कभी मदद का हाथ भी हो सकता है। पिता वह होता है जो कहता है, "तुम गिर गए हो, लेकिन मैं तुम्हें उठने में मदद करूंगा।" पर मैंने क्या किया? मैंने उसके आधे बढ़ते जीवन को नष्ट करने का काम किया। मैंने बहुत ही मूर्खतापूर्ण और शर्मनाक काम चुना।

यह सब याद आते ही मेरे भीतर का दुख उमड़ पड़ा, और मैं जोर-जोर से रोने लगा। यह मेरी जिंदगी में पहली बार था, जब मैं इस तरह से बुरी तरह से टूटकर रोया। मैंने एक ऐसी जगह ढूंढी, जहाँ कोई मुझे देख न सके, और वहाँ जाकर अपने आँसुओं को बहाया। अपने भावनाओं को

वहाँ छोड़कर, मैंने घर लौटने का फैसला किया।.

उस रात मेरी पत्नी ने मुझसे माफी मांगी। "अगर मैंने आपको किसी भी तरह से दुख पहुँचाया हो, तो कृपया मुझे माफ कर दीजिए," उसने कहा। "मैंने आपको कम आंकने का या अपमान करने का कोई इरादा नहीं था। शायद मैंने आपको थोड़ा सख्ती से जगाने की कोशिश की होगी, क्योंकि आप मेरे पति हैं, इसलिए मैंने खुलकर कुछ कहा होगा। अगर मेरी तरफ से कोई गलती हुई हो, तो मुझे माफ कर दीजिए," कहते हुए उसकी आंखों में आंसू थे।

उस रात मुझे नींद नहीं आई। मैं खुद को कोसता रहा, "तू कितना मूर्ख है!" इतने सालों में मैं अपनी पत्नी के दिल को समझ नहीं पाया। खुद को बार-बार दोषी ठहराते हुए मैं जागता रहा। विचारों की भीड़ में नींद मुझसे दूर रही।
*****
"अभिमन्यु की मृत्यु के बाद भी महाभारत का युद्ध समाप्त नहीं हुआ। इसका मतलब यह है कि जीवन में एक अध्याय असफल होने का मतलब यह नहीं है कि यात्रा समाप्त हो गई है। इस दुनिया में अगर कोई चीज स्थायी है, तो वह है परिवर्तन।"
*****
हर किसी की जीवन यात्रा उसकी अपनी होती है, तो फिर मेरी यात्रा क्यों रुकनी चाहिए? मैं इसे आगे लेकर जाऊंगा। मेरी अपनी एक कहानी होगी, और वह कहानी मुझे जहां ले जाएगी, मैं वहां जाऊंगा। देखते हैं, क्या होता है। कहते हैं कि हर इंसान के लिए कुछ न कुछ लिखा होता है। मेरे लिए क्या लिखा है, यह मुझे नहीं पता, लेकिन आज से मैं ऐसा महसूस कर रहा हूँ कि मैंने एक नया जन्म लिया है। मुझे अपनी गलती साफ-साफ समझ में आ गई है, और मैं अपने जीवन में फिर कभी ऐसी गलती नहीं करूंगा। मैं अपने बेटे के लिए एक विश्वास बनूंगा और अपनी पत्नी के साथ आखिरी सांस तक खड़ा रहूंगा। देखते हैं, मेरी यात्रा एक किताब बनती है या सिर्फ एक पन्ना।

दृढ़ संकल्प के साथ समय देखा, तो सुबह के चार बज चुके थे।.

मैं उठकर ब्रश किया और पैंट-शर्ट पहनने लगा, तभी मेरी पत्नी जाग गई। मुझे पैंट-शर्ट पहनते देख वह घबरा गई और पास आकर पूछी, "कहाँ जा रहे हैं?" मैंने कहा, "चाय पीने जा रहा हूँ, तुम डरना मत, मैं अब मरने नहीं जा रहा हूँ।" फिर भी उसके मन से डर और घबराहट नहीं गई, तो मैंने उसकी कसम खाकर कहा, "इस जन्म में मैं फिर कभी आत्महत्या करने की कोशिश नहीं करूंगा, और न ही आत्महत्या करूंगा।" यह सुनकर वह थोड़ी शांत हुई।

इसके बाद मैं घर से बाहर निकला और चाय की दुकान की ओर चलने लगा, जो हमारे घर से थोड़ी दूर पर थी। रास्ते में चलते हुए मेरा अतीत मेरी आँखों के सामने आने लगा... अब चाहे जितना सोचूं, क्या फायदा? उस दिन मेरे सामने आए हर मौके का मैंने सही से इस्तेमाल नहीं किया। पढ़ाई के समय ठीक से नहीं पढ़ा। आज मेरे द्वारा की गई सारी गलतियाँ मेरी आँखों के सामने दिखाई दे रही हैं। अगर मुझे माफी मांगनी है, तो सबसे पहले मुझे अपने पिता से माफी मांगनी चाहिए, फिर अपनी माँ से।

चाहे मैं कुछ भी कर लूं, बीता हुआ समय वापस नहीं आएगा। अब सोचने से क्या फायदा?

अब मुझे अपने परिवार का सहारा बनना है। आज मैं जिस स्थिति में हूँ, उसके कारण जो भी हों, अब मैं उन्हें ठीक नहीं कर सकता। अतीत, अतीत बन चुका है। लेकिन अब से मैं अपने आगे के जीवन को सुधार सकता हूँ। मैं स्वस्थ हूँ, और यहीं से अपनी यात्रा शुरू करके मैं अपने बेटे को एक रास्ता दिखा सकता हूँ, और अपने जीवन को एक अर्थ दे सकता हूँ।

मैंने सोचना शुरू किया, बल्कि, यह कहना सही होगा कि मेरा दिमाग तेजी से सोचने लगा। जैसे जीवन में मैंने कभी इतनी तेजी से नहीं सोचा था, अब समझ में आया कि मैं कैसे आगे बढ़ूं, कैसे सफल होऊं, कैसे जीवन में टिकूं। मेरे आस-पास के लोग, रिश्तेदार, सब मेरे दिमाग में आने लगे, लेकिन चाहे जितने भी लोग याद आएं, इसका कोई फायदा नहीं है। क्योंकि अपनी तरक्की के बारे में तुम्हें खुद ही सोचना पड़ेगा। कोई और आकर तुम्हें सलाह नहीं देगा। तुम्हारी ऊर्जा क्या है, तुम्हारे साधन क्या हैं, तुम्हारे अवसर क्या हैं, तुम्हारी ताकत और क्षमता क्या है, यह सब तुम्हें खुद ही पता है। तुम्हारा माइंडसेट, तुम्हारी क्षमताएं, तुम्हारी व्यक्तिगतता तुम्हें खुद समझनी होगी। यहाँ कोई और तुम्हारी जिंदगी में रोशनी भरने नहीं आएगा। सबकी अपनी-अपनी सोच होती है। और तभी मुझे याद आया...

जब मैं हैदराबाद आया, तो यहाँ जिन लोगों से मेरी पहचान हुई, उनमें से एक व्यक्ति बिज़नेस करके अच्छा खासा कमा रहा है। वह चाहे तो

मुझे अपने बिज़नेस में 5% की हिस्सेदारी दे सकता था, लेकिन उसने नहीं दी। उसके साथी भी उसे सलाह देते थे कि "सीताराम को बिज़नेस में थोड़ी हिस्सेदारी दे सकते हो," लेकिन उसने नहीं दी। देना तो दूर, उसने मुझे अपने बिज़नेस के करीब आने से भी रोक दिया। अगर कुछ करना ही है, तो नौकरी देगा, और उस नौकरी से बस गुज़ारा होगा, तरक्की नहीं। उसके साथ मुझे आगे बढ़ने का मौका देने की ज़रूरत ही उसे क्यों होगी?

किसी पर इल्ज़ाम लगाना सही नहीं है, लेकिन सच यह है कि ज़्यादातर लोग दूसरों को अपने साथ बराबरी पर आने या तरक्की करने नहीं देना चाहते। उन्हें हमेशा खुद को ऊँचा बनाए रखना अच्छा लगता है। ठीक है, यह सब छोड़ो, आखिरकार मुझे खुद ही सोचना होगा। मेरे पास भी दिमाग है, है ना? मुझे ही सोचना होगा कि मुझे क्या करना है, कौन सी सलाह माननी है, कौन सा रास्ता मुझे सुधार सकता है।

मैं खुद को कैसे आगे बढ़ाऊँ, यह सोचते-सोचते, मैं चाय की दुकान के पास पहुँच गया।.
*****
अभी-अभी वह टी शॉप वाला दूध गर्म कर रहा था, उसने थोड़ी देर रुकने के लिए कहा, मैंने कहा ठीक है और रुक गया... लेकिन मेरा शुभचिंतक, मेरा भला चाहने वाला मेरा ब्रेन अपना काम करता रहा, सोचता रहा, हाँ यह सच है, इस दुनिया में मुझे प्यार करने वाला, मेरा भला चाहने वाला, मुझे प्रशंसा करने वाला मेरा ब्रेन ही है। अगर हम दिल की न सुनकर ब्रेन की सुनें, तो हम सही दिशा में चलेंगे। आप सोच रहे होंगे, यह क्या बात है? हाँ, मैं एक उदाहरण देता हूँ। जब नई फिल्म आती है, तो दिल कहता है चलो फिल्म देखें, लेकिन ब्रेन कहता है तुम ड्यूटी पर जाओ और अपना काम करो। मैंने जब आत्महत्या करने की सोची थी, तो यह भी दिल की ही आवाज थी। अगर मैंने ब्रेन की बात सुनी होती, तो मैं ऐसा कदम कभी नहीं उठाता। इसलिए हमें अपने ब्रेन को महत्व देना चाहिए, जो भी वह कहता है, उसे सुनना चाहिए। लेकिन हम अक्सर अपने दिल को ही महत्व देते हैं, क्योंकि वहाँ पर एक अभिमान नाम की ईगो बैठी होती है। कहते हैं, "पैर पर लगी चोट चलना सिखाती है, दिल पर लगी चोट जीना सिखाती है।"

दिल को लगी चोट आमतौर पर नहीं लगती, बल्कि जोर से लगती है। मेरे दिमाग ने इसे समझ लिया और तरह-तरह से सोचने लगा। इतने में टी शॉप वाला चाय लेकर आ गया। चाय पीते समय मुझे महसूस हुआ कि मेरा शरीर मेरे लिए सबसे बड़ी संपत्ति है, तो क्यों न इसका उपयोग करूँ? यह मेरी मदद करेगा। कहते हैं कि अगर हम थोड़ा सोच सकें, तो जो चीजें हमें दुख देती हैं, वही हमें सलाह भी देती हैं कि क्या करना है और कैसे करना है।

जैसे उबलते हुए पानी को बाहर आना है, तो उसे सही समय और सही कारण की जरूरत होती है। जब तक वो सही समय नहीं आता, वो अंदर ही छिपा रहता है, और तभी बाहर आता है। यह बात सच है, और तभी मुझे यह बात याद आई।

इंसान की ज़िंदगी में हमेशा दो प्रोफेशनल्स के साथ काम होता है – एक डॉक्टर और दूसरा वकील। डॉक्टर का कोर्स पढ़ने के लिए लंबी प्रक्रिया से गुजरना पड़ता है। वहीं, वकील बनने के बारे में सोचो तो कभी भी पढ़ सकते हो, पास होने के बाद प्राइवेट प्रैक्टिस शुरू कर सकते हो। सरकारी नौकरी की जरूरत नहीं होती, न ही एंट्रेंस टेस्ट देने की। अगर सेक्शन पता हो, कॉमन सेंस हो और लॉजिकल तरीके से सोच सको, तो वकील के रूप में सफल हो सकते हो, ऐसा किसी ने कहा था, वो याद आया।

तब मैंने सोचा, इंग्लिश भी कोई समस्या नहीं होगी। उम्र बढ़ गई है, इसलिए अब किसी भी चीज़ को आसानी से सीख सकता हूँ और समझ सकता हूँ। उम्र के साथ-साथ आईक्यू लेवल भी बढ़ गया है। जैसे ही यह विचार आया, मेरा मन स्थिर हो गया। फिर मैं सुबह के इंतजार में था, वहीं दो और चाय पी लीं। सुबह होने के बाद मैंने अभिजीत को कॉल किया और उसे यह बात बताई। तब अभिजीत ने कहा...

अभिजीत ने कहा, "अभी अचानक से तुम्हें यह विचार क्यों आया?" मैंने बात को टालने की कोशिश की, बिना वजह बताए। लेकिन उसने जोर देकर कहा, "जब तक कारण मजबूत न हो, तुम कभी नहीं बदलते।" फिर उसने आगे कहा, "जो भी हो, तुमने बदलाव किया, यही काफी है। अपनी कोशिश में लगे रहो। अगर एक जगह असफल हुए हो, इसका मतलब यह नहीं कि तुम हर जगह असफल हो जाओगे। कहीं और तुम सफल हो सकते हो। बहुत से लोग ऐसे हैं, जिन्होंने एक जगह असफलता झेली और दूसरी जगह सफलता पाई। तुम्हारे अंदर भी एक महान वकील हो सकता है।

तुम जो लक्ष्य तय कर चुके हो, उसे पाने में सक्षम हो या नहीं, इसकी गहराई से जाँच मत करो। जितना अधिक विश्लेषण करोगे, वह तुम्हें

उतना ही ज्यादा निष्क्रिय बना देगा। चाहे काम कितना भी कठिन क्यों न हो, सकारात्मक सोचते हुए आगे बढ़ो, सफलता तुम्हारी होगी। इंसान के दिमाग में बाउंस बैक करने की क्षमता होती है," उसने कहा।

उसकी बातों से मुझे और भी उत्साह मिला। घर लौटते हुए मैंने मन ही मन ठान लिया कि मैं अपने गरीबी से लड़ने जा रहा हूँ। कहते हैं, जो व्यक्ति डर के साथ युद्ध करता है, उससे अधिक खतरा होता है, बजाय उस व्यक्ति के जो साहस के साथ युद्ध करता है। डर हो या साहस, इनमें से कोई एक चीज गरीबी को मेरे सामने से भागने पर मजबूर कर देनी चाहिए। अब तक की जिंदगी एक बात थी, लेकिन आने वाले दिन पूरी तरह से अलग होंगे। छोटी कोशिश से छोटा परिणाम मिलता है, बड़ी कोशिश से बड़ा परिणाम। मैं बड़ी कोशिश करूंगा। जो जीवन चला गया, वह चला गया, लेकिन अब कुछ हासिल करना है, तो यह निर्णय लेना जरूरी है।.

*****

मेरे "ला" कॉलेज के दिन

*****

मैं कॉलेज गया और डिटेल्स पूछीं। उन्होंने कहा कि साल का मध्य है, पाँच महीनों में फिर से नए एडमिशन होंगे। तब आप जॉइन कर सकते हैं। मैंने कहा ठीक है और वापस आ गया।.

*****

गाय चरने के लिए जंगल जाती है। जंगल में चरते हुए, उसे एक शेर देखता है और उसे पकड़ने के लिए बढ़ता है। शेर को देख गाय दौड़ने लगती है ताकि वह शेर के पंजे में न फंसे। शेर उसके पीछे भागता है। दौड़ते हुए गाय को एक कीचड़ का गड्ढा दिखता है। उसे लगता है कि यही उसकी बचने की आखिरी उम्मीद है। वह अपनी गति बढ़ाकर उस गड्ढे में कूद जाती है और अपनी ताकत से आगे बढ़ने की कोशिश करती है। शेर भी गाय को पकड़ने के चक्कर में उसी गड्ढे में उतर जाता है।

गाय शेर को देख थोड़ा और आगे बढ़कर रुक जाती है, क्योंकि उसे पता होता है कि शेर अब उसके पास नहीं आ सकता। शेर गाय से दस कदम की दूरी पर रुक जाता है, क्योंकि वह कीचड़ में फंस चुका होता है और हिलने-डुलने की स्थिति में नहीं होता। तब गाय थोड़ी रिलैक्स होकर शेर से पूछती है...

गाय: "अरे, तुम्हारा भी कोई मालिक है?"

शेर: (गुस्से से भड़कते हुए) "तुम्हारी इतनी हिम्मत कैसे हुई मुझे 'अरे' कहने की? सुन लो, तुम्हें एक झटके में मारना नहीं, बल्कि धीरे-धीरे, कण-कण करके मारूंगा!" शेर कीचड़ से बाहर निकलने की कोशिश करता है, लेकिन पूरी तरह से फंस जाने के कारण हिल भी नहीं पाता।

गाय: "रोने की जरूरत नहीं, बस मेरे सवाल का जवाब दो।"

शेर: "मुझे कोई मालिक की क्या जरूरत? मैं खुद अपने मालिक हूं, इस जंगल का राजा हूं!"

गाय: (हंसते हुए) "यही तो तुम्हारी बर्बादी है। तुम मरने वाले हो।"

शेर: "मैं मरने वाला हूं? तुम कैसे बचोगी?"

गाय: "मेरा एक मालिक है। वह मेरे लिए आएगा और मुझे यहां से ले जाएगा। लेकिन तुम इसी कीचड़ में फंसे रहोगे..." कहते हुए गाय खुशी से अपना पसंदीदा गाना गुनगुनाने लगती है।

इस कहानी का मतलब यह है कि अगर किसी इंसान के पास एक अच्छा गुरु या मार्गदर्शक हो, तो वह उसे संकट से बाहर निकालता है। यह कहानी मैंने कभी सुनी थी और अब मुझे याद आई।.

प्रवचन देने वाले वह महात्मा हमारे घर के पास ही रहते थे। मैं उनके पास गया और उनसे अपना सवाल पूछा, "भगवान हैं क्या? अगर हैं, तो मुझे ये कष्ट क्यों मिल रहे हैं?"

तब उन्होंने कहा, "भगवद्गीता में भगवान श्रीकृष्ण ने कहा था कि मैंने ही सब कुछ किया है, मैंने ही सब कुछ रचा है, और मैं ही भगवान हूँ। अगर ऐसा है, तो वह युद्ध भी कृष्ण ने खुद ही करवा लिया होता और सब कुछ साफ-साफ निपटा देते। लेकिन उन्होंने ऐसा नहीं किया, उन्होंने अर्जुन से युद्ध करवाया, क्यों?"

उन्होंने आगे कहा, "तुम यहां क्यों हो, जानते हो? अपने कर्म को करके दिखाने के लिए, संघर्ष करने के लिए। संघर्ष करना ही तुम्हारा कर्म है और उसे तुम्हें निभाना ही होगा। इसलिए भगवान कृष्ण ने अर्जुन से युद्ध करवाया।

तुम्हें अपने खेल से भागकर सन्यास लेने से ज्यादा महत्वपूर्ण है, उस खेल को निभाना। यही सबसे उत्तम मार्ग है। इसलिए अपनी जिम्मेदारी को पूरा करो," उन्होंने कहा।.

मैंने "ठीक है" कहते हुए सिर हिलाया। फिर मैंने उनसे पूछा, "कल मैं कॉलेज में दाखिला लेने जा रहा हूँ, और जीवन में, मेरे द्वारा चुने गए कार्यों में सफलता प्राप्त करने के लिए आप मुझे क्या करने की सलाह देंगे?"

तब उन्होंने कहा, "जिस व्यक्ति में ये चार गुण होते हैं, वह दुनिया में किसी भी चीज़ में असफल नहीं होता।

पहला... साहस होना चाहिए। किसी भी चीज़ से डरना नहीं चाहिए। डरते रहोगे तो कोई भी काम नहीं कर पाओगे। दूसरा... दूरदर्शिता होनी चाहिए। भविष्य को ध्यान में रखकर निर्णय लेना चाहिए। तीसरा... बुद्धिमानी होनी चाहिए। काम को चतुराई से करना चाहिए और उसी दिशा में सोचना चाहिए। चौथा... योग्यता होनी चाहिए। अयोग्य व्यक्ति से कोई काम नहीं हो सकता।"

हर इंसान का सबसे बड़ा दुश्मन क्या है?

एक भूत ने अपनी वस्तुओं को बेचने के लिए रखा था। उसके पास बहुत सारी चीजें थीं जैसे सकारात्मक दृष्टिकोण, नकारात्मक दृष्टिकोण, क्रोध, ईर्ष्या, द्वेष, बदला, संदेह, अविश्वास, प्रेम, स्नेह आदि। हर एक चीज के लिए उसने अलग-अलग दाम रखे थे। जब खरीदार उन्हें देखने आए, तो उन्होंने देखा कि एक टोकरी के नीचे कुछ छिपा हुआ है और उस पर लिखा था कि इसकी कीमत सबसे ज्यादा है। उन्होंने भूत से पूछा कि उस टोकरी के नीचे क्या है और उसकी कीमत इतनी ज्यादा क्यों है?

तब भूत ने बताया, "यह वह चीज़ है जिसका मैंने सबसे ज्यादा इस्तेमाल किया है। इसे मैंने कई बार इस्तेमाल किया, इसलिए इसकी मांग सबसे ज्यादा है, और यही कारण है कि इसकी कीमत भी ज्यादा है।"

जिन्होंने पूछा, उनकी जिज्ञासा और बढ़ गई, और वे उस भूत से विनती करने लगे, "कृपया, उसका नाम तो बता दो।"

तब भूत ने कहा, "उसका नाम है 'डिप्रेशन।' इसे लोग इन दिनों बहुत ज़्यादा इस्तेमाल कर रहे हैं और पूछकर ले जाते हैं। इसे बेचने में मुझे कोई हिचकिचाहट नहीं होती, चाहे जितनी भी कीमत रखूं, लोग इसे खरीदने के लिए तैयार रहते हैं। इसलिए मैंने इसे यहाँ मौजूद दूसरी चीज़ों से ज्यादा कीमत पर रखा है। यहाँ मौजूद बाकी भूतों के पास ये नहीं है, क्योंकि उन्होंने इसे पहले ही बेच दिया है, इसलिए मैंने कीमत बढ़ाकर इसे इस टोकरी के नीचे छिपाकर रखा है।"

"डिप्रेशन का क्या फायदा है, अगर पूछो तो, ये सारी बुराइयाँ जो हमारे जीवन में नहीं होनी चाहिए, उन्हें हमारे पास खींच लाता है। हमें आगे बढ़ने से रोकता है, और हम अपने जीवन को उन चीज़ों की कल्पना में नष्ट कर देते हैं, जो हमें नहीं मिलीं। इसलिए इसकी इतनी ऊंची कीमत है। यहाँ रहने का मेरा कारण भी यही है।"

इसलिए, डिप्रेशन की तरफ मत जाओ।.

एक शोध में जब यह पता लगाने की कोशिश की गई कि इंसान अपने मस्तिष्क का उपयोग कैसे करता है, तो शोध में एक दिलचस्प तथ्य सामने आया। यदि मस्तिष्क को 100% माना जाए, तो:

40% का उपयोग इंसान बीते हुए पलों को याद करते हुए और उस समय की गई गलतियों को सोचते हुए करता है, यह सोचकर कि "यदि मैंने ऐसा किया होता तो बेहतर होता" या "यदि ऐसा किया होता तो अच्छा होता।"

40% का उपयोग भविष्य के बारे में सोचते हुए करता है कि "मुझे आगे क्या करना चाहिए" या "भविष्य में मुझे क्या हासिल करना है।"

8% का उपयोग उन चीज़ों पर सोचने में करता है, जो न तो उसके काम की होती हैं और न ही उसके जीवन से कोई लेना-देना होता है।

8% का उपयोग सेल्फ-डिप्रेशन या अन्य मानसिक परेशानियों में करता है, जिसे वह खुद से पैदा करता है।

और केवल 4% का उपयोग वह अपने वर्तमान जीवन को जीने और आगे बढ़ने के लिए करता है।

शोध में यह भी कहा गया कि जब हम इस 4% को बढ़ाना शुरू करते हैं, तभी हमारी असली प्रगति होती है। जितना ज्यादा तुम इस 4% का विस्तार करोगे, उतनी ही तेजी से तुम अपनी विकास यात्रा में आगे बढ़ोगे।.

इंसान के मन में जितनी ताकत होती है, उतनी ही कमजोरी भी होती है। उस कमजोरी को नष्ट करने वाली शक्ति होती है बुद्धि, और उसी बुद्धि के साथ इंसान कुछ भी हासिल कर सकता है। इसके अनगिनत उदाहरण हैं। तुम भी उन उदाहरणों में से एक बनो।

समुद्र कभी किसी के पैरों में बैठकर नहीं गिड़गिड़ाता, तूफान की आवाज से कभी 'जी हुजूर' जैसी बातें नहीं निकलतीं, और पहाड़ कभी किसी के सामने झुककर सलाम नहीं करता। आज तुम भले ही कमजोर मिट्टी की तरह महसूस कर रहे हो, लेकिन अगर तुम चाहो, तो एक देश के गर्व जितने मजबूत बन सकते हो। खुद पर विश्वास करो।

"जानवर की ज़िंदगी में भी उसकी कीमत होती है, चाहे वो जीवित हो या मृत। उदाहरण के तौर पर, एक मरी हुई बकरी के सिर की भी कीमत होती है, एक मरे हुए भेड़ के सिर की भी कीमत होती है। लेकिन एक मरे हुए इंसान के सिर की कोई कीमत नहीं होती। इंसान के पास केवल एक ही मौका होता है—अपनी ज़िंदगी में ही अपनी कीमत को बढ़ाने का।" इसलिए, अपनी कीमत को बढ़ाओ।

तुम्हारे सकारात्मक दृष्टिकोण का स्तर इतना ऊंचा होना चाहिए कि जैसे एक अंधा व्यक्ति मंदिर में गया और वहां के लोग उससे पूछते हैं, "अरे, तुम्हें भगवान दिखते नहीं, फिर तुम मंदिर क्यों आए हो?" उस अंधे व्यक्ति ने जवाब दिया, "भले ही मैं भगवान को नहीं देख सकता, पर भगवान तो मुझे देख रहे हैं, इस विश्वास के साथ मैं यहां आया हूं।" तुम्हारा सकारात्मक दृष्टिकोण भी ऐसा ही होना चाहिए।

इस तरह, उन्होंने मुझमें हिम्मत और विश्वास जगाया। मैंने उन्हें प्रणाम किया और उनका आशीर्वाद लेकर घर के लिए रवाना हो गया।.

घर जाते समय मैंने सोचा... बीता हुआ जीवन बीत गया है, अब जो जीवन है उसका सदुपयोग करना चाहिए। यहाँ सदुपयोग का मतलब है कि हर सेकंड, हर मिनट मेरे लिए बहुत महत्वपूर्ण है। यह जानने के लिए कि मैं अपना समय कैसे बिता रहा हूँ, मैंने डायरी लिखने का फैसला किया। इस डायरी को लिखने का फायदा यह है कि यह बताती है कि हमने उस दिन का कैसे सदुपयोग किया, और यदि किसी दिन कोई काम नहीं किया, तो यह सवाल करती है कि उस दिन क्या किया।

1988 में मैंने कॉलेज में दाखिला लिया... "कहते हैं कि जब इंसान का मस्तिष्क किसी चीज़ के बारे में तीव्रता से सोचता है, उस काम पर विश्वास करता है, तो किसी भी परिस्थिति में वह उसे हासिल कर लेता है। मैं इसे एक बार फिर सच करने जा रहा हूँ।"

कानून कॉलेज में मैंने यही सीखा।.

वकील के लिए पहली बुनियादी क्वालिटी क्या है? वह है चरित्र। अगर चरित्र को बनाए रख सकते हैं, तो ज्यादातर मामलों में सफलता सुनिश्चित होती है।

दूसरी क्वालिटी... अंग्रेज़ी।

तीसरी क्वालिटी... विषय पर समझ।

मैं रोज़ अंग्रेज़ी अखबार पढ़ता था, खासकर हिंदू अखबार, और उसमें जो शब्द मुझे समझ में नहीं आते थे, उन्हें लिखकर उनका मतलब डिक्शनरी से निकालता और नोट करता था। फिर उन्हें रोज़मर्रा की बातचीत में इस्तेमाल करता था, और नए-नए वाक्य भी रोज़ की चर्चाओं में इस्तेमाल करता था।

इन सबके साथ, मैं अपने शरीर को फिट रखने की कोशिश करता था। रोज़ सुबह एक घंटे की वॉक करता था।.
*****

11

अध्याय ... घी और मिर्ची डोसा एपिसोड्स... (लेखक की कथा)

"कठिन परिस्थितियाँ ही मज़बूत व्यक्तियों का निर्माण करती हैं"

*****

सीताराम ने लॉ कॉलेज में दाखिला लिया। लॉ की पढ़ाई पूरी करके वकील के रूप में प्रैक्टिस शुरू करने में चार-पांच साल लगेंगे। इस दौरान परिवार को आर्थिक कठिनाइयों से बचाने के लिए कुछ व्यवसाय करने का विचार सीताराम की पत्नी अवंतिका के मन में आता है। वह अपनी सोच सीताराम को बताती है। सीताराम को अपनी पत्नी का विचार अच्छा लगता है और वह सोचता है कि कौन सा व्यवसाय शुरू किया जाए। तभी उसे याद आता है कि उसकी पत्नी शानदार "घी मिर्ची डोसा" बनाती है।.

सच में, वह बहुत अच्छा बनाती है। उसकी "घी मिर्ची डोसा" के खास प्रशंसक हैं। सिर्फ सीताराम के घरवाले ही नहीं, बल्कि अवंतिका के घरवाले भी उसके डोसे के दीवाने हैं। सीताराम को यकीन हो जाता है कि यह जरूर सफल होगा। टिफिन सेंटर शुरू करने के लिए ज्यादा पूंजी की भी जरूरत नहीं होगी, और चूंकि यह सुबह और शाम का काम है, वह कॉलेज जाने से पहले और वापस आने के बाद इसे संभाल सकता है। (इस दुनिया में इंसान के पास एक अनोखी विशेषता है जो किसी और जीव के पास नहीं है—वह हमेशा प्रगति की ओर देखता है। अगर उसकी प्रगति में कुछ बाधा आती है, तो वह उसे कैसे दूर किया जाए, इस पर विचार करता है।)

खुश होकर, सीताराम सहमत होता है। तब उसकी पत्नी पूछती है, होटल का क्या नाम रखेंगे?

सीताराम सोचता है और कहता है, "क्यों कोई और नाम? जो तुम्हारी खासियत है, उसी नाम पर रखेंगे, 'घी मिर्ची डोसा'।"

सीताराम को यह विचार पसंद आता है, और वह टिफिन सेंटर के लिए एक उपयुक्त किराए की दुकान की तलाश शुरू कर देता है। जैसे कहते हैं, जब समय अच्छा होता है, तो किस्मत भी साथ देती है। उनके मोहल्ले की ही एक गली में खाली दुकान दिखाई देती है। जब पूछते हैं, तो दुकानदार देने को तैयार हो जाता है, और वे कुछ एडवांस देकर दुकान की बुकिंग कर लेते हैं।

हालाँकि, उसी गली में पहले से ही कई टिफिन सेंटर हैं। लेकिन चाहे कितने भी सेंटर हों, सीताराम को अपने विशिष्टता पर भरोसा है। दुकान के मालिक के घर से लौटते समय उसे फिर से विशेषता वाला विचार याद आता है। बाकी टिफिन सेंटर में हर तरह का खाना मिलता है, लेकिन इस सेंटर में सिर्फ एक चीज़ मिलेगी— "घी मिर्ची डोसा"। यही एक चीज़ होने के कारण इसे खास पहचान मिलेगी। जो भी आएगा, वह यही डोसा खाएगा। डोसे का दाम कम रखने पर ग्राहक बार-बार आएंगे। ज्यादा लालच नहीं, कम दाम पर देकर थोड़ा सा मुनाफा ही काफी होगा, ऐसा वह सोचता है।.

सीताराम, जो कभी अपनी पत्नी की बातों को ज्यादा महत्व नहीं देता था, पहली बार जब उसकी पत्नी ने कोई व्यवसाय करने का सुझाव दिया, तो वह तुरंत सहमत हो गया। इसी तरह, जिस गली में उन्हें दुकान मिली, उसे भी अच्छे संकेत के रूप में देखा, मानो कुछ अच्छा होने वाला हो। इस मौके पर, उसे एक पुरानी कहानी याद आती है जिसे उसने बहुत समय पहले सुना था।

एक राज्य के राजा को एक सवाल ने परेशान किया। सवाल यह था: क्या भगवान हैं या नहीं? और अगर हैं, तो उनका काम क्या है? इस जिज्ञासा के साथ, राजा ने अपने राज्य के विद्वानों और ज्योतिषियों से यह सवाल पूछा। उन्होंने जो भी उत्तर दिया, उस पर राजा को यकीन नहीं हुआ। आखिर में, राजा ने अपने महल के मंत्रियों, सेनापतियों और सलाहकारों से भी यही सवाल पूछा। वे भी अपने अनुसार कुछ बोले, लेकिन राजा को वह उत्तर संतोषजनक नहीं लगा।

फिर राजा ने अपने महल के सभी लोगों को आदेश दिया कि वे राज्य के बाहर जाकर इस सवाल का जवाब ढूंढें और जब तक सही उत्तर न मिले, महल में वापस न आएं। मंत्रियों, सेनापतियों, और सलाहकारों ने पूरे राज्य में जाकर लोगों से यही सवाल किया: "क्या भगवान हैं, और

अगर हैं, तो उनका काम क्या है?"

लोगों में से कुछ ने कहा, "हमें जो नहीं पता, वह हम आपको कैसे बताएँ?" और कुछ ने जो भी उन्हें पता था, बताया। लेकिन वह उत्तर मंत्रियों को संतोषजनक नहीं लगा। इस तरह, वे लगातार लोगों से पूछते रहे। जब वे इस सवाल को पूछते हुए आगे बढ़ रहे थे, तभी लगभग दस साल का एक बच्चा उनकी बातचीत सुनकर उनके पास आया और बोला, "मुझे पता है कि भगवान क्या करते हैं, मैं आपको बताऊँगा।" मंत्री ने कहा, "ठीक है, बताओ।" लेकिन तब वह बच्चा बोला, "मैं आपको नहीं बताऊँगा, मैं राजा को बताऊँगा।" यह सुनकर मंत्री बच्चे को राजा के पास ले गया।

मंत्री ने राजा से कहा, "यह बच्चा कहता है कि उसे पता है कि भगवान क्या करते हैं, इसलिए हम इसे आपके पास लेकर आए हैं।" वहाँ उपस्थित सभी लोग यह सुनकर आश्चर्यचकित हो गए कि यह बच्चा क्या कहेगा। तब राजा ने बच्चे से पूछा, "बताओ, भगवान क्या करते हैं?"

बच्चा महल को देखता है। राजा, सिंहासन पर दस कदम ऊँचाई पर बैठे हुए हैं। बच्चा नीचे खड़ा है, और उसके चारों ओर मंत्री, सेनापति, और सलाहकार सभी बैठे हैं। तब बच्चा राजा से कहता है...

बच्चा कहता है, "राजा, आप जानना चाहते हैं कि भगवान क्या करते हैं, और मैं आपको बताने जा रहा हूँ। लेकिन आप सुनना चाहते हैं, मैं बताना चाहता हूँ, और आप सिंहासन पर मुझसे 10 कदम ऊँचाई पर बैठकर सुनना चाहते हैं, जबकि मैं नीचे खड़ा होकर बताने वाला हूँ। क्या कभी सुना है कि सुनने वाले नीचे बैठते हैं और बताने वाले ऊपर होते हैं? अगर आपको सुनना है, तो नीचे आकर बैठिए, और मैं आपके सिंहासन पर बैठकर बताऊँगा।"

यह सुनकर राजा के साथ-साथ सभी लोग आश्चर्यचकित हो जाते हैं। सभा में मौजूद लोग राजा को नीचे बैठने की अनुमति नहीं देना चाहते, लेकिन राजा को इस बच्चे की बात सुनने की जिज्ञासा होती है। राजा कहते हैं, "ठीक है, तुम ऊपर आओ," और राजा नीचे आकर बैठ जाते हैं। बच्चा सीढ़ियाँ चढ़कर सिंहासन पर बैठ जाता है और फिर राजा से कहता है...

बच्चा कहता है, "राजा, आप जानना चाहते हैं कि भगवान क्या करते हैं? 'वह यहाँ वाले को वहाँ भेजता है और वहाँ वाले को यहाँ। यानी जो ऊपर होता है उसे नीचे लाता है, और जो नीचे होता है उसे ऊपर उठाता है।' अगर आप किसी विद्वान से यह पूछते, तो वे इसे भगवान की लीला कहते। इसे समझने पर पूरा जीवन इसी में समाहित हो जाता है।"

सीताराम सोचते हैं कि शायद उनके जीवन में अब उन्हें ऊपर उठाने का समय आ गया है। नहीं तो इतनी जल्दी उनका सोचा हुआ सच कैसे हो जाता? यह सोचते हुए वह खुशी-खुशी घर की ओर लौटते हैं। कहते हैं कि जब आप खुश होते हैं, तो मस्तिष्क अधिक सक्रिय रूप से काम करता है, इसलिए अब से हमेशा खुश रहने का फैसला करते हैं।.

*****

"हमें जो संसाधन मिले हैं, उन्हें भगवान का आशीर्वाद मानकर उनकी कद्र करनी चाहिए और उनका सही इस्तेमाल करना चाहिए," ऐसा सोचकर...

एक शुभ मुहूर्त पर सीताराम अपनी पत्नी के साथ टिफिन सेंटर की शुरुआत करता है। होटल का नाम सुंदर ढंग से डिज़ाइन करके होटल के सामने लगाया जाता है, जिससे उस रास्ते से गुजरने वाले लोगों की नजर होटल के नाम पर पड़ती है। वे सोचते हैं, "यह कुछ अलग है, यहाँ केवल 'घी मिर्ची डोसा' मिलता है।" यह सोचकर वे टिफिन सेंटर में आते हैं और ऑर्डर देते हैं। जो लोग डोसा खाते हैं, उन्हें यह अद्भुत लगता है, और इसका दाम भी कम होने की वजह से वे 100% संतुष्टि महसूस करते हैं। कुछ ही दिनों में पूरे कॉलोनी में इस टिफिन सेंटर की चर्चा होने लगती है।

व्यवसाय बढ़ता है, और आने वाले ग्राहकों से टिफिन सेंटर हमेशा हाउसफुल रहता है। ग्राहकों को इंतजार करके खाना पड़ता है। इसके दो मुख्य कारण हैं। पहला, टिफिन बहुत अच्छा है, और दूसरा कारण है सीताराम की पत्नी।

जैसे हाथ की पाँचों उंगलियाँ एक समान नहीं होतीं, वैसे ही यहाँ आने वाले पुरुष भी एक जैसे नहीं होते। उनमें सबसे खास हैं "अमिताभ बच्चन।"

अब आप सोच रहे होंगे कि यह अमिताभ बच्चन कौन हैं?

अपने माता-पिता द्वारा दिए गए नाम की बजाय, इस व्यक्ति ने अपने पसंदीदा हीरो अमिताभ बच्चन का नाम अपना लिया और हैदराबाद आकर बस गया। वह खुद की तुलना अमिताभ बच्चन से करता है। वह कहता है, "अगर अमिताभ बच्चन छह फीट के हैं, तो मैं पाँच फीट हूँ। बस एक फुट का ही फर्क है।" वह अमिताभ बच्चन की फिल्में कभी नहीं छोड़ता और हर फिल्म में अमिताभ का जो भी हेयरस्टाइल होता है, वही अपनाता है। कपड़े भी बिल्कुल वैसे ही पहनता है।

इस अमिताभ बच्चन को "घी मिर्ची डोसा" तो बेहद पसंद है ही, साथ ही उसे डोसा बनाने वाली सीताराम की पत्नी अवंतिका भी बहुत पसंद आ गई है। इसीलिए वह दिन में दो बार, सुबह और शाम, टिफिन सेंटर आता है।

(दो शब्द जोड़कर वह गाता है) "वद्दंते वस्तावु, कल में आने को कहूँ तो मना करती हो, गले लगाने के लिए आँखों में देखे सारे सपने पूरे हो जाते, उन प्यार भरे लम्हों की मिठास कभी खत्म नहीं होती," इस गाने को वह अवंतिका के लिए गुनगुनाते हुए, धीरे-धीरे हुम्म करते हुए टिफिन ऑर्डर करता है।.

अब आप सोच रहे होंगे, अवंतिका की तो शादी हो चुकी है, फिर उसे पसंद करने का क्या मतलब? मैंने पहले ही कहा था, जैसे हाथ की पाँचों उँगलियाँ एक जैसी नहीं होतीं, वैसे ही यहाँ भी हालात अलग हैं। अवंतिका ही नहीं, अमिताभ बच्चन की भी शादी हो चुकी है, लेकिन फिर भी वह अवंतिका के लिए ढेर सारी इच्छाएँ और सपने देखता है। वह चाहता है कि उसका प्यार सफल हो और इसके लिए वह कई सपने बुनता है। अमिताभ बच्चन के इन सपनों को सच करने के लिए, बिना उसे बताए, "शुक्ला" कोशिश कर रहा है।

अब यह शुक्ला कौन है...?

कहते हैं कि विकास शाम की धूप की तरह होना चाहिए, मतलब तेज़ी से नहीं, बल्कि धीरे-धीरे, तभी वह विकास दीर्घकाल तक टिकता है। लेकिन सीताराम की प्रगति उगते हुए सूरज की तरह तेज़ी से बढ़ने लगी। इसके कारण कुछ दुश्मन भी बन गए, खासकर उसी गली में टिफिन सेंटर चलाने वाले लोग। उनमें सबसे प्रमुख था शुक्ला।

शुक्ला अब सीताराम के व्यापार को सहन नहीं कर पा रहा था, क्योंकि सीताराम के टिफिन सेंटर शुरू करने से पहले उस गली में 'कर्म मिर्ची डोसा' के लिए अच्छी पहचान शुक्ला की ही थी।

सीताराम के टिफिन सेंटर की सफलता का मुख्य कारण था कि वह इस्तेमाल किए गए सामान की गुणवत्ता से कभी समझौता नहीं करता था। लेकिन शुक्ला इस बात को समझे बिना, सीताराम से जलन करने लगा और बदला लेने की भावना से भर गया।.

उस गली में टिफिन सेंटर चलाने वाले सभी लोग रविवार की शाम को अपने-अपने सेंटर बंद करके एक दुकान के पास मिलकर हंसी-मज़ाक करना और बातें करना पसंद करते थे। वहां तरह-तरह की कुर्सियाँ होती थीं, और सभी लोग उन पर बैठते थे। उन मिलने वालों में सीताराम भी एक थे।

सीताराम का टिफिन सेंटर इतनी बड़ी सफलता हासिल कर चुका था कि आसपास के क्षेत्रों से भी लोग आकर टिफिन खाकर जाते थे।

जल्द ही सीताराम को यह एहसास हो गया कि बाकी लोग उसके व्यवसाय से जलन महसूस कर रहे थे। इसी संदर्भ में, बातचीत के दौरान सीताराम कहता है, "जो डोसा बनाते हो, उसमें घटिया सामग्री नहीं होनी चाहिए।" शुक्ला ने अपने व्यवसाय को सुधारने की कोशिश की, लेकिन उसका व्यवसाय विकसित नहीं हो पाया। "एक बार अगर किसी की अच्छी साख चली गई, तो उसे दोबारा पाना मुश्किल होता है," यह बात शुक्ला की स्थिति पर बिल्कुल सटीक बैठती है।.

ऐसे ही एक दिन रात में, सीताराम अपने परिवार के साथ डिनर करते हुए टीवी देख रहे होते हैं। टीवी पर एक प्रोग्राम आता है, जिसमें लैंड माइन के बारे में बताया जा रहा होता है। उसमें बताया जाता है कि अब एक नई चीज़ आई है जिसे "सीट माइन" कहते हैं। एक व्यक्ति ने अपने दुश्मन को मारने के लिए सीट माइन का इस्तेमाल किया। उस प्रोग्राम में यह भी बताया जाता है कि अगर कोई व्यक्ति माइन वाली सीट पर बैठता है, तो एक आवाज़ आती है। जब वह आवाज़ आती है, तो उस सीट से उठना नहीं चाहिए। अगर घबराकर कोई उठे, तो वह टुकड़े-टुकड़े हो जाएगा। उसे बिना उठे पुलिस को सूचित करना चाहिए, ताकि वे आकर माइन को निष्क्रिय कर सकें।

यह प्रोग्राम शुक्ला भी अपने घर में देखता है।

शुक्ला को लगता है कि उसकी जिंदगी में कई रातें बीत चुकी हैं, लेकिन इतनी खुशी देने वाली रात उसने पहले कभी नहीं देखी। वह तय करता है कि इस रात को कभी नहीं भूलना चाहिए, क्योंकि अगर सीताराम अब उसकी राह से हट जाए, तो उसके व्यवसाय में कोई रुकावट नहीं होगी। इस विचार से वह खुशी में डूब जाता है।

शुक्ला अपने एक दोस्त से कहता है कि उसे ऐसी चीज़ चाहिए। उसका दोस्त कहता है, "मैं तुम्हें एक ऐसे व्यक्ति से मिलवाऊँगा जो इसे बनाता है।"

एक रविवार को, जब पूरी टोली एक जगह बैठकर बातें कर रही होती है, बीच में "सीट माइन" पर चर्चा शुरू होती है। जो लोग टीवी पर इसे देख चुके होते हैं, वे उत्साह से उन लोगों को इसके बारे में बताते हैं, जिन्होंने यह प्रोग्राम नहीं देखा था। उनमें से एक बुजुर्ग व्यक्ति कहता है, "देखो, कैसी-कैसी चीजें सुनने को मिल रही हैं, ये दिन भी आ गए!"

कुछ दिनों बाद, शुक्ला का दोस्त उसे उस व्यक्ति से मिलवाता है जो माइन बनाता है। वह व्यक्ति कुछ समय मांगता है और कहता है कि तय समय तक माइन तैयार कर देगा। शुक्ला सहमत होता है और उसे कुछ पैसे देकर लौट जाता है।

शुक्ला को खबर मिलती है कि माइन तैयार हो गया है। वह तुरंत वहाँ पहुँचकर उसे ले आता है।.

शुक्ला ने अब बेसब्री से अगले रविवार का इंतजार करना शुरू कर दिया। आम तौर पर, सीताराम वहाँ मौजूद कुर्सियों में थोड़ा आराम से बैठता था, और अक्सर वह व्हील चेयर पर बैठा दिखाई देता था। शुक्ला ने इस बात को ध्यान में रखते हुए आखिरकार एक योजना बनाई।.

रविवार आखिर आ ही गया। शुक्ला ने सीताराम के लिए तय की गई कुर्सी पर एक रुमाल रख दिया था और जब किसी ने पूछा, तो उसने कह दिया कि वह किसी और के लिए है। खुद शुक्ला सीताराम की व्हील चेयर पर बैठ गया। सब लोग आ गए, बस सीताराम को छोड़कर।

शुक्ला अपने जीवन में कभी किसी का इतनी बेसब्री से इंतजार नहीं कर रहा था, जितना आज सीताराम का कर रहा था। हर सेकंड उसे घंटों जैसा महसूस हो रहा था।

आखिरकार, जब उसने सीताराम को आते देखा, तो शुक्ला ने कुर्सी पर से रुमाल हटाया और ऐसा दिखाया मानो कुछ हुआ ही नहीं हो। सीताराम आकर देखता है कि शुक्ला उसकी रोज की कुर्सी पर बैठा हुआ है, लेकिन वह बिना कुछ कहे बगल की खाली कुर्सी पर बैठने लगता है। तभी शुक्ला ऐसे दिखाता है जैसे उसे कोई काम हो, और वह कुर्सी छोड़कर हट जाता है।

जैसे ही सीताराम कुर्सी पर बैठता है, एक आवाज़ आती है। सीताराम को तुरंत शक होता है क्योंकि उसने पहले इस आवाज़ के बारे में सुना हुआ था। वह बिना उठे नीचे देखता है, तो समझ जाता है कि उसकी कुर्सी के नीचे एक माइन रखा हुआ है और वह उसके ऊपर बैठा है। यह देखते ही बाकी लोग दूर भाग जाते हैं और सीताराम को चेतावनी देते हैं, "उठना मत, ऐसे ही बैठे रहो।"

अमिताभ बच्चन को ऐसा लगा मानो वह जिस शाम का इतने दिनों से इंतजार कर रहा था, वह आज आ ही गई। जब उसे पता चला कि सीताराम सीट माइन पर बैठा है, तो उसकी खुशी की कोई सीमा नहीं रही। कुछ लोगों की खुशी इतनी बड़ी होती है कि शब्द उसे व्यक्त नहीं कर सकते, और आज अमिताभ बच्चन की खुशी भी वैसी ही थी।

यह खबर मिनटों में आसपास के सभी लोगों तक पहुँच गई कि सीताराम सीट माइन पर बैठा हुआ है। उसी समय, सीताराम के परिवार के सदस्य भी यह सुनकर वहाँ पहुँच गए और रोने लगे। हर गुजरते मिनट के साथ भीड़ बढ़ती जा रही थी, लेकिन कोई भी पास जाने की हिम्मत नहीं कर रहा था। वहाँ मौजूद किसी ने पुलिस को फोन किया, और पुलिस तुरंत वहाँ पहुँच गई। पुलिस ने सबको थोड़ी दूरी पर भेजते हुए सीताराम से कहा, "आप ऐसे ही बैठे रहिए, उठिए मत। हमने अपने वरिष्ठ अधिकारियों को जानकारी दे दी है, और वे माइन को निष्क्रिय करने के लिए विशेषज्ञ को भेज रहे हैं। तब तक आप ऐसे ही बैठे रहिए।"

सीताराम ने उनकी बात मानी और वैसे ही बैठा रहा।

पति की मौत के खतरे के बीच बैठा देखकर अवंतिका रो रही थी, और यह देखकर अमिताभ बच्चन को लगा कि किसी तरह उसे अवंतिका की नजरों में आना चाहिए। जोर-जोर से चिल्लाते हुए वह कहने लगा, "सीताराम जी की कुर्सी के नीचे जिसने माइन रखा है, उसे मैं टुकड़े-टुकड़े कर दूंगा! बताओ मुझे, वह कौन है?" इधर-उधर हंगामा मचाते हुए वह घूमता रहा। फिर भी कोई कुछ नहीं बताता, तो वह कहने लगा, "मैं खुद पता कर लूंगा, और पता चलने के बाद उसे जरूर मार दूंगा, इसमें कोई शक नहीं!" जब वह और ज्यादा हंगामा करने लगा, तो पुलिस ने उसे नोटिस किया और पास आकर पूछा, "तू कौन है?"

अमिताभ बच्चन ने जवाब दिया, "मैं सीताराम जी का बड़ा फैन हूँ। मैं रोज़ सुबह-शाम वहाँ (सीताराम के टिफिन सेंटर की ओर इशारा करते हुए) टिफिन करता हूँ। वो मेरे लिए एक दोस्त जैसे हैं। उनका बहुत सम्मान करता हूँ," वह कुछ भी बोलता रहा। पुलिस ने उसकी बातें सुनकर उसे छोड़ दिया और फिर दूसरी ओर चली गई।

जो लोग वहां आए थे, उनमें से कुछ ने सीताराम के प्रति सहानुभूति दिखाई, तो कुछ लोग हंसते हुए कहने लगे, "आखिर वह उस कुर्सी पर कैसे जाकर बैठा?"

वहां मौजूद कुछ लोग सीताराम की बहन को यह बताने का विचार करते हैं, लेकिन सीताराम उन्हें रोकते हुए कहते हैं, "नहीं, उन्हें मत बताना, वे घबरा जाएंगी।" इस पर वे लोग अपना विचार छोड़ देते हैं।

शाम धीरे-धीरे बीतकर देर रात हो जाती है। देखने आए लोग एक-एक करके वापस चले जाते हैं। अब वहां सिर्फ सीताराम की पत्नी, बेटा, पुलिस, और अमिताभ बच्चन ही रह जाते हैं।

जब सीताराम कहता है कि उसे भूख लगी है, तो पुलिसवाले उसे कुछ बिस्कुट और बहुत थोड़ा सा पानी देते हैं। वे कहते हैं, "आप यहां से उठ नहीं सकते, इसलिए थोड़ा एडजस्ट कर लीजिए।"

अमिताभ बच्चन तो मन ही मन यह तय कर चुका था कि अब सीताराम का बचना मुश्किल है, इसलिए अब वह कैसे अवंतिका के करीब जा सकता है, इस बारे में तरह-तरह से सोचते हुए घर की ओर चला गया। अमिताभ बच्चन सोने गया, लेकिन उसकी सारी सोच और कल्पनाएँ अब भी अवंतिका के इर्द-गिर्द ही घूम रही थीं।

इस बीच, सीताराम को अपने गाँव का वह व्यक्ति याद आता है, जिसने बिना पैर नीचे रखे 24 घंटे तक साइकिल चलाई थी और साइकिल पर ही बना रहा था। सीताराम सोचता है, "अब मेरी भी वैसी ही स्थिति हो गई है।"

अगला दिन आ गया। पुलिस बार-बार यही कह रही थी कि जो विशेषज्ञ आने वाले हैं, वे अभी भी रास्ते में हैं, लेकिन सीताराम के पास और कोई विकल्प नहीं था, उसे वैसे ही बैठना पड़ा। कहते हैं कि उत्साह शुरू में जितना होता है, बाद में उतना नहीं रहता। अब वहां मौजूद लोगों के चेहरों पर भी वही दिखने लगा। धीरे-धीरे वहां मौजूद लोग एक निष्कर्ष पर पहुंचे कि अब सीताराम का बचना मुश्किल है, उसका काम खत्म हो गया है। भले ही यह बात वे अपने दिल में सोच सकते थे, लेकिन उन्होंने यह बाहर कह दिया, और आसपास के लोगों से भी इस बारे में बात करने लगे।

वहीं खड़ा अमिताभ बच्चन भी इन बातों को सुन लेता है और सोचता है कि उसकी धारणा सही साबित होने वाली है। अब वह इस पर पूरी तरह से विश्वास कर चुका था।.

अमिताभ बच्चन अपने फेवरेट हीरो की सभी फिल्मों को याद करता है। वह सोचता है, "क्या मुझे भी उनकी तरह दो पत्नियों का प्यार पाने वाला बनना चाहिए? या फिर किसी ऐसे प्रेमी की तरह, जो पत्नी और प्रेमिका के बीच पिसता हो? या समाज और पत्नी का सामना करके उनसे शादी करनी चाहिए?" वह अपने पसंदीदा हीरो की हर फिल्म को मन में दोहराता है, इस उम्मीद में कि इनमें से किसी में उसे अपने सवाल का जवाब मिल जाएगा। लेकिन उसे कोई समाधान नहीं मिलता, और इस वजह से वह और उलझन में पड़ जाता है...

वहां मौजूद सभी लोगों में से अमिताभ बच्चन सबसे उत्साह से इधर-उधर घूम रहा था, लेकिन अपनी खुशी को बाहर दिखाए बिना अपने मन में उठ रहे सवाल का हल खोजने की कोशिश कर रहा था। उसे समझ नहीं आ रहा था कि वह किससे पूछे। तभी उसे अपना एक जानकार व्यक्ति दिखाई देता है। वह उसे बुलाकर एक तरफ ले जाता है, कुछ समय तक इधर-उधर की बातें करता है, और फिर धीरे से कहता है:

अमिताभ बच्चन: "भाई, मुझे एक समस्या आ गई है, और मैं समझ नहीं पा रहा हूं कि इसे कैसे सुलझाऊं। अगर तुम्हें कुछ पता हो, तो क्या तुम मेरी मदद करोगे?"

वह: "बताओ, क्या समस्या है?"

अमिताभ बच्चन: "मुझे एक 'विधवा' प्रेम करती है, और मुझे भी उससे प्यार हो गया है। अब समझ नहीं आ रहा कि क्या उसे शादी के लिए कहूं या फिर उसे कैसे संभालूं?"

वह: "तुमने पहली शादी में दहेज की उम्मीद में शादी की थी, और तुम्हारी पत्नी मोटी है। अब सोचो कि दूसरी शादी की बात करते ही तुम्हारी पत्नी तुम्हें बुरी तरह पीटेगी, और उसी धक्के से तुम मर जाओगे। इसलिए, अपनी पत्नी को बिना बताए उसे संभालते रहो।"

यह सुनकर अमिताभ बच्चन कहता है, "ठीक है, मैं भी यही सोच रहा था। क्योंकि मेरे हीरो की फिल्मों में भी मुझे कोई समाधान नहीं मिला, यही सही रहेगा।" और वह वहां से चला जाता है।

लोग भले ही सोच रहे थे कि अब एक्सपर्ट्स नहीं आएंगे और सीताराम का बचना मुश्किल है, लेकिन ये बातें सीताराम के बेटे ने सुन लीं और जाकर अपनी माँ को बता दीं। यह सुनकर वह फूट-फूट कर रोने लगी, और उसी समय सीताराम का बेटा भी आँसू बहाने लगा। रोते-रोते उसे अचानक याद आया कि उसने पिछले छह महीनों से अपने हेयरस्टाइल "हिप्पिक्राफ्ट" के लिए बाल नहीं कटवाए थे, और अब उसे सही आकार देकर हिप्पिक्राफ्ट स्टाइल में लाया था। लेकिन अब, अगर उसके पिता का देहांत हो गया, तो उसे सिर मुंडवाना पड़ेगा, क्योंकि यह परंपरा है। इस सोच में वह एक गहरे द्वंद्व में पड़ जाता है—अब क्या होगा?

सीताराम को सीट पर ही सभी कार्य करने की नौबत आ गई थी, इसलिए चार लोग धोती (पंचा) पकड़कर उसके चारों ओर खड़े हो गए। जब वहां मौजूद लोग पूछते हैं, "क्या कर रहे हो?" तो वे कहते हैं, "पास हो रहे हैं।" सभी कार्यक्रम यहीं इसी तरह से हो रहे हैं। तब तक सीताराम को सीट पर बैठे हुए 20 घंटे हो चुके थे... लेकिन अभी तक विशेषज्ञ नहीं आए थे।.

जैसे ही आसपास के लोगों को इस घटना की खबर मिली, लोग उसे देखने के लिए भीड़ बनाकर आने लगे। वहां का माहौल ऐसा हो गया मानो कोई मेला या उत्सव चल रहा हो। इसके चलते वहां छोटे-मोटे व्यापार करने वाले, चाय-कॉफी बेचने वाले और अन्य तरह-तरह का व्यापार करने वाले लोग भी इकट्ठा हो गए। उनका व्यापार अच्छी तरह से चलने लगा। बाहर भले ही वे कुछ न कहते हों, लेकिन मन ही मन वे सोचने लगे, "अगर सीताराम कुछ और दिनों तक ऐसे ही बैठे रहे, तो अच्छा होगा।"

*****

एक शराबी, जिसे सीताराम ने उधार में टिफिन नहीं दिया था, शराब पीकर सीताराम के सामने खड़ा हो जाता है और चुनौती देता है, "अगर तू मर्द है तो आ, देखते हैं," और अपनी जांघ पर हाथ मारता है। सीताराम भी कम नहीं, वह कहता है, "तू ही आ, यहीं देखते हैं।" शराबी सीताराम से बदला लेने का यह अच्छा मौका समझकर ज्यादा बोलने लगता है, तभी वहां मौजूद पुलिस उसे पीटकर भगा देती है।

अमिताभ बच्चन को यह बात समझ में आती है कि सीताराम कितने भी दिन हों, वैसे ही बैठा रहेगा। इसलिए, वह सोचता है कि उसे किसी योजना से उठाना होगा।.

मुश्किलें हर किसी के जीवन में अलग-अलग रूप में आती हैं कहते हैं... सीताराम का बेटा अपनी मां से कहता है, "मैं गंजा नहीं बनवाऊंगा।" उसकी मां यह बात समझ नहीं पाती और पूछती है, "गंजा क्यों?" बेटा कहता है, "सब कह रहे हैं कि पिताजी मर जाएंगे, और फिर मुझे गंजा होना पड़ेगा। मैं गंजा नहीं बनवाऊंगा," यह कहते हुए वह रोने जैसा चेहरा बनाता है। तब उसकी मां उसे पकड़कर कहती है, "तो क्या तू चाहता है कि वह मर जाएं?"

अमिताभ बच्चन को आखिरकार एक आइडिया आता है... वह घर जाकर अपने पालतू कुत्ते को लाता है, और उसे बिना किसी को देखे चुपचाप सीताराम के पास छोड़ता है। लेकिन कुत्ता वहीं रुककर इधर-उधर देखता रहता है क्योंकि उसे पहले कभी इस तरह से ट्रेन नहीं किया गया था। अब इस स्थिति में अमिताभ बच्चन खुद परेशान हो जाते हैं।

*****

ज़्यादा लोग जब एक जगह इकट्ठा हो जाते हैं, तो किसी न किसी को एक विचार आ ही जाता है। उसी तरह, वहां मौजूद लोग सीताराम पर सट्टे लगाने लगे। कुछ एक्सपर्ट्स ने कहा कि वो ज़िंदा नहीं बचेगा और मर जाएगा, जबकि कुछ लोग कहने लगे कि वो ज़िंदा रहेगा। इस तरह सट्टे की शुरुआत हो गई, और वहां बेटिंग का माहौल गर्म हो गया। बेटिंग के कारण पुलिस को थोड़ी मेहनत करनी पड़ी उन लोगों को दूर भगाने के लिए।

किसी काम से हैदराबाद आया सीताराम का भांजा जब यह बात सुनता है कि सीताराम माइन सीट पर बैठा है, तो वह दौड़ता हुआ उसके पास पहुंचता है। उसे देखकर वह दुखी हो जाता है और कहता है, "मैं घरवालों को बताता हूँ।" सीताराम उसे रोकते हुए कहता है, "नहीं, थोड़ी देर में समस्या हल हो जाएगी।" इस पर वह भांजा शांत हो जाता है।.

संदड़ में सदे मियां की तरह मौका मिलने पर उसे इस्तेमाल करना चाहिए, ऐसा ठान चुका शुक्ला। क्योंकि सीताराम का टिफिन सेंटर बंद हो चुका था, उसने सोचा कि यही सही समय है अपने व्यापार को लोगों तक पहुंचाने का। वह जोर से चिल्लाकर कहने लगा, "इतने दिन उस नेती कारम डोसा का स्वाद चखा, अब मेरा डोसा भी चखो!" इस तरह वह सभी को बुलाने लगा। अब वह इलाका टूरिस्ट स्पॉट बन चुका था, और नए लोग वहां जाकर टिफिन करने लगे।

सीताराम को देखने के लिए आस-पास के गांवों से लोग झुंडों में आने लगे। वहां तक पहुंचने के लिए विशेष बस सर्विस भी चलाई गई। लेकिन सीताराम को इस सब से बहुत असहज महसूस होता, क्योंकि हर कोई उसे देखकर सहानुभूति भरी बातें करता। कुछ लोग उसे "बेचारा" कहकर पुकारते, तो कुछ लोग मजाक उड़ाते। दूरदर्शन के लोग सीताराम और वहां के माहौल को शूट करके उस रात की खबरों में दिखाते हैं। इस तरह, सीताराम के पिता, मां, बहन, और दोस्तों सभी को यह खबर मिल जाती है।.

अमिताभ बच्चन निराश नहीं हुए। उन्होंने सोचा, "सोचने से कोई न कोई आइडिया ज़रूर आएगा," और दिमाग पर ज़ोर डाला। आखिरकार, एक आइडिया आया। वह वहां से बड़े आवाज़ वाले पटाखे खरीदकर लाए और एक लड़के को दिए, और उससे कहा कि सीताराम के पास जाकर पटाखे फोड़ो। जब वह लड़का पटाखे जलाने की कोशिश करता, तभी पुलिस आकर उसे भगा देती है। फिर वह लड़का पटाखे लेकर दूर जाकर दीवाली मनाने लगता है। अमिताभ बच्चन सोचते हैं, "इस लड़के को मैंने दीवाली की याद दिलाई, लेकिन इसका कोई फायदा नहीं हुआ।"

अगले दिन रात हो गई, लेकिन माइन को डिएक्टिवेट करने के एक्सपर्ट्स अब तक नहीं पहुंचे थे।.

दूरदर्शन वाले एक प्रोग्राम शुरू करते हैं, जहां वे वहां आए लोगों से सीताराम के बारे में उनकी राय पूछते हैं। साथ ही यह भी पूछते हैं कि सीताराम ज़िंदा रहेंगे या मर जाएंगे। कुछ लोग तो सिर्फ टीवी पर आने के लिए पाउडर लगाकर आते हैं और बोलना शुरू कर देते हैं, "उनके टिफिन बहुत अच्छे होते हैं, वो एक अच्छे इंसान हैं," और इस तरह अपनी राय देते हैं। वहीं कुछ लोग ज्यादा समय तक टीवी पर दिखने की इच्छा से कुछ सच्चाई और कुछ झूठ मिलाकर बातें करते हैं। इन लोगों की बातें सुनने वाले दर्शकों के लिए सीताराम के प्रति सहानुभूति कम और मनोरंजन ज्यादा हो रहा होता है।

अगले दिन सुबह तक सीताराम की मां, पिता, बहन, जीजा, बच्चे, सभी वहां पहुंच जाते हैं। सीट पर बैठे सीताराम को देखकर वे सभी रोने लगते हैं, और वहां का माहौल पूरी तरह से दुख और आंसुओं से भर जाता है। उस समय तक सीताराम को सीट पर बैठे हुए 40 घंटे हो चुके थे।

वहां मौजूद कुछ बुजुर्ग पुलिस से पूछते हैं, "और कितना समय लगेगा? वह पिछले 40 घंटे से ऐसे ही बैठे हुए हैं।" पुलिस जवाब देती है, "वे निश्चित रूप से आज शाम तक आ जाएंगे।"

सीताराम के भांजे का धीरे-धीरे विश्वास कमजोर पड़ने लगता है। उसे लगता है कि मामा अब ज़िंदा नहीं बचेंगे, और भावुक होकर वह पूछता है, "मामा, आप मुझे कुछ भी देने के लिए अम्मा से कह सकते थे ना?"

सीताराम को समझ नहीं आता कि क्या कहें, और वह जवाब देता है, "बाद में बात करेंगे।"

48 घंटे बीत चुके थे, और वहां मौजूद लोगों का सीताराम के ज़िंदा रहने पर से विश्वास उठ चुका था। अब सभी यह मानने लगे थे कि वह मर जाएंगे, और लोग इस बात को देखने के लिए बस वहीं रुक गए थे। वहां जो लोग सीताराम की हालत देखकर दुखी थे, उनमें सबसे ज्यादा उनकी मां, पिता, और पत्नी के बाद उनकी बहन थीं। क्योंकि उन्होंने अपने भाई को एक बेटे की तरह पाला था, इसलिए उनका दुख और भी गहरा था। उनकी तकलीफ देखकर वहां मौजूद कुछ और लोग भी रोने लगे, जो उनकी भावनाओं को समझते थे।

समय बीतने के साथ, वहां की स्थिति ऐसी हो गई कि अगर सीताराम नहीं मरे, तो वहां मौजूद लोग निराश हो जाएंगे।

सीताराम के पास ही एक टेलीफोन बूथ था। उसमें से एक व्यक्ति जोर-जोर से किसी से बात करते हुए कह रहा था, "उनके आने की कोई गारंटी नहीं है, भरोसा नहीं है, वह मर जाएगा। अगर वह उठेगा, तो टुकड़े-टुकड़े हो जाएगा।" ऐसा लग रहा था जैसे वह फोन पर बात कर रहा हो, लेकिन असल में वह वहीं जोर-जोर से बोल रहा था। वहां मौजूद लोग उसे रोकते हुए कहते हैं, "धीरे बोल, वह सुन सकता है।"

सीताराम यह सुनकर मुस्कुराता है। उसे एहसास होता है कि जब किसी की जिंदगी खतरे में होती है, तो कुछ लोगों के लिए वह सिर्फ मनोरंजन बन जाता है।.

*****

नेती कारम दोसा...2.

*****

72 घंटे बीतने के बाद, विशेषज्ञ आते हैं और माइन को निष्क्रिय करके सीताराम को बचाते हैं, परिवार के सदस्य खुश हो जाते हैं। माइन को निष्क्रिय करने के बाद, विशेषज्ञ बताते हैं कि यह कोई विशेष सीट माइन नहीं थी, बल्कि एक लैंड माइन थी, जिसे सीट के अनुसार डिजाइन किया गया था। इसके बाद वे वहां से चले जाते हैं।

सीताराम के बचने पर अमिताभ बच्चन बहुत निराश हो जाते हैं। वो अवर्णनीय दुख महसूस करते हुए "यह मन और ममता के बीच का संघर्ष है" गाने को याद करते हुए वहाँ से घर की ओर चल पड़ते हैं।

पुलिस सीताराम से पूछते हैं, "क्या तुम्हें किसी पर शक है?"

सीताराम जवाब देता है, "मुझे किसी पर शक नहीं है, आप खुद जांच कर के पता कर लीजिए," पुलिस कहती है, "ठीक है," और वहां बैठे लोगों से पूछताछ करने लगती है।

सीताराम को एक तरह से जीवन का मतलब, इंसानों का स्वभाव, और लोग कैसे होते हैं, सब कुछ समझ में आ जाता है। उसे यह नहीं पता कि सीट के नीचे बम किसने रखा और क्यों रखा, लेकिन उसे जीवन का असली मतलब समझ में आ गया। सीताराम पछताते हैं क्योंकि वे कमाई के चक्कर में थोड़े कठोर हो गए थे। जब कोई भिखारी कहता था कि नेति कारम डोसा बहुत स्वादिष्ट है और एक डोसा मांगता था, तो वे मुफ्त में नहीं देते थे। लेकिन अब, यह सब देखने के बाद, यह जानने के बाद कि जब इंसान कमजोर होता है, तो क्या-क्या हो सकता है, और एक इंसान के लिए लोग कितनी सहनशीलता दिखाते हैं और उनके स्वार्थ कैसे होते हैं, वे निर्णय लेते हैं कि अब समाज के लिए थोड़ा योगदान करना चाहिए।.

*****

कुर्सी पर रुमाल रखकर किसी को भी बैठने न देकर, सीताराम को ही बैठने के लिए मजबूर किया और उनकी मौत की योजना बनाई शुक्ला ने, ऐसा वहां मौजूद लोग पुलिस को बताते हैं।

पुलिस शुक्ला को गिरफ्तार करके थाने ले जाते हैं। वहां पुलिस शुक्ला से पूछती है, "बताओ, तुमने सीताराम को मारने की कोशिश क्यों की?"

शुक्ला कहता है, "मैंने उन्हें मारने की कोशिश नहीं की, न ही कोई योजना बनाई। वहां मौजूद लोगों ने मुझसे नफरत के कारण मेरा नाम लिया, बस इतना ही। लेकिन मुझे सीताराम को मारने की कोई जरूरत क्यों होगी? मैं क्या हूँ, यह आपको समझाने के लिए मैं एक छोटी कहानी सुनाता हूँ। उसे सुनने के बाद आपको सब समझ में आ जाएगा," और इस तरह उसने अपनी बात शुरू की।...

जंगल का राजा तो शेर ही है, ऐसा कहते ही वहाँ मौजूद सब-इंस्पेक्टर सहमति में सिर हिलाता है। उस शेर को पता चलता है कि पास के जंगल का राजा बहुत अच्छे से शासन कर रहा है, और वहाँ सब कुछ सही तरीके से चल रहा है। यह जानने के लिए वह उस जंगल में जाने का फैसला करता है, और अगले दिन वापस आता है। जैसे ही राजा अपने जंगल में लौटता है, शेरनी आकर रोते हुए कहती है कि रात में किसी ने मुझ पर अत्याचार (रेप) किया, अंधेरे में यह नहीं पता चला कि वह कौन था, और वह जोर-जोर से रोने लगती है। यह सुनकर राजा गुस्से से भड़क उठता है और जोर से दहाड़ता है।

उसकी दहाड़ सुनकर जंगल के सारे जानवर राजा के पास इकट्ठा हो जाते हैं। तब राजा कहता है, "मेरी डार्लिंग पर जिसने यह किया है, उसे सोचते ही मेरा खून खौल रहा है," और वह रात की घटना के बारे में बताता है। सभी जानवर डर से कांपते हुए कहते हैं, "हमें कुछ नहीं पता, हमें कुछ नहीं पता।" राजा उनकी बातें सुनने के मूड में नहीं था। वह बाकी के हिंसक जानवरों से कहता है, "जो भी उसे ढूंढ निकालेगा, उसे मेरी बाईं तरफ के जंगल का पूरा हिस्सा दे दूँगा। और मैं उसे इस तरह मारूंगा कि उसके मारने की कहानी पास के राज्यों में चर्चित हो जाएगी।"

जंगल का राजा बनने के जोश में वहाँ मौजूद सारे हिंसक जानवर किसी भी तरह से उसे पकड़ने की कोशिश में जुट जाते हैं।

सभी हिंसक जानवर अपने-अपने अंदाज में तरह-तरह की योजनाएँ बनाकर पूछताछ शुरू करते हैं। पूछताछ बड़ी गंभीरता से चल रही होती है, इसी बीच एक इंच लंबी छोटी चूहिया बार-बार अपने बिल में जाती है और फिर बाहर आती है। बाहर आकर इधर-उधर देखती है और फिर से तनाव में बिल में चली जाती है। यह देखकर एक बाघ उस चूहिया से पूछता है, "तुम इतनी घबराई हुई क्यों हो? माथे पर पसीना है और तुम डर से कांप रही हो, क्या हुआ?"

छोटी चूहिया कहती है, "रानीजी के साथ जो हुआ, वह राजा ने बताया न? वह सुनने के बाद से मैं डर से मर रही हूँ कि कहीं राजा मुझ पर शक न कर लें," यह सुनकर बाघ को समझ नहीं आता कि उसे हँसना चाहिए या रोना। आखिरकार वह जोर से हँस पड़ता है।

इस कहानी में छोटी चूहिया मैं हूँ... और तुम लोग बाघ जैसे हो, अब बताओ," ऐसा कहते ही, सब-इंस्पेक्टर, जिसे शेर की तरह सम्मान दिया गया था, बिना अभिमान किए कहता है, "कहानी तो तुमने अच्छी सुनाई, पर अंदर आओ, तुमसे कुछ काम है।" उसे अंदर ले जाकर चार थप्पड़ मारते ही शुक्ला सच कबूल कर लेता है कि वही था जिसने यह काम किया। इस तरह शुक्ला को जेल की सजा हो जाती है।

कभी-कभी बुरा भी अच्छा करता है, ऐसा कहते हैं। इस घटना के बाद सीताराम के बारे में जो लोग नहीं जानते थे, उन्हें भी पता चल गया। इस वजह से उनका व्यापार और भी बढ़ गया। इतना कि उन्होंने दूसरी जगह शाखाएँ खोलने की योजना बनाई, और उन शाखाओं में हर तरह के नाश्ते उपलब्ध कराए गए। उस स्तर तक पहुँचने के लिए उनकी मेहनत भी थी। इसे उनके ही शब्दों में पढ़िए।
*****

होटल की सफलता
*****

एक दिन मैं अपने बेटे के साथ घर के आँगन में पौधे लगा रहा था, तभी एक पौधे को देखकर मुझे लगा कि यह शायद नहीं बचेगा। मैंने वही बात अपने बेटे से भी कही, "अरे, यह शायद नहीं बचेगा।" तब मेरे बेटे ने उस पौधे को हल्का सा खरोंच कर देखा और कहा, "पापा, इसके अंदर तो हरा है, अगर इसे लगाएँगे तो यह ज़रूर बचेगा।" उस वक्त मुझे एहसास हुआ कि अगर किसी इंसान के अंदर भी तड़प होती है, तो वह ज़रूर एक ऊँचे मुकाम तक पहुँच सकता है।

"हम जैसा सोचते हैं, हमारी सफलता की ऊँचाई उसी पर निर्भर करती है।"

अगर हम शुद्ध मन से काम करते हैं, तो वह काम हमें कभी धोखा नहीं देगा।

अगर हमारे विचार महान हों, तो हमारा व्यक्तित्व भी उतना ही प्रभावशाली होगा। उसी तरह, अच्छे बिजनेस आइडियाज़ अपनाकर हम अपने व्यापार को एक ऊँचे स्तर तक ले जा सकते हैं।

बड़े लोग (बिजनेस टायकून) कहते हैं कि महान विचार अद्भुत चीज़ें बनाते हैं। लेकिन मैं कहता हूँ कि छोटे-छोटे विचार भी हमें ऊँचाइयों तक पहुँचा सकते हैं।

इस दुनिया में देने के लिए बहुत कुछ है, कितना लेना है यह हमारी सोच और क्रियान्वयन पर निर्भर करता है।

जब विचार बदलते हैं, तब क्रियाएँ भी बदलती हैं, और जब क्रियाएँ बदलती हैं, तो हमारे कामों के नतीजे भी बदलते हैं। इसलिए हमें अपने विचारों को अद्भुत तरीके से डिजाइन करना चाहिए।

जब जीवन में आगे बढ़ना हो, तो कहते हैं कि बहरा बन जाओ। क्योंकि आपको उन बातों से खुद को बचाना है जो आपके मनोबल को कमजोर कर सकती हैं।

व्यवसाय करने वालों के लिए सबसे महत्वपूर्ण गुण यह है कि उनके चेहरे पर हमेशा मुस्कान होनी चाहिए, और ग्राहक से मुस्कुराते हुए बात करनी चाहिए। साथ ही, हमें अपने काम के प्रति संतुष्ट होना चाहिए।

होटल की सफलता के लिए, मैंने तय किया कि मुझे बिना दया के कठोर परिश्रम करना होगा।.

मैंने लॉ की पढ़ाई करते हुए, सुबह पाँच बजे ही होटल जाना शुरू किया। कॉलेज खत्म होने के बाद शाम छह बजे फिर से होटल पहुँचता था और रात 11 बजे तक होटल में रहता था। अगर कभी कुक बदल जाता, तो स्वाद में कोई बदलाव न हो, इसके लिए मैं खुद खाना बनाना सीखता था। वह जिस तरह से सामग्री डालता था, मैं भी उसी नाप-तौल में बनाता था। कर्मचारियों का व्यवहार हो या होटल की ज़रूरतें, हर चीज़ का ध्यान मैं खुद रखता था। मैंने ज्यादा मार्जिन नहीं रखा, जो भी आय होती थी, उसमें से सिर्फ 20 प्रतिशत का मार्जिन रखा। इस वजह से मैं कम कीमत में उच्च गुणवत्ता वाला खाना दे सका, जिससे हमारे ग्राहक बार-बार आने लगे।.

मेरी होटल एक छोटे से स्थान में थी, जिससे आने वाले लोगों को वहाँ बैठकर नाश्ता करने के लिए जगह कम पड़ती थी, और उन्हें इंतजार करना पड़ता था। उस समय मेरे पास ऐसी स्थिति थी कि मैं चाहता तो होटल को थोड़ी दूरी पर एक बड़े स्थान में स्थानांतरित कर सकता था, लेकिन मैंने जानबूझकर ऐसा नहीं किया। यह एक बिजनेस तकनीक थी। इंसान की मानसिकता के अनुसार, अगर किसी होटल या दुकान के बाहर ज्यादा लोग इंतजार कर रहे हैं, तो लोग मानते हैं कि वहाँ कुछ खास है। अगर उस विश्वास को खो दिया, तो ऐसा लगता है कि व्यापार को कमजोर कर दिया है। इसलिए मैंने जानबूझकर विस्तार नहीं किया।

जब मेरी होटल का नाम अच्छी तरह से फैल गया, तब मैंने होटल को बड़े स्थान में स्थानांतरित किया। होटल के बिजनेस में हम चाहे जितनी भी क्वालिटी दें, क्वालिटी के साथ-साथ इंसान की मानसिकता को भी समझना जरूरी है। तभी हम उस बिजनेस में सफल हो सकते हैं। यह मेरा अनुभव है।.

बिजनेस को विकसित करने के लिए मैंने किसी के पास नहीं गया। मेरे अनुभव, मेरी मानसिकता, मेरे द्वारा सामना की गई चुनौतियाँ, मेरी रुचियाँ, मेरा व्यक्तित्व, और मेरी सोच ने ही मुझे सफलता की ओर अग्रसर किया। स्वाभाविक रूप से, अगर कोई चीज़ हमें पसंद नहीं है, तो यह समझा जा सकता है कि वह किसी और को भी पसंद नहीं आएगी। जब हम किसी होटल में जाते हैं, तो हम चाहते हैं कि वहाँ सफाई हो और खाना स्वादिष्ट हो। साथ ही, जो लोग परोसते हैं या साफ-सफाई करते हैं, उनकी पोशाक भी स्वच्छ होनी चाहिए। हम चाहते हैं कि वहाँ का वातावरण भी अच्छा हो। यही सब मैंने अपने होटल को चलाने में लागू किया।.

दूरदर्शी राजा का गुरु क्या करता है? जब एक चक्रवर्ती बन जाता है, तो वह चक्रवर्ती के बराबर, चाहे वह बुद्धिमत्ता हो या क्षमता, हर मामले में बराबर रहने वाले दस लोगों को तैयार करता है। अगर ऐसे लोग नहीं मिलते, तो वह पूरे देश में खोज कर ऐसे दस लोगों को ढूँढ़ता है और उन्हें चक्रवर्ती जैसी योग्यताएँ प्रदान करता है। इसे ही दूरदर्शिता कहते हैं। क्योंकि एक व्यवस्था हो या बिजनेस, उसे गिरने से बचाने के लिए, जब एक सक्षम व्यक्ति देश का शासन करता है, तो केवल उसी व्यक्ति पर निर्भर न रहकर, अच्छे-बुरे निर्णयों के लिए और भी लोगों को तैयार करना चाहिए। तभी वह देश या बिजनेस सफल हो सकता है और स्थिर बना रह सकता है।

होटल बिजनेस में भी, जब मेरे पास एक कुशल रसोइया होता, तो मैं उस रसोइए से ऐसे दस और रसोइयों को तैयार करवाता। गलती से अगर वह रसोइया नहीं आता, तो बाकी लोग उसकी जगह लेने में सक्षम होते। इस तरह मैंने हमेशा यह सुनिश्चित किया कि स्वाद में कोई अंतर न आए। मैंने न केवल ग्रामों में, बल्कि मिलीग्रामों में भी माप को सटीक बनाए रखा।.

किसी भी व्यापार के लिए तकनीकी ज्ञान एक हद तक ही उपयोगी होता है। उसके बाद, अगर उसे सफल होना है, तो उसके लिए एक खास मॉडल होना चाहिए। यहाँ मॉडल से मेरा मतलब व्यापारिक तरीकों से नहीं, बल्कि मनोवैज्ञानिक मॉडल से है। बिजनेस साइकोलॉजी। अगर हम उस बिजनेस साइकोलॉजी को समझ कर उसे अपनाते हैं, तो व्यापार को आगे बढ़ाने का अवसर मिलता है। यही मैंने अपने होटल में अपनाया। हमारा स्वभाव दूसरों के स्वभाव से अधिक मेल खाता है, यह समझकर मैंने अपने हॉस्पिटल के अनुभव को ध्यान में रखकर अपना व्यापार बढ़ाया।

अब सवाल है, हॉस्पिटल का अनुभव क्या है?

मुझे एक बार तबीयत खराब होने पर अस्पताल जाना पड़ा। डॉक्टर ने ब्लड टेस्ट कराने को कहा, इसलिए मैं खून देने के लिए लैब में गया। स्वाभाविक रूप से, मेरी बाई बाँह में ही नस आसानी से दिखती है, दाई बाँह में नहीं। इसलिए मैंने लैब टेक्नीशियन से कहा कि बाई बाँह में नस दिखती है। लेकिन उसने मुझसे रूखेपन से कहा, "तुम ही बताओ कि कैसे लेना है," उसका व्यवहार बहुत असभ्य था। चूँकि उस वक्त मुझे खून देना जरूरी था, मैंने कुछ नहीं कहा और खून देकर चला आया।

उस घटना के बाद, अगर मुझे फिर कभी खून देना होता, तो मैं उसके पास जाने के बजाय किसी और जगह जाता था। धीरे-धीरे मैंने उस अस्पताल जाना भी छोड़ दिया, क्योंकि जब भी मैं वहाँ जाता, वह मुझे दिखता और उसकी बुरी व्यवहार मुझे याद आ जाती, जो मुझे बिल्कुल पसंद नहीं थी।.

*****

होटल व्यवसाय में एक व्यापार सूत्र यह है कि बारिश हो या बाढ़, होटल कभी बंद नहीं होना चाहिए। इसे साल के 365 दिन खुला रखना चाहिए। क्योंकि अगर हमारी होटल के खाने के स्वाद की आदत डाल चुके ग्राहक आते हैं और होटल बंद मिलता है, तो वे पास के किसी और होटल में चले जाएंगे। अगर गलती से उन्हें उस होटल का खाना पसंद आ गया, तो वे फिर से हमारी होटल में नहीं आएंगे। या फिर उन्हें हमारी होटल में वापस आने में समय लगेगा, और इस दौरान उस ग्राहक से होने वाला व्यापार नुकसान हो जाएगा। इसलिए, किसी भी स्थिति में होटल बंद नहीं होना चाहिए, इसे रोज़ चालू रखना चाहिए।.

मैंने अपने जीवन में खोए हुए अनुभवों से सीखे गए पाठों को लेकर खड़ा होने की कोशिश की, अपनी खुद की राह चुनी, और अपने तरीके से चला। उसी तरीके ने मुझे सफल बनाया। कई लोगों ने सलाह दी कि टिफिन होटल में और दो-तीन प्रकार होने चाहिए, ताकि आने वाले लोग सिर्फ डोसा ही नहीं, और भी चीजें खा सकें। लेकिन मैंने यह तय किया कि जो ग्राहक यहां आए, वह सिर्फ मेरी होटल में मिलने वाले डोसे के लिए आए। इसी सोच के साथ मैंने सिर्फ डोसा ही रखा और कोई दूसरा टिफिन नहीं। मैंने गुणवत्ता में कभी समझौता नहीं किया और "साफ-सफाई" को भी बहुत सख्ती से बनाए रखा। यही वह कारण था जिसने मुझे "स्ट्रीट फूड मिलियनेयर" बनने तक पहुंचाया।.

मैंने जो भी काम किया, चाहे वह होटल चलाना हो या वकील के रूप में अपने पेशे को जारी रखना, मैंने उन दोनों को पूरी निष्ठा और सम्मान के साथ किया। मैं 100% समर्पित रहा, और इसी कारण मैं सफल हो पाया। मेरे पिता ने कहा था कि अगर आप ठान लें और किसी चीज को अपना आधार मान लें, तो पत्थर को भी सोने में बदल सकते हैं। मैंने उनके इस शब्द को बिना किसी संदेह के अपना लिया।

मुझे हमेशा यह समझ था कि सही क्या है, लेकिन मैंने कभी यह नहीं सोचा कि मुझे सब कुछ पता है या कोई मुझे कुछ सिखा नहीं सकता। मैंने जो भी सलाह सुनी, उसमें से अच्छा लिया और बुरा छोड़ दिया। कभी-कभी छोटी-छोटी सलाहें भी बड़ी सफलता की ओर ले जाती हैं। जिस दिन मेरी पत्नी ने कुछ कहा था, मैंने उसे नज़रअंदाज़ नहीं किया, बल्कि ध्यान से सुना। इसी वजह से मैं आज होटल साम्राज्य में अपनी एक ब्रांड बना सका। वकील के पेशे में भी, मैंने ऐसी ही सलाहों और सुझावों को सुना और अपनाया, जिससे मैं इस क्षेत्र में भी सफल हो सका।.

फूड बिजनेस में कई लोग खास तरीके से काम करके सफल हुए, जबकि कुछ लोग सफल नहीं हो पाए। इसका कारण सिर्फ साफ-सफाई की कमी नहीं है, बल्कि एक और कारण यह है कि कुछ लोग बहुत ज्यादा मार्जिन रखकर बेचते हैं। मैंने ऐसे लोगों को देखा है जो प्रोडक्शन कॉस्ट पर 40% मार्जिन लगाते हैं। इतने ज्यादा मार्जिन की वजह से एक बार आने वाला ग्राहक दोबारा आने से पहले सोचता है। मैंने 20% मार्जिन रखने का फैसला किया, और यह मेरे लिए काफी फायदेमंद साबित हुआ। इसके अलावा, मेरी खास स्वाद शैली ने भी मुझे पहचान दिलाई।.

एक बार एक ग्राहक को डोसा दिया गया, और डोसा के अंत में थोड़ा ज्यादा पक जाने की वजह से करीब 5% हिस्सा जल गया। उसने थोड़ा खाकर कहा कि डोसा जल गया है और उसे अलग रख दिया। मैंने तुरंत दूसरा डोसा बनाकर उसे दिया। मैंने उसके इस व्यवहार को गलत नहीं माना क्योंकि उसने अपने पैसे की कीमत समझी। कभी-कभी हमारे काम में थोड़ी सी लापरवाही के कारण ऐसे नुकसान हो सकते हैं, और हमें इसे अपनी गलती के रूप में स्वीकार करना चाहिए। ऐसा करने से ही ग्राहक हमारे पास बना रहेगा। अगर हम ग्राहक का दिल जीत सकते हैं, तो वह कितनी भी दूर से हमारे पास वापस आएगा।.

"मिठाइयों में मुझे रसगुल्ला बहुत पसंद था। एक बार मैंने एक मिठाई की दुकान से रसगुल्ला लिया और खाने के लिए उसे काटा, तो उसमें एक छोटा सा सफेद कीड़ा दिखाई दिया। उस दिन से लेकर आज तक, मुझे फिर से रसगुल्ला खाने का कोई मन नहीं हुआ, और मैंने कभी नहीं खाया। तो खाने के मामले में यह बहुत अच्छे से लागू होता है। उसके बाद मैंने उस दुकान पर जाना भी छोड़ दिया... यही हमारे जीवन में भी लागू होता है।"

"चॉइस कम होने पर ज्यादा बिकने का फॉर्मूला यहां मेरे लिए कुछ हद तक लागू हुआ, मतलब लोग यह सोचकर आए कि वह अच्छा होगा। एक ही आइटम रखना मददगार साबित हुआ।

खाने के बाद पता चला कि फूड पॉइज़निंग हो गई है, और इसका कारण यह है कि बर्तन सही से साफ नहीं किए गए। इसके अलावा, अगर खाने के बाद बार-बार डकारें आ रही हैं, तो इसका मतलब है कि उपयोग किए गए सामग्री में मिलावट है। इन दोनों बातों से ग्राहक को बचाना होटल चलाने वाले व्यक्ति की ज़िम्मेदारी है।"

*****

"किसी भी चीज़ की जड़ को नहीं छोड़ना चाहिए। जब हम उसकी जड़ को छोड़ देते हैं, तो वह ज्यादा दिन तक नहीं टिकती... मतलब है ऑरिजिनलिटी। जैसे कि डोसा की अपनी एक जड़ होती है, एक ऑरिजिनलिटी होती है, और मैंने उसमें कोई मिलावट नहीं की।

किसी भी चीज़ के प्रति सही समझ होने पर सही उद्देश्य उत्पन्न होता है, सही उद्देश्य होने पर सही सोच बनती है, और सही सोच से सही क्रिया होती है। काम के प्रति समझ की कमी नहीं होनी चाहिए। जिस काम में सफल होना है, उसमें शॉर्टकट्स नहीं अपनाने चाहिए, क्योंकि मेहनत से ही वह टिकाऊ होता है।

जैसे इंसान के लिए आत्मा (सोल) महत्वपूर्ण है, वैसे ही व्यापार के लिए भी यह अत्यंत महत्वपूर्ण है। हर व्यापार की भी अपनी एक अनोखी आत्मा होनी चाहिए, तभी वह अपनी पहचान के साथ खड़ा रह सकेगा।"

"मैंने जो किया वह महान है, यह सोचने के बजाय हमें दूसरों की महानता को भी देखना चाहिए। मैं ज्यादातर दूसरे होटल में नाश्ता करता था और देखता था कि वहां का व्यवसाय कैसे सफल हो रहा है, वे क्या कर रहे हैं और किसका पालन कर रहे हैं। मैं उन चीज़ों को अपने हिसाब से ढालकर अपने होटल में लागू करता था।

'पैसा खर्च करेंगे तो ही पैसा वापस कमाएंगे' इसका मतलब यह है कि..."

"शायद इसलिए कि मैंने अत्यधिक गरीबी का अनुभव किया या जीवन में सब कुछ खो दिया, मुझे पैसे और कमाई के प्रति जुनून हो गया। मैं पैसे का आदी हो गया। जब मैंने कमाना शुरू किया, तो मैंने खर्च करना भी शुरू कर दिया। जब भी मौका मिलता, मैं घर पर न रहकर महंगे होटलों में जाकर रहता था। इस तरह खर्च किए गए पैसे को वापस कमाने के रास्ते तलाशने लगता था। मेरी फिलॉसफी क्या है? कड़ी मेहनत करनी चाहिए, पैसा कमाना चाहिए, उसे खर्च करना चाहिए, फिर से कड़ी मेहनत करनी चाहिए, कमाना चाहिए और खर्च करना चाहिए। अगर कमाया हुआ पैसा बचाकर रखा जाए, तो आलस बढ़ता है, और आलस बढ़ने से उसकी प्रगति में रुकावट आती है। इससे देश की प्रगति भी नहीं होती। हमेशा जरूरत इंसान को आगे बढ़ाती है... इस तरह खर्च किए पैसे वापस कमाने के लिए, मैं छोटी-छोटी निवेश करता था ज़मीनों पर, कमोडिटी पर। जब फसल की कीमतें कम होती थीं, तो उसे खरीदकर स्टोर करता था और बाद में बेचता था। कभी-कभी नुकसान होता था, कभी लाभ।"

*****

"पैसा कमाओ, खर्च करो... पैसा कमाओ, खर्च करो... पैसा कमाओ, खर्च करो... तब आपको जरूर यह समझ में आएगा कि पैसे कैसे कमाने हैं, क्योंकि आपने खर्च किया है।.

"जब हम एक फल या कोई खाद्य पदार्थ अच्छा है, अद्भुत है कहते हैं, तो उसे न चखे व्यक्ति में केवल इच्छा पैदा होती है, लेकिन वह उसके मन में स्थायी रूप से जमा नहीं होता, क्योंकि उसने उसका स्वाद नहीं चखा। एक बार अगर स्वाद चख लिया, तो वह न केवल मस्तिष्क में दर्ज हो जाता है, बल्कि मन भी उसे स्वीकार कर लेता है और अपने अंदर सहेज लेता है। इसलिए जब अगली बार वही फल या खाद्य पदार्थ दिखाई देता है, तो मन उसे खाने की इच्छा करता है। जैसे हम अपनी जीभ को स्वाद का अनुभव कराते हैं और उसे अपने मन और मस्तिष्क में जमा कर लेते हैं, वैसे ही अगर कमाई का स्वाद मन को दिखा दिया जाए, तो वह भी अपने अंदर जमा कर लेता है। एक बार जब कमाई का स्वाद मिल जाता है, तो मन बार-बार कमाने की इच्छा करता है। कमाई में जो मज़ा है, वह कुछ और ही है, और उसे वही समझ सकता है जिसने उसे अनुभव किया हो। मैं चाहता हूँ कि आप भी उस मज़े का अनुभव करें।"

"जो चीज़ें भूलनी नहीं चाहिए, उन्हें नोटबुक में या दिमाग में नहीं, बल्कि दिल में लिखने के लिए कहते हैं, इसलिए।

कहा जाता है कि कोई भी बात तभी कहनी चाहिए जब उसका सही समय हो, तभी उन शब्दों का मूल्य होता है। वैसे ही, भगवान भी हमारे श्रम के आधार पर सही समय पर हमें देते हैं, ऐसा कहा जाता है।

एक बहुत सफल व्यक्ति से कोई पूछता है, 'सर, आपकी सफलता का राज़ क्या है?'"

"तब वह कहते हैं... 'मैं जो भी काम करता हूँ, उसे पूरी लगन से करता हूँ। उदाहरण के लिए, अगर मैं खाना खा रहा हूँ, तो मेरा ध्यान पूरी तरह खाने पर होता है। अगर मैं प्लेट धो रहा हूँ, तो मेरा पूरा ध्यान उसी पर होता है। कोई भी काम करता हूँ, तो उसे सही तरीके से करना ही मेरी सफलता का राज़,' ऐसा कहते हैं। यह सच है, अगर हम किसी काम को महत्व नहीं देंगे, तो वह काम हमें सहयोग नहीं करेगा। अगर हम इंसान को महत्व नहीं देंगे, तो वह इंसान हमें सहयोग नहीं करेगा। जो भी काम हम करें, उसे ध्यानपूर्वक करें, तभी वह हमारे पास आता है। मैं होटल व्यवसाय में इस मुकाम पर पहुँचा हूँ और सफल हुआ हूँ, इसका कारण यही है।

हर दिन, हर घंटे, हर मिनट, हर सेकंड को अद्भुत मानिए। अब अगर आप इसे छोड़ देंगे, तो यह फिर से वापस नहीं आएगा। इसलिए, उस समय का आनंद लें और अपने काम को इतनी लगन से करें। चाहे कितनी भी कठिन पढ़ाई क्यों न हो, वह आपके पास आकर टिक जाएगी।"

"कलियुग में कहा जाता है कि कोई भी अपनी गलती को समझने की कोशिश नहीं करता। अगर इसे थोड़ा झूठा साबित करने की कोशिश की जाए, तो अच्छा रहेगा... जब हम आगे बढ़ना चाहते हैं, तो हमें यह समझना चाहिए कि हम किस कोण में गलती कर रहे हैं और अगर हम उस गलती को सुधार पाते हैं, तो हम आगे बढ़ सकते हैं।

जैसे अगर एक टोकरी में सड़ा हुआ सेब हो, तो वह पूरे टोकरी के सेबों को सड़ा देता है, वैसे ही शक कई सफलताओं को बर्बाद कर देता है।

अगर आप जो ठानते हैं, उसे हासिल करना है, तो बहाने नहीं बनाने चाहिए, बचने की कोशिश नहीं करनी चाहिए। अगर आप ऐसा करते हैं, तो इसका मतलब है कि आप खुद को धोखा दे रहे हैं।

कहा जाता है कि जब हम अपना काम करते रहते हैं, तो आने वाली कठिनाइयों को भी डर लगता है। इसी तरह, कभी-कभी हमें अपने काम का परिणाम जल्दी नहीं मिलता, लेकिन अगर थोड़ा धैर्य रखते हैं, तो निश्चित रूप से हमें वह परिणाम मिलेगा, जिसकी हम कामना करते हैं।"

"आप जिस काम को करना चाहते हैं, उसके प्रति 100 में 100% समझ होनी चाहिए। तभी उस काम में आपको पकड़ मिलती है। अगर परिणाम पता हो, तो वह व्यापार है; अगर परिणाम पता न हो, तो वह जुआ है। आपका काम जुआ न बनकर व्यापार बनना चाहिए, इसके लिए जितनी ज्यादा समझ होगी, उतना अच्छा रहेगा।

जब जान पर बन आती है, तो हम उसे बचाने के लिए जितनी चिंता करते हैं, उतनी ही चिंता और मेहनत अगर हम अपने काम को सफल बनाने में लगाएंगे, तो 100% सफलता मिलेगी।

जैसे स्टांप टिकट पत्र के गंतव्य तक पहुँचने तक उससे चिपका रहता है, वैसे ही आपको अपने लक्ष्य तक पहुँचने तक अपनी पकड़ को नहीं छोड़ना चाहिए।

हमारी प्रगति और हमारा पतन हमारे मानसिकता पर निर्भर करता है। अगर हमारे पास सही मानसिकता है, तो उससे बड़ी ताकत कोई और नहीं हो सकती।

एक इंसान सामाजिक रूप से खुद को तब खोता है, जब वह अपने अंदर की नैतिकता और नियमों को हवा में उड़ा देता है।"

"चाहे परिवार में हो, समाज में हो, या आर्थिक रूप से, अगर कोई व्यक्ति विकसित नहीं हो रहा है, तो उसे यह जांचना चाहिए कि इसका कारण क्या है। गलती दुनिया की नहीं है, बल्कि खुद की है। हो सकता है कि उस व्यक्ति में ईमानदारी की कमी हो या उसमें आलसी प्रवृति हो। उसे यह देखना चाहिए कि क्या गलत है और उसे सुधारने की ज़रूरत है। तभी उसे दुनिया का सहयोग मिलेगा और वह दुनिया को हासिल कर सकेगा।

अवसरों की कोई कमी नहीं है, बस उनका सही उपयोग करना चाहिए। हर समस्या एक अवसर ही होती है, हमने किस समस्या को चुना है, यह हमारी क्षमता पर निर्भर करता है।

कोई भी सफल व्यक्ति भाग्यशाली नहीं होता, वे अपनी मेहनत से ही विकसित होते हैं... यह आप पर भी लागू होता है।

सफलता पाने के लिए कोई शॉर्टकट नहीं होते, और सफलता की कोई सीमा नहीं होती। यह आपकी क्षमता, आपके काम, और आपने चुने हुए पेशे पर निर्भर करता है।"

"सफलता केवल कड़ी मेहनत पर ही नहीं, बल्कि सही समय पर सही निर्णय लेने पर भी निर्भर करती है।

सफलता किसी एक व्यक्ति की रिश्तेदार नहीं है, न ही यह कुछ लोगों को ही प्यार करती है। यह सभी को प्यार करती है, यह सभी की रिश्तेदार है। अगर कोई व्यक्ति कम समय में सफल हो गया है, तो इसका मतलब यह नहीं है कि आप भी उतने ही कम समय में सफल हो जाएंगे। अगर आप अपना काम ईमानदारी से करते हैं, तो आप उससे भी बेहतर स्थिति में पहुँच सकते हैं। बिना शॉर्टकट्स के, कड़ी मेहनत करते हुए, उपलब्ध तकनीक का सही उपयोग करते हुए और स्मार्ट तरीके से सोचते हुए, अगर आप फोकस्ड होकर आगे बढ़ेंगे, तो एक शानदार सफलता आपके पास होगी।

जब हम अपने लक्ष्य की ओर बढ़ते हैं, तो अच्छी या बुरी चीज़ें हो सकती हैं। किसी भी स्थिति में, हम ही ज़िम्मेदार होते हैं, और हमें इसके लिए दूसरों को ज़िम्मेदार नहीं ठहराना चाहिए।"

"आलोचना का सामना करने के लिए हमेशा तैयार रहना चाहिए। ग्राहक की प्रतिक्रिया बहुत महत्वपूर्ण होती है, चाहे वह नकारात्मक ही क्यों न हो, वही आपको सही दिशा में ले जाएगी।

काम को ज़िम्मेदारी से लें। बहाने बनाना सफल व्यक्तियों की आदत नहीं होती, यह असफल लोगों की बात होती है।

जिस उत्सुकता से हम किसी व्यक्ति से बदला लेने की भावना रखते हैं, वही उत्सुकता, वही जुनून हमें सफलता प्राप्त करने में दिखाना चाहिए और बनाए रखना चाहिए।

आपके अंदर जो आगे बढ़ने की तीव्र इच्छा है, उसे कभी भी नज़रअंदाज़ न करें। एक बार जब आप सफलता के नशे के आदी हो जाते हैं, तो फिर आपको कोई रोक नहीं सकता... "जैसे हिलती हुई वस्तु किसी भी समय फिर से हिलने के लिए तैयार रहती है," वैसे ही एक सफल व्यक्ति हमेशा आगे बढ़ने के लिए तैयार रहता है।"

"कहा जाता है कि एक समस्या के कई समाधान होते हैं। जब आप अपनी समस्या को हल करने का सोचते हैं, तो एक बार सोचिए कि कितने प्रकार के समाधान हैं। उनमें से कौन सा समाधान आपके लिए उपयुक्त है, उसे चुनें और उसका पालन करें।

दूध को मक्खन बनने में समय लगता है, वैसे ही हमें भी अपनी समस्याओं से बाहर निकलने में समय लगता है। लेकिन हम उस समय से पहले ही हार मान लेते हैं। अगर हम अंत तक प्रयास करें, तो निश्चित रूप से सफलता प्राप्त करेंगे। जब कोई और आपको हार गया कहता है, तब आप नहीं हारते, लेकिन जब आप खुद सोचते हैं कि मैंने हार मान ली, तभी आप हारते हैं। हार और जीत, दोनों के आप ही कारण होते हैं।

किसी भी चीज़ को अगर हम महत्व देंगे, तो वही चीज़ हमें महत्व देगी, चाहे वह इंसान हो, पैसा हो, या काम हो। अगर हम उन तीनों में से किसी को भी महत्व नहीं देते, तो वह हमसे दूर चली जाती है, क्योंकि उन सभी में अहंकार होता है।"

"खुद से प्यार करें... जो व्यक्ति खुद से प्यार नहीं कर सकता, उसके लिए जीवन में सफल होना कठिन है।

क्या आप दुनिया में कोई अमीर व्यक्ति बता सकते हैं जिसने विश्वास के बिना तरक्की की हो? क्या आप कोई महान राजनीतिक नेता बता सकते हैं जिसने बिना विश्वास के तरक्की की हो? विश्वास के बिना कोई भी व्यक्ति अपने वर्तमान स्थान तक नहीं पहुँच सकता। मैंने विश्वास किया, और वही विश्वास मुझे एक अलग स्थान पर ले गया।

'नेती कारम दोसा' नाम से मेरा होटल एक ब्रांडिंग बन गया। ब्रांडिंग से पहचान मिलती है, और अगर उस पहचान का सही तरीके से उपयोग किया जाए, तो उससे आप एक और कदम आगे बढ़ सकते हैं। मैंने भी यही किया... इस तरह मुझे अपनी एक व्यक्तिगत ब्रांडिंग मिली।"

"कस्तूरी हिरण (Musk deer) के बारे में कहा जाता है कि उसके शरीर से अद्भुत सुगंध निकलती रहती है, लेकिन उसे यह पता नहीं होता कि वह सुगंध उसके अपने शरीर से आ रही है। वह पूरी ज़िंदगी यह जानने में बिता देता है कि वह सुगंध कहाँ से आ रही है। बहुत से लोग भी इसी तरह होते हैं, वे अपनी खुद की क्षमता को नहीं पहचानते और इस बात से दुखी होते हैं कि दूसरों ने उन्हें नहीं पहचाना। मैं भी उन्हीं में से एक था... यह बात मुझे तब समझ में आई जब मैंने व्यापार में सफलता प्राप्त की।

चाहे पत्थर कितना ही मज़बूत क्यों न हो, वह बिना चोट खाए एक सुंदर मूर्ति नहीं बन सकता। यहाँ चोटों का मतलब है मुश्किलें।"

"प्रेम- ज़िम्मेदारी- आवश्यकता...!

प्रेम... चाहे वह पत्नी के लिए हो या बेटे के लिए, उन पर मेरा प्यार मुझे ज़िम्मेदारी की याद दिलाता है।

ज़िम्मेदारी... एक पिता के रूप में अपने बच्चे की ज़रूरतें पूरी करने की ज़िम्मेदारी मुझ पर है, और उसे एक भविष्य दिखाने की भी ज़िम्मेदारी है। भागने वाला हिरण कभी जंगल का राजा नहीं बना, शिकार करने वाला शेर ही राजा बनता है। जो व्यक्ति ज़िम्मेदारियों से भागता है, वह कभी सफलता प्राप्त नहीं कर सकता, और न ही खुद को सफल व्यक्ति कहलाने के योग्य बना सकता है। ऐसे व्यक्ति को समाज में भी सम्मान नहीं मिलता।"

"क्या अब तक ऐसा कोई है जिसने अपनी ज़िम्मेदारी निभाई हो और बिना परिणाम के रह गया हो? मेरी जानकारी में नहीं।

भगवद गीता में श्रीकृष्ण कहते हैं, 'गांडीव को नीचे मत रखो।' मनुष्य के इसे धीरे-धीरे भूल जाने के कारण ही बहुत से लोग जीवन में आगे नहीं बढ़ पाते। वहाँ गांडीव का अर्थ है शस्त्र, उस समय के लिए यह सही था। इस युग में गांडीव का मतलब है आपकी बुद्धि। जब आप अपनी बुद्धि को एक तरफ रखकर विभिन्न व्यस्तताओं में खो जाते हैं, तो सफलता, जो आपका पहला लक्ष्य था, वह आखिरी लक्ष्य बन जाता है।

युद्ध किसके खिलाफ करना है? गरीबी के खिलाफ, डर के खिलाफ (आगे बढ़ने का डर जो आपको रोकता है)।"

"कहा जाता है कि अगर समझने की क्षमता हो, तो पूरी कहानी सुनाने की ज़रूरत नहीं पड़ती। छत्रपति शिवाजी ने अपनी मां की आँखों के इशारे को समझा, और वह किस ऊँचाई पर पहुँच गए, यह मुझे विशेष रूप से बताने की ज़रूरत नहीं है।

आवश्यकता... केवल प्रेम और ज़िम्मेदारी निभाना ही नहीं, मेरी अपनी भी कुछ ज़रूरतें हैं, है ना? (व्यक्तिगत जीवन) और उन ज़रूरतों को पूरा करने की ज़िम्मेदारी भी मेरी ही है, है ना?

तो फिर इन सबको कैसे पूरा कर सकता हूँ? ... इन सबको पूरा करने के लिए सबसे पहले जो चाहिए वह है अनुशासन (डिसिप्लिन)। अनुशासन कहाँ से आता है, कैसे आता है? इसका पहला कदम हमारे रोज़मर्रा के दिनचर्या से शुरू होता है, यानी हम सुबह कितने बजे उठे और जागने के बाद उस समय का उपयोग कैसे किया, इस पर निर्भर करता है। इसी तरह, बुरी आदतों से दूर रहना भी अनुशासन का हिस्सा है।"

"सुबह जल्दी उठने से हमें बहुत सारा समय मिलता है। सुबह को 'ब्रह्म मुहूर्त' कहा जाता है। अगर हम सुबह कुछ अच्छा या बुरा सोचते हैं, तो वही हमारी आदत बन जाती है, यानी वह हमारे अवचेतन मन में दर्ज हो जाता है, और जब ज़रूरत होती है, तो वह हमें याद दिलाता है। चाहे व्यापार में हो या जीवन में, आगे बढ़ने के लिए ये मूल बातें हैं।

एक कहावत है... 'जो पक्षी सुबह जल्दी उठता है, वह अपना भोजन कमा लेता है।'"

"मेरे अनुभव से मैंने यह सीखा है...!

जो भी व्यापार तुम्हें आता है (कानूनी व्यापार), उसे मजबूती से करो। वह बड़ा व्यापार होना ज़रूरी नहीं है, उसके लिए लाखों-करोड़ों खर्च करने की भी ज़रूरत नहीं है। चाहे छोटा काम हो, लेकिन उसे मास्टर बनो। जो नहीं जानते, उस दिशा में मत जाओ... तुम्हारे अंदर ईमानदारी होनी चाहिए, और जो काम कर रहे हो, उसमें ईमानदारी होनी चाहिए। अगर ये दोनों चीज़ें हैं, तो किसी भी चीज़ में सफलता मिल सकती है, भले ही थोड़ा समय लगे।

अगर कोई व्यक्ति दो चाय के गिलासों से शुरू करके फाइव स्टार होटल खड़ा कर सकता है, तो बाकी लोग क्यों नहीं कर सकते? यह किसी के लिए भी संभव है, बस यह जानना जरूरी है कि हम किस दिशा में जा रहे हैं।

मैं अपनी आँखों के सामने हुए कुछ उदाहरण बताकर इस अध्याय को समाप्त करूँगा।"

*****

"2001 में हैदराबाद में, मुझे जानने वाले एक परिवार के घर में एक महिला काम करती थी। उन्हें प्रति माह 500 रुपये मिलते थे, और वह दो अन्य घरों में भी काम करती थीं। उनकी मासिक आय 1500 रुपये थी। उनके पति एक स्कूल में चौकीदार के रूप में काम करते थे, और उन्हें प्रति माह 4000 रुपये वेतन मिलता था। उसी स्कूल में रहने के लिए उन्हें एक छोटा कमरा दिया गया था, और वे वहीं रहते थे। किसी की सलाह पर, उस महिला ने घरों में काम करना छोड़ दिया और 1500 रुपये के किराए पर चार पहियों वाली ठेली ली। उन्होंने स्कूल प्रशासन से अनुमति ली और स्कूल के सामने खाली जगह में सुबह के समय उस ठेली पर एक टिफिन सेंटर चलाने का निर्णय लिया। जैसा कि उन्होंने सोचा था, स्कूल प्रशासन ने अनुमति दे दी। उन्होंने 1500 रुपये लगाकर ठेली खरीदी और स्कूल के सामने उस ठेली पर इडली का व्यवसाय शुरू किया।"

"प्लेट में केले का पता रखकर, चार इडली, नारियल की चटनी, थोड़ी अदरक की चटनी, एक कप सांभर, थोड़ा सा मसाला पाउडर, और उस मसाला पाउडर पर थोड़ा सा घी डालकर दिया जाता था। यह सब मिलाकर एक प्लेट होती थी, और उस प्लेट की कीमत 6 रुपये थी।"

"जैसे वे अपने घर में इडली बनाते थे, वैसे ही उन्होंने ग्राहकों के लिए भी बनाया। इस वजह से बहुत कम समय में ही अधिक लोग आने लगे। कारण था कि 6 रुपये में, केले के पत्ते पर चार इडली, नारियल की चटनी, अदरक की चटनी, सांभर, मसाला पाउडर, और घी मिल रहा था, जिससे खाने वालों को संतुष्टि होती थी और साथ ही उन्हें यह सस्ता भी लगता था। कुछ लोग तो इस कीमत पर हैरान थे और सलाह देते थे कि दाम बढ़ा दो, जबकि कुछ अन्य लोग डरते थे कि बिना वजह सलाह दी जा रही है। लेकिन उन्होंने रेट नहीं बढ़ाया। बहुत कम समय में ही उनका बिजनेस इस कदर बढ़ गया कि 50 लीटर सांभर बिक जाता था, और बिजनेस बहुत तेजी से चलने लगा। उनके पति स्कूल खुलने से पहले वहां काम करते थे, और स्कूल खुलने के बाद स्कूल के काम में लग जाते थे। फिर वापस आकर अपनी पत्नी की मदद करते थे। इस तरह से, दो साल के भीतर उन दोनों ने 7 लाख रुपये बचा लिए। उन 7 लाख रुपयों से उन्होंने 80 गज की जमीन खरीदी, जो 2003 में खरीदी गई थी, और अब, 2024 में, उस जमीन की कीमत 1 करोड़ 50 लाख रुपये है।"

"उन्होंने उस जमीन को वैसे ही छोड़ दिया, और इसी कारण आज उसकी इतनी कीमत है। बीच में उन्होंने उस जमीन को बैंक में गिरवी रखकर कुछ लोन लिया, और उस लोन की राशि में अपनी कमाई का कुछ हिस्सा मिलाकर एक दुकान खरीदी। उसमें उन्होंने अपना टिफिन सेंटर शुरू किया। आज वह टिफिन सेंटर धीरे-धीरे विकसित होकर अपनी एक अच्छी साख बना चुका है।

किसी भी काम में ईमानदारी से काम करना, और कमाए हुए पैसों को समझदारी से सही जगह निवेश करना—यह अगर किया जाए, तो आपकी मेहनत की कमाई के साथ-साथ आपके निवेश से एक ओर से पैसिव इनकम होती रहती है। इसका मतलब है, आप दोनों हाथों से कमा रहे होते हैं।"

"फोर्ब्स मैगज़ीन के अनुसार, लगभग 20% छोटे व्यवसाय पहले साल में ही बंद हो जाते हैं, 50% व्यवसाय पहले पाँच सालों में बंद हो जाते हैं, और केवल 10 से 20% व्यवसाय ही स्थायी रूप से विकसित होते हैं।

मैं आपको एक ऐसे व्यवसाय के बारे में बताता हूँ जो मैंने देखा और समझा कि छोटे व्यवसाय क्यों बंद हो जाते हैं।

नए शुरू हुए एक टिफिन सेंटर में मैं गया और मैंने वहाँ डोसा का ऑर्डर दिया। उन्होंने डोसा दिया... लेकिन डोसा कैसा था? न तो मुलायम था और न ही सख्त, बल्कि इतना सख्त था कि अगर फेंका जाए तो वह घूमता हुआ बहुत दूर जाकर गिरे। इसका कारण था मिलावट, यानी

उसमें मैदा मिला दिया था। मैंने तभी सोचा था कि यह व्यवसाय ज्यादा दिन नहीं चलेगा, और जैसा मैंने सोचा था, वह दुकान चार महीनों के भीतर बंद हो गई।"

"2001 में, प्लेट इडली 6 रुपये में दी गई थी। उस समय जो चीजें दी गई थीं, वही चीजें आज, यानी 2024 में, अगर 40 रुपये में भी दी जाएं, तो व्यापार शानदार तरीके से चलेगा। (यह ठेली पर हो, होटल में नहीं। व्यापार चलने के लिए ग्राहकों की आवश्यकता होती है, और ग्राहक हों तो व्यापार चलेगा। हैदराबाद शहर होने की वजह से भी यह संभव है, क्योंकि शहर की आबादी इसका एक कारण है।) आज अगर आप खुद को उनकी जगह पर रखकर सोचें, तो आपका व्यापार भी उसी स्तर पर होगा। उस समय 6 रुपये में भी उन्हें रोज़ाना लगभग 1000 रुपये का मुनाफा होता था, और आज अगर 40 रुपये में भी बेचा जाए, तो उसी हिसाब से मुनाफा होगा। व्यापार को उस स्तर तक ले जाने की ज़िम्मेदारी आपकी है, और जो पैसा आता है, उसे कहाँ निवेश करना है, यह भी उस पर निर्भर करता है।

कई व्यवसायों के असफल होने का एक कारण यह है कि व्यापार करने वाले लोग स्थिर नहीं होते। इसका कारण उनके व्यक्तिगत मुद्दे होते हैं। सफलता उन्हीं को मिलती है, जो निष्ठा के साथ कार्य करते हैं।"

*****

2003 में, एक व्यक्ति ने नॉन वेज करी और बिरयानी पॉइंट शुरू किया, लेकिन उसका व्यवसाय ज्यादा नहीं चला। इसका कारण यह था कि उसके बिरयानी पॉइंट से 200 फीट की दूरी पर पहले से ही एक प्रसिद्ध बिरयानी पॉइंट था, जिसके कारण उसका व्यवसाय नहीं चल पाया और उसे नुकसान होने लगा।.

वैसे ही, उसके बिरयानी पॉइंट में कोई खासियत नहीं थी, जबकि पहले से मौजूद बिरयानी पॉइंट की अपनी एक खास पहचान और स्वाद था। वहां के लोग उसी स्वाद के आदी थे, इसलिए वे इस नए बिरयानी पॉइंट के पास से गुजरते हुए भी उसी पुराने और प्रसिद्ध बिरयानी पॉइंट से खाना लाते थे। इससे उसके व्यवसाय को लगातार नुकसान होने लगा, लेकिन फिर भी उसने हार नहीं मानी और किसी तरह अपने व्यवसाय को चलाता रहा। इस प्रक्रिया में उसे अपनी कुछ जमीन भी बेचनी पड़ी।

लेकिन, जैसा कि मेहनत का फल जरूर मिलता है, कुछ समय बाद उसके बिरयानी पॉइंट के ऊपर वाले प्रसिद्ध बिरयानी पॉइंट को बंद करना पड़ा। इसका कारण था कि उस फेमस बिरयानी पॉइंट के पास एक सरकारी अधिकारी रहने लगा और उसने शिकायत करके उस बिरयानी पॉइंट को बंद करवा दिया। दरअसल, उस पॉइंट के मालिक ने वहीं अपना किचन बना लिया था, जिससे आने वाली बदबू की वजह से लोगों ने शिकायत की और अंततः उस बिरयानी पॉइंट को बंद करना पड़ा।.

उस बिरयानी पॉइंट का बंद होना उसके लिए फायदेमंद साबित हुआ। इसका एक और कारण था। उसने ध्यान दिया कि उसका व्यवसाय क्यों नहीं चल रहा था और कहां वह गलती कर रहा था। उसने इस पर काम किया और अपने बिरयानी पॉइंट के लिए एक खास स्वाद तैयार करने की कोशिश की। आखिरकार, उसकी यह कोशिश सफल रही। धीरे-धीरे लोग उसके बिरयानी के स्वाद के आदी होने लगे। जिस तरह से पहले वाले पॉइंट ने अपना एक खास अंदाज बनाया था, वैसे ही उसने भी अपने बिरयानी पॉइंट के लिए एक अलग पहचान बना ली। उस पुराने पॉइंट की नकल करके उसने अपने व्यवसाय को बेहतर बनाया। नतीजा यह हुआ कि अब लोग दूर-दूर से आकर उसके बिरयानी पॉइंट से बिरयानी ले जाने लगे।.

व्यापार इस हद तक बढ़ गया कि सामान्य दिनों में जहां 75 किलो बिरयानी चावल का उपयोग होता था, वहीं रविवार को यह मात्रा 120 से 150 किलो तक पहुंच जाती थी। इस तरह से उसका बिजनेस धीरे-धीरे विकसित हुआ। उसके दैनिक व्यापार की आय कभी भी 50 हजार रुपये से कम नहीं होती थी, और रविवार को यह एक लाख रुपये तक पहुंच जाती थी। पिछले 20 वर्षों से उसने अपने व्यवसाय को उसी स्थान पर सफलता के साथ चलाया है, और उसकी कोई अन्य शाखा नहीं है। उसके पास अब लगभग 30 से अधिक कर्मचारी काम कर रहे हैं। सालाना उसकी आय लाखों में होने लगी, और अब वह करोड़पति बन गया है। उसने न सिर्फ खुद अच्छा जीवन जीया, बल्कि 30 अन्य लोगों को भी रोजगार दिया। उसके पास अपना घर है, और उसने अब एक अपार्टमेंट भी खरीद लिया है, जिससे वह एक सफल व्यक्ति बन गया है।.

वहां इडली हो या यहां बिरयानी, उन्होंने अपनी-अपनी शैली में अपनी पकवानों को एक अनोखा स्वाद दिया है। कहते हैं, हर जीभ का अपना अलग स्वाद होता है। जिसे पसंद आता है, वह उसे जारी रखता है, और जिसे नहीं पसंद आता, वह छोड़ देता है। लेकिन जिन लोगों को वह स्वाद पसंद आता है और वे उसे जारी रखते हैं, वही व्यवसाय को एक नए स्तर तक ले जाते हैं।.

*****

नीट की बूंदें मिलकर महा समुद्र बनती हैं, वैसे ही एक-एक रुपया जुड़कर हजार, लाख, करोड़ बनते हैं। आज ये लोग लाखपति नहीं, बल्कि करोड़पति बन गए हैं। जब आप जिस काम को न सिर्फ सम्मान देते हैं बल्कि उसे प्यार भी करते हैं, तब ऐसे परिणाम मिलते हैं। ऐसे लोगों की संख्या बढ़ने के कारण ही आज भारत पांचवें स्थान पर पहुंचा है (कई कारणों में से यह एक है)।

ऐसा नहीं है कि हर कोई ऐसा बन सकता है, लेकिन जिनमें यह समर्पण और ध्यान होता है, वही ऐसा बनते हैं। अब आप यह किताब पढ़ रहे हैं, इसका मतलब है कि आपके अंदर भी कहीं न कहीं या किसी स्तर पर कुछ बनने की सोच है, इसलिए आप यह किताब पढ़ रहे हैं। अगर आप भी इसी तरह सोचकर कदम बढ़ाते हैं, तो आप भी यह मुकाम हासिल कर सकते हैं, इसमें कोई शक नहीं है।

एक अच्छी सोच सोने और हीरे से भी अधिक कीमती मानी जाती है, क्यों? क्योंकि ऐसी सोच ही दुनिया को आगे ले जाती है, और इसी तरह की सोच ने दुनिया को आज इस मुकाम तक पहुंचाया है। तो, ऐसी सोच में आपकी सोच क्यों नहीं हो सकती?

हम जो भी काम पूरी लगन और परफेक्शन के साथ करेंगे, हमारी अपनी डिमांड खुद बन जाएगी। और जब हम उस काम में मास्टरी हासिल कर लेंगे, तब हमें कोई रोक नहीं पाएगा।

जो लोग जीवन में आगे बढ़ना चाहते हैं, उन्हें सबसे पहले दो शब्दों को कोई महत्व नहीं देना चाहिए: एक है 'भाग्य', और दूसरा 'दुर्भाग्य'। ये दोनों शब्द सिर्फ आलसी और अक्षम लोग अपने बहानों के लिए गढ़ते हैं, सक्षम लोगों ने इन्हें नहीं बनाया। जो भी काम आप करते हैं, उसमें आपको चीनी पर चींटियों की तरह लगे रहना चाहिए।

भाग्य और दुर्भाग्य की कोई निश्चित शक्ल नहीं होती, ये सिर्फ शब्द हैं। अगर किसी का काम बन जाता है या कम समय में अधिक सफलता मिल जाती है, तो उसे भाग्यशाली कहते हैं। वहीं, अगर कोई नुकसान या दुर्घटना होती है, तो उसे दुर्भाग्यशाली कहा जाता है। पर इन शब्दों के पीछे कोई वास्तविक रूप नहीं होता। भाग्य का कोई पैमाना नहीं होता, न ही यह तिल से लेकर कद्दू के बराबर कोई आकार ले सकता है। ये सब सिर्फ बहाने होते हैं, अपनी जिम्मेदारी से बचने के लिए और दूसरों पर दोष डालने के लिए कहे गए शब्द हैं।

यहाँ पर जो भी व्यक्ति मेहनत करता है, उसे उतना ही फल मिलता है। जैसे समुद्र के पास एक गिलास लेकर जाएं तो गिलास भर पानी मिलेगा, एक लोटा ले जाएं तो लोटा भर पानी मिलेगा, अगर बाल्टी ले जाएं तो बाल्टी भर, और अगर एक बड़ा टैंकर ले जाएं तो पूरा टैंकर भरकर पानी मिलेगा। इसी तरह, संपत्ति भी समुद्र के समान है। आपकी मेहनत और आपकी क्षमता जितनी है, उतना ही आप कमा सकते हैं। अगर आप अपनी मेहनत और धैर्य के साथ जितना चाहें सोचकर योजना बनाते हैं, तो उतना ही आपको मिलेगा।

अगर हो सके तो हर दिन किसी महान व्यक्ति का भाषण सुनें। और जब भी समय मिले, किताबें पढ़ें।

जब आपको आपकी इच्छानुसार मिल जाए, तब आपको कुछ नियमों का पालन करना चाहिए। वे क्या हैं?

"रामुलवारे और रावणासुर के बीच भीषण युद्ध चल रहा था। युद्ध लगातार नहीं चल सकता था, इसलिए एक दिन का अंतराल आया। उस दिन सैनिक सभी आराम कर रहे थे। तभी आसमान में घने बादल छा गए, और बिजली की चमक और गर्जन के साथ ऐसा लगा जैसे कोई प्रलय होने वाला है। यह देखकर रामुलवारे अपने पास खड़े व्यक्ति से पूछते हैं, 'यह सब क्यों हो रहा है?' तब वह व्यक्ति बताता है, 'रावणासुर और उसकी पत्नी मंदोदरी खुशी से नृत्य कर रहे हैं।'

यह सुनकर एक और व्यक्ति सवाल करता है, 'खुशी से नृत्य? यहां तो सभी मर रहे हैं, फिर नृत्य क्यों?' तब रामुलवारे को रावणासुर की योजना समझ में आ जाती है।

वो योजना क्या थी?"

"अपने सैनिकों में विश्वास और आत्मविश्वास भरने के लिए, रावणासुर ऐसा कर रहा है ताकि वह उन्हें यकीन दिला सके कि हम जीत रहे हैं और जीतने वाले हैं। यही कारण है कि मैंने यह बात कही।

जैसे 365 दिनों में मौसम हमेशा एक जैसा नहीं रहता, वैसे ही इंसान के पास चाहे जितना भी पैसा हो, कभी-कभी ऐसा वक्त आता है जब हाथ में कुछ नहीं होता। उस समय, आपके पास कुछ भी नहीं है, या आपकी स्थिति अच्छी नहीं है, यह बात किसी से न कहें। यदि आप किसी एक व्यक्ति से यह बात कहेंगे, तो वह व्यक्ति इसे दस और लोगों को बता देगा, और उन दस लोगों से यह बात और भी अधिक फैल जाएगी। यह आपकी प्रगति के लिए बिल्कुल भी अच्छा नहीं है। इससे आपकी समस्या हल नहीं होगी, बल्कि आपको नीचा दिखाएगी और कर्ज बढ़ने से बचने में मदद नहीं मिलेगी।

इस अवसर पर मैं आपको एक बार फिर चाणक्य और चंद्रगुप्त द्वारा कही गई चार बातों की याद दिलाना चाहता हूँ।"

1. अपने वित्तीय स्थिति के बारे में कभी किसी को न बताएं, यानी आपके पास कितना पैसा है, यह किसी को जानने न दें। यह आपके लिए जोखिम ला सकता है।

2. अगर लोग यह जान गए कि आप आर्थिक रूप से कमजोर हैं, तो वे इसे एक अवसर के रूप में देख सकते हैं। इसका मतलब यह है कि आपको जो सम्मान मिलना चाहिए, वह सिर्फ सामाजिक रूप से ही नहीं, बल्कि आर्थिक रूप से भी कम हो सकता है। वे आपको आपकी योग्यता के अनुसार सही भुगतान नहीं करेंगे, क्योंकि वे सोचेंगे कि आप मुसीबत में हैं, इसलिए काम कर लेंगे।

3. आपकी स्वास्थ्य स्थिति के बारे में कभी किसी को न बताएं, चाहे वह आपका करीबी मित्र ही क्यों न हो। आप नहीं जानते कि वह मित्र कब तक आपके साथ रहेगा।

4. अपने पारिवारिक और वैवाहिक मुद्दों के बारे में कभी किसी से बात न करें। इससे आपकी छवि को नुकसान हो सकता है।

"रावणासुर का उल्लेख आया है, इसलिए मैं आपको उनके अंतिम चरण में लक्ष्मण को दी गई चार बातें फिर से याद दिला रहा हूँ।

जब युद्ध में हारने के बाद रावणासुर मृत्यु और जीवन के बीच संघर्ष कर रहे थे, उस समय रामुलवारे लक्ष्मण से कहते हैं, 'रावणासुर एक महान विद्वान है, जाओ और उससे जीवन के बारे में चार अच्छी बातें पूछो।' तब लक्ष्मण रावणासुर के पास जाते हैं और कहते हैं, 'मेरे बड़े भाई ने कहा है कि आपसे जीवन के चार अच्छे सबक पूछूं।' तब रावणासुर कहते हैं:

रावणासुर: 'जीवन में चार लोगों के साथ सावधानी बरतनी चाहिए।

पहला... तुम्हारे घर की सुरक्षा करने वाले पहरेदार के साथ। दूसरा... तुम्हारी सवारी चलाने वाले सारथी (ड्राइवर) के साथ। तीसरा... तुम्हारे भाइयों के साथ, क्योंकि तुम्हारे सारे रहस्य उन्हें मालूम होते हैं। चौथा... तुम्हारे लिए खाना पकाने वाले रसोइए के साथ।'"
*****

"जीवन में चाहे कितनी भी कठिनाइयाँ आएँ, कितनी भी बाधाएँ आएँ, सकारात्मक दृष्टिकोण और आशा को कभी नहीं छोड़ना चाहिए। इसका लाभ यह है कि इससे आप आने वाली रुकावटों पर नहीं, बल्कि अवसरों पर ध्यान केंद्रित करने लगते हैं।

व्यवसाय में सफल लोगों का सिलेबस कैसा होता है, यह जानना चाहिए। उनके एकाउंट्स कैसे होते हैं, यह समझना चाहिए। यदि आप ग्राहक से एक शब्द भी गलत कहते हैं या झगड़ते हैं, तो वह केवल उस एक ग्राहक तक सीमित नहीं रहता, वहाँ मौजूद अन्य ग्राहक भी इसे देखेंगे और हो सकता है वे फिर से वापस आकर आपको प्रोत्साहित न करें। हमें यह समझना चाहिए कि आज हम समाज को जो देते हैं, कल वही हमारे पास लौटकर आता है। और जैसा आप सोचते हैं, वैसे ही आप बनते हैं, यही कारण है कि व्यवसाय में सफल होने के लिए लगातार सीखते रहना और शिक्षित होते रहना आवश्यक है।

"खुशहाल जीवन जीने के लिए अपने जीवन को लक्ष्यों से जोड़ें, व्यक्तियों से नहीं।"

— अल्बर्ट आइंस्टीन"
"यह केवल मेरा विचार है...!

इन सबका पालन करने से मैंने दशकों का अपना दरिद्र जीवन अंपशाय्या पर पहुँचा दिया। आप भी सोचें कि अपनी दरिद्रता को कहाँ गाड़ना है, और उसे वहीं गाड़ दें।

सफलता और पैसों के पीछे दौड़ने की भी एक सीमा होती है। उस सीमा को पार न करना ही अच्छा होता है। उम्मीद होनी चाहिए, लेकिन लालच नहीं, क्योंकि लालच हमारी मानसिक सेहत को नुकसान पहुँचाता है। सफलता और पैसों के लिए एक सीमा तय करना अच्छा होता है। उससे अधिक पाने की सोच से, चाहे इंसान कितना भी बुद्धिमान हो, उसे हानि उठानी पड़ती है।

अगर आप छोड़ सकते हैं, तो हाथ में दर्द नहीं होता। लेकिन जितना अधिक आप इसे पकड़कर रखेंगे, उतना ही हाथ में दर्द होगा। जरूरत से ज्यादा धन के लिए संघर्ष करते हुए, 'यह सब मेरा है' के अहसास के साथ, जीवन को बर्बाद नहीं करना चाहिए। जब आप अपने तय लक्ष्य को हासिल कर लें, तो अपनी जिम्मेदारियों से पीछे हटकर, अगली पीढ़ी को सौंप दें और खुद आराम से जीवन का आनंद लें।"

"बुद्धिमान व्यक्ति और विद्वान व्यक्ति के बीच का अंतर यह है कि बुद्धिमान व्यक्ति मिले हुए मौके का फायदा उठाकर चार पैसे कमा लेता है, जबकि विद्वान व्यक्ति न सिर्फ मौके का फायदा उठाता है, बल्कि चार और लोगों को भी कमाने का मौका देता है। यहाँ कमाने का मतलब उन चार लोगों की प्रगति में मदद करना है।

विद्वान ऐसा क्यों करता है? क्योंकि उसे नहीं पता कि भविष्य में क्या होगा। यदि कभी कोई अनपेक्षित परिस्थिति आए और वह गिर जाए, तो उन चारों में से एक उसे फिर से ऊपर उठाने में मदद करेगा। यह दूरदर्शी सोच (आगे की समझ) होती है। यही सही तरीका है। इसलिए मैं कहता हूँ कि आपको न सिर्फ बुद्धिमान होना चाहिए, बल्कि विद्वान भी होना चाहिए।"
*****

12

अध्याय ...वकील के रूप में मेरी सफलता

"अच्छीन्यायव्यवस्थाकेलिएएकअच्छावकीलहोनाजरूरीहै।"

कहते हैं कि मध्य आयु तक आते-आते कैल्शियम की कमी के कारण दांत गिरने लगते हैं। मेरे दाहिने जबड़े के "ऊपरी" दांत गिरना और वकील की डिग्री हाथ में आना, ये दोनों बातें एक ही साल में हुईं।

"अगर हम मौके का फायदा नहीं उठाते हैं, तो वह हमें नापसंद करके कहीं और चला जाता है।"

पहलामौका...!

सभी चीज़ें पूरी करके मैंने एक क्रिमिनल एडवोकेट के रूप में अपना करियर शुरू किया। मैंने पहली बार एक केस लिया, जो एक मर्डर केस था। हमारे क्लाइंट ने जो कहा, उसे सुनने के बाद, मैं उस पर निर्भर हुए बिना मर्डर की जगह पर जाकर जांच करने लगा। जैसे एक पुलिस अफसर जांच करता है, वैसे ही मैंने भी केस से जुड़े तथ्यों को जानने के लिए प्रैक्टिकली वहां जाकर देखा कि वहां क्या हुआ होगा। मैंने वहां के लोगों से पूछताछ की। इस तरह करने पर मुझे कुछ नई जानकारी मिली, जिसे मैंने हमारे क्लाइंट की बातों से जोड़कर, अंततः वह केस जीत लिया।

जब मैं एक वकील के रूप में पहली बार केस जीतने की खुशी में था, उसी दिन मुझे यह पता चला कि मेरे पिताजी की तबीयत ठीक नहीं है और वह ज्यादा दिन नहीं जी पाएंगे। उस स्थिति को मैं शब्दों में बयान नहीं कर सकता। एक तरफ अपने जीवन के पहले केस को जीतने की खुशी थी, और उसी दिन यह खबर मिली कि जिसने मुझे जन्म दिया, वह कुछ समय बाद मेरे सामने नहीं होगा। उस दुख को बयां करने के लिए मेरे पास शब्द नहीं हैं। मैं कामना करता हूं कि ऐसा दिन किसी के जीवन में न आए। अगर उस दर्द को एक शब्द में व्यक्त करना हो तो ऐसा लगा जैसे किसी ने मेरे दिल को जोर से मसल दिया हो, जैसे कोई मेरे दिल को अपने हाथों में लेकर कसकर निचोड़ रहा हो, वैसा दर्द महसूस हुआ।

मुझे जब पता चला कि मेरे पिताजी अब नहीं रहेंगे, तो मैं घर गया और उनके साथ कुछ दिन बिताए।

मेरे पिताजी को समझ में आ गया था कि अब उनका ज्यादा समय नहीं बचा है। तब उन्होंने मुझे पास बुलाया, और मैं जाकर उनके बिस्तर के पास बैठ गया। यह कहने के लिए कि एक पिता भी अपने बच्चे का दिल समझता है, उनके शब्द ही प्रमाण हैं।

"जब तुम पैदा हुए थे और मैंने तुम्हें पहली बार देखा, तब ही मुझे ऐसा लगा कि 'एक छोटे पौधे में एक महान वृक्ष' छिपा हुआ है। मैंने उसी दिन सोचा था कि तुम एक दिन महान बनोगे। मेरा विश्वास व्यर्थ नहीं जाएगा। तुम कभी निराश हुए बिना, ईमानदारी से अपना काम करते रहो, एक दिन मैं जो सोच रहा हूँ वह जरूर सच होगा। जब समंदर शांत होता है, तो कोई भी महान नाविक नहीं बनता। जीवन यदि सरल होता, तो बड़े अनुभव नहीं होते। जो लोग कठिनाइयों से ऊपर उठते हैं, वे ही महान बन सकते हैं। तुम जो भी काम कर रहे हो, पहले उसे खुद पर विश्वास करते हुए करो। अगर तुम पूछो कि विश्वास पहले है या सफलता, तो सफलता तुम्हारे विश्वास के आधार पर ही तुम्हारे पास आएगी," उन्होंने कहा।

उनकी बातों से मुझे समझ में आ गया कि उन्हें पता चल गया था कि मैंने आत्महत्या करने की कोशिश की थी। लेकिन उन्होंने कभी इसका जिक्र मेरे सामने नहीं किया, क्योंकि उन्हें लगा कि मैं दुखी हो जाऊंगा। जब मुझे यह एहसास हुआ कि पिताजी ने सब कुछ जानते हुए भी मुझ पर इतना भरोसा किया, तो दुख की लहर मुझे घेरने लगी। मैंने सोचा कि अगर उनके सामने रोया, तो उन्हें तकलीफ होगी। इसलिए मैंने सिर हिलाकर बाहर चला गया और अब तक छिपे हुए दुख को आंसुओं के रूप में बाहर निकलने दिया।

कुछ ही दिनों बाद, मेरे पिताजी ने अपनी आंखें हमेशा के लिए बंद कर लीं।.

जब मैं दसवीं कक्षा में था, एक बार परीक्षा में पिताजी पर निबंध लिखने को कहा गया। उस समय मेरे पास लिखने के लिए कुछ नहीं था, इसलिए मैंने सिर्फ दो ही पंक्तियाँ लिखीं – "पिता बेटे के प्रति गुस्से में रहते हैं और बेटियों के प्रति स्नेह में।"

आज अगर मुझसे निबंध लिखने को कहा जाए, तो मैं इस तरह लिखूंगा...!

पिता बनने के बाद ही मैं अपने पिताजी को समझ पाया कि वह मेरे प्रति वैसे क्यों रहते थे। माँ केवल नौ महीने बच्चे को गर्भ में रखती है, लेकिन पिता अपने जीवन के हर दिन उसे अपने दिल पर उठाता है, लेकिन वह कभी बाहर से दिखाई नहीं देता। बस बेटियों के मामले में वह प्रेम खुलकर दिखता है। बेटे के प्रति अपना प्रेम अगर बाहर दिखाए, तो शायद वह बिगड़ जाएगा, यही सोचकर पिता हमेशा गंभीर बने रहते हैं। यह बात मुझे तब समझ में आई जब मैंने भी अपने बेटे के साथ वैसा ही व्यवहार किया।

हम चार बच्चों में से तीन तो ठीक से सेट हो गए थे, लेकिन जब उन्होंने कहा कि "यह अभी भी आर्थिक रूप से स्थिर नहीं हुआ है," और अपने दोस्तों से यह दुख साझा किया, तभी मुझे समझ में आया कि उनके दिल में मेरे प्रति कितना प्रेम था।....

वह जहाँ भी होते, बिना कुछ कहे मुझे सब कुछ देते रहते थे। एक बार उनके दोस्तों ने कहा, "अरे, तुम अपनी सारी कमाई उसे ही दे रहे हो, अपनी जिंदगी के बारे में भी थोड़ा सोचो," तब उन्होंने जवाब दिया, "मेरे पास क्या है? मुझे नहीं पता कब तक जिंदा रहूँगा, बस वह ठीक रहे, यही काफी है," तब मुझे समझ में आया कि उनके दिल में मेरे लिए कितनी चिंता थी।

जब मैं छोटा था, वह मुझ पर सख्त रहते थे, इसलिए मैं उनसे ज्यादा बात नहीं करता था, हमेशा माँ से ही बात करता था। बाद में मुझे एहसास हुआ कि इससे उनके दिल को कितनी तकलीफ हुई होगी। किसी ने कहा था, "शिव कहीं दूर नहीं हैं, वह तुम्हारे पिताजी के रूप में तुम्हारे घर में ही रहते हैं।" उस समय मैंने सोचा कि पिता की तुलना शिव से क्यों की जाती है, लेकिन बाद में मुझे समझ में आया।....

शिव को कभी भी लगातार गुस्सा नहीं होता, वह केवल कभी-कभी अपना गुस्सा दिखाते हैं, और उसका कारण सिर्फ बच्चों को सही रास्ते पर लाना होता है। इसी तरह, एक पिता भी अपने बच्चों पर कभी-कभी गुस्सा दिखाता है, सिर्फ उन्हें सही दिशा में सुधारने और उनके भले के लिए। इस दुनिया में अगर कोई व्यक्ति है जो चाहता है कि उसका बच्चा उससे भी अधिक महान बने, तो वह केवल पिता ही होता है। अगर बच्चा तरक्की करता है, तो सबसे ज्यादा खुश होने वाला व्यक्ति भी पिता ही होता है। बच्चे के बारे में गर्व से बोलने वाला पहला व्यक्ति भी पिता ही होता है। ऐसे मेरे पहले शुभचिंतक आज मेरे सामने नहीं रहे...!

"पिताजी" कहने का सौभाग्य आज के साथ चला गया।

कहते हैं, जब सूरज डूबने लगा, तो उसने पूछा, "मेरी जिम्मेदारी कौन लेगा?" तब एक छोटे से दीपक ने कहा, "चिंता करने की जरूरत नहीं, आप आराम से सूर्यास्त करें, मैं अपनी तरफ से सहयोग दूंगा।" इसी तरह, जब किसी परिवार का मुखिया इस दुनिया से चला जाता है, तो उस परिवार के बच्चे के रूप में उसकी जिम्मेदारी उठानी चाहिए। उसी तरह मैंने भी अपने परिवार की जिम्मेदारी संभाली।.

आम तौर पर कहा जाता है कि पिता का प्यार पहले बच्चे पर और माँ का प्यार आखिरी बच्चे पर ज्यादा होता है। मुझे इसका पता नहीं, लेकिन मेरी माँ का मुझ पर बहुत ज्यादा प्यार था। वह हमेशा यही चाहती थीं कि मैं अच्छी तरह से आगे बढ़ूं। जब मैं धीरे-धीरे आर्थिक रूप से स्थिर हो रहा था, उसी समय, पिताजी के गुजरने के एक साल के भीतर ही मेरी माँ भी गुजर गई।

जब माँ का निधन हुआ, तो उन्होंने मुझे अंतिम संस्कार के लिए चिता में आग लगाने को कहा, लेकिन मैंने मना कर दिया। क्योंकि मेरी माँ ने

मुझे कई बार अपने हाथों से खिलाकर बड़ा किया था। बचपन में हर माँ ऐसा करती है, लेकिन मुझे उन्हें आग लगाना बिल्कुल भी नहीं सूझा। उन्होंने कहा कि यह परंपरा है, लेकिन मैंने कहा कि मैं नहीं करूंगा। इसलिए उन्होंने मेरे बेटे के हाथों अंतिम संस्कार करवाया। मेरी असहनीय पीड़ा में से यह एक थी।.

*****

जीवन में जो भी हो, हमें आगे बढ़ना ही पड़ता है, और इसी तरह मैंने भी अपना सफर वकील के रूप में शुरू किया।

मेरा अपना तरीका था, चाहे वह इन्वेस्टिगेशन करना हो, या दूसरों के माध्यम से जानकारी इकट्ठा करना हो, विभिन्न तरीकों से जानकारी प्राप्त करके बहस करने से, मैं केस जीतता रहा।

एजुकेशन के बारे में अल्बर्ट आइंस्टीन की परिभाषा क्या है?

हम स्कूल और कॉलेज में जो पढ़ते हैं उसे भूलने के बाद भी जो हमारे पास जीवन में बचा रहता है, वही एजुकेशन है। इसका मतलब है कि पढ़ाई के साथ-साथ हम जो सीखते हैं, जो मूल्य हम अपनाते हैं, और समाज के प्रति हमारी सोच, यही सब शिक्षा कहलाती है।

"सीखी गई बातों और सबकों को जीवन में जरूरत पड़ने पर इस्तेमाल करना चाहिए, वरना वो सब व्यर्थ हैं।"

मैं एक क्रिमिनल वकील होने के कारण मेरे पास ज्यादातर मर्डर के केस आते थे। ऐसे मामलों में, कुछ लोग अपनी गलती छुपाने के लिए मुझे पैसे की पेशकश करते थे, लेकिन मैं उन्हें कभी स्वीकार नहीं करता था। क्योंकि मुझे लगता था कि ऐसा करना मेरे और समाज के लिए सही नहीं है। इस पर एक छोटी सी कहानी है।.

एक गाँव में एक किसान रहता था, जो शादी के लायक हो गया था। उस किसान के घर में उसके साथ एक मुर्गी, बकरी और चूहा भी रहते थे। चूहा और मुर्गी अच्छे मित्र थे। किसान शादी के लायक हो गया, इसलिए उसने शादी कर ली। नए आई किसान की पत्नी घर के चारों ओर घूमते समय चूहे को देखकर नाराज हो गई और अपने पति से कहने लगी कि उसे मार डालो। उनकी बातचीत सुनकर चूहा मुर्गी के पास जाकर मदद मांगता है। वह कहता है कि घर का मालिक और मालकिन मुझे मारने की योजना बना रहे हैं। जब वे तुम्हारे पास दाने डालने आएं, तो कृपया एक शब्द बोल देना कि मैं एक अच्छा हूँ। चूहा मुर्गी से विनती करता है। उस समय मुर्गी कहती है, "यह तुम्हारी जिंदगी है, इसका मुझसे कोई लेना-देना नहीं है।"

फिर चूहा बकरी के पास जाकर वही अनुरोध करता है कि जब वे तुम्हारे पास आएं तो मेरे बारे में अच्छा बोलना। तब बकरी भी मुर्गी की तरह जवाब देती है, "यह तुम्हारी जिंदगी है, इसका मुझसे कोई लेना-देना नहीं है, तुम अपनी देख लो।"

उस गाँव में एक तालाब था, जिसमें किसान रोज़ स्नान करने जाता था। उसी तालाब में एक मगरमच्छ रहता था। चूहा तालाब के पास जाकर मगरमच्छ से विनती करता है, "जब किसान यहाँ स्नान करने आए, तो मेरे बारे में एक अच्छा शब्द बोल देना और उन्हें कहना कि मुझे मत मारो।" मगरमच्छ भी मुर्गी और बकरी की तरह ही जवाब देता है, "यह तुम्हारी ज़िंदगी है, इसका मुझसे कोई लेना-देना नहीं है, तुम खुद ही देख लो।"

इसके बाद किसान और उसकी पत्नी चूहे को पकड़ने के लिए एक छोटा पिंजरा लाते हैं और उसे उसी रात घर में रखते हैं। रात के 12 बजे उस पिंजरे से आवाज़ आती है। उस आवाज़ को सुनकर किसान की पत्नी बहुत खुश हो जाती है। वह कहती है, "आज पिंजरा लाया हूँ, आज ही चूहा फंस गया।" बिना दीया जलाए वह पिंजरे के पास जाकर उसे देखने के लिए हाथ लगाती है, लेकिन पिंजरे में चूहा नहीं, बल्कि एक साँप था। वह साँप किसान की पत्नी को काट लेता है, जिससे किसान अपनी पत्नी को तुरंत उठाकर डॉक्टर के पास ले जाता है।.

डॉक्टर इलाज करना शुरू करता है। यह खबर गाँव में मौजूद उनके रिश्तेदारों को मिलती है, और वे सब किसान के घर आ जाते हैं। वे घर में बैठ जाते हैं, जबकि डॉक्टर इलाज कर रहा होता है। रिश्तेदार सभी वहीं बैठे किसान की पत्नी के बचने की प्रार्थना कर रहे होते हैं। किसान उन सभी के लिए चाय और कॉफी परोसता है, यह सोचते हुए कि उसकी पत्नी ठीक हो जाए और उनके सभी रिश्तेदार वहां मौजूद हैं।.

जब भोजन का समय आया और रिश्तेदार घर छोड़कर नहीं गए, तो किसान ने उनके लिए भोजन का प्रबंध करना शुरू कर दिया। यह सिलसिला एक-दो दिन तक चलता रहा, और वे कहीं नहीं गए, बल्कि रिश्तेदारी की भावना से वहीं रुक गए। "अतिथि देवो भव" कहकर किसान ने सोचा कि पिछले दो दिनों से वह उन्हें सिर्फ शाकाहारी भोजन करा रहा है, अब कुछ नॉन वेज बनाना चाहिए। लेकिन चूंकि कम लोग थे, उसने मुर्गी काटकर परोसने का फैसला किया। उन्होंने वह भोजन खाया।

इस बीच, किसान की पत्नी का इलाज जारी था, और यह खबर धीरे-धीरे पूरे गाँव में फैल गई, जिससे गाँव के और लोग किसान के घर आने लगे और वहीं बैठ गए। यथापूर्व, फिर से चाय, नाश्ता, और कॉफी का सिलसिला शुरू हो गया। दो और दिन बीत गए, और फिर किसान ने सोचा कि एक बार फिर से नॉन वेज परोसना चाहिए। इस बार उसने अपने घर की बकरी को काटकर उन सभी के लिए पकाकर परोस दिया। उन्होंने फिर से खा लिया।

अब भी इलाज चल रहा था, लेकिन किसान की पत्नी किसी भी उपचार का जवाब नहीं दे रही थी। इसलिए वे एक दूसरी राय के लिए एक और डॉक्टर के पास गए। जब वह डॉक्टर आया, तो उसने कहा कि अब तक जो इलाज हुआ है, वह गलत है। साँप के काटने का एक ही इलाज है, और उस इलाज के लिए मगरमच्छ का खून चाहिए। यह सुनकर सभी लोग गाँव के तालाब में गए, मगरमच्छ को पकड़ा और उसे मारकर उसका खून ले आए।.

इस कहानी से जो बात कहनी है वह यह कि जिन चीज़ों को तुमने यह कहकर नज़रअंदाज़ किया कि "इससे मेरा कोई लेना-देना नहीं है," वे सभी खत्म हो गईं। समाज में भी यही हो रहा है। अगर हम सोचते हैं कि "हमारा क्या, हमें इससे क्या लेना-देना" और सिर्फ अपना फायदा देखते हैं, तो यह समस्या बढ़कर एक दिन हमारे सामने आएगी और हमें निगल जाएगी। इसलिए, समाज में जो कुछ हो रहा है, उसे "हमसे कोई लेना-देना नहीं है" कहकर अनदेखा न करें। हमें उन समस्याओं को खत्म करने के लिए अपनी ज़िम्मेदारी निभानी चाहिए।

जिस तरह घर के लॉन में घास बढ़ती है और उसे काटने से ही वह खूबसूरत दिखती है, वैसे ही जिसने गलती की है, उसे सज़ा मिलनी चाहिए। तभी समाज अच्छा रहेगा, यही मेरा विश्वास है।

जब हम कोई काम पसंद से करते हैं, तो हम पूरी तरह से उस काम में डूब जाते हैं। बुद्धि हमें बताती है कि उस काम को कैसे करना है, और दिल हमें बताता है कि उस पर कितना ध्यान देना चाहिए। अगर हम इन दोनों का सही संतुलन बना सकें, तो किसी भी काम में सफलता हासिल कर सकते हैं।

वकील के रूप में मेरी सफलता का एक कारण "तर्क" है। उस तर्क में मुझे कई ऐसी बातें मिलीं, जो किताबों में नहीं मिलतीं। इसी तरह, मैं अपने केस जीतने में सफल रहा।

फोकस...!

एक बड़े हॉल में 10 खरगोश छोड़कर गुरु अपने शिष्य से कहते हैं, "इस कमरे में जाकर 10 मिनट के भीतर एक खरगोश पकड़कर लाओ।" शिष्य कमरे में जाकर एक खरगोश को पकड़ने की कोशिश करता है, लेकिन वह भाग जाता है। फिर वह दूसरे को पकड़ने की कोशिश करता है, लेकिन वह भी भाग जाता है। कुछ समय तक सभी खरगोशों को पकड़ने की कोशिश करने के बाद, जब उसे कोई भी नहीं मिलता, तो वह खाली हाथ लौट आता है।

तब गुरु कहते हैं, "अगर तुम कमरे में जाने के बाद सिर्फ एक खरगोश पर ही फोकस करते, तो 10 मिनट के भीतर वह जरूर तुम्हारे हाथ आ जाता।"

हमें यह समझना चाहिए कि हम किस हिस्से में असफल हो रहे हैं और उस पर ध्यान केंद्रित करना चाहिए। आपको उन आदतों पर ध्यान केंद्रित करना चाहिए जो आपको गुमराह करती हैं। अपनी गलत बोलचाल पर ध्यान देना चाहिए। आपके विचार और व्यवहार जो आपको असफलता की ओर ले जाते हैं, उन पर ध्यान केंद्रित करना चाहिए।

मेरी सफलता कहीं बाहर नहीं, बल्कि मेरे विश्वास में ही है। मैंने सोचा था कि मुझे वकील के रूप में सफल होना है, और उसी दिशा में मैंने

सोचना शुरू किया और उसी दिशा में अपने प्रयास शुरू किए। जो रास्ते सब चलते हैं (यानी कानून के नियमों का पालन करते हुए), मैंने अपने लिए एक अलग रास्ता तलाशने की कोशिश की, और वहीं मुझे सफलता मिली। मैंने ज्यादातर समय अपने पेशे और अपने काम पर ही लगाया।

साथ ही, रिश्तेदार और दोस्त भी मेरी सफलता में अप्रत्यक्ष रूप से सहायक बने। जब मेरी स्थिति ठीक नहीं थी, तो मुझे कोई दिखाई नहीं दिया। किसी ने मुझे याद नहीं किया, और रिश्तेदार और दोस्त सभी मुझसे दूर हो गए। खास दोस्त भी कोई नहीं रहे। इसलिए मुझे उनके लिए समय देने की जरूरत नहीं पड़ी, और वह समय भी मेरे काम आया। इस तरह, मेरी स्थिति यही थी, और इसका यह मतलब नहीं कि सभी को ऐसा होना चाहिए।

जो लोग जीवन में ऊंचाइयों तक पहुंचे हैं, उनके दोस्त नहीं होते, आप एक बार गौर करें। इसका कारण यह है कि वे अपने लक्ष्यों पर इतने केंद्रित और शामिल होते हैं कि उनके पास दोस्तों के साथ समय बिताने का वक्त नहीं होता।

जब मैं वकील के पेशे में था, तो फीस के मामले में मैं रियायतें देता था। जिनके पास पैसे नहीं होते, उनसे मैं अपनी फीस का आधा या चौथाई हिस्सा ही लेता था। लेकिन जिनके पास पैसा होता, उनसे मैं पूरी 100% फीस लेता था। इस तरह से मैंने न केवल जरूरतमंदों की मदद की, बल्कि यह भी सुनिश्चित किया कि मेरे बारे में ज्यादा से ज्यादा लोगों को पता चले। क्योंकि ज्यादातर लोग ऐसे ही होते हैं और मेरे बारे में अधिक लोगों तक खबर पहुँचाई। मुझे पब्लिसिटी इन्हीं लोगों की वजह से मिली। इसलिए मैंने कभी भी गरीबों को अस्वीकार नहीं किया। जो मैं उनसे खोता था, वह मुझे अमीरों से मिल जाता था। साथ ही, अधिक क्लाइंट्स भी आते थे, जिससे मुझे लाभ हुआ।

मेरी सफलता का एक और कारण यह है कि मैं अनावश्यक चीजों के बारे में न तो सोचता हूँ और न ही दूसरों से बात करता हूँ। मेरी पूरी एकाग्रता इस पर होती है कि मुझे जो केस मिला है, उसे कैसे जीतना है। गैर-जरूरी चीजों को छोड़ देने से आधा समय बच जाता है, और उसी में आधी सफलता होती है।

कोर्ट में मैं हमेशा सफेद शर्ट और काली पैंट की यूनिफॉर्म पहनता था। बाकी सभी समय में मैं हमेशा नीले रंग की शर्ट और उससे मेल खाती टाई पहनता था। स्वाभाविक रूप से, अन्य लोग भी बाकी समय में सफेद शर्ट और काली पैंट पहनते थे, लेकिन मैं अकेला था जो नीले रंग की शर्ट पहनता था। मेरा मानना है कि नीला रंग एकाग्रता बढ़ाता है।

वकील बनने के बाद, मैं सभी के लिए आसानी से उपलब्ध रहता था, न सिर्फ फीस के मामले में, बल्कि अपनी व्यक्तिगत जिंदगी में भी बहुत साधारण तरीके से जीता था। मुझे देखकर लोग सोचते थे, "यह हमारे जैसा ही इंसान है, इसके पास जाया जा सकता है, अपनी परेशानियाँ बताई जा सकती हैं।" मैं किसी भी प्रकार का घमंड नहीं दिखाता था और एक साधारण मध्यवर्गीय व्यक्ति की तरह ही दिखता था, जिससे लोग मुझसे मिलने में कभी हिचकिचाते नहीं थे।

जब हम अपनी उपलब्धियों को सबके सामने दिखाना शुरू करते हैं, तो लोग हमारे पास आने से पहले सोचने लगते हैं, और यही चीज़ प्रगति को रोक देती है। यह बात मुझे समझ में आई, इसलिए मैंने हमेशा एक साधारण व्यक्ति की तरह जीवन बिताया। एक तरह से कहूँ तो यह एक बिज़नेस तकनीक है। आजकल के बड़े-बड़े बिज़नेसमैन जो तकनीक अपनाते हैं, मैंने उसे पहले ही अपनाया था। मेरी सफलता का यह भी एक कारण है।.

वकील के रूप में जब मैं बहुत व्यस्त हो गया, तो होटल का बिजनेस मेरी पत्नी और मेरे बेटे संभालते थे, और भरोसेमंद कर्मचारी मिलना भी मेरे लिए लाभकारी रहा।

हम सोते समय सपने देखते हैं, लेकिन सपने वैसे होने चाहिए कि उन्हें देखने से नींद ही न आए, ऐसा अब्दुल कलाम जी कहते हैं। मैंने अपने स्तर पर इस बात को सच कर दिखाया। इसके परिणामस्वरूप मैं इतना व्यस्त हो गया कि:

मेरे पास 20 से अधिक जूनियर्स काम करते थे, और मैं लगभग 70 से अधिक अदालतों में केस लड़ता था। मेरे मस्तिष्क के साथ मेरे असिस्टेंट्स के दिमाग भी मिलकर काम करते थे, जो मुझे जीतने में मदद करते थे।

यहाँ या कहीं भी सफलता प्राप्त करना उसी तरह है जैसे सिक्के के दो पहलू होते हैं। चाहे वह वकील हो, डॉक्टर हो, या कोई भी पेशा हो, उसमें सफलता प्राप्त करना हमारे खुद के ऊपर निर्भर करता है। इस बात को समझना जरूरी है। जैसे हर पेशे में अच्छाई और बुराई होती है, वैसे ही इसमें भी होती है। जब हम किसी सफर पर निकलते हैं, तो उतार-चढ़ाव होते हैं, और उन सभी को पार करने के बाद ही सफलता दिखाई देती है।

मैंने कभी केस पाने के लिए किसी के पास जाकर कोशिश नहीं की। मैं कभी किसी के पास खड़ा नहीं हुआ, क्योंकि केस न होने पर भी मुझे वित्तीय रूप से कोई समस्या नहीं थी। इसका कारण यह था कि मेरी बैकग्राउंड में एक बिजनेस था, इसलिए मुझे कभी झुकने की जरूरत नहीं पड़ी। लेकिन जब भी मुझे कोई केस मिलता था, तो मैं उसमें पूरी तरह से समर्पित रहता था।.

मैंने जो किया, वह था ईमानदारी से काम करना, मेहनत लगाना, और सिर्फ केस जीतने पर ध्यान देना। खास बात यह है कि जिसने मुझे एक सफल वकील बनाया, वह यह कि मैंने कभी अपने क्लाइंट के साथ धोखा नहीं किया, उन्हें धोखा नहीं दिया, और विरोधियों के प्रलोभनों में कभी नहीं फंसा। इसलिए मैं कभी खाली नहीं बैठा, मेरे पास हमेशा क्लाइंट्स आते रहे। जो ज्यादा फीस देते थे, उनके मन में यह भरोसा होता था कि वे जीतेंगे। मैंने कभी किसी से डर महसूस नहीं किया, चाहे वह गुंडे हों या मुझसे उच्च पदों पर बैठे लोग। मैंने कभी किसी के सामने झुकने का काम नहीं किया। जब मैंने कानून की कोट पहन ली, उसी दिन मैंने यह तय कर लिया कि "या तो जीतूंगा या हार जाऊंगा," इस सोच के साथ मैंने काम किया। उस हिम्मत, उस कमिटमेंट, मेरे टैलेंट और मेरी ईमानदारी ने मुझे खड़ा रखा।

साधारण जीवन, उच्च विचार, कम प्रोफ़ाइल के साथ-साथ अपने क्लाइंट्स के प्रति ईमानदारी से रहना, इन चार बातों ने मुझे वकील के रूप में सफल होने में मदद की।.

हर इंसान के भीतर एक मूर्ति होती है, जिसे गुरु या खुद उस व्यक्ति को तराशना पड़ता है। मूर्ति का बाहर आना इस बात पर निर्भर करता है कि हमारे भीतर कितनी बेकार चीजें भरी हैं, और यह प्रक्रिया समय लेती है। मेरे अंदर भी एक मूर्ति थी, लेकिन चूँकि मेरे भीतर बहुत अधिक बेकार चीजें थीं, इसलिए इसमें ज्यादा समय लगा (50 साल तक)।

जब मैंने पहली बार साइकिल चलाना सीखा, तो कई बार गिरा, चोटें आईं। धीरे-धीरे जब मैंने साइकिल चलाना सीख लिया, तो जो खुशी मिली, वह अलग ही थी। उसके बाद मैंने उसे चलाना शुरू किया और आनंद लिया। इसी तरह, वकील के पेशे में सफल होने के लिए मैंने कई उतार-चढ़ावों का सामना किया। सफलता पाने के बाद, मैंने इसे उसी तरह से आनंद लिया जैसे मैंने साइकिल की सवारी का आनंद लिया था। कोई भी चीज़ शुरू में कठिन लगती है, लेकिन जब हम उसे सीख लेते हैं, तो बाद में उसे आनंद के साथ कर सकते हैं, चाहे वह पेशा हो या कोई काम।.

चाहे कितना भी बड़ा पेड़ हो, वह अपनी जड़ों के माध्यम से पानी लेकर उसकी सबसे ऊँची शाखाओं तक पहुंचाता है। इसी प्रक्रिया के कारण वह पेड़ मजबूती से खड़ा रहता है। लेकिन अगर वह पेड़ यह सोचकर कि "मैं बड़ा हो गया हूँ," पानी लेना बंद कर दे, तो वह सूख जाएगा और गिर जाएगा। यही सिद्धांत एक सफल व्यक्ति पर भी लागू होता है। "मैं सफल हो गया हूँ" यह सोचकर रुक जाने के बजाय, लगातार ज्ञान को बढ़ाते रहना चाहिए। यदि हम रुक जाते हैं, तो हमारी करियर भी वहीं रुक जाएगी।.
*****

यह मेरा अतीत है, एक बात याद आई... उस दिन मैं मरने जा रहा था, और उसके कुछ साल बाद मैंने एक अखबार में एक लेख पढ़ा। उसमें क्या था? घर का मुखिया मर रहा है, और औसतन महिलाएं ज्यादा जी रही हैं, जबकि पुरुष कम समय तक जी रहे हैं। विशेष रूप से, घर के मुखिया कई कारणों से आत्महत्या कर रहे हैं या बीमारी के कारण मर रहे हैं। पहले, कई बार मैंने सोचा था कि मैं अकेला ही मरने जा रहा हूं। लेकिन उस लेख को पढ़ने के बाद मुझे समझ में आया कि मैं अकेला नहीं हूं; मुझ जैसे कई लोग भी वही कर चुके हैं। शायद उन लोगों को भी मेरी तरह परेशानियां होंगी। उस लेख को पढ़कर दुख हुआ। जो भी हो, घर के मुखिया पर दबाव बहुत अधिक होता है। यहां मेरा मतलब यह नहीं है कि महिलाएं पहले मरती हैं, मैं बस वही कह रहा हूं जो अखबार में लिखा था।.
*****

इस अध्याय को समाप्त करने से पहले, मैं आपको एक केस के बारे में बताकर समाप्त करूंगा, जो मेरे पास आया था। एक दिन एक व्यक्ति मेरे पास आया और बोला कि उसे कंज्यूमर गुड्स कंपनियों के खिलाफ केस करना है। मैंने उससे पूछा, "क्यों?"

वह बोला, "उनकी साजिशों और चालों की वजह से मेरा परिवार टूट गया है, और अब मुझे अलग से घर बसाना पड़ा।"

मैंने पूछा, "उन्होंने क्या किया?"

वह बोला, "उन्होंने इन बेकार टीवी सीरियलों को विज्ञापन देकर उन्हें प्रोत्साहित किया। सीरियलों की निरंतर टेलीकास्टिंग की वजह से, उन्हें देखकर घर की महिलाएं प्रेरित हो गईं और उन्होंने घर में उसी तरीके से व्यवहार करना शुरू कर दिया। इसके चलते घर में झगड़े हुए, परिवार टूट गए और अलग-अलग घर बसाने की नौबत आई। ऐसा सिर्फ मेरे साथ ही नहीं, मेरे जैसे कई और लोग भी इस समस्या से पीड़ित हैं। जब भी कोई नई जोड़ी घर बसाती है, तो उन्हें टीवी, फ्रिज, वॉशिंग मशीन, मिक्सर, एसी जैसी कई तरह की घरेलू वस्तुएं खरीदनी पड़ती हैं। ये सब चीजें खरीदने से उन कंपनियों का व्यापार बढ़ता है। चूंकि यह सब आपस में जुड़ा हुआ है, इसलिए अगर उनके खिलाफ केस किया जाए और यह मुद्दा जनता के बीच लाया जाए, तो शायद कुछ लोग समझेंगे और मेरे जैसे और लोगों को अलग घर बसाने की जरूरत नहीं पड़ेगी। इसलिए आपको उनके खिलाफ केस करना चाहिए।"

उसने जो तर्क दिया, वह सही हो सकता है, लेकिन जीतना मुश्किल है। इसके अलावा, मैंने उसे एक क्रिमिनल लॉयर के पास भेज दिया। मुझे कभी-कभी अलग-अलग मामलों की याद आती है, और यह भी एक ऐसा केस था।.
*****

अभिजीत की मृत्यु...!
*****
मैं कोर्ट में जिस केस की पैरवी करने वाला था, उससे संबंधित नोट्स लिख रहा था, तभी मुझे एक कॉल आया कि अभिजीत की तबीयत बहुत खराब हो गई है और उसे अस्पताल में भर्ती किया गया है। यह सुनकर मैं तुरंत अस्पताल के लिए निकल पड़ा। कमरे में उसकी पत्नी मंजुला और बच्चे थे। जब तक मैं वहां पहुंचा, तब तक वह ठीक हो गया था और अपने परिवार से बात कर रहा था। मैंने कहा कि मैं उससे बात करना चाहता हूं, तो वे सभी कमरे से बाहर चले गए। मैंने कुछ समय तक उससे मज़ाक में बात की, और तभी मुझे केरल की कल्याणी नानी याद आ गई। मैंने सोचा, कहीं इसे भी कुछ वैसा ही दिख तो नहीं रहा, और इसलिए मैंने उससे पूछा...!

"अरे, कहते हैं कि जीवन के आखिरी पड़ाव में ऐसा लगता है जैसे कोई हमें बुला रहा हो या हमारे लिए इंतजार कर रहा हो। क्या तुम्हें भी ऐसा कुछ दिख रहा है?" मैंने पूछा।

उसने जवाब दिया, "मेरी आंखों के सामने फिलहाल एक सुंदर नर्स, इस अस्पताल का बिल, और वे कर्ज दिखाई दे रहे हैं जिन्हें मैं चुका नहीं पाया। साथ ही, कुछ गर्लफ्रेंड्स द्वारा दिए गए मौकों को मैं भुना नहीं सका, यह सोचकर थोड़ा अफसोस हो रहा है।"

उसकी बात सुनकर मैं जोर से हंस पड़ा। फिर कुछ देर तक हम बात करते रहे। जाने से पहले उसने कहा, "अगर मुझे कुछ ऐसा दिखे जैसा तुम कह रहे हो, तो मैं तुम्हें बताऊंगा," और हल्की सी मुस्कान के साथ बोला। मैं भी मुस्कुराते हुए वहां से चला गया।.

अगले दिन अभिजीत अस्पताल से घर चला गया। उसी रात, तड़के घर में ही उसे दिल का दौरा पड़ा और वह गुजर गया, ऐसा पता चला। अभिजीत की मृत्यु की खबर सुबह होते ही सबको पता चली। कुल मिलाकर, वह सोते हुए ही दुनिया से चला गया।.

मैं अभिजीत की अंत्येष्टि में गया। कहते हैं, अगर आप बार-बार एक ही प्रकार का कार्यक्रम देखें, तो चाहे वह कैसा भी हो, उसका आप पर कोई असर नहीं पड़ता। कुछ लोग ऐसे होते हैं जो सिर्फ किसी के मरने पर उनके शव को देखने और अंत्येष्टि में शामिल होने जाते हैं, मानो वह उनकी दिनचर्या का हिस्सा हो।

उस दिन अभिजीत की अंत्येष्टि में आए कुछ लोग मजाक कर रहे थे, हंसी-मजाक में व्यस्त थे, और दूसरों पर चुटकुले बना रहे थे। जब अभिजीत को कब्र में रखा गया, वहां मौजूद लोगों में से एक व्यक्ति को बातों में उलझाकर कब्र में धकेल दिया गया, और वह सीधे अभिजीत के ऊपर गिर पड़ा। इससे वह बहुत डर गया और चीखते हुए बाहर निकला, फिर गुस्से में उन्हें गालियां देते हुए वहां से चला गया। बाद में पता चला कि वह व्यक्ति पहले से ही डरा हुआ और डरपोक था, और लोगों ने जानबूझकर उसके साथ इस तरह का मजाक किया।

जब कोई अपना चला जाता है, तब वही दर्द हमें महसूस होता है, लेकिन बाकी लोगों को क्यों महसूस हो? इस तरह अभिजीत की अंत्येष्टि पूरी हुई।.

अभिजीत की मृत्यु के 11 दिनों के बाद कर्मकांड किया गया। मैं भी उस कर्मकांड में गया। कर्मकांड समाप्त होने के बाद वहाँ तरह-तरह के पकवान बनाकर सभी को भोजन परोसा गया। मुझे खाने का मन नहीं हो रहा था। मैंने सोचा, बिना खाए ही चला जाऊँ, लेकिन किसी की कही हुई बात याद आई। जब कोई व्यक्ति मर जाता है और कर्मकांड के दिन भोजन कराया जाता है, तो इसका मतलब होता है कि अगर उस व्यक्ति ने किसी से कोई ऋण लिया हो, तो वह इस भोजन के माध्यम से अपना अंतिम ऋण चुका रहा है। यह उस परिवार की क्षमता के अनुसार जितने भी लोगों को हो सके, भोजन कराकर किया जाता है। यह उनका आखिरी भोज होता है, जिसमें वे अपने सभी बचे हुए ऋणों को समाप्त कर देते हैं।

यह याद करते हुए मैंने सोचा कि मैं अपने दोस्त का भोज मना नहीं कर सकता, इसलिए मैं खाने के लिए बैठ गया। जीवन में पहली बार, मैंने आँसुओं के साथ भोजन किया। अभिजीत ने कभी भी मुझे एक शब्द नहीं कहा जिससे मुझे दुख पहुंचे, और ऐसे व्यक्ति का अंतिम भोज खाते हुए मुझे एक अव्यक्त दुःख से भर गया। मुझे लगा कि शायद उसने भी मेरा ऋण चुका दिया, भले ही मुझे यह नहीं पता कि वह मुझ पर कोई ऋण था या नहीं, लेकिन इसका मतलब यही होता है।.
*****

मेरा बेटा...!
*****

जब मादा सोने की चिड़िया गर्भवती होती है, तो नर सोने की चिड़िया उसके लिए एक सुंदर घोंसला बनाता है। मादा चिड़िया उस घोंसले में अंडे देकर उन्हें सेती है, और कुछ समय बाद उन अंडों से छोटे-छोटे बच्चे बाहर आते हैं। रात में घोंसले में अंधेरा होता है, जिससे डरकर वे छोटे बच्चे डर के मारे रोने लगते हैं। तब नर सोने की चिड़िया आसपास से मिट्टी लाकर उसे छोटे-छोटे गोले बनाकर घोंसले के अंदर चिपकाता है। फिर वह बाहर जाकर आसपास के इलाकों में घूमता है और चमकने वाले जुगनुओं को पकड़कर उन्हें उस मिट्टी में स्थापित करता है। जुगनुओं से आने वाली रोशनी की वजह से घोंसले के अंदर एक अलग तरह की चमक पैदा होती है, जिससे बच्चे रोना बंद कर देते हैं। जब हमें किसी चीज से लगाव होता है, तो उसकी देखभाल और जिम्मेदारी का एहसास होता है।

घड़ी की दोनों सुइयाँ सही ढंग से काम करती हैं, तभी सही समय दिखाती हैं। उसी तरह, जब माता-पिता अपने बच्चों के प्रति अपनी जिम्मेदारियों को निभाते हैं, तभी उन बच्चों का भविष्य उज्ज्वल होता है। जब मैं रेलवे ट्रैक देखने गया था, उसके बाद से मैं यह सुनिश्चित करने की कोशिश कर रहा था कि उसका प्रभाव मेरे बेटे पर न पड़े। इसलिए मैंने उससे दोस्ताना व्यवहार करना शुरू कर दिया। मेरी पत्नी ने भी इसमें मेरा साथ दिया, ताकि उसे यह एहसास हो सके कि उसके भले की चाह रखने वाले लोग उसी के घर में हैं। इसका सकारात्मक असर हुआ, और उसने पढ़ाई पर ध्यान देना शुरू किया। वह अब अच्छी तरह से पढ़ाई कर रहा है।

अगर वह कभी कोई गलती करता, तो मैं उसे सीधा सवाल पूछने के बजाय, किसी दोस्त के बेटे की घटना या मेरे पास आए क्लाइंट्स की समस्याओं के रूप में उसे बताता। मैं उससे कहता कि इससे होने वाले नुकसान क्या हो सकते हैं (मेरी वकील की चतुराई का उपयोग मैं अपने बेटे पर करता था)। इसका नतीजा यह हुआ कि वह सतर्क हो गया और अपनी गलतियों से सीखने लगा। उसकी समस्याओं को बिना सीधे उसे दोष दिए समझने से उसमें बदलाव आया, और फिर उसने ऐसी गलतियां दोहरानी बंद कर दीं।

मैंने अपने बेटे से कहा, "सोचो, अगर भगवान तुमसे कहे कि 'तुम अच्छे इंसान हो', तो कितना अच्छा लगेगा, है ना? वह जरूर कहेंगे, जब तुम उस दिशा में जाओगे, यानी जब तुम्हारा आचरण अच्छा रहेगा।"

मैंने कभी अपने बेटे से यह उम्मीद नहीं की कि वह कोई अद्भुत काम करेगा या उसे ऐसा कुछ करने के लिए कहा नहीं। मैंने उस पर कोई दबाव नहीं डाला। मैंने उसे हमेशा यही कहा कि जो कुछ भी उसे पढ़ना अच्छा लगे, वह वही पढ़े, बस बुरी आदतों से दूर रहे। हमने कभी यह उम्मीद नहीं की कि वह बहुत बड़ा आदमी बनकर हमारे जीवन में चमक लाएगा। हमारी कोई ऐसी महत्वाकांक्षाएं नहीं थीं। मैंने उसे केवल इतना ही कहा कि उसकी जिंदगी उसकी है, और जैसा उसे सही लगे, वह वैसा ही फैसला करे। निर्णय का अधिकार मैंने उसे ही सौंप दिया। हमारी तरफ से स्पष्टता थी, और इसी वजह से उसने भी अपने जीवन में स्पष्टता के साथ कदम बढ़ाए।

मैंने पढ़ाई में सफलता हासिल नहीं की, उसके पीछे मेरे अपने कारण हैं, लेकिन मेरा बेटा पढ़ाई में सफल हुआ। वह कैसे सफल हुआ?

एक राजा ने अपने तीन मंत्रियों को तीन बोरियाँ दीं और उनसे कहा, "जाओ, जंगल में जाकर आम के पेड़ों से पके हुए आम तोड़कर इन बोरियों को भरकर ले आओ।"

वे तीनों मंत्री, राजा की आज्ञा मानकर, बोरियाँ लेकर तीन अलग-अलग दिशाओं में जंगल में चले जाते हैं। जंगल में आम के पेड़ बहुत बड़े और पके हुए फलों से लदे होते हैं, मानो पेड़ों की डालियाँ फलों के बोझ से टूटने वाली हों। यह देखकर, तीनों मंत्रियों में से एक मंत्री सोचता है:

पहला मंत्री सोचता है, "पेड़ बहुत बड़े हैं, और फलों की भरमार है, लेकिन मैं इतनी ऊँचाई पर कैसे चढ़कर फल तोड़ूं? राजा क्या देखेगा कि मैंने पके फल तोड़े या नहीं?" यह सोचकर, वह पेड़ के नीचे गिरी हुई सूखी पत्तियाँ इकट्ठा करता है और उन्हें अपनी बोरी में भरता है। इसके अलावा, जो कुछ गिरे हुए फल नीचे मिलते हैं, वह भी उन्हीं में डालकर अपनी बोरी बांध लेता है।

दूसरा मंत्री सोचता है, "इतने बड़े पेड़ों पर चढ़कर फल तोड़ना मुश्किल है। जितने फल नीचे से हाथ लग जाएं, वे ही काफी हैं।" यह सोचकर वह कुछ फल तोड़ता है और आधी बोरी भर लेता है। फिर वह बाकी की बोरी में नीचे गिरे हुए सड़े-गले फल डालकर उसे भर देता है।.

"तीसरे मंत्री... राजा ने कहा कि उसकी बात सुननी चाहिए, चाहे कितना भी कठिन क्यों न हो, वह पेड़ों पर चढ़कर अच्छे आम तोड़ता है और उन आमों से थैली भरता है।

ये तीनों मंत्री थैली लेकर राजा के पास आते हैं, राजा उन्हें देखकर सेवकों से कहता है कि इन तीनों मंत्रियों को अलग-अलग तीन कमरों में बंद कर दो और उनकी थैली उन कमरों में रख दो। सेवक उन तीनों मंत्रियों को अलग-अलग कमरों में बंद कर देते हैं और उनकी थैलियाँ उनके कमरों में रख देते हैं। राजा उन्हें कहता है कि तुम तीनों अपनी थैली में लाए हुए फलों को खाकर जीवित रहो, बाहर से तुम्हें केवल साफ पानी मिलेगा और कुछ नहीं दिया जाएगा। यह कहकर वह चला जाता है।

अनपेक्षित परिणाम के साथ, पहला मंत्री कुछ दिनों तक अपने तोड़े हुए कुछ फलों को खाकर जीवित रहता है।... दूसरा मंत्री पहले मंत्री से कुछ अधिक दिन जीवित रहता है।... तीसरा मंत्री उन दोनों से भी अधिक दिनों तक जीवित रहता है।"

"इस कहानी की शिक्षा यह है कि हमसे बड़े लोग, चाहे वे गुरु हों या कोई और, जब कुछ कहते हैं, तो हमें उनकी बात का सम्मान करना चाहिए और उसे मानना चाहिए। मेरे बेटे ने ऐसा ही किया... इसलिए वह पढ़ाई में बहुत अच्छा प्रदर्शन किया।

मैंने अपने बेटे को एक किताब की सिफारिश की थी...! अगर कोई डॉक्टर बनना चाहता है, तो उसे कई किताबें पढ़नी होंगी। अगर कोई इंजीनियर बनना चाहता है, तो उसे कई किताबें पढ़नी होंगी। अगर कोई अच्छा वकील बनना चाहता है, तो उसे कई किताबें पढ़नी होंगी। लेकिन अगर कोई महान व्यक्ति बनना चाहता है, तो उसे सिर्फ एक ही किताब पढ़नी है, और वह है भगवद गीता।

भगवान श्रीकृष्ण ने भले ही भगवद गीता अर्जुन को सुनाई हो, लेकिन वह हमारे लिए भी उपयोगी है। इसके साथ ही मैंने अपने बेटे को एक बात लिखने की आदत डालने के लिए कहा। ऐसा क्यों?"

"मेरे जैसे जब कठिनाई आती है, तब निराश न होने के लिए, मैंने उसे एक शब्द की आदत डालनी शुरू की। मैंने हर खरीदी हुई पेन से उसे यह लिखने की आदत डलवाई कि 'जो कुछ भी होता है, वह हमारे भले के लिए ही होता है।'

आपके मन में यह सवाल हो सकता है कि बुरा होने पर भी कैसे सोचें कि वह हमारे भले के लिए है...!

जो कुछ भी होता है, वह हमारे लिए नहीं, बल्कि हमारे भले के लिए होता है... कैसे?

एक राज्य में एक गरीब किसान था, जिसके पास एक बहुत ही दुर्लभ और अच्छा घोड़ा था। उस घोड़े का उपयोग करके वह जंगल से लकड़ियाँ लाकर बेचता था। पर उस किसान की एक इच्छा थी कि वह गाँव के बाहर कहीं एक अच्छा घर बनाकर शांति से जीवन बिताए।"

"उस किसान के पास जो घोड़ा था, वह एक दुर्लभ घोड़ा था। उस घोड़े के बारे में जब राज्य के राजा को पता चला, तो राजा उस किसान के पास आया और कहा कि घोड़ा मुझे दे दो, बदले में मैं तुम्हें पाँच हजार स्वर्ण मुद्राएँ दूँगा। तब किसान ने कहा कि मैं यह घोड़ा नहीं दूँगा। वहां मौजूद सभी लोग किसान को समझाने लगे कि तुम पूरे साल मेहनत करते हो, फिर भी सौ स्वर्ण मुद्राएँ नहीं कमा पाते, और अब राजा तुम्हें पाँच हजार स्वर्ण मुद्राएँ दे रहे हैं, क्या तुम मना कर दोगे? इससे बेहतर मौका तुम्हें नहीं मिलेगा। यह घोड़ा राजा के पास होगा, तो ही अच्छा रहेगा, तुम्हारे पास रहने से बेहतर है। लेकिन किसान ने कहा, 'नहीं, मैं यह घोड़ा नहीं दूँगा। बचपन से ही यह मेरे पास है, यह मुझे जंगल में मिला था, और तब से मैं इसे पाल रहा हूँ।' राजा कुछ नहीं कर सका और 'ठीक है' कहकर लौट गया। वहां मौजूद सभी लोग किसान को दुर्भाग्यशाली मानकर चले गए।"

"कुछ दिनों बाद वह घोड़ा अपनी रस्सी तोड़कर जंगल में भाग जाता है। तब सभी लोग कहते हैं कि तुम बड़े दुर्भाग्यशाली हो। जब राजा तुम्हें 5000 स्वर्ण मुद्राएँ दे रहा था, तब तुमने मना कर दिया, अब देखो, वह घोड़ा भाग गया। तब भी किसान कहता है, 'जो कुछ भी होता है, वह मेरे भले के लिए होता है।' यह सुनकर लोग सोचते हैं, 'यह कैसी भलाई है?' और चले जाते हैं।"

"कुछ दिनों बाद वह घोड़ा कुछ और घोड़ों के साथ किसान के घर लौट आता है। कुल मिलाकर वह छह घोड़े साथ लाया था। यह देखकर वहां के लोग किसान के विश्वास की प्रशंसा करते हैं और सोचते हैं कि अब किसान के पास सिर्फ एक नहीं, बल्कि कुल सात घोड़े हैं, और वह और भी अमीर हो गया है। किसान उन घोड़ों में से एक को राजा को बेचकर अपनी इच्छा के अनुसार गाँव के बाहर एक घर बनाकर उसमें रहने लगता है।

इसी बीच, किसान का बेटा नए घोड़ों में से एक पर सवारी करने जाता है और गिरकर अपनी टांग तोड़ लेता है। तब लोग फिर से कहते हैं, 'तुम बहुत ही दुर्भाग्यशाली हो, तुम्हारे बेटे की टांग टूट गई, अब एक साल तक वह उठ नहीं पाएगा।' तब भी किसान कहता है, 'जो कुछ भी होता है, वह मेरे भले के लिए होता है।' लोग सोचते हुए चले जाते हैं कि यह कैसी भलाई है।"

"कुछ दिनों बाद उस राज्य पर एक शत्रु राजा बड़ी सेना के साथ आक्रमण करता है। राजा अपनी सेना के साथ शत्रु राजा से लड़ने जाता है, लेकिन शत्रु राजा की सेना अधिक होने के कारण राजा की सेना कम होने लगती है। तब राजा आदेश देता है कि राज्य के हर घर से एक युवा को सैनिक के रूप में भर्ती किया जाए। राजा के आदेश को लागू करने के लिए सेना हर घर में जाकर युवाओं को इकट्ठा करती है। जब सेना उस किसान के घर आती है, तो वे देखते हैं कि उसका बेटा बिस्तर पर पड़ा है क्योंकि उसकी टांग टूट चुकी है, इसलिए वह युद्ध के लिए अयोग्य है और वे उसे छोड़कर चले जाते हैं। तब किसान कहता है, 'जो कुछ भी होता है, वह हमारे भले के लिए होता है।'"

"प्रकृति हमें जो हम चाहते हैं, वह सीधा नहीं देती, बल्कि किसी न किसी रूप में परोक्ष रूप से देती है। इसका मतलब है कि हर समस्या में एक लाभ छिपा होता है। अगर तुम चाहते हो कि तुम्हारा शरीर मजबूत बने, तो प्रकृति तुमसे मेहनत करने के लिए कहती है। काम करने से शरीर मजबूत होता है और साथ ही काम करने से आय भी होती है।"

"हमारे जीवन में जब भी कोई घटना घटती है, बहुत से लोग यह नहीं सोचते कि यह उनके भले के लिए हुआ है, क्योंकि वे तुरंत मिलने वाले परिणामों के आधार पर निर्णय लेते हैं। यह गलत है। वे सोचते हैं कि जो कुछ भी हुआ है, वही स्थायी है, लेकिन ऐसा नहीं है। उस समय, चाहे हम दुखी हों या मुसीबत में हों, हमें लगता है कि जो हुआ वह बुरा है। तुरंत तो वह शाप जैसा लगता है, लेकिन एक दिन वही शाप आशीर्वाद बन जाता है। आशीर्वाद जो हमें मिला है, वह हमेशा आशीर्वाद ही रहेगा, यह मानने की कोई गारंटी नहीं है... लेकिन अगर हम अपना विश्वास बनाए रखें, तो एक दिन वह विश्वास हमें निराश नहीं करेगा।

जो भी होता है, वह हमारे भले के लिए ही होता है, हमारी प्रगति के लिए होता है...! जीवन को पता है कि कौन-सा पाठ कब सिखाना है और हमें कहाँ ले जाना है। अगर हमारे पास यह विश्वास हो, तो जो कुछ भी हमारे जीवन में होता है, हम उसे खुशी से स्वीकार करेंगे और उसका आनंद लेंगे... हमें यह मानना चाहिए कि जीवन हमें धोखा नहीं देगा।"

"एक व्यक्ति स्ट्रॉबेरी के बाग में जाकर वहां की एक स्ट्रॉबेरी का स्वाद चखता है और कहता है, 'अच्छा है, लेकिन अगर यह थोड़ा मीठा होता, तो और भी अच्छा होता।' तब वह स्ट्रॉबेरी उगाने वाला किसान कहता है, 'उसे स्ट्रॉबेरी नहीं कहते।'

हम अपने जीवन में भी सोचते हैं कि अगर थोड़ी और मिठास होती, कुछ और अच्छे अनुभव और यादें होतीं, तो बेहतर होता, लेकिन इसे जीवन नहीं कहते।

अगर हम अपने जीवन में आने वाली परेशानियों को एक मूर्तिकार की छेनी के वार की तरह देख सकें, तो आने वाला जीवन खुशी और आनंद से भरा होगा। इसीलिए कहा जाता है, 'जो कुछ भी होता है, वह हमारे भले के लिए ही होता है।'"
*****

13

अध्याय ... मेरी जीवन की सफलता।

मेरा भला चाहने वालों में से कल्याणी भी एक है, अगर उसके बारे में न बताऊं तो अच्छा कैसे लगेगा, बताइए।

कल्याणी का परिवार शुरू से ही समृद्ध परिवार था, इसलिए वह अच्छी स्थिति में है। तीन बच्चे, और वे तीनों अच्छे से पढ़ाई करके अब विदेशों में बस गए हैं। 67 साल की उम्र में कल्याणी के पति का दिल का दौरा पड़ने से निधन हो गया, और अब कल्याणी उस बड़े घर में अकेली रहती है, केवल घरेलू सहायकों के साथ। कभी-कभी फोन पर बात करती है, कुशल-क्षेम पूछती है, और मैं भी कभी-कभी फोन करके उसकी खैरियत पूछता हूं। कभी-कभी वह गुड मॉर्निंग संदेश भेजती थी। कल्याणी के बारे में बताने के बाद, अगर मैं अपने गुरु के बारे में न बताऊं, जिन्होंने मेरी प्रगति में योगदान दिया, तो मैं बहुत बड़ी गलती कर रहा होऊंगा।

भले ही मैंने कुछ भी न दिया हो, मेरे गुरु मेरे साथ रहकर बहुत धैर्य से मुझे पैसे का महत्व सिखाया, लोगों का स्वभाव दिखाया, और बिना पैसे की ज़िंदगी की कीमत समझाई। कितना भी दूं, उस गुरु का कर्ज़ नहीं चुका सकता। वह गुरु कोई और नहीं, बल्कि मेरी गरीबी (दरिद्रता) है...!

मेरी जीवन यात्रा एक स्कूटर ड्राइवर के रूप में शुरू हुई, और मैंने बिना रुके 40 वर्षों तक काम किया। पहले 20 सालों तक मेरा काम सिर्फ मुझे जीवित रहने के लिए सहारा देता था, लेकिन विकास के लिए नहीं। मेरी कमाई उतनी ही होती थी जैसे "आमदनी अठन्नी, खर्चा रुपैया।" लेकिन पिछले 20 साल मेरे विकास के लिए फायदेमंद साबित हुए, खासकर "50 के बाद"।

मौका आने पर दौड़ना पड़ता है, और जब दौड़ना बंद करने का समय आता है, तो उसे रोकना समझदारी है। इसलिए मैंने अपनी दौड़ रोकने का निर्णय लिया, लेकिन मुझमें अब भी आगे बढ़ने की इच्छा थी। अब मुझे रुकने की संतुष्टि है।

बुढ़ापे का पीछा करने से मेरी सेहत बिगड़ गई, साथ ही मानसिक थकावट के कारण, मैं उस समय तक देखभाल करते आए होटल व्यवसाय, वकील पेशा और बाकी छोटे-मोटे व्यवसायों को छोड़कर, 71 साल की उम्र में खुद को रिटायर कर लिया।

रात-दिन "ओ" कहकर मेहनत करके जो भी कमाया, उसे अपने बेटे को देना मेरा उद्देश्य नहीं था। मैंने इसलिए काम नहीं किया, न ही इसलिए कमाया। कमाई ने मुझे संतोष दिया, और उसके परिणाम को ही मैंने अपने बेटे को दिया। पैसों के प्रति मेरे मन में कोई गुस्सा नहीं था, लेकिन मैंने जो गरीबी झेली थी, वह ऐसी थी, और इसलिए मैंने कमाया। कमाने में ही मुझे खुशी मिली, और उसी खुशी के लिए मैंने कमाया।.

मैंने कोई भी छोटा मौका छोड़ने के बिना कमाया, और जो पैसे मैंने कमाए, उनसे स्थिर संपत्ति खरीदी, यानी ज़मीनों पर निवेश किया। उन ज़मीनों की कीमत जब सैकड़ों में थी, तो हजारों में पहुंची, हजारों में खरीदी, तो लाखों में बढ़ी, लाखों में खरीदी, तो करोड़ों में उनकी कीमत हो गई। जब मैंने रिटायरमेंट की घोषणा की, तब तक मैंने खुद से जो संपत्ति कमाई, उसकी कीमत लगभग 100 करोड़ हो गई थी।

जो मैं पहले छोटी-सी हवा या पहली बारिश की बूंदों से कांपने वाला था, आज "आर्थिक रूप से" तूफान का सामना करने वाले एक मजबूत चित्त के पेड़ की तरह खड़ा हो पाया हूं। मैं करोड़ों में एक नहीं हूं, बल्कि आम लोगों में से एक हूं, और आज इस स्तर तक बहुत ही सामान्य स्थिति से बढ़ते हुए पहुंचा हूं।

पैसे की कीमत समझना जरूरी है। मैंने चाहे जितना भी कमाया हो, चाहे जितनी ऊंचाई पर पहुंचा हो, लेकिन पांच रुपये भी बेवजह गंवाने की

सोच से मेरा दिल नहीं मानता। शायद यह मेरी मेहनत का ही परिणाम है कि मुझमें ऐसी आदत बन गई है।.

"तब नहीं कहा, अब कह रहा है। आपको लगता है कि इस व्यक्ति के साथ कुछ ज़्यादा हो गया है? नहीं साहब, अब मौका मिला है इसलिए कह रहा हूँ। जब मैं मदनपल्ली में पढ़ाई कर रहा था, तब हमारा रूममेट गोपी था, एक दिन मैंने उससे पूछा, 'तेरी इच्छा क्या है?' उसने कहा, 'सरकारी नौकरी, दो कमरों का मकान, एक लाख बैंक बैलेंस और एक कार, ये ही मेरे लक्ष्य हैं।' उस दिन मदनपल्ली में जिस घर को मैंने पसंद किया था, उसकी कीमत बहुत अधिक थी, लेकिन मैंने बाहर किसी को नहीं बताया क्योंकि कहीं मुझे हतोत्साहित न कर दे। गोपी को सरकारी नौकरी मिली, लेकिन वह कोई बहुत कमाई वाली नौकरी नहीं थी। इसलिए जो कुछ कमाया, वह बच्चों की ज़रूरतों और परिवार के भरण-पोषण के लिए ही पर्याप्त था। वह स्थिति ऐसी थी कि बस थोड़ा ही था।

(हमारे दिमाग को छोटे-छोटे आदेश देंगे, तो वह छोटे आदेश ही लेगा। उससे आगे जाने के लिए कहेंगे तो नहीं जाएगा। इसका उदाहरण वही व्यक्ति है, इसलिए कहते हैं कि बड़ी इच्छाएँ रखनी चाहिए।) कभी-कभी वह मुझसे कहता, 'मुश्किलें या नुकसान जो भी हो, तुम बाहर निकले और संघर्ष किया, इसलिए आज इस स्थिति में हो। मैंने अपने आराम के क्षेत्र को देखा और अपनी स्थिति से थोड़ा बेहतर जगह पर पहुँचा, लेकिन इससे ज्यादा कुछ हासिल नहीं किया।' वह हमेशा हतोत्साहित होकर यही कहता। जब हम सौ अंक चाहते हैं, तो 80 या 90 अंक आते हैं। लेकिन अगर हम 60 अंक चाहते हैं, तो 40 या 50 अंक आते हैं। यह इस बात पर निर्भर करता है कि हम क्या चाहते हैं।"

"अब मेरे बारे में बात करूँ तो, मैंने रिटायरमेंट ले लिया है, है न? लेकिन यह केवल काम से रिटायरमेंट है, दिल से नहीं। इसलिए मैंने एक निर्णय लिया है... जैसे बचपन में हमें अच्छी यादें होती थीं, वैसे ही ऐसी यादें 60 या 70 की उम्र में बनानी शुरू करें, तो उस आनंद का कोई मुकाबला नहीं हो सकता। हमेशा पुरानी यादों में जीने और अतीत को याद करने की बजाय, वर्तमान में जीते हुए मौजूदा जीवन का आनंद लिया जा सकता है, है न? इसी तरह से मैंने प्रयास करना शुरू किया है।"

"मुझे घर पर ज़्यादा देर तक रहना अच्छा नहीं लगता था, इसलिए मैं रोज़ पार्क में जाकर बैठ जाता था। पार्क में कुछ बच्चों को देखकर मुझे ऐसा लगा कि इतने सालों के जीवन में मैं आज की पीढ़ी की तरह कभी नहीं जी पाया। मतलब, किसी पसंद की लड़की से बात करना, उसके साथ पार्क में घूमना, मज़े से समय बिताना—ऐसा कुछ भी किए बिना ही ज़िंदगी गुज़र गई। यह सोचकर एक खालीपन महसूस होता था। लेकिन फिर मैंने सोचा, अब भी जो मौका है, उसे क्यों छोड़ना? इसलिए मैंने अपनी पत्नी के साथ रोज़ पार्क जाना शुरू कर दिया।"

"इसी तरह, हफ्ते में एक दिन हम फिल्मों या रेस्टोरेंट्स (हमारे रेस्टोरेंट नहीं, किसी और के रेस्टोरेंट) में जाया करते थे। मैं एक युवा की तरह एन्जॉय करता था (मेरे एन्जॉयमेंट को देखकर कुछ लोगों को जलन होती थी, जैसे कि कह रहे हों 'तुम्हें बहुत मजा आ रहा है, तुम्हारे पास सब कुछ है')। एक दिन शाम को हम हमेशा की तरह पार्क में आए, मैं और मेरी पत्नी। हमेशा की तरह हम दोनों हंसी-मजाक करते हुए टहल रहे थे, और थककर जाकर बैठ गए। मेरी पत्नी ने मेरे हाथ से फोन ले लिया (आमतौर पर वह फोन नहीं लेती, लेकिन उस दिन उसने लिया, और मैंने कुछ नहीं कहा)। वह फोन में मैसेज देख रही थी, और उसमें से एक 'गुड मॉर्निंग' का मैसेज था जो कल्याणी से आया था। इसे देखकर उसने पूछा, 'यह कौन है?' (मैं गर्व से कहने वाला था कि स्कूल का प्यार हमेशा खास होता है, लेकिन डर गया कि कहीं वह मुझे मार न डाले, इसलिए नहीं बताया)। मैंने कहा, 'एक दोस्त है।' फिर मैंने बताया कि वह हमारी क्लासमेट थी, और अब केरल में रहती है। इसके बाद उसने कुछ नहीं कहा, बस फोन वापस दे दिया।"

"तूफान से पहले जैसे कुछ संकेत होते हैं, वैसे ही उसने भी थोड़ा समय लिया, यह मुझे बाद में समझ में आया। दो-तीन दिनों के बाद से धीरे-धीरे वो शक की झलकियां बाहर आने लगीं। वह मुझसे तकरार करती रहती थी, 'हमारे बीच दोस्ती के अलावा कुछ भी नहीं है, पर तुम इसे क्यों नहीं मान रही हो?' वह कहती, 'कुछ तो जरूर है।' मैंने पूछा, 'तुम अब भी इस उम्र में मुझ पर शक कर रही हो?' उसने कहा, 'अब नहीं, तब...तब कुछ था, इसलिए आज भी मैसेज आ रहे हैं।' मैं अपना सिर पकड़कर बैठ गया था। जितना भी समझाने की कोशिश की, उसने नहीं सुना। वह पार्क में रूठ जाती थी (सच कहूं तो, उसकी इस उम्र में भी रूठने की आदत देखकर मुझे गुस्से के बजाय हंसी आती थी, और जब मैं हंसता, तो वह और भी नाराज़ हो जाती)। वह मुझे छोड़कर पार्क से घर चली जाती थी।

कुछ दिनों तक हमारे बीच झगड़े होते रहे। फिर मैंने सोचा, अब और क्यों परेशान होना? मैंने उससे अपनी कॉलेज के दिनों की सारी बातें बताईं। सब सुनने के बाद वह हंसते हुए बोली, 'अभी-अभी मुझे दूसरों के जरिए सब पता चला। जो तुमने बताया और जो उन्होंने बताया, वो मेल खा रहा है, इसलिए मैं अब कुछ नहीं कह रही।' अब हंसने की बारी मेरी थी।

वैसे भी, मुझे अच्छा लगता है कि हम रोज़ अपनी पत्नी के साथ पार्क में जाते हैं, चार चक्कर लगाते हैं, और घर लौट आते हैं। हम दोनों बैठकर अपने जीवन के अच्छे और बुरे पलों के बारे में बातें करते हुए समय बिताते हैं।"

"मैं अपने प्रेमी के साथ पार्कों में घूम नहीं पाया, बात नहीं कर पाया, उन सभी इच्छाओं को मैंने एकत्रित किया था। लेकिन मेरी पत्नी के साथ घूमने से मुझे लगा कि वे इच्छाएँ पूरी हो गईं... काश वहीं पर रुक जाता!"
*****

यह नई शादीशुदा जोड़े को हनीमून पर इसलिए भेजते हैं ताकि वे एक-दूसरे को समझ सकें, और उन यादों को जीवन भर याद रखते हुए वे एक साथ रह सकें। उस समय मेरी परिस्थितियों के हिसाब से न हनी था न मून, इस तरह जीवन बीत गया। उम्र बढ़ने के साथ कुछ शब्दों के अर्थ समझ में आते हैं। इसी तरह अर्थ समझने के कारण, इस उम्र में मुझे हनीमून का विचार आया, क्या आप ऐसा सोच रहे हैं? नहीं, मेरी पत्नी को। उसने कहा, "नहीं जाना," और लड़ाई शुरू कर दी। क्या कोई नियम है कि अभी ही जाना होगा या तब ही जाना होगा? उस समय हम नहीं गए, शायद इसी वजह से मैं आपको ठीक से समझ नहीं पाया। अब शायद मैं समझ पाऊं, चलो चलते हैं," मैंने कहा।.

डेट फिक्स करके मैंने अपने बेटे से कहा कि तुम्हारी माँ और मैं कुछ दिनों के लिए नए स्थानों पर जाकर थोड़ा रिलैक्स होने का सोच रहे हैं। उसने कहा, "ठीक है, जाओ, लेकिन साथ में काम वाली को भी ले जाओ।" मैंने कहा, "नहीं, काम वाली की कोई ज़रूरत नहीं है।" क्योंकि, भले ही काम वाली मुझे कोई सेवा दे, मेरी पत्नी कभी उसे स्वीकार नहीं करेगी। अगर गलती से भी चाय दे दे, तो वह नहीं मानेगी। अगर मुझे नाश्ता चाहिए, तो मेरी पत्नी ही बनाएगी। मुझे जो भी चाहिए, वह मेरी पत्नी ही करेगी, और ऐसा करने में उसे खुशी मिलती है। चाहे घर में कितने भी काम वाले हों, मेरे लिए जो भी चाहिए, वह खुद ही करती है। अगर कोई और मेरे लिए कुछ करे, तो उसे ऐसा लगता है जैसे उसे रिटायर कर दिया गया हो। मुझे भी इसी बात में खुशी मिलती है कि मेरी पत्नी मेरी ज़रूरतें देखती है। जब वह सेवा करती है, अगर थोड़ी देर हो जाती है, तो मैं शिकायत करता हूँ और वह बड़बड़ाती है, ये सब सामान्य बातें हैं। ये हमारे बीच रोज़ के विटामिन की तरह काम करते हैं। इसलिए, मैंने कहा कि काम वाले की कोई ज़रूरत नहीं है, हम दोनों अकेले ही जाएंगे।

हमने हनीमून के लिए ऊटी जाने का निर्णय किया और फ्लाइट की बजाय मुझे पसंदीदा ट्रेन यात्रा को प्राथमिकता दी। मैंने फर्स्ट क्लास में दो टिकटें एक हफ्ते पहले बुक कर दीं।

हमने वहां दस दिन रहने का फैसला किया, इसलिए जरूरत के अनुसार कपड़े और दवाइयां सब बैग में पैक करके घर से रेलवे स्टेशन के लिए रवाना हुए। स्टेशन पहुंचे, तो ऊटी जाने वाली ट्रेन प्लेटफॉर्म पर तैयार थी। हमारे लिए एक कूपे में सीटें आरक्षित थीं, जिसमें चार बर्थ थीं। हम दोनों के लिए एक साइड की बर्थ आवंटित की गई थी। बाकी दो बर्थ किसके लिए आवंटित की गई हैं, यह सोच ही रहे थे कि ट्रेन के रवाना होने का समय हो गया और ट्रेन चल पड़ी। तभी एक लड़की और एक लड़का आए। उन्हें देखकर ही कोई भी समझ सकता था कि उनकी नई शादी हुई है। उन्हें देखकर ऐसा लगा कि वे भी हनीमून पर जा रहे हैं। एक ही कूपे में दो हनीमून जोड़े—एक जोड़ा जवान और दूसरा उम्रदराज—यह सोचते ही मैं ही नहीं, मेरी पत्नी भी हंस पड़ी। ट्रेन हैदराबाद से रवाना हो गई।.

"ट्रेन के चलने के कुछ समय बाद, मेरे सामने बैठी नई जोड़ी में लड़का, लड़की से इशारा करते हुए कह रहा था कि उसे एक किस दे। हमने दोनों की इस इशारे को देखा और जानने की कोशिश में हम दोनों खिड़की से बाहर देखने का नाटक करने लगे। जैसे ही हम खिड़की से बाहर देखने लगे, उस लड़की ने पल भर में उस लड़के के गाल पर किस कर दिया। हमें यह बात समझ में आ गई, और हम दोनों अपनी हंसी रोक नहीं पाए। अपनी हंसी छुपाते हुए, जैसे कि हमें कुछ काम हो, हम दोनों उठे और कूपे से बाहर चले गए। बाहर जाकर हंसते हुए मैंने अवंतिका से कहा, 'हमारी शादी के शुरुआती दिनों में एक किस के लिए कितनी मुश्किलें उठानी पड़ती थीं, अब देखो!' वह हंसते हुए बोला, 'लेकिन तुमने तो मुझे तारे दिखा दिए, कितनी देर लगाई थी!' मेरी पत्नी शरमाते हुए बोली, 'तब के दिन वैसे थे, अब सब बदल गया है।' फिर भी, बिना नाराज हुए बोला, 'तुरंत किस देने से क्या संपत्ति खत्म हो जाती?' इतना ड्रामा करके टालने वाली थी, और जबरदस्ती किस करने आता तो तुम अपना चेहरा पल्लू से ढक लेती। भगवान, मैंने कितनी मुश्किलें झेली हैं!' उस दिन के संघर्षों को बताते हुए मैं हंस रहा था, और मेरी पत्नी भी हंसने लगी।"

"ठीक है, अब किस करना चाहिए या नहीं कहने पर, मैंने मजाक में 'नहीं' कहना शुरू किया, और उस दिन की कसम अब पूरी होती महसूस हुई। लेकिन जैसे कहते हैं, असली सुंदरता तो उसी में है। जब तुरंत नहीं दिया जाता, तो वो पल भी बहुत मधुर हो जाता है। उसने कहा, 'जैसे

न मिलने वाला अंगूर मीठा लगता है, वैसे ही न मिलने वाली किस भी खास होती है।' मैंने मन ही मन उन दोनों बच्चों का धन्यवाद किया, जिन्होंने मुझे मेरा अतीत याद दिलाया।"

"अतीत की एक कड़ी ने मेरी शादी के समय की यादें ताजा कर दीं। उस दिन, जब हम अवंतिका के घर गए थे—मैं, मेरी माँ, पिता, बहन, और बहनोई—पूरे परिवार के साथ। अभिवादन के बाद अवंतिका को बुलाया गया। आते ही उसने सिर झुका लिया और वहीं खड़ी रही। यह समझ में नहीं आया कि वह हमारे पूरे परिवार को देखकर शरमा रही थी, या फिर पहले से मजाक करने के कारण वह शर्मिंदा थी। उसने अपना सिर झुकाए रखा और किसी की बातों का जवाब नहीं दिया। जब सबने कहा कि 'सिर उठाकर देखो,' तो जैसे अनिच्छा से उसने दो सेकंड के लिए सिर उठाया और मुझे देखा, फिर सिर झुका लिया। मैंने भी उसका चेहरा पहली बार तभी देखा। शायद उसने पहले से देखी हुई ब्लैक एंड व्हाइट तस्वीर को ही काफी समझा, और अंत में 'हाँ' कह दिया। मैंने भी उसकी फोटो देखकर 'हाँ' कह दी, और इस तरह हमारी शादी पक्की हो गई।"

"यादों के साथ उस रात ट्रेन में मैं शांति से सो गया। सुबह होते ही हम ऊटी पहुँच गए। वहाँ एक अच्छे होटल में ठहरे। दो दिनों तक ऊटी में घूमने लायक सभी जगहें देखीं। उस दिन शाम को होटल लौटे, फ्रेश हो गए और मैंने अवंतिका से कहा कि डिनर के लिए चलें, लेकिन होटल के रेस्तरां की बजाय, मैं उसे हॉल में ले गया। उसने यह नहीं पूछा कि क्यों, बस मैंने कहा 'आओ,' और उसे हॉल में ले गया। जैसे ही हमने हॉल में कदम रखा, अचानक वहां लाइट्स जल गईं और सभी खड़े होकर तालियां बजाने लगे, अवंतिका को देख रहे थे। उसे कुछ समझ में नहीं आया। तब मैंने कहा, 'आज तुम्हारा जन्मदिन है, जीवन में पहली बार मना रहा हूँ।' उसने कहा, 'मुझे इस उम्र में बर्थडे की क्या जरूरत?' मैंने कहा, 'तुमने उस उम्र में नहीं मनाया, इसलिए इस उम्र में मना रहा हूँ। चलो,' और उसे ले जाकर केक कटवाया। होटल में मौजूद सभी मेहमानों ने अवंतिका को जन्मदिन की शुभकामनाएं दीं। इतने लोगों के शुभकामनाएं देने से अवंतिका के चेहरे की खुशी बयान करने लायक नहीं थी, वह बहुत खुश हो गई। उस दिन मैंने होटल के स्टाफ और मेहमानों सभी के लिए पार्टी दी। वह दिन मेरे जीवन के सबसे यादगार दिनों में से एक बन गया।"

"उसके बाद, हम कुछ और जगहों पर गए और हनीमून खत्म करके घर लौट आए। मुझे लगा कि शायद यही रिटायरमेंट का असली मतलब है—कोई परेशानियां नहीं, न बिज़नेस का तनाव, न प्रोफेशन का तनाव, बिना किसी चिंता के खुशी-खुशी वापस आ गए। अवंतिका में एक नई ऊर्जा दिखाई दे रही थी, जो मुझे भी महसूस हुई।"
*****
"जब तक इंसान जीवित है, उसके मन को परेशान करने वाले पहलू हमेशा बने रहते हैं, और उनका कोई अंत नहीं होता। भले ही इंसान अपने जीवन में आर्थिक रूप से स्थिर हो जाए या सफलता प्राप्त कर ले, लेकिन मन कहीं न कहीं, किसी न किसी रूप में आहत होता ही रहता है। मेरे जीवन में ऐसी ही चोटें नहीं, बल्कि बहुत सारी चोटें लगी हैं।"
*****
"'तुम्हें इतना खुश होने की क्या वजह है...!'

ऊटी से लौटने के कुछ दिनों बाद... हर रोज़ की तरह, वह मुझसे पहले उठ जाया करती थी, लेकिन उस दिन मैं उठा और वह अब भी सो रही थी। मैंने सोचा कि वह शायद थकी हुई होगी, इसलिए उसे जगाया नहीं। कुछ देर बाद फिर देखा, तो वह वैसे ही सोई हुई थी। मैंने उसे पुकारा, लेकिन कोई जवाब नहीं मिला। जब पास जाकर उसे हिलाया, तो वह बेहोश पड़ी थी। घबराकर मैंने डॉक्टर को कॉल किया। डॉक्टर ने देखा और कहा कि उसे हार्ट अटैक हुआ था, जिससे उसकी मौत हो गई।

जब मैंने अपनी पत्नी के मृत शरीर को देखा, तो उसकी कही बात याद आई—'रामायण में, चाहे रामजी ने कितने ही कष्ट सहे हों, उन कष्टों की अहमियत कभी कम नहीं हुई, बल्कि बढ़ती गई। उसी तरह, तुम्हारे कष्टों की भी अहमियत होगी, ज़रूर होगी,' उस दिन उसने मुझे हिम्मत नहीं हारने दी थी। लेकिन आज, वह मुझे इस तरह छोड़कर चली गई, मानो कह रही हो कि अब तुम्हें पुरानी यादों के साथ जीना होगा।"

"देखने आए लोग यह कहने लगे कि उसने बहुत पुण्य किया होगा, उसे अच्छी मृत्यु मिली। उनके लिए यह अच्छी मृत्यु हो सकती है, लेकिन मेरी तकलीफ मैं किससे कहूँ? बाहर रोना ठीक नहीं लगेगा, इसलिए बेडरूम में जाकर फूट-फूटकर रोया। यह सोचकर कि वह अब नहीं रही, ऐसा लगा जैसे किसी ने मेरा दिल कसकर मरोड़ दिया हो। मेरी हालत को समझते हुए मेरा बेटा मेरे पास आकर मुझे ढांढस बंधाने लगा। कुछ और लोग भी आए और अपनी समझ के अनुसार मुझे सांत्वना देने लगे। वे कहने लगे, 'यहां कोई नहीं टिकता, हम सभी को एक दिन जाना है, बस एक-दो दिन का फर्क है। जो जन्मा है, वह मरता ही है। आप फिर भी काफी सौभाग्यशाली हैं। अभी हाल ही में उनकी पत्नी तो कम उम्र में

ही चल बसी, जबकि आपकी पत्नी की मृत्यु तो बुज़ुर्गावस्था में हुई।' वे तरह-तरह से मुझे सांत्वना देने की कोशिश करने लगे। मुझे पता है कि वे सब सही कह रहे हैं, लेकिन हर किसी का अपना स्वार्थ होता है, मेरा स्वार्थ मेरी पत्नी थी। मैंने हमेशा यही चाहा कि वह मेरी आंखों के सामने रहे और मैं पहले जाऊं, लेकिन उसकी मृत्यु मेरी आंखों के सामने हो गई। खैर, अब चाहे जितना भी सोचूं, मैं कर ही क्या सकता हूँ? उसी दिन उसका अंतिम संस्कार भी हो गया।"

"अवंतिका के निधन के बाद, मुझे जीवन में बहुत निराशा और उदासीनता महसूस होने लगी। ऐसा लगने लगा जैसे मैं बस ज़िंदा हूँ, पर सच में जी नहीं रहा हूँ। 45 साल तक, जिसने मेरे सुख-दुःख और जीवन की हर कठिनाई में मेरा साथ दिया, उस जीवनसंगिनी को खोने से मैं मानसिक रूप से टूटने लगा। चाहे मैं कुछ भी खाता, शरीर को कोई फर्क नहीं पड़ता, क्योंकि मानसिक रूप से मेरा जीवन के प्रति विश्वास हर दिन कम होता जा रहा था। कई बार ऐसा लगा कि इस जीवन का अंत कर दूं, लेकिन मैंने आत्महत्या नहीं की, क्योंकि उस दिन मैंने अपनी पत्नी से वादा किया था कि मैं कभी ऐसा कदम नहीं उठाऊंगा। अब वह वादा मेरे लिए एक सजा की तरह महसूस हो रहा है। इस दर्द से बेहतर तो यह होता कि मैं उसके पास चला जाऊं, वही मेरे लिए सुकून का इकलौता उपाय है, लेकिन मैं वह उपाय अपना नहीं सकता और न ही इस दर्द को सहन कर पा रहा हूँ। बचपन से लेकर अब तक, चाहे मेरी खुशी हो या दर्द, मैंने हमेशा अपनी पत्नी के अलावा किसी और से अपने दिल की बात साझा नहीं की, यहां तक कि अपने बेटे से भी नहीं।"

"दर्द को भूलने के लिए होटल जाकर वहाँ के कामकाज देखता, वहाँ के लोगों से मिलता-जुलता, और इस तरह पूरा दिन इधर-उधर घूमता रहता। लेकिन घर लौटते ही उसकी याद आने लगती। रात में डिनर के बाद जब बेडरूम में जाता, तब उसकी याद आ जाती। चाहे जितनी भी कोशिश करता कि उसे भूल जाऊं, अलग-अलग कामों में खुद को व्यस्त रखूं, लेकिन उसका न होना मुझे सताने लगा। चाहे मेरे आस-पास कितने भी लोग हों, मुझे अकेलापन महसूस होने लगा। इतने सालों तक जो स्वास्थ्य समस्या नहीं थी, वह धीरे-धीरे शुरू हो गई, और मुझे पता भी नहीं चला कि मेरी सेहत बिगड़ने लगी। मैं दवाइयाँ भी ठीक से नहीं ले पाता था, एक बार लेता, तो दूसरी बार भूल जाता।"

"मेरी पत्नी के निधन के 20 दिनों बाद, मुझे कल्याणी का फोन आया। उसे मेरी पत्नी के निधन के बारे में पता चला था, मैंने नहीं बताया था, किसी और ने बताया था। उसने मुझे न बताने के लिए डांटा, और मैंने जवाब दिया कि उस समय मुझे कुछ समझ में नहीं आया। उस दिन से, कल्याणी जब भी मौका मिलता, रोज़ या दो-तीन दिनों में एक बार मुझे फोन करके मेरा हाल-चाल पूछती, वहाँ की कुछ बातें बताती, और मुझसे कुछ बातें पूछकर जानकारी लेती। इस तरह, धीरे-धीरे वह मुझे उस डिप्रेशन से बाहर निकालने की कोशिश कर रही थी। समय सब कुछ भुला देता है, और मैं भी धीरे-धीरे उस दर्द से बाहर आने लगा। जब मुझे लगा कि मैं ठीक हूँ, तो कल्याणी ने फोन करना बंद कर दिया, लेकिन रोज़ एक 'गुड मॉर्निंग' का मैसेज भेजती थी। मैं भी उसे 'गुड मॉर्निंग' का जवाब देता था।

इस तरह, लगभग छह-सात सालों तक हमारे बीच मैसेज के रूप में बातचीत होती रही।"
*****

कल्याणी की मृत्यु
*****

एक दिन कल्याणी से गुड मॉर्निंग मैसेज नहीं आया। मैंने उसे गुड मॉर्निंग मैसेज भेजा, लेकिन एक घंटे बाद भी उसका कोई जवाब नहीं आया। इससे मुझे शक हुआ और मैंने कॉल किया। घर में काम करने वाली महिला ने फोन उठाया और कहा, "अम्मा जी का निधन हो गया है।" मैंने कारण पूछा तो उसने कहा कि उनकी तबियत काफी समय से ठीक नहीं थी, लेकिन कल्याणी ने मुझे कभी यह बात नहीं बताई थी।

मैं उस दुख को सहन नहीं कर पाया और ऐसे ही घर से बाहर निकलकर पार्क की ओर चला गया। वहां मैंने एक व्यक्ति से, जिसे मैं अक्सर देखता था और बात करता था, कल्याणी के बारे में बात की। तब उसने कहा, "एक उम्र के बाद, लोग चले जाते हैं, यह स्वाभाविक है।" यह सच हो सकता है, लेकिन मेरे लिए इसे स्वीकार करना मुश्किल था।.

उसी दिन मैं हैदराबाद से निकलकर केरल गया। कल्याणी को फ्रीजर में रखा हुआ था। जब मैंने कारण पूछा, तो उन्होंने कहा कि उनके तीनों बच्चों को आने में समय लगेगा, इसलिए उन्हें फ्रीजर में रखा है। जैसे ही मैंने कल्याणी को फ्रीजर में देखा, मेरा दिमाग सुन्न हो गया। कहने के लिए मेरे पास शब्द नहीं थे। उसे इस तरह देखने पर सबसे पहले मेरे मन में "बेचारी" की भावना आई। फिर मुझे लगा, किसी का भी जीवन आखिरकार यही है, एक दिन सभी को मरना ही है।

उस दिन मैंने कुछ भी नहीं खाया। मैं भी सभी की तरह वहां बैठा रहा। कहते हैं कि जब किसी के मरने की खबर मिलती है, तो जो दुख होता है, वह मृत्यु के बाद धीरे-धीरे कम होता जाता है। यह सच है। समय बीतने के साथ कल्याणी के पास जो लोग थे, वे एक-एक करके जाने लगे। रात तक वहां मुश्किल से दस लोग ही बचे थे, जिनमें से कुछ लोग वहीं चटाइयों पर सो गए। मैं भी एक कोने में लेट गया, लेकिन विचारों से नींद नहीं आई। उस दिन अगर उसने मुझे नहीं बचाया होता, तो मैं उसी दिन मर गया होता। आज तक जितने दिन जिया हूं, वह केवल इसलिए क्योंकि कल्याणी ने मुझे उस दिन बचाया था। यह जीवन उसका ही था, लेकिन आज वह मेरे सामने मर चुकी है। आखिरकार, कब मैं थक कर सो गया, पता ही नहीं चला।

अगले दिन शाम को उसके तीनों बच्चे आ गए। उन्हें आने में दो दिन लगे। उन दो दिनों तक वह फ्रीजर बॉक्स में ही पड़ी रही। फिर बच्चों के आने के बाद अंतिम संस्कार की प्रक्रिया पूरी हुई।

अंतिम संस्कार की प्रक्रिया पूरी करके हम घर लौट आए। लौटने के बाद, जब मैं हैदराबाद वापस जाने के लिए निकला, तो रास्ते में मुझे एक मंदिर दिखाई दिया। मैंने ड्राइवर से कार रोकने को कहा और मंदिर में जाकर भगवान से पूछा, "हे स्वामी, आपने मुझे अब तक जीवित क्यों रखा है? मैंने ऐसा कौन सा पाप किया है कि मुझे अपने सामने इतने लोगों की मौत देखनी पड़ रही है? आप मुझे दुख दे रहे हैं। कृपया मुझे भी अपने पास बुला लीजिए।" आँसुओं के बीच, मुझे सब लोग याद आने लगे – मेरे जीवन से एक-एक करके लोग दूर हो गए। सबसे पहले मेरे पिता का निधन हुआ, फिर मेरी माँ। अगर मैं गिनने बैठूं तो परिचित लोग, रिश्तेदार, दोस्त, और फिर मेरी बहन, मेरी पत्नी, और अब कल्याणी – सब चले गए हैं। इस कठोर दुनिया में मैं अकेला ही बचा हूँ।

"मनु" ने यह क्यों कहा कि पति की उम्र पत्नी से ज्यादा होनी चाहिए, अब मुझे इसका मतलब समझ में आया। जब पति की मृत्यु हो जाती है, तो पत्नी बच्चों को संभाल लेती है। लेकिन मेरे साथ इसका उल्टा हो गया। मेरी पत्नी की मृत्यु हो गई और मैं अकेला रह गया।

कहते हैं, बिना आँसू पोंछे और बिना पैर भीगे जीवन नहीं गुजरता, और मैं भी इससे अलग नहीं हूँ। मैंने जीवन में सब कुछ देखा है, और अब कमजोर हो गया हूँ। अब मुझे सिर्फ एक लाठी का ही नहीं, बल्कि किसी का साथ भी चाहिए, क्योंकि मैं बिना सहारे के चलने की हालत में नहीं हूँ। मेरी सेहत बिगड़ चुकी है, और अब मैं हवा जिधर बहती है, उधर ही जाने की स्थिति में हूँ। हमारे शरीर के अंगों को नहीं पता कि हम कितने बड़े या शक्तिशाली थे। जीवन में बुढ़ापा और मृत्यु अपरिहार्य हैं, चाहे हम कितने भी महान क्यों न हों।

कहते हैं कि यदि किसी के बारे में अच्छी बातें सुननी हों, तो उनकी मृत्यु के बाद उनके अंतिम संस्कार में जाना चाहिए। इसी तरह, जैसे-जैसे उम्र बढ़ती है और हम अंतिम संस्कारों में शामिल होते हैं, हमें जीवन का अर्थ समझ में आता है। जब जीवन खतरे में होता है, तब यह अहसास होता है कि मैं भी अन्य लोगों की तरह ही हूँ, मैं कोई विशेष नहीं हूँ। कहा जाता है कि इस अहसास के बाद इंसान मृत्यु का आनंद भी ले सकता है। मैंने भी यह आदत बना ली है कि जिन लोगों को मैं जानता हूँ, उनके अंतिम संस्कार में जाता हूँ। इसका कारण यह है कि मैं भी उस रास्ते के करीब हूँ। अभी मेरी स्थिति ऐसी है कि दुख मेरे सिर पर चढ़कर नाच रहा है।

चाहे उम्र बढ़ने के कारण हो, ज्यादा परेशानियों का सामना करने के कारण हो, या मेरे करीबियों के दूर चले जाने के कारण, मुझे बिना जाने ही उन लोगों के लिए दुख होता है, जो तकलीफ में होते हैं। मेरी आँखें नम हो जाती हैं। थोड़ी देर रुकने पर आँखों से आँसू बहने लगते हैं। इन दिनों, हर छोटी-बड़ी बात पर मेरा दिल बहुत दुखी हो जाता है।

एक उम्र के बाद, कहते हैं कि हम अपने ही घर में मेहमान बन जाते हैं, और यह सच है। मतलब, जो मेहमान आता है, उसे कभी न कभी जाना ही होता है। मैं भी फिलहाल अपने घर में एक मेहमान की तरह हूँ, और मुझे यहाँ से जाना ही पड़ेगा – इस घर से और इस दुनिया से। लेकिन ज़बरदस्ती जीवन को समाप्त नहीं करना चाहिए, यही मैं कहना चाहता हूँ।

इतना कहने के बाद, मुझे अपनी गलतियाँ और चूकें भी बतानी चाहिए, है न? कहते हैं कि जीवन के अंतिम चरण में सब कुछ याद आने लगता है। मैं अतीत को नहीं बदल सकता, लेकिन जो गलतियाँ मैंने की हैं, वे अब मुझे याद आ रही हैं। वे गलतियाँ क्या हैं, जानते हो?
*****

14

अध्याय : मैंने की गई गलतियाँ...!

मेरे दृष्टिकोण में सबसे बड़ी गलती यह है कि हम खुद को न पहचानें, खुद को न समझें। यहाँ खुद को पहचानने का मतलब है अपने अंदर की बुरी आदतों को पहचानना। बुरी आदतों का मतलब है गुस्सा हो सकता है या मेरी बुरी व्यवहार शैली हो सकती है। असली सफलता कब मिलती है, पता है? जब हम खुद पर विजय प्राप्त करते हैं, यानी अपने स्वभाव को नियंत्रित कर पाते हैं। जब हम अपनी आदतों पर काबू पा लेते हैं और उन पर अधिकार कर लेते हैं ताकि वे हमें शारीरिक या मानसिक रूप से नुकसान न पहुँचाएं और हमारी प्रगति में बाधा न डालें, तब ही वह हमारी पहली जीत होती है।.

*****

एक दिन, मैंने अपने पास जो पैसे थे, उनसे दो चपातियाँ खाईं। उसी दिन मेरे साथ मेरा क्लासमेट श्रीनू भी था, लेकिन उसके पास पैसे नहीं थे। मैंने उससे कहा कि मुझे बहुत भूख लगी है और जाकर खा आया। उसके बाद वह बात मुझे कई दिनों तक परेशान करती रही। उस दिन अगर मैंने दो में से एक चपाती उसे शेयर की होती, तो अच्छा होता। महाभारत में कहा गया है कि जो खुद अकेला खाता है और दूसरों को नहीं देता, उसे मृतजिवी कहते हैं, यानी ऐसा इंसान जो ज़िंदा होकर भी मृत समान है। ऐसा सिर्फ इसलिए नहीं कि महाभारत में कहा गया है, बल्कि उस दिन मुझे एहसास हुआ कि अकेले खाना गलत था।.

*****

मेरे अंदर जो एक कमी थी, उसे बाद में मैंने सुधार लिया। वह कमी यह थी कि मैं किसी काम को या किसी व्यक्ति को लेकर लंबे समय तक नहीं सोचता था। मैं शॉर्ट टर्म में सोचकर तुरंत निर्णय ले लेता था, चाहे वह बातें करना हो या कुछ काम करना। इस वजह से मैंने कई बार नुकसान उठाया। बाद में मुझे समझ में आया और उस समय मेरी उम्र 45 साल हो चुकी थी। तभी से मैंने सोचना शुरू किया कि अगर मैं अगले 20-25 साल और जिऊँगा, तो हर व्यक्ति से यह सोचकर बात करनी चाहिए कि मुझे अगले 25 साल इस व्यक्ति के साथ रहना है। इससे मेरी पब्लिक रिलेशन बहुत अच्छी हो गई, जो मेरे लॉयर प्रोफेशन और होटल बिजनेस के लिए बहुत फायदेमंद साबित हुई।

(मैंने इस तरह व्यवहार करना सौ प्रतिशत कमर्शियल नजरिए से किया, लेकिन अगर आप मेरी तरह न होकर शुरुआत से ही दूसरे व्यक्ति के साथ अच्छे संबंध बनाए रखते हैं, तो मैं आपको यकीन के साथ कह सकता हूँ कि यह आपको अपार साहस, भरोसा और समर्थन देगा।)

*****

एक बार मेरी पत्नी ने मेरे बेटे से कहा, "अरे, जब तुम्हारे पिताजी पैसे कमाएंगे, तो सारी संपत्ति लेकर उन्हें घर से बाहर निकाल देंगे।" उसने यह बात मजाक में कही थी, लेकिन मुझे लगा कि उसके मन में कहीं न कहीं यह विचार नहीं होता, तो वह ऐसा नहीं कहती। इसी वजह से मैंने जो भी कमाया, उसे न अपनी पत्नी के नाम पर रखा और न ही अपने बेटे के नाम पर। मेरी पत्नी के जीवित रहने तक उसने कभी भी मुझसे किसी संपत्ति को अपने नाम करने के लिए नहीं कहा। जब वह इस दुनिया से चली गई, तब मुझे यह समझ में आया कि उसने सच में वह बात मजाक में कही थी। फिर भी, मैं अपनी पत्नी को समझने में गलती कर गया। कहते हैं कि जब इंसान हमारे साथ होता है, तब उसकी कदर नहीं होती, लेकिन जब वह चला जाता है, तब उसकी कीमत समझ में आती है। मगर तब तक कुछ नहीं किया जा सकता, सिवाय आँसुओं के साथ उस गलती को मन में ही मिटा लेने के।.

*****

घोड़ा गाड़ी चलाने वाला व्यक्ति घोड़े की आंखों पर पट्टी बांधता है ताकि वह बगल की चीजें न देखे और सीधे उस रास्ते पर चले जिसे वह दिखा रहा है। मैंने भी यही गलती अपनी जिंदगी में की और नुकसान उठाया। परिस्थितियों का अंदाजा लगाए बिना, आँख मूंदकर एक ही दिशा में चलते रहने के कारण जब मुसीबतें एक साथ मुझ पर आ पड़ीं, तो मैं उन्हें सहन नहीं कर पाया। इसलिए कहते हैं कि जब भी हम कोई

काम करें, उसमें कुछ अंतराल रखना चाहिए, और उस अंतराल में नई चीजें सीखनी चाहिए, चाहे वह पैसा कमाने के नए रास्ते हों या कुछ और। ऐसा इसलिए, क्योंकि जब मुश्किलें आएंगी, तो हमें एक रास्ता मिलेगा। जब कोई रास्ता नहीं होता, तब मेरी जैसी स्थिति का सामना करना पड़ता है। ऐसा सोचते हुए...

रवि की आवाज सुनाई दी, और आँखें खोलकर उन्होंने रवि को देखा। रवि: "दादाजी, हमारा दोस्त आज दिखाई नहीं दिया। चलो हम होटल चलते हैं," ऐसा सुनकर बड़े आदमी ने सिर हिलाकर सहमति दी।.
*****

15

अध्याय ... केरल

अगले दिन रवि टेलर की दुकान से कोच्चि में एक दिन पहले दी गई 1980 की पैट्रन ड्रेस लेकर होटल लौटता है। बड़े साहब वह ड्रेस पहनकर ड्यूटी के लिए तैयार होने के अंदाज में पूछते हैं, "चलें?" रवि हंसते हुए कहता है, "ठीक है," और फिर होटल से कॉलेज के लिए निकलते हैं।.

पिछले दो दिनों की तरह आज भी वही तरीका अपनाकर बड़े साहब को लाकर वहां बिठाकर उनकी आँखों पर काले चश्मे पहनाकर रवि इधर-उधर देख रहा था। वहां मौजूद लोग सोच रहे थे, "यह कौन है जो इस बूढ़े आदमी को लाकर यहां बैठा रहा है और उसकी आँखों के सामने लड़कियों को लाइन में खड़ा कर रहा है?" उनमें से एक व्यक्ति रवि के पास आकर पूछता है, "तुम कौन हो, और यहां किसके लिए आए हो? बड़े साहब को यहां बैठाकर लाइन में खड़ा कर रहे हो, आखिर बात क्या है?"

रवि जवाब देता है, "कुछ नहीं, मैं अपने दोस्त को ढूंढ रहा हूँ, मेरे पास उसका नंबर नहीं है। मेरे दादाजी की तबियत ठीक नहीं है, उन्हें अकेला छोड़ना ठीक नहीं होता, इसलिए उन्हें साथ लाया हूँ।" यह सुनकर वह व्यक्ति कहता है, "ठीक है," और चला जाता है। कॉलेज से निकलते समय आज भी वह लड़की दिखाई नहीं दी। तब रवि सोचता है, "पिछले तीन दिनों से देख रहा हूँ, लेकिन वह लड़की नहीं दिखी। शायद यह उसका कॉलेज नहीं है। चलो, कल किसी और कॉलेज में चलते हैं," और फिर वह बड़े साहब को लेकर होटल लौट आता है।.
*****
उस रात, होटल के ओपन रेस्टोरेंट में रवि बड़े साहब को लाकर एक टेबल के पास बैठाता है और उनसे पूछता है कि उन्हें क्या चाहिए, और उन चीजों का ऑर्डर देता है। फिर वह अपनी ज़रूरत की चीजें बताता है, और वे लोग ऑर्डर लाकर सर्व करते हैं। जब रवि और बड़े साहब डिनर कर रहे होते हैं, तो थोड़ी दूरी पर एक टेबल के पास दो लोग झगड़ रहे होते हैं। मान लो वे लोग A और B हैं। A नाम का व्यक्ति B को मारता है, जिससे वह नीचे गिर जाता है। तब रवि जाकर फिर से मारने वाले A को रोकता है, जिससे वह गुस्से में वहां से चला जाता है।

नीचे गिरे हुए B को रवि उठाने की कोशिश करता है, और तभी B रवि का हाथ पकड़ता है। रवि का हाथ मज़बूत जिम की बॉडी जैसा महसूस होता है, और B पूछता है, "क्या तुम उसे मारोगे? मैं 50,000 दूंगा।"

रवि कुछ देर सोचता है और फिर कहता है, "ठीक है, मैं मारूंगा।"

B कहता है, "वह हर दिन शाम पांच बजे अपने गोदाम के पास, जो शहर के बाहर है, आता है।"

रवि कहता है, "ठीक है, मैं कल वहां आऊंगा, आप भी वहां आना।" वह व्यक्ति "ठीक है" कहकर वहां से चला जाता है।

रवि जब बड़े साहब के पास लौटता है, तो उन्होंने यह सब सुन लिया होता है। बड़े साहब कहते हैं, "झगड़े ठीक नहीं हैं," और अपनी कलाई में पहना हुआ ब्रेसलेट देने की कोशिश करते हैं। लेकिन रवि उन्हें रोकते हुए कहता है, "कोई समस्या नहीं है, आप इसे अपने पास ही रखें।"
*****
अगले दिन सुबह नाश्ता करते हुए रवि बड़े साहब से पूछता है, "दादा, एक बात पूछूं? बुरा तो नहीं मानोगे?" यह सुनकर बड़े साहब उसे सवाल पूछने के लिए इशारा करते हैं।

रवि हंसते हुए कहता है, "उस होटल के बगल में जो प्रसूति अस्पताल है, फिल्मों में जब डिलीवरी होती है, तो औरतें चिल्लाती हैं, 'क्याव' की

आवाज़ करती हैं। लेकिन हम यहां तीन दिन से हैं, और अब तक एक भी चीख नहीं सुनी। तो क्या यहाँ डिलीवरी नहीं हो रही है, या फिर फिल्मों में जो दिखाते हैं, वह झूठ है?"

रवि का यह सवाल सुनकर बड़े साहब जोर से हंस पड़ते हैं, लेकिन कोई जवाब नहीं देते। रवि भी हंसते हुए सोचता है, "छोड़ो," और नाश्ते में व्यस्त हो जाता है।

शाम को वहां जाने के लिए रवि को एक कार की ज़रूरत होती है, तो वह अपनी इम्पाला कार की मरम्मत करवाने भेजता है।.

अगर कोई ऐसे शब्द कहे जो दिल को चोट पहुँचाने वाले हों, तो ऐसा हो सकता है कि उस व्यक्ति की ओर जिंदगी में एक बार भी नज़र न उठाकर देखो, उससे बात न करो, या फिर चाहे कुछ भी कहा जाए, बिना शर्म या झिझक के, बिना परवाह किए वहां से चले जाओ। कहा जाता है कि ये दोनों बातें उनके डी.एन.ए. में होती हैं, और अब रवि को देखकर ऐसा लग रहा है कि यह सच है।

होटल के कमरे में बड़े साहब शांति से सो रहे हैं, लेकिन रवि के दिमाग में विचार कुछ इस तरह चल रहे हैं।.

जल्दबाजी में मैंने उसे वादा कर दिया और 50,000 रुपये के लालच में आ गया। अब क्या करूं? अगर उसे मारता हूं, तो 50,000 रुपये मिलेंगे, नहीं मार पाउंगा तो नहीं मिलेंगे। लेकिन क्या मैं एक आदमी को नहीं मार सकता? अभी तो मुझे पैसों की जरूरत है, किसी भी तरह उसे मारना ही पड़ेगा। लेकिन मारने से पहले मैं उसे मानसिक रूप से हराने की कोशिश करूंगा। उसे मेरे बारे में विस्तार से बताऊंगा कि मैं अपने इलाके में कितना आक्रामक हूँ, और अगर लोग मेरी बात नहीं मानते, तो मैं कैसे रिएक्ट करता हूं। मैं उसे उन लोगों की लिस्ट भी बताऊंगा जिन्हें मैंने पहले मारा है, ताकि धीरे-धीरे उसका आत्मविश्वास कम हो जाए। मैं उसके मन में यह विश्वास और डर पैदा करूंगा कि मैं उसे आसानी से हरा सकता हूं, और फिर हमला करूंगा। तब तक वह मानसिक रूप से कमजोर हो जाएगा, और मेरे हाथों से चार-पांच मार खा लेगा, और फिर मेरा काम पूरा हो जाएगा। ऐसा सोचकर, वह बिस्तर से उठकर जाने के लिए तैयार होने लगता है। उस हलचल से बड़े साहब की नींद खुल जाती है, और वह जानते हैं कि रवि कहां जा रहा है, इसलिए वह उससे पूछते हैं।

बड़े साहब: "रवि, कहां जा रहे हो?"

रवि: "नीचे जा रहा हूँ, दादा, चाय पीने। आपके लिए भी चाय भिजवाता हूँ।"

बड़े साहब: "बस इतना ही? या फिर उसे मारने जा रहे हो?"

रवि: "नहीं, दादा, ऐसा कुछ नहीं है। उसने कुछ पूछा और मैंने बस 'ठीक है' कह दिया। इसका मतलब यह नहीं कि मैं उसे मारने जा रहा हूँ। ऐसी कोई बात नहीं है," रवि विश्वास के साथ कहता है। यह सुनकर बड़े साहब सिर हिलाकर सहमति जताते हैं।.

रवि होटल के कमरे से नीचे आता है, चाय के पैसे देकर कहता है कि दादा को कमरे में चाय दे देना, और वहां से उस व्यक्ति के पास जाने के लिए निकल पड़ता है।

शाम को रवि उस जगह पहुंचता है, जहां B नाम के व्यक्ति ने बताया था। वहां गोदाम के पास एक ऑडी कार खड़ी होती है। रवि रास्ते में जो ऑडी कार देखी थी, यह वही कार होती है (नंबर प्लेट देखकर)। अंदर जाता है, लेकिन कोई नहीं होता। वह ऑर्डर देने वाले व्यक्ति का इंतजार करता है, सिगरेट जलाकर पीने लगता है, और वहां एक चटाई गोलाई में लिपटी पड़ी होती है। रवि उसका एक कोना पैर से छूता हुआ एक गाना गुनगुनाता है और सिगरेट पीते हुए चटाई को पैर से हल्के से टच करता रहता है। तभी चटाई के अंदर A नाम का व्यक्ति होता है। रवि के पैर से टच करने पर उसे होश आता है। जब वह देखता है कि रवि उसके ऊपर पैर रखे हुए है, तो वह हल्के से हिलता है।

रवि को शक होता है और वह चटाई हटाकर देखता है कि अंदर वही A है, लेकिन वह होश में नहीं है (होश न होने का नाटक कर रहा है)। उसे बुरी तरह मारा गया होता है, उसके चेहरे पर खून लगा होता है। उसकी हालत देखकर रवि मन में सोचता है, "किसी ने इसे घेर लिया और बुरी तरह पीटकर चटाई में लपेट दिया।"

उसी समय, B नाम का व्यक्ति वहां आता है। रवि उसे दिखाते हुए कहता है, "देखो, इसका काम हो गया है।" जब वह A को फिर से मारने की कोशिश करता है, तो रवि उसे रोकते हुए कहता है, "पहले ही इसका बुरा हाल हो गया है। अगर अब तुमने इसे मारा, तो यह मर जाएगा।" यह सुनकर B रुक जाता है।

B रवि को 50,000 रुपये देता है, और रवि उन्हें ले लेता है। यह सब सारा A नाम का व्यक्ति, जो बेहोशी का नाटक कर रहा था, देखता है।.

B नाम का व्यक्ति वहां से चला जाता है। रवि भी वहां से निकलता है और कार में होटल की ओर जाता है। रास्ते में रवि सोचता है, "उस लड़की के लिए यहां रुकना सही नहीं है, अब यहां से चले जाना बेहतर होगा। बाद में आकर देखा जा सकता है।"

रवि होटल पहुंचता है, पैसे चुकाकर दादा को साथ लेकर उसी कार में केरल के लिए निकल पड़ता है... उसी रात।

रवि के जाने के थोड़ी देर बाद, A नाम का व्यक्ति अपने आदमियों के साथ होटल आता है। वह रिसेप्शनिस्ट से रवि के बारे में पूछता है, और रिसेप्शनिस्ट बताता है कि वह अभी-अभी चेकआउट करके जा चुका है। तब A कहता है, "मुझे उसकी इमेज दिखाओ," और धमकी देता है। डर के मारे रिसेप्शनिस्ट सीसीटीवी फुटेज दिखाता है। A के आदमियों ने उसमें से रवि की तस्वीर ली।

तब A अपने आदमियों से कहता है, "जहां भी वह दिखे, उसे वहीं मार डालो। मैं उसके फोन सिग्नल को ट्रेस करूंगा और तुम्हें उसकी लोकेशन की जानकारी देता रहूंगा। मैं यहां रहकर B (नाम के व्यक्ति) का मामला देखता हूं।" वह गुस्से में हिलते हुए यह कहता है। उसके आदमी "ठीक है" कहते हुए वहां से निकल जाते हैं।
*****
रात के समय रवि कार चलाते हुए केरल की ओर जा रहा होता है। ऐसे ही जाते हुए, बड़े साहब कहते हैं, "कार रोको।" रवि पूछता है, "क्या हुआ?" तब बड़े साहब कहते हैं, "टॉयलेट जाना है।" रवि कहता है, "ठीक है," और थोड़ी दूर आगे जाकर एक रेस्टोरेंट के पास कार रोकता है।

रवि कार से नीचे उतरकर बड़े साहब के पास आता है, दरवाजा खोलता है, और उन्हें सावधानी से पकड़कर बाथरूम की ओर ले जाता है।

बड़े साहब का बाथरूम जाना पूरा हो जाने के बाद, रवि फिर से यात्रा शुरू करता है।.

हल्का अंधेरा हट रहा था और धीरे-धीरे सुबह हो रही थी। उसी समय, रवि की कार केरल में प्रवेश करती है। सुबह की ठंडी हवा कार के अंदर आ रही थी, जिससे एक सुखद माहौल बन रहा था। रवि उस वातावरण का आनंद लेते हुए कार चला रहा था, और बड़े साहब बगल में सो रहे थे। ऐसे ही जाते हुए, अचानक कार की पिछली सीट के पीछे डिक्की से कुछ आवाज़ आती है। "यह क्या है?" सोचते हुए रवि कार चलाते-चलाते पीछे देखता है।

डिक्की से एक लड़की पीछे की सीट को धक्का देकर आगे आती है और बैठ जाती है। रवि अचानक हैरान होकर कार को साइड में रोकता है और देखता है कि वह कोई और नहीं बल्कि वही लड़की है, जिसे उसने मंदिर में देखा था। उसी लड़की के लिए वह तीन दिन तक कॉलेज के सामने इंतजार करता रहा था। ऐसा लग रहा था, जैसे किस्मत ने उसे यहां ला दिया हो, और अब वह उसकी कार में बैठी है।

रवि, "यह क्या है?" जैसा चेहरा बनाकर उसे देखता है, तब वह लड़की बोलती है...

"मेरा नाम राधिका है। मैं केरल में अपने घर जाने के लिए मदुरै से बस में आई थी। वहीं, जहां आप रुके थे, उसी रेस्टोरेंट के पास हमारी बस भी रुकी थी। मुझे नापसंद करने वाला एक व्यक्ति कुछ लोगों को लेकर मेरे पीछे आया था। उससे बचने के लिए मैं आपकी कार की डिक्की में छिप गई। उसने मेरे दोस्त पर एक अपमानजनक टिप्पणी की थी, और उस दिन मैंने उसे जमकर फटकार लगाई थी। वह उस बात को मन में रखकर बैठा था। जब रात में उसने मुझे वहां देखा, तो अपने आदमियों के साथ मुझ पर हमला करने की कोशिश करने लगा। ऐसी हालत में मैं मजबूर होकर आपकी कार में छिप गई। सॉरी," वह कहती है।

रवि उस लड़की से कहता है, "ठीक है, आप आराम से बैठिए। मैं केरल जा रहा हूं, आपके घर के पास आपको ड्रॉप कर दूंगा।" यह सुनकर वह लड़की "थैंक्यू" कहती है। रवि कार को आगे बढ़ाता है, और बड़े साहब इन सब बातों से बेखबर अपनी नींद में मस्त रहते हैं। रवि के चेहरे पर

हल्की-सी खुशी झलकती है, और उस खुशी को दुगना करने जैसा, एफएम पर एक गाना बजने लगता है, "पदहारेल्ला कु नीलो नालो आ प्रयम चेसे चिलिपि पनुलकु कोटी दंडालु," यह गाना सुनते हुए रवि कार चलाते हुए मस्ती करने लगता है। यह देखकर राधिका हंसती है, सोचते हुए कि वह उसे इम्प्रेस करने की कोशिश कर रहा है।

थोड़ी देर बाद, बड़े साहब उठते हैं और लड़की को देखकर पूछते हैं, "यह कौन है?" रवि उन्हें पूरी बात बताता है, और वह "ठीक है" कहकर फिर से सो जाते हैं।

इस यात्रा के दौरान, बीच-बीच में वे कुछ जगहों पर रुकते हैं, नाश्ता करते हैं, और आगे बढ़ते रहते हैं। उसी समय, मदुरै में A नाम का व्यक्ति और उसके गुंडे रवि के जा रहे रास्ते का पीछा कर रहे होते हैं।
*****
केरल में एक जगह पहुंचने पर, वह लड़की कहती है, "यहीं मेरा घर है, कृपया कार रोक दीजिए।" रवि कार रोकता है, और लड़की कार से उतरकर रवि को धन्यवाद कहती है और चली जाती है।

रवि उसी गांव में, जहां राधिका उतरी थी, पास के एक होटल में जाता है और वहां ठहरने के लिए होटल में चेक-इन करता है। तब रिसेप्शनिस्ट बड़े साहब के शरीर पर पहने हुए सोने के गहनों को देखकर रवि से कहता है:

रिसेप्शनिस्ट: "बड़े साहब के शरीर पर काफी सोना है, जरा ध्यान से देखभाल कीजिए।"

रवि कहता है, "ठीक है।"
*****
होटल में थोड़ी देर आराम करने के बाद, रवि बड़े साहब को पास के मंदिर ले जाता है। उसी मंदिर में, रवि की कार में सफर करने वाली लड़की राधिका पहले से ही अपने माता-पिता के साथ मौजूद होती है। राधिका रवि को अपने माता-पिता से मिलवाती है। तब राधिका के पिता, बड़े साहब की ओर इशारा करते हुए रवि से पूछते हैं, "ये कौन हैं?"

रवि, राधिका के पिता को थोड़ा किनारे ले जाकर, बड़े साहब को सुनाई न दे, यह ध्यान रखते हुए कहता है, "ये मेरे दादाजी हैं, हमारे पिताजी के पिता। उनकी तबीयत ठीक नहीं है, मानसिक स्थिति भी ठीक नहीं है। इसलिए सबने कहा था कि उन्हें तीर्थयात्राओं पर ले जाकर मंदिर और धाम दिखाओ, इससे अच्छा होगा। सबकी बात सुनकर मैंने इन्हें यहां लाया है।"

राधिका के पिता कहते हैं, "ठीक है, यह बहुत अच्छा किया। और मेरी बेटी को सुरक्षित घर पहुंचाने के लिए भी धन्यवाद, बेटा।"

उसी समय, मंदिर में कुछ गुंडे आते हैं। वे रवि और उनके साथ बड़े साहब को देखते हैं। उनमें से एक गुंडा दूसरे से कहता है:

गुंडा: "यह कौन है? इस उम्र में लड़की के साथ घूमना चाहिए था, लेकिन यह बूढ़े आदमी के साथ घूम रहा है?"

दूसरा गुंडा: "यह उसकी किस्मत है, यार। लेकिन अगर उसकी किस्मत को और बिगाड़ना है, तो उसे मारने से पहले इस बूढ़े आदमी को मारो। तब उसे समझ आएगी।" यह कहकर वह बड़े साहब के पास जाकर उन्हें मारता है। जैसे ही बड़े साहब गिरने लगते हैं, रवि उन्हें संभाल लेता है और गुंडों से कहता है:

रवि: "अरे, वह इंसान ऐसा है जो लोगों को जीतने की नहीं, बल्कि दिलों को जीतने की बात करता है। तुम ऐसे आदमी को मारोगे?" रवि गुस्से में देखता है, लेकिन सिर्फ गुस्से से कुछ होने वाला नहीं था, क्योंकि वहां एक पूरी गुंडों की टोली थी। रवि सोचता है, "अब मुझे किसी भी तरह अपनी प्रेमिका के सामने हीरो बनना है।" वह अपनी गली में की गई लड़ाइयों को याद करता है और उन्हें इन गुंडों पर इस्तेमाल करने का फैसला करता है।

गुस्से और इमोशन से जुड़े होने के कारण, वह गुंडों को पूरी ताकत से मारने लगता है। रवि का गुस्सा इतना जोरदार था कि एक गुंडा, जो मार को सहन नहीं कर पाता, भागते हुए कहता है, "अरे, तूने हमारे चल्लम भाई से पंगा लिया है, अब तू गया समझ।"

रवि: "कौन है वह चल्लम? बता!"

गुंडा: "तूने मदुरै में जिसे मारा था, वही है चल्लम भाई।"

रवि: "तो ये लोग इस फोन के जरिए ही यहां तक पहुंच गए हैं!" यह कहते हुए, रवि गुस्से में फोन को जमीन पर पटकता है, और फोन टुकड़ों में बिखर जाता है।.
*****
रवि रोज सुबह पार्क में बड़े व्यक्ति का कंधा पकड़कर धीरे-धीरे चलाता है। तभी राधिका वहाँ आती है और रवि को एक नया फोन देकर कहती है:

राधिका: "मेरे पिताजी आयुर्वेदिक इलाज करते हैं, तो हम दादाजी का वहीं इलाज करवा सकते हैं। मेरे पिताजी ने भी कहा है कि आपको होटल खाली करके आश्रम में लाने के लिए कहा है।"

यह सुनकर रवि, जो पहले से इस पल का इंतजार कर रहा था, खुशी छिपाते हुए कहता है, "ठीक है।"

इसके बाद रवि बड़े व्यक्ति को लेकर राधिका के घर आता है। राधिका के माता-पिता रवि और बड़े व्यक्ति का बहुत ही स्नेह से स्वागत करते हैं।.

वहाँ एक युवक, जिसे मुझसे परिचय नहीं करवाया गया था, अपने अहंकार को आँखों में भरकर मुझे एक आँख से घूर रहा था। यह देख राधिका रवि से कहती है, "यह मेरे भाई राजेश हैं।" रवि हल्की मुस्कान के साथ राजेश को अभिवादन करते हुए हैंडशेक करता है। राजेश भी हैंडशेक करता है, लेकिन रवि उस हैंडशेक से ही समझ जाता है कि उसकी उपस्थिति से राजेश को कोई खास दिलचस्पी नहीं है। (किसी के पास हमारे प्रति क्या भावना है, यह न केवल उनके चेहरे से बल्कि हैंडशेक से भी पता चल जाता है।)

इसके बाद, राधिका के पिता बड़े व्यक्ति को देखकर कुछ दवाइयाँ लिखते हैं, लेकिन वे दवाइयाँ फिलहाल उनके पास उपलब्ध नहीं हैं। वे पास के गाँव में हैं, जो यहाँ से 25 किलोमीटर दूर है। वहाँ से फिलहाल कोई आने वाला नहीं है। कुछ देर सोचने के बाद वे अपनी बेटी से कहते हैं, "तुम्हारे भाई को ड्राइविंग नहीं आती, इसलिए तुम रवि को लेकर जाकर दवाइयाँ ले आओ।" राधिका, रवि की ओर देखती है, और रवि हामी भरते हुए सिर हिलाता है।.

राधिका रवि को जीप की चाबी देती है।

रवि: "जीप क्यों? कार से चलते हैं।"

राधिका: "वहाँ का इलाका पूरी तरह से पहाड़ी क्षेत्र है, कार से जाना मुश्किल होगा," ऐसा कहने पर रवि मान जाता है और चाबी लेकर जाकर जीप पर ढका हुआ कवर हटाता है। वह ओपन-टॉप जीप होती है, जो दिखने में बहुत अच्छी लग रही थी। वास्तव में उस जगह के लिए ओपन-टॉप जीप सही थी। रवि मन ही मन सोचता है, "राधिका के पिता का स्वाद वाकई अच्छा है।"

वह जीप पर जमी धूल को साफ करता है, इंजन स्टार्ट करता है, और पार्किंग से जीप को बाहर निकालता है। राधिका पीछे की सीट पर बैठती है। रवि हल्की मुस्कान के साथ कहता है, "लोग मुझे ड्राइवर समझेंगे।" राधिका माफी मांगते हुए नीचे उतरती है और आगे की सीट पर बैठ जाती है।

राजेश का चेहरा गिर जाता है, उसे जीप चलाना न आने पर शर्म महसूस होती है। रवि बड़े व्यक्ति को बताकर जीप चलाने लगता है। राजेश, जीप को जाते हुए देखता रहता है, मन में कई विचार आ रहे थे, लेकिन अभी उन्हें व्यक्त करने का इरादा नहीं था।

राजेश बार-बार घड़ी देखता रहता है और खुद को दिलासा देता है, "आ ही जाएंगे।" इस बीच शाम हो जाती है। वह जाकर राधिका के पिता से

कहता है, "अब तक नहीं आए हैं, कॉल कर लीजिए।" राधिका के पिता कहते हैं, "मैंने कोशिश की थी, वहाँ नेटवर्क की कोई समस्या है, इसलिए कॉल नहीं लग रही। वे आ ही जाएंगे," वे शांत रहते हैं क्योंकि उन्हें राधिका पर भरोसा था।

लेकिन राजेश इतना शांत नहीं था। वजह यह थी कि वह राधिका से शादी करना चाहता था और काफी समय से यह इच्छा उसके मन में थी। लेकिन यह बात तभी आगे बढ़ी थी, जब राधिका के पिता ने कहा था कि वह उसकी पढ़ाई पूरी होने का इंतजार कर रहे हैं।

अंधेरा हो चुका था, लेकिन राजेश को डिनर करने का मन नहीं हो रहा था। जब राधिका के पिता ने उसे खाने के लिए बुलाया, तो वह मना नहीं कर सका और अनमने मन से खाने के लिए चला गया। लेकिन उसकी नज़रें लगातार उस दिशा में थीं, जहाँ से वे लोग गए थे।

उसके मन में कई तरह के विचार घूम रहे थे, लेकिन जब भी वह गलत दिशा में सोचने लगता, खुद को नियंत्रित करते हुए कहता, "ऐसे बेतुके विचार नहीं सोचना चाहिए, यह गलत है।"

जीवन में पहली बार वह एक अनजान पीड़ा का अनुभव कर रहा था। जिस लड़की से वह शादी करने वाला था, वह किसी अजनबी के साथ चली गई थी। जाने में एक घंटा, आने में एक घंटा, और वहाँ के काम के लिए एक घंटा, कुल मिलाकर तीन घंटे का समय पर्याप्त था। वे सुबह 11 बजे गए थे, लेकिन अब तक वापस नहीं आए थे, और रात के 10 बज चुके थे। राधिका के पिता फिर भी शांत होकर कहते हैं, "आ ही जाएंगे।"

अगर वह पिता की जगह खुद को रखकर सोचता, तो उसे समझ में आता कि यह पीड़ा क्या है। वह खुद को कोसते हुए सोचता है, "किसी और को दोष देना गलत है, गलती मेरी ही है। अगर मैंने ड्राइविंग सीखी होती, तो आज मुझे इस तरह की पीड़ा सहन नहीं करनी पड़ती।"

कुछ चीजों में लापरवाही नहीं बरतनी चाहिए, और ड्राइविंग उनमें से एक है। अब चाहे जितनी भी बातें सोच लो, क्या फायदा? ऐसे ही अलग-अलग विचारों में खोया हुआ, वह सड़क की ओर देखता रहता है।.

राजेश की नानी ने कई बार कहा था कि शिवरात्रि को जागरण करना अच्छा होता है, लेकिन उसने कभी नहीं सुना। पर आज वह जाग रहा था, और वह भी एक अज्ञात पीड़ा में। उस पीड़ा में कई शक, तरह-तरह के विचार और बिना नींद के पूरी रात सड़क की ओर देखते हुए बिता दी। सुबह हो गई, लेकिन वे अभी तक नहीं आए थे, और उसका गुस्सा बढ़ता जा रहा था, सिर्फ रवि पर ही नहीं, बल्कि राधिका के पिता पर भी।

"अरे, इतना समय हो गया और इन्हें कोई चिंता नहीं है कि वे अब तक नहीं आए!" ऐसा सोचते हुए वह इधर-उधर चुपचाप बड़बड़ाते हुए घूम रहा था, ताकि उसकी बात बाहर सुनाई न दे। अंत में, सुबह 10 बजे, राजेश को रवि की जीप आती हुई दिखती है, और उसका मन थोड़ा शांत हो जाता है।

राधिका अपने पिता को दवाइयाँ देती है, वे उन्हें लेते हुए पूछते हैं,

पिता: "फोन काम नहीं कर रहा था?"

राधिका: "सेल टावर में कुछ समस्या थी, इसलिए काम नहीं किया।"

पिता: "तो फिर रात...?"

राधिका: "हम लील (उनकी दोस्त, जिन्हें पिता भी जानते थे) के घर पर थे।"

पिता: "ठीक है," कहते हुए रवि को बुलाते हैं।

रवि आता है, और पिता उसे दवाइयाँ देते हुए कहते हैं, "यहीं रहो, और सुबह-शाम के समय में इन्हें वॉकिंग कराना।" रवि सहमति में सिर हिलाता है। (वे दवाइयाँ उनकी छोटी-छोटी बीमारियों को दूर करने में सहायक होंगी।)

अंकल के सवाल और राधिका के जवाब को राजेश ने सुना, लेकिन राजेश के भीतर के शक के भूत को छिपाया नहीं जा सकता, और वह शक का भूत तो बिल्कुल भी छिपने वाला नहीं है। हम राजेश को दोष नहीं दे सकते, क्योंकि उसके शक की एक वजह है।

वह वजह क्या है?

रवि की हरकतों में बदलाव साफ दिख रहा था। वह हल्की-हल्की मुस्कान लिए, खुद से हंसते हुए, पहले से ज्यादा उत्साहित और खुशी में डूबा हुआ लग रहा था, जैसे उसकी खुशी की कोई सीमा ही नहीं है। यह देखकर राजेश के मन में जानने की बेचैनी बढ़ गई कि आखिर रवि के साथ क्या हुआ है।

राजेश ने सोचा कि वह रवि से पूछेगा, लेकिन जैसे ही वह पास जाने की कोशिश करता, रवि कोई न कोई बहाना बनाकर वहाँ से खिसक जाता। राजेश को साफ समझ में आ रहा था कि रवि उससे बचने की कोशिश कर रहा है।

राजेश का गुस्सा बढ़ रहा था, लेकिन उसने खुद को काबू में रखा और इंतजार करने लगा कि रवि कब अकेला मिलेगा। कहते हैं कोशिश कभी बेकार नहीं जाती, और यही सच साबित हुआ। रवि आखिरकार अकेला मिला। राजेश ने उसे एक किनारे ले जाकर पूछा:

राजेश: "रात को क्यों नहीं आए? पूरी रात कहाँ थे?" (थोड़ा गुस्सा दिखाते हुए)

रवि: वो भी एक मीठी याद है।

राजेश: मीठी याद ? (उत्सुकता से) मुझे ये जानना है... क्या है वो...? क्या है वो...? (बेचैनी से दोबारा पूछता है)

रवि: मीठी याद... मीठी यादों को संभालकर रखना चाहिए, लेकिन बांटना नहीं चाहिए।

राजेश: क्या छिपाना है यहाँ, तुम अकेले नहीं हो। राधिका भी है... (रोते हुए चेहरे के साथ) बताओ क्या है, नहीं तो मैं सुसाइड नोट लिखकर मर जाऊंगी और उसमें लिख दूंगी कि मेरी मौत का कारण तुम हो। रात भर नींद नहीं आई, जो इसे महसूस करता है वही समझेगा उस दर्द को। (मन में सोचता है: वह लड़की जो पूरी रात किसी के साथ रहती है...) बताओ, क्या है वो मीठी याद ?
*****
रवि: ठीक है, तुम्हारा दर्द देख नहीं पा रहा हूँ, इसलिए बताना शुरू कर रहा हूँ।
जब हम वहाँ पहुँचे, तो राधिका की दोस्त मिल गई और उसे अपने घर ले गई।

राजेश: ले गई तो...? (उत्सुकता से)

रवि: उसने राधिका को एक साड़ी दी, राधिका ने वो साड़ी पहनी, वो साड़ी लेमन येलो रंग की थी।
जानते हो, उस साड़ी में वो कितनी सुंदर लग रही थी? किसी हीरोइन से कम नहीं लग रही थी।

राजेश: हाँ, वो साड़ी में बहुत सुंदर लगती है, इसलिए तो मैं उससे शादी करने के लिए यहाँ हूँ... फिर क्या हुआ?

रवि: उस खुशहाल मूड में उसने मुझसे कहा कि वह मुझे हिल्स दिखाएगी।

राजेश: कहा? वो इस समय कॉलेज में पढ़ रही है, इसलिए समाजशास्त्र का उस पर ज्यादा असर होगा। फिर क्या हुआ?

रवि: मैंने कहा ठीक है।

राजेश: तुमने क्यों कहा? फिर क्या हुआ?

रवि: हम दोनों हिल्स पर गए, वहाँ पहाड़ों की सुंदरता देखते रहे, और पता ही नहीं चला कि समय कैसे बीत गया।

राजेश: मन ही मन सोचता है (कैसे नहीं पता चलेगा, सामने हीरोइन जो थी, आँखें उल्लू की तरह घुमाए उसे घूरते रहे होंगे, जैसे कोई भिखारी)।

रवि: जब हम वहाँ देख ही रहे थे, तभी आसमान में बादल घिर आए, बारिश होने के संकेत दिखने लगे। खुली छत वाली जीप थी न।

राजेश: हाँ (गुस्से को छिपाते हुए)।

रवि: हम पास के फॉरेस्ट गेस्ट हाउस गए, वहाँ के चौकीदार ने हमारे हाथ में चाबी दे दी।

राजेश: उसने तुम्हारे हाथ में चाबी देकर चला गया? ये क्या बात हुई! अगली बार जब मैं वहाँ जाऊँगा, तो उसे सबक सिखाऊँगा। फिर क्या हुआ?

रवि: बारिश शुरू हो गई, समय काटने के लिए हमने वहाँ पड़ी चट्टानों पर रखी किताबें उठाईं और पढ़ने लगे।

राजेश की जिज्ञासा बढ़ गई...

रवि: राधिका ने एक किताब पूरी कर ली।

राजेश: हाँ, वो जल्दी पढ़ती है।

रवि: फिर उसने कहा कि एक और किताब लें, और रैक के पास जाकर उसने रैक खोला। रैक पर किसी ने एक छोटे ग्लास में पानी रखा था, जिसे राधिका ने नहीं देखा। वह पानी उस पर गिर गया, और वो पूरी तरह भीग गई।

राजेश: गिलास से पानी गिरकर "पूरी तरह" कैसे भीग सकती है? (गुस्से में दोगुना जोर से पूछता है)

रवि: जब रोमांस की ओर बढ़ने का मौका हो, तो ऐसा होता है। अगर सुनने का धैर्य नहीं है, तो बताओ, मैं रोक देता हूँ... (उठते हुए कहता है)

राजेश: "रोमांस" शब्द सुनते ही उसे बहुत गुस्सा आता है, लेकिन खुद को शांत करके सोचता है कि उन्हें रोमांस में कितना आगे बढ़ने दिया... और कहता है, ठीक है, बताओ।

रवि: जब वह भीग गई, तो उसने साड़ी को एक ओर से बांधकर गोल-गोल घूमते हुए साड़ी को उस सिरे से इस सिरे तक लपेट लिया। फिर वह साड़ी के उस ओर थी और मैं इस ओर खड़ा था।

राजेश का दिल तेजी से धड़कने लगा, और उसकी दिल की धड़कन इतनी तेज हो गई कि उसे खुद सुनाई देने लगी... दिल के पास हाथ रखकर वह आगे पूछता है, फिर क्या हुआ?

रवि: जब उसे ठंड लगने लगी, तो मैं देख नहीं सका और वहाँ एक कैंपफायर (आग) जलाई। वह आई और आग के पास बैठकर गर्म होने लगी। जानता हो, भले ही वह भीगी हुई साड़ी में कितनी भी सेक्सी लग रही हो, मैंने उसकी तरफ नजर भी नहीं उठाई!

राजेश: (मन में सोचता है, "नजर उठाए बिना तू कैसे जान गया कि वह सेक्सी लग रही थी, बेकार आदमी!") बाहर कहता है, अच्छा लड़का, ऐसा ही होना चाहिए। फिर क्या हुआ?

रवि: तभी अचानक कोई आवाज आई। हमने देखा, एक साँप था।

राजेश: साँप? (आश्चर्य से) वो कहाँ से आया?

रवि: जंगल है, तो शायद खिड़की से अंदर आया होगा।

राजेश: (थोड़ा गुस्सा दिखाते हुए) फिर क्या हुआ?

रवि: साँप राधिका के पास आकर फुफकारने लगा, जिससे वह डर गई और उसने किसी को पकड़ लिया।

राजेश: बेचैनी से, किसे?

रवि: वहाँ और कौन था? मैं ही था...!

राजेश: (रोने जैसा चेहरा बनाते हुए) अब मैं क्या करूँ?

रवि: इसमें क्या है? "एक बारिश की रात, मेरी दुखभरी कहानी" नाम की एक किताब लिख लो। (वह उठकर चला जाता है)

राजेश को पहली बार समझ आया कि मस्तिष्क "ब्लॉक" होना किसे कहते हैं।.
*****
राजेश का मन अभी भी शांत नहीं हुआ...

वह कमरे में जाकर अपने कपड़े बैग में पैक करता है और बैग लेकर बाहर आता है। राधिका यह देखकर अपने पिता को बताती है, "बाबू जा रहे हैं।"

उनके पिता पूछते हैं, "अभी ही जा रहे हो?"

राजेश: "जब मैं पूरी तरह से भीग चुका हूँ, तो अब यहाँ रुकने का क्या मतलब?" (राधिका की माँ बुला रही होती है, लेकिन वह उसे नजरअंदाज करते हुए चला जाता है)।

राधिका के पिता को कुछ समझ नहीं आता और वह बड़बड़ाते हैं, "ये ‘पूरी तरह भीगना’ क्या है? इसे क्या हो गया है?"

राजेश के जाने के बाद, रवि की खुशी की कोई सीमा नहीं रही (जैसे किसी दौड़ में गोल्ड मेडल जीत लिया हो)। उसकी योजना काम कर गई। उसने हिल स्टेशन पर अक्सर बारिश होने वाली बात का फायदा उठाकर एक कहानी बुन दी थी, और उसके अनुसार बाद में अपनी हरकतों को ऐसा दिखाया कि राजेश के सामने सब सही लगे। अब राजेश रास्ते से हट गया था, और अब अगला काम राधिका को अपनी तरफ करना था, यही उसका फैसला था।

रवि अब दिन-रात बुजुर्ग व्यक्ति की सेवा करने लगा—सुबह-शाम उन्हें टहलाना, हाथ-पैर के नाखून काटना, इस तरह की सेवा। साथ ही, वह राधिका की नजरों में आने के लिए हर मौके का फायदा उठाने लगा।
उदाहरण के तौर पर, पास में टहलती हुई एक गर्भवती महिला के जूते के फीते खुल गए, और वह झुककर उन्हें बांध नहीं पा रही थी। रवि तुरंत जाकर उसके जूते के फीते बांध देता।
रवि की इन सारी मेहनतों को देखकर राधिका हंसने लगती।
यह सब रवि की रोजमर्रा की आदतें बन गईं, वहाँ।

उस टाउन में किसी ने बताया कि एक टिफिन रेस्टोरेंट का नाश्ता अच्छा होता है, इसलिए रवि वहाँ नाश्ता करने जाता है। उसने अपनी पसंद का ऑर्डर दिया और उसके आने का इंतजार कर रहा था। तभी पास में एक व्यक्ति किसी से फोन पर बात कर रहा था, और उसकी बातें रवि

को सुनाई देती हैं।

वह व्यक्ति कह रहा था:

"मैंने उसे एक ही झटके में गिरा दिया। उसे तो यह भी पता नहीं चला कि उसे किसने मारा। मैंने सोचा कि उसे चादर में लपेटकर समुद्र में फेंक दूँ, लेकिन तभी किसी के आने की आवाज सुनाई दी, इसलिए मैंने उसे वहीं छोड़ दिया और भाग गया। इस तरह वह बच गया।"

रवि यह सुनकर चौंक जाता है और पीछे मुड़कर देखता है, "ये कौन है?" तभी उसे समझ में आता है कि जब वह सड़क पर आ रहा था, तो लारी ड्राइवर ने ऑडी कार वाले को गाली दी थी। अब रवि को समझ आ गया कि चल्लम को मारने वाला यही आदमी है।

उसी समय, वहाँ चल्लम द्वारा भेजे गए गुंडे आते हैं। रवि उनसे पूछता है, "अरे भाई, आप लोग चल्लम के आदमी हो क्या?" वे कहते हैं, "हाँ।"

रवि थोड़ी असहजता के साथ एक एक्सप्रेशन देता है और कहता है, "एक बार अपने चल्लम को कॉल करो और मुझे फोन दो, मुझे उससे बात करनी है।" वे कहते हैं, "ठीक है," और कॉल करके रवि को फोन दे देते हैं।

रवि चल्लम से कहता है, "मैंने आपको नहीं मारा। जब मैं वहाँ पहुँचा, तब तक कोई और पहले ही आपको मारकर चादर में लपेट चुका था। मुझे पता नहीं था, इसलिए मैंने चादर समझकर आप पर पैर रख दिया। अगर मैं मारने वाला होता, तो जब उसे कहा गया कि आपको मारें, तो मैंने उसे रोक दिया था, याद कीजिए।" बिना लारी ड्राइवर का जिक्र किए, रवि आगे कहता है, "आपकी जुबान की वजह से आपने कितने दुश्मन बना लिए हैं, एक बार सोचिए।"

यह सुनकर चल्लम सोच में पड़ जाता है और उसे कुछ लोग याद आने लगते हैं। फिर वह कहता है, "ठीक है, फोन गुंडों को दे दो।" रवि फोन वापस गुंडों को दे देता है।

चल्लम अपने गुंडों से कहता है, "तुम लोग वहाँ से वापस आ जाओ।" वे कहते हैं, "ठीक है," और वहाँ से चले जाते हैं।
*****
राधिका के आश्रम में राधिका के पिता, रवि से कहते हैं, "ताता को ले जाकर ब्लड रिपोर्ट ले आ।" रवि कहता है, "ठीक है।"

डायग्नोस्टिक लैब में ताता से ब्लड सैंपल लिया जाता है। लैब वाले कहते हैं, "दो घंटे बाद आओ, रिपोर्ट दे दूँगा।" इस पर रवि कहता है, "ठीक है," और ताता को लेकर लैब से बाहर आता है। वे पास के पार्क में जाकर बैठ जाते हैं।

रवि ताता से पूछता है, "कुछ खाना है?" ताता कहते हैं, "हाँ, खाऊँगा।" रवि कहता है, "ठीक है, मैं ले आता हूँ, आप यहीं रहिए।" और रवि खाने के लिए चला जाता है। जब वह वापस आता है, तो पार्क में ताता नहीं होते। रवि घबराता है और इधर-उधर देखने लगता है, लेकिन ताता कहीं नजर नहीं आते। घबराहट में, रवि सभी से पूछता है, "आपने मेरे ताता को कहीं देखा है?"

रवि उसी घबराहट में ताता को ढूंढते हुए इधर-उधर घूम रहा था, तभी उसे वहाँ चल्लम के भेजे गए गुंडों में से एक गुंडा, टी-स्टॉल के पास बैठा, उसे देखकर मुस्कुराते हुए दिखता है। रवि उसकी मुस्कान को देखता है, लेकिन कुछ कहे बिना वहाँ से चला जाता है।

जैसे ही वह व्यक्ति रवि को नजरअंदाज करके आगे बढ़ता है, अचानक रवि उसके सामने आकर खड़ा हो जाता है और कहता है, "बता, मेरे ताता के साथ क्या किया?"

तब वह व्यक्ति जवाब देता है, "तुम्हारे ताता को हमने ही किडनैप किया है, वह हमारे पास है। मेरे साथ चलो।"

वह व्यक्ति रवि को एक घर में लेकर आता है। उस घर में चल्लम के पहले भेजे गए गुंडे मौजूद होते हैं। रवि उन्हें देखकर पूछता है, "मेरे ताता कहाँ हैं?"

उनमें से एक कहता है, "कमरे में हैं।"

रवि: "मेरे ताता को यहाँ क्यों लाए?"

उनमें से एक जवाब देता है, "जब हम किसी को मारने के लिए सुपारी लेते हैं, तो उसे मारना ही पड़ता है। अगर हम उसे नहीं मारते, तो हमें संतुष्टि नहीं मिलती और जो पैसे लिए हैं, उनका कोई मतलब नहीं होता। इसलिए हम तुम्हारे ताता को यहाँ लाए।"

रवि: "ठीक है, तो अब क्या करना है? मुझे मारना है, न? मारो।"

यह सुनते ही वे रवि को मारना शुरू कर देते हैं। वे उसे लगातार मारते रहते हैं, लेकिन रवि बिना पलटवार किए मार खाता रहता है। उसके चेहरे से खून बहने लगता है, लेकिन वह कुछ नहीं कहता। वे उसे मारते-मारते थक जाते हैं, फिर भी रुकते नहीं।

उसे मारते हुए उनमें से एक कहता है, "अरे, पागल हो क्या? तुम्हारे ताता कहाँ हैं, ये बता!"

यह सुनते ही रवि गुस्से में एक जोरदार घूंसा मारता है, जिससे वह नीचे गिर जाता है। यह देखकर उनमें से एक चिल्लाता है, "अरे, भाई! रुको, क्या मार डालोगे? तुम्हारे ताता कमरे में हैं।"

वह जाकर दरवाजा खोलता है। अंदर ताता को कुर्सी पर बिठाकर उनके हाथ बाँध दिए गए थे, और उनके मुँह पर कपड़ा बाँधा हुआ था। उनकी हालत पहले से ही खराब थी, और उन्हें साँस लेने में दिक्कत हो रही थी।

रवि तुरंत जाकर उनके मुँह से कपड़ा हटाता है, लेकिन तब तक ताता बेहोश होकर सिर झुका लेते हैं। रवि उन्हें तुरंत उठाकर अस्पताल की ओर दौड़ पड़ता है।

अस्पताल में डॉक्टर ताता को देखकर कहते हैं, "माइल्ड हार्ट स्ट्रोक आया है," और उनका इलाज शुरू कर देते हैं। वे रवि से कहते हैं, "अच्छा हुआ कि समय पर ले आए, इसलिए हम उन्हें बचा सके।" यह सुनकर रवि चैन की सांस लेते हुए कहता है, "थैंक गॉड।"
*****
अस्पताल में राधिका, उनके माता-पिता आते हैं और आखिरकार बुजुर्ग व्यक्ति ठीक हो जाता है। उसे अस्पताल से छुट्टी दे दी जाती है।

सुबह आयुर्वेद डॉक्टर राधिका के घर आते हैं और जांच करने के बाद कहते हैं कि उसे दवाएं नहीं, बल्कि खुश रखने की जरूरत है और वे चले जाते हैं।

राधिका रवि के पास आकर कहती है:

राधिका: मुझे तुम्हारी मदद चाहिए। मेरे पिताजी मेरे लिए शादी के रिश्ते देख रहे हैं, लेकिन मैं अपने क्लासमेट से प्यार करती हूं। अगर तुम मेरे पिताजी को यह बात बताओगे, तो वे समझ जाएंगे क्योंकि उन्हें तुम्हारे बारे में अच्छी राय है।

यह सुनकर रवि बेचैनी महसूस करता है और राधिका से कहता है...

रवि: जब मैंने तुम्हें पहली बार मंदिर में देखा था, तभी से मुझे तुमसे प्यार हो गया था। तुम्हारे लिए मैंने कॉलेज के सामने तीन दिन इंतजार किया, लेकिन जब तुम नहीं दिखी, तो मैंने सोचा कि अब छोड़ दूं और अपनी यात्रा शुरू कर दी। लेकिन जब तुम फिर से वापस आई और हम जुड़े, तो मुझे लगा कि मेरी प्रेम सच्चा है। मैं यहाँ इसलिए हूँ क्योंकि मुझे लगा कि तुम मेरी हो। वरना मैं यहाँ क्या कर रहा होता, चला गया होता।

यह सुनकर रवि उदास हो जाता है, और राधिका मुस्कुरा देती है। फिर कहती है, "असल में क्या हुआ था?"

राधिका के पास उसके पिता आते हैं और कहते हैं, "मैं तुम्हारी शादी करवाना चाहता हूँ। हमारे पास जो रवि आया था, तुम्हारे ताताजी के साथ,

उसके बारे में तुम्हारा क्या विचार है?" राधिका कुछ नहीं बोलती और चुप रहती है।

पिता कहते हैं, "मुझे पता है कि तुम क्या सोच रही हो। तुम सोच रही हो कि उसके पास संपत्ति नहीं है, है ना? अगर उसके पास नहीं है तो क्या हुआ? हमारे पास है ना! वह बड़ों का सम्मान करना जानता है, और उसमें भगवान को इंसानों में देखने का गुण है। मुझे भरोसा है कि वह तुम्हारा ख्याल अच्छी तरह से रखेगा। वह यहाँ रहेगा और आश्रम का ध्यान रखेगा।"

यह सुनकर राधिका सहमति में सिर हिलाती है और कहती है, "हुआ वही," और हँस पड़ती है।

राधिका के यह कहने पर रवि खुश महसूस करता है, और उसी समय राधिका भी खुशी महसूस करते हुए वहां से चल देती है। राधिका अपनी कल्पना में सोचती है कि जैसे स्वयंवर में उसने रवि को चुना हो। केरल की पारंपरिक पद्धति में, लुंगी और शर्ट पहने, कंधे पर अंगवस्त्र डाले दस लड़के पंक्तिबद्ध खड़े हैं, और राधिका उन सभी को मना करते हुए रवि को चुनती है। जब वह रवि के गले में फूलों की माला डालने जाती है, तो रवि सिर ऊँचा करके खड़ा रहता है, और बड़ी मुश्किल से वह उसे माला पहनाकर चुन लेती है।

रवि जाने का फैसला करके राधिका से कहता है। तब राधिका अपने पिता से पूछती है, "पापा, ताताजी और रवि जा रहे हैं, मैं उनके साथ बेंगलुरु तक जाऊंगी।" यह सुनकर पिता कहते हैं, "ठीक है, जाओ।"

फिर तीनों कार में वहां से निकल पड़ते हैं।.

रवि कार ड्राइव कर रहा होता है, और उसके बगल में राधिका बैठी होती है। पीछे की सीट पर बुजुर्ग व्यक्ति बैठा होता है। वे जंगल के रास्ते से यात्रा कर रहे होते हैं। ऐसा कहा जाता है कि ड्राइव करने वाले व्यक्ति की स्पर्श की समझ अधिक होती है, और वह आसानी से पहचान सकता है कि कार के टायर के नीचे कुछ आया है या नहीं, जबकि बगल में बैठे लोगों को इसका अंदाजा नहीं होता।

इस समय, रवि को एहसास होता है कि कार के नीचे कोई मेंढक नहीं आया है, लेकिन पिछले टायर की हवा धीरे-धीरे कम हो रही है। वह कार को सड़क के किनारे रोकता है और नीचे उतरकर टायर को देखता है। उसकी शंका सही साबित होती है, टायर की हवा तेजी से कम हो रही है। वह यह बात राधिका और बुजुर्ग को बताता है, और वे दोनों भी कार से नीचे उतरते हैं। रवि स्टेपनी टायर लेने के लिए डिक्की खोलता है, लेकिन उसमें स्टेपनी नहीं होती।

उसे अचानक याद आता है कि जब वह घर से निकला था, तब स्टेपनी कार में नहीं थी, और उसने कार किराए पर लेते समय इस बात पर ध्यान नहीं दिया था, और न ही कार देने वाले व्यक्ति ने उसे बताया था। अब वह सोच में पड़ जाता है कि क्या किया जाए।.

रवि जिस सड़क पर यात्रा कर रहा होता है, वह नेशनल हाईवे नहीं होती, इसलिए उस सड़क पर ज्यादा वाहन नहीं आते-जाते। इसके अलावा, यह एक जंगल का इलाका होता है, जिससे रवि के मन में हल्का तनाव शुरू हो जाता है। कुछ समय बाद, वह देखता है कि उस सड़क पर एक पूरी तरह से लोडेड ट्रक आ रहा है। रवि तुरंत उस ट्रक को रुकने का इशारा करता है। ट्रक रुक जाता है।

रवि उस ट्रक ड्राइवर से पूछता है, "कार का टायर पंचर हो गया है, स्टेपनी भी नहीं है। क्या यहाँ आसपास कोई पंचर की दुकान है?" उस ड्राइवर की नजर रवि के बगल में खड़ी राधिका पर पड़ती है। राधिका को देखते ही उसे अपने एटिट्यूड की याद आ जाती है। वह अपने ट्रक के डैशबोर्ड से टूथपिक निकालता है और अपने मुँह को ब्रह्मांड समझते हुए, टूथपिक से दांतों में फंसे ग्रहों को निकालने की कोशिश करते हुए, राधिका की ओर रोमांटिक अंदाज में देखता है और कहता है, "यहाँ से चार किलोमीटर की दूरी पर एक पंचर की दुकान है। अगर आपको कोई आपत्ति न हो, तो आप में से कोई एक मेरे साथ आ सकता है। मैं वहाँ छोड़ दूँगा।"

यह सुनकर रवि सोच में पड़ जाता है। अगर वह जाता है, तो जंगल में दोनों को अकेले छोड़ना ठीक नहीं होगा। ट्रक में भी केवल एक के बैठने की जगह है। रवि इसी दुविधा में होता है कि तभी ड्राइवर कहता है, "ठीक है, मुझे स्थिति समझ में आ गई। आप जल्दी से पंचर बनवाकर लौट आइए, क्योंकि यहाँ जंगली जानवर घूमते रहते हैं। बाकी आपकी मर्जी," कहकर वह वहाँ से चला जाता है।.

रवि थोड़ी देर सोचने के बाद बुजुर्ग से कहता है, "ताताजी, मजबूरी है, धीरे-धीरे चलते चलते निकल जाते हैं। इस बीच अगर कोई वाहन आता

है तो उसमें चले जाएंगे।" इस पर वह सहमति जताते हैं और दोनों पंचर की दुकान की ओर पैदल चलना शुरू करते हैं।

थोड़ी दूरी चलने के बाद रवि देखता है कि बुजुर्ग और आगे नहीं चल पा रहे हैं। रवि टायर राधिका को देकर बुजुर्ग के पास आता है और कहता है, "ताताजी, आप मेरी पीठ पर बैठ जाइए, मैं आपको ले चलूंगा। मुझे कोई दिक्कत नहीं होगी।" बुजुर्ग मना करते हुए कहते हैं, "नहीं, ऐसा ठीक नहीं है," लेकिन रवि उन्हें बिठाकर आगे बढ़ता है।

राधिका कार के टायर को सड़क पर घसीटते हुए आगे चलती रहती है।

रवि बुजुर्ग को अपनी पीठ पर उठाए चल रहा होता है और राधिका सड़क पर कार का टायर घसीटते हुए आगे बढ़ रही होती है। शाम के समय वह दृश्य हरे-भरे जंगल के बीच एक सुंदर नजारे जैसा लगता है। बुजुर्ग रवि से मजाक में कहते हैं, "चाहे वजन कम ही क्यों न हो, जब इच्छा न हो तो भारी लगता है।" हालांकि रवि को कोई भार महसूस नहीं हो रहा था, लेकिन उसके शरीर से पसीना बह रहा था, जिसे देखकर बुजुर्ग समझ जाते हैं और रवि से कहते हैं, "रवि, एक बार रुकना, मुझे उस पेड़ के पीछे जाकर कुछ राहत लेनी है।" रवि सहमति में उन्हें नीचे उतार देता है।

बुजुर्ग पेड़ के पीछे जाकर राहत नहीं लेते, बल्कि रोने लगते हैं। वजह? उन्हें अपने पिता की याद आ जाती है। बचपन में उनके पिता भी इसी तरह उन्हें अपनी पीठ पर उठाकर ले जाया करते थे। यह याद आते ही बुजुर्ग खुद को रोक नहीं पाते और आँसू बहाने लगते हैं। कुछ देर बाद वह अपने आँसू पोंछकर रवि के पास लौटते हैं और कहते हैं, "कोई बात नहीं, बेटा। अब मैं धीरे-धीरे चलूंगा। चलो, आगे बढ़ते हैं।"

इस तरह तीनों लोग धीरे-धीरे चलते हुए पंचर की दुकान तक पहुँचते हैं, टायर ठीक करवाते हैं और फिर एक वाहन किराए पर लेकर कार तक लौटते हैं। टायर बदलकर वे वहाँ से कर्नाटक की ओर रवाना हो जाते हैं।.

कर्नाटक के मंदिर तक पहुंचते-पहुंचते आधी रात हो जाती है। मंदिर पहाड़ी पर स्थित होता है, इसलिए वे पहाड़ी के नीचे सड़क पर अपनी कार रोककर उसमें ही सोने का फैसला करते हैं। रवि ड्राइविंग सीट पर सो जाता है, राधिका सामने वाली सीट पर नींद में होती है, जबकि पीछे की सीट पर बैठे बुजुर्ग को नींद नहीं आ रही होती। वह बाहर आकाश की ओर देखते रहते हैं।

तभी एक तारा आसमान से नीचे गिरने लगता है। उस गिरते तारे को देखकर बुजुर्ग के मन में विचार आता है, "कोई भी, कभी न कभी गिरना ही पड़ता है।" इस सोच में खोए हुए, धीरे-धीरे बुजुर्ग भी नींद के आगोश में चले जाते हैं।.
*****
सुबह पहाड़ी पर स्थित मंदिर में राधिका और रवि दोनों मंदिर के सामने खड़े होकर सेल्फी ले रहे होते हैं। रवि अपने फोन से सेल्फी ले रहा होता है, तभी फोन की रिंगटोन सुनाई देती है। राधिका इधर-उधर देखती है। वह देखती है कि रवि अपनी जेब से एक छोटा फोन निकालकर "हेलो" कहता है। उस तरफ से आवाज आती है, "जैसा तुमने कहा था, पैसे वाला बैग फूलों की टोकरी में रख दिया है। पिताजी कहाँ हैं?"

रवि एक सेकंड के लिए रुकता है और फिर कहे हुए स्थान पर जाकर टोकरी से बैग उठाता है। वह बैग खोलकर देखता है तो उसमें पैसे होते हैं। पैसे देखकर रवि फोन पर उस व्यक्ति से कहता है, "बड़े साहब पेड़ के नीचे हैं, देख लो।" वह व्यक्ति "ठीक है" कहकर कॉल काट देता है।.

राधिका को कुछ समझ में नहीं आता और वह इधर-उधर देखते हुए रवि से "क्या हुआ, क्या हुआ?" पूछती रहती है। उसी समय, वह देखती है कि किसी लोग बड़े आदमी को कार में बैठाकर ले जा रहे हैं, तो वह रवि से कहती है, "कोई तुम्हारे दादाजी को ले जा रहे हैं।" इस पर रवि कहता है, "उनका बेटा ही उन्हें ले जा रहा है।"

राधिका चौंककर पूछती है, "तो क्या बड़े आदमी तुम्हारे दादाजी नहीं हैं?" रवि कुछ कहकर टालने की कोशिश करता है, लेकिन राधिका जोर से पूछती है। तब रवि शर्माते हुए कहता है, "नहीं।"

राधिका चौंककर कहती है, "तो तुमने बड़े आदमी को किडनैप करके लाया था?"

रवि सिर हिलाते हुए इशारे से "हाँ" कहता है।

राधिका हैरान हो जाती है। कुछ देर बाद वह होश में आकर कहती है, "मुझे तुमने दादाजी के नाम पर कितना बड़ा नाटक किया!"

रवि खीझकर कहता है, "नहीं, मैंने सोचा था कि हम किडनैप कर सकते हैं, यह समझने वाली बात है।"

राधिका पूछती है, "असल में हुआ क्या था?"

रवि बात शुरू करता है, "पढ़ाई पूरी हो गई, लेकिन नौकरी नहीं मिली। बिना किसी काम के इधर-उधर भटकते हुए समय बीत रहा था। एक दिन शाम को टाइम पास के लिए पार्क गया। वहां इस बड़े आदमी को उसका ड्राइवर लेकर आया। ड्राइवर ने उन्हें पार्क में एक चक्कर चलवाया और फिर उन्हें बेंच पर बैठाकर खुद बाकी ड्राइवरों के साथ जुआ खेलने चला गया।"

"किसी वजह से मेरी नजर उस बड़े आदमी पर पड़ी, और मैं उनके पास गया। मैंने उन्हें दादाजी कहकर स्नेहपूर्वक पुकारा और बातें शुरू कीं। वह भी वैसे ही प्यार से जवाब देने लगे। धीरे-धीरे हमारे बीच दोस्ती हो गई। ड्राइवर उन्हें रोज़ एक कार में लाता था, और सब कुछ बहुत अमीराना लगता था।"

"यहीं से मुझे उनके बारे में जानने की जिज्ञासा हुई। मैंने उनकी कार का पीछा किया और देखा कि वह एक बहुत अमीर घर में रहते हैं। यह समझ में आ गया कि वह एक बहुत धनी परिवार से हैं। तब मैंने अपने दिमाग को तेज करना शुरू कर दिया।"

"प्लान के मुताबिक, मैंने अपनी माँ से कहा कि एक बड़े आदमी को तीर्थयात्राओं पर ले जाना है। मैंने उन्हें बताया कि अगर मैं उन्हें ले जाता हूँ, तो कुछ पैसे मिलेंगे। मेरी माँ ने सोचा कि खाली बैठे रहने से कुछ काम करना बेहतर है, और वह खुश हो गईं और सहमति दे दी।"

"मैं अपने दोस्त के पास गया और किराए पर कार तय की। सुबह 8 बजे कार लेकर पार्क पहुंचा। लेकिन उस दिन ड्राइवर जुआ नहीं खेल रहा था, बल्कि कार की डिक्की पर बैठकर फोन में अश्लील साहित्य पढ़ रहा था। मैंने इसे नोट किया और सोचा कि अब क्या किया जाए। तभी पास में बच्चे कंचे खेल रहे थे। उन बच्चों में से एक से कंचा मांगा और उसे दस रुपये देकर कंचा ले लिया। कार के पीछे थोड़ी दूर जाकर, मैंने कंचा इस तरह फेंका कि वह ड्राइवर के पास जाकर रुके।"

"कंचा जाकर ड्राइवर के पैरों के पास रुका। मैंने अचानक 'रमण' (वह उसका नाम था) कहकर आवाज लगाई। ड्राइवर हड़बड़ाकर डिक्की से बिना देखे नीचे उतरने लगा और उसका पैर कंचे पर पड़ा। इससे उसका पैर फिसल गया और वह नीचे गिर पड़ा। सिर डिक्की से टकराकर वह बेहोश हो गया। जो मैंने सोचा था, वह हो गया।"

"फिर मैं बड़े आदमी के पास गया, थोड़ी देर बातचीत की, और उनसे पूछा, 'दादाजी, क्या हम कहीं टूर पर चलें?' उन्होंने सिर हिलाकर हां कहा। इसके बाद, मैंने उन्हें उनके घर ले जाकर सामान पैक करवाया और उन्हें यहां ले आया।"

राधिका ने सब कुछ सुना, और एक पल के लिए नहीं, बल्कि पूरे एक मिनट तक उसका दिमाग सुन्न हो गया। रवि की बातें सुनने के बाद, होश में आकर वह रवि से कहती है...

राधिका: "तुमने जो किया वो गलत है। तुमने उस बड़े आदमी का भरोसा जीतकर धोखा दिया और उसे किडनैप करके ले आए। क्या तुम्हें यह गलत नहीं लगा, सिर्फ पैसों के लिए?"

रवि: "तुम्हें मेरी बुद्धिमानी समझनी चाहिए। इसे किडनैप नहीं कहना चाहिए। मैंने उनकी देखभाल की, और इसके लिए मुझे पैसे दिए गए।"

राधिका: "उन्होंने तुम्हें इसलिए पैसे नहीं दिए कि तुमने उनकी देखभाल की। उन्होंने तुम्हें इसलिए दिए क्योंकि तुमने उन्हें किडनैप किया। ठीक है, जो हुआ सो हुआ, अब वह पैसे वापस जाकर उन्हें दे दो।"

रवि: "मैं नहीं दूंगा। यह मेरी मेहनत की कमाई है।"

राधिका: "अगर तुम्हारे पास पैसे नहीं हैं, तो मेरे पास हैं। हम उन पैसों से खुशी से रह सकते हैं। लेकिन जो तुमने किया, वह मुझे बिल्कुल पसंद नहीं आया। अब भी कुछ नहीं बिगड़ा है, जाकर उन्हें पैसे लौटा दो।"

रवि: "मैं नहीं दूंगा।"

राधिका: "ठीक है, अब तक यहां तक आकर मैं समझौता नहीं कर सकती। अब तुम तय करो, मुझे चाहिए या पैसे चाहिए, एक ही बात चुनो।"

रवि: "मैं पैसे नहीं दूंगा।"

राधिका: "ठीक है, अपना रास्ता तुम खुद देखो, मैं जा रही हूँ," और वह चलने लगती है।

रवि: "तुम भविष्य के 'मुख्यमंत्री' को मिस कर रही हो। पैसा भविष्य को देखता है, अतीत को नहीं।"

राधिका: "हर कोई जिसके पास पैसे हैं, मुख्यमंत्री नहीं बनता," यह कहते हुए वह वहां से जाती है और मन ही मन सोचती है, "लोगों में भगवान को देखने की बात होती है," फिर उसे अपनी कल्पना याद आती है, जब रवि नीला कपड़ा पहने हुए था, और वह खुद उसे हार पहनाकर स्वयंवर की तरह चुन रही थी। वह खुद से बड़बड़ाते हुए कहती है, "छी," और वहां से चली जाती है।

रवि: "ठीक है, जाओ। जब मैं मुख्यमंत्री बन जाऊंगा, तो तुम पछताओगी। लेकिन चाहे जितना भी पछताओ, मैं तुम्हारा नहीं होऊंगा। मुख्यमंत्री की पत्नी बनने की किस्मत तुम्हारी नहीं है," यह कहते हुए रवि वहां से चला जाता है।

दोनों अपने-अपने रास्ते अलग हो जाते हैं.
*****
बड़ा आदमी अपने घर लौटता है। घरवालों से मिलने-जुलने के बाद, वह अपने कमरे में चला जाता है।

रवि अपने घर लौटकर पैसे छुपाता है। फिर रवि उन पैसों से मौज-मस्ती करना शुरू करता है, जैसे कि पब में जाना और अन्य चीजें.
*****
बड़ा आदमी घर में होता है, और जैसे ही उसका पोता घर से बाहर जाने लगता है, वह उसे बुलाता है। पोता कहता है कि उसे कुछ काम है और वह जाने लगता है। तभी उस लड़के का पिता गंभीरता से उसे चेतावनी देते हुए कहता है, "अरे, जब दादा बुला रहे हैं, तो जाकर उनसे मिलो। पिछली बार जब उन्होंने बुलाया था और तुम नहीं गए, तब 2 करोड़ रुपये चले गए। इस बार पता नहीं वह कितना मांगेंगे। तुम्हें क्यों समझ में नहीं आता?"

फिर वह लड़का दादा के पास जाकर विनम्रता से पूछता है, "दादा, क्या चाहिए?" जो भी उसे चाहिए, वह बड़ा आदमी बताता है। लड़का कहता है, "ठीक है," और वहां से चला जाता है। लड़के के जाने के बाद, बड़ा आदमी खुद से मुस्कुराता है।

अब असल बात यह है कि जब वह किसी को बुलाते हैं, तो चार लोग दौड़ते हुए आते हैं और उनकी जरूरत पूरी कर देते हैं.
*****
रात में रवि शराब पीकर घर आता है और बिस्तर पर लेटकर बड़बड़ाने लगता है, "अरे यार, एक और बूढ़ा मिल गया है, मतलब अब तुझे और तेरे पब को खरीद लेंगे!" इसी तरह बड़बड़ाता रहता है। उसकी माँ यह सुनकर सोचती है, "यह क्या बोल रहा है?" उसे शक होता है, और वह रवि के कमरे में जाकर ढूंढने लगती है। बिस्तर के नीचे एक बैग दिखाई देता है। वह बैग बाहर निकालकर देखती है, तो उसमें पैसे भरे होते हैं। इस पर उसे पूरी बात समझ में आ जाती है। वह लेटे हुए रवि को देखकर बैग बंद कर देती है.

सुबह जब रवि नींद से जागता है, उसकी माँ कमरे से पैसे वाला बैग लेकर आती है और रवि के सामने रखकर पूछती है, "ये पैसे कहाँ से आए?" रवि कुछ कहने की कोशिश करता है, तभी माँ कहती है, "अरे, तुमने उस बड़े आदमी को किडनैप करके ये पैसे कमाए, है ना?" यह सुनकर रवि

सिर झुका लेता है।

माँ कहती है, "यह गलत है बेटे, हमारे लिए ऐसा करना ठीक नहीं है। अब सोचो, अगर किसी को पता चल गया कि तुम्हारे पास पैसे हैं और कोई मुझे किडनैप कर ले, तो तुम्हें कैसा लगेगा?"

इस पर रवि गुस्से में जवाब देता है, "अगर किसी ने ऐसा करने की कोशिश की तो मैं उसका बेटा नहीं जो उसे जिंदा छोड़ दूँगा! मैं उसे मार डालूंगा, फिर भी मेरा गुस्सा शांत नहीं होगा।" वह बहुत गंभीर हो जाता है।

माँ शांत होकर कहती है, "अरे, यही गुस्सा उनके परिवार वालों को भी है। लेकिन क्योंकि बड़ा आदमी तुम्हारे पास है, वे कुछ नहीं कर पाए और पैसे देकर चुप हो गए। अब जाओ, ये पैसे वापस ले जाकर बड़े आदमी से माफी मांगो।"

रवि गुस्से में कहता है, "मैं नहीं दूंगा," और बाहर चला जाता है।.

समय बीतने के साथ, रवि के अंदर एक हल्का सा अंतरद्वंद्व शुरू होता है। चाहे वह जहाँ भी जाए या जो भी काम करे, उसे हमेशा यह महसूस होने लगता है कि उसने कुछ गलत किया है। उसके मन में एक छोटा सा अपराधबोध पनपने लगता है। एक दिन, जब वह सड़क पर जा रहा होता है, दूर से उसे एक बड़ा आदमी दिखाई देता है। रवि उसे वही दादाजी समझता है जिसे वह लेकर आया था, और दौड़ते हुए उनके पास जाता है। लेकिन जब वह नजदीक पहुंचता है, तो देखता है कि वह कोई और है। वह उनसे माफी मांगता है और सोचते हुए आगे बढ़ता है।

अगले दिन सुबह, रवि उस बड़े आदमी की तलाश में पार्क जाता है, लेकिन वह दिखाई नहीं देते। रवि अगले दिन फिर आता है, लेकिन इस दिन भी वह पार्क में नहीं आते। तब रवि को समझ में आता है कि अब उन्हें पार्क आने नहीं दिया जा रहा है। इसका मतलब है कि उस बुरे घटना के बाद, उनके परिवार वालों ने उन्हें पार्क भेजना बंद कर दिया है।

पार्क से घर लौटकर, रवि एक कागज़ पर "सॉरी दादाजी" लिखता है और उसे पैसों से भरे बैग में रखता है। बैग लेकर जब वह कमरे से बाहर निकल रहा होता है, तो उसकी माँ उसे देखकर खुश हो जाती है। रवि बैग लेकर घर से बाहर चला जाता है।.
*****
बड़े आदमी के घर के सामने एक ऑटो आकर रुकता है। उसमें से रवि बैग लेकर नीचे उतरता है और वहां खड़े वॉचमैन को बैग देकर कहता है, "यह बैग अंदर जाकर बड़े आदमी को दे देना।"

वॉचमैन पूछता है, "आप कौन हैं?"

रवि जवाब देता है, "जब आप बैग बड़े आदमी को देंगे, तो उन्हें पता चल जाएगा कि मैं कौन हूँ।"

सुरक्षा गार्ड कहता है, "ठीक है," और बैग लेकर अंदर चला जाता है। रवि वहां से आगे बढ़ जाता है।.
*****
रवि घर आकर अपनी माँ से कहता है, "मैंने पैसे वापस कर दिए हैं," और यह सुनकर उसकी माँ खुश हो जाती है।

रवि: "मैं होटल खोलने का सोच रहा हूँ।"

माँ तुरंत अपने हाथ में पहने हुए चूड़ियों में से दो चूड़ियां निकालकर रवि को देती हैं और कहती हैं, "ईमानदारी हमेशा लंबे समय तक टिकती है।"

रवि: "बिल्कुल सही, लेकिन एक और चूड़ी दो।"

माँ: "क्यों बेटे?"

रवि: "जो आदमी सोने का कारोबार करता है, वह सबको बताता है कि मेरी माँ ने दी हुई दो चूड़ियों से मैंने यह मुकाम हासिल किया। हर किसी से यह बात कहकर उसने अपनी पहचान बना ली। जब मैं कमाऊंगा, तो मेरी बातों का महत्व नहीं होगा, मेरी पहचान नहीं बनेगी। इसलिए मैं कहूंगा कि मैंने तीन चूड़ियों से यह मुकाम हासिल किया है।"

माँ हंसते हुए उसे और दो चूड़ियां देती हैं और कहती हैं, "तुम कह सकते हो कि तुमने चार चूड़ियों से यह मुकाम हासिल किया है।"

रवि: "ठीक है," यह कहकर वह चूड़ियां लेकर बाहर चला जाता है।

घर से थोड़ी दूरी पर स्थित एक दुकान को होटल खोलने के लिए उपयुक्त मानते हुए (क्योंकि वह सिर्फ टिफिन सेंटर खोलने की सोच रहा था), रवि उस दुकान के मालिक से मिलने जाता है। मालिक द्वारा बताए गए शर्तों को सुनकर, रवि सिर हिलाकर सहमति जताता है और एडवांस दे देता है।

दुकान मालिक: "मैं एक साल का एग्रीमेंट बनाऊंगा?"

रवि: "नहीं, पांच साल का लिखिए।"

दुकान मालिक: "मेरी बात मानो, पहले एक साल देखो कि होटल चलता है या नहीं। अगर ठीक लगा, तो पांच साल का एग्रीमेंट कर देंगे।"

रवि: "होटल चलेगा और मैं उसे सफल बनाऊंगा, मुझे इस बात का पूरा भरोसा है। 'अगर किसी चीज़ पर दृढ़ विश्वास हो, तो वह कभी धोखा नहीं देती।' मुझे इस विश्वास पर बहुत अच्छा अनुभव है, इसलिए आप पांच साल का एग्रीमेंट लिखिए।"

मालिक कहता है, "ठीक है, जैसे तुम्हारी इच्छा," और सहमत हो जाता है।.
*****
समय कुछ चीजों को भुला देता है, कुछ को याद रखने देता है, और कुछ को फिर से सामने लाता है। अब रवि के साथ भी यही हो रहा है। उसे दादाजी याद आ रहे हैं—उनके साथ बिताया हुआ समय, घूमना-फिरना, और सारी बातें। उसी तरह, राधिका भी उसे याद आ रही है। दूसरी ओर, राधिका को भी रवि की याद आने लगती है, और साथ ही दादाजी अपने घर में बैठकर अपने अतीत को याद करते हैं।

उन्हें याद आता है कि पहले उनके घरवाले उन्हें कैसे देखते थे और जब रवि के साथ सफर किया, तो रवि ने उनकी कितनी अच्छी तरह देखभाल की। दादाजी अपने बेटे को फोन करके कहते हैं, "रवि ने जितने पैसे मांगे थे, उतने दे दो।" बेटा कहता है, "वो आपने नहीं कमाए, मैंने कमाए हैं," तो दादाजी जवाब देते हैं, "अगर नहीं दिए तो मैं सारी संपत्ति रवि के नाम कर दूंगा।" बेटा पैसे देने के लिए राज़ी हो जाता है।

इस बीच, रवि को इस बात का कोई अंदाजा नहीं है कि दादाजी ने अपने बेटे को फोन किया था। रवि सोचता है कि उसने दादाजी को बिना उनकी जानकारी के किडनैप किया था, लेकिन दादाजी को सब पता था। फिर भी उन्होंने रवि पर भरोसा करके उसके साथ जाने का फैसला क्यों किया—इसका जवाब एक छोटी सी घटना में छुपा है।.

जनरल चेकअप के लिए मैं हॉस्पिटल गया था। चेकअप पूरा हो गया और मैं हॉस्पिटल से बाहर आ गया। ड्राइवर ने मुझे वहीं रुकने को कहा और वह कार लेने गया। मैं इंतजार कर रहा था कि तभी एक ऑटो आकर रुका। उसमें से रवि अपनी माँ के साथ उतरा। ऑटो से उतरने के बाद, ऑटो ड्राइवर ने उससे पूछा, "बिल कितना हुआ?" रवि ने मीटर देखकर कहा, "80 रुपये हुए।"

रवि ने 100 रुपये दिए और कहा, "20 रुपये वापस दीजिए।" इस पर ऑटो ड्राइवर बोला, "मेरे पास छुट्टे नहीं हैं।" रवि ने कहा, "ठीक है, वो 20 रुपये आप अपने पास ही रखिए। अगली बार कोई सवारी कम पैसे दे तो समझ लेना कि ये पैसे उन्होंने दिए थे।" यह कहकर रवि अपनी माँ को लेकर हॉस्पिटल के अंदर चला गया।

उसी वक्त मुझे रवि बहुत पसंद आ गया। किसी की मदद करने के लिए यह ज़रूरी नहीं कि आप उन्हें जानें—यह गुण मुझे बहुत पसंद आया।.

कुछ समय बाद रवि मुझे फिर से पार्क में दिखाई दिया। उसने अभिवादन किया, और मैंने उससे बात की। धीरे-धीरे वह हर दिन आने लगा, मुझसे बात करने लगा। मुझे उसमें मेरे पोते की झलक दिखने लगी।

अब सवाल है, क्यों मुझे रवि में अपने पोते को देखना पड़ा?

मेरे बेटे ने मेरी कमाई को कई गुना बढ़ाने के काम में खुद को इतना व्यस्त कर लिया कि उसने मुझे पूरी तरह नजरअंदाज कर दिया। स्वाभाविक रूप से इंसान के लक्ष्य बदलते रहते हैं—जो व्यक्ति दस रुपये कमाता है, वह सौ रुपये कमाने का लक्ष्य रखता है, और जो सौ रुपये कमाता है, वह हजार का लक्ष्य रखता है। मेरे बेटे की इच्छाएं और योजनाएं इससे भी ज्यादा बढ़ गईं, और इस वजह से उसने मुझे पूरी तरह से भुला दिया।

वह इतना व्यस्त हो गया कि मेरे साथ थोड़ा सा समय बिताने का भी समय नहीं रहा। उसने मेरी देखभाल के लिए केयरटेकर रख दिए। वे अच्छी तरह से देखभाल करते हैं, उन पर जिम्मेदारी है, लेकिन उसमें प्यार और स्नेह की कमी है। उनकी देखभाल में बनावटी आदर है, परंतु वह सच्ची आत्मीयता नहीं है। मुझे अपने बेटे का प्यार चाहिए था, अपने पोते का स्नेह चाहिए था, जो उन्हें समझ में नहीं आया।

"मेरा बच्चा अब मेरी परवाह नहीं करता," इस मानसिक पीड़ा ने मुझे घेरना शुरू कर दिया। मैं अकेलापन महसूस करने लगा, और यह दर्द मेरा पीछा करने लगा।.

इसी वजह से मैंने रवि के साथ परिचय बढ़ाया, और धीरे-धीरे हमारी जान-पहचान दोस्ती में बदल गई। एक दिन रवि ने कहा, "दादाजी, हम कहीं घूमने चलें?" मैंने भी कहा, "ठीक है, चलो।"

पार्क में जाकर देखा तो कार बाहर खड़ी थी और ड्राइवर भी वहीं था। रवि ने कहा, "ड्राइवर को बताए बिना चलें, तब ही असली मजा आएगा।" यह सच भी था, और उस समय मुझे अपने बेटे पर गुस्सा था, इसलिए मैंने कहा, "चलो," और रवि के साथ निकल पड़ा। हम रवि के घर गए। वहां जाकर उसने सामान पैक किया और हम वहां से निकल गए।

जैसे ही हम सफर कर रहे थे, धीरे-धीरे मुझे एहसास हुआ कि रवि ने मुझे किडनैप कर लिया है। लेकिन मैं न तो घबराया और न ही डरा, क्योंकि मेरी हालत वैसे भी ऐसी थी, जैसे एक पैर कब्र में और दूसरा बाहर। ऐसी स्थिति में मेरे साथ रवि क्या कर सकता था? मुझे पहले से ही जीवन से कोई विशेष उम्मीद नहीं थी। मैं पहले ही इस फैसले पर पहुंच चुका था कि अब जो भी हो, उसे स्वीकार कर लूंगा।

"लेकिन रवि ने मेरी बहुत अच्छी तरह से देखभाल की, और यही बात मुझे पसंद आई। मैंने अपने बेटे को डांट-डपट कर रवि के लिए पैसे दिलवाए और मामला पुलिस तक न पहुंचे, यह भी सुनिश्चित किया। इस तरह से ले जाना सही नहीं था, लेकिन फिर भी मेरे लिए यह अच्छा ही हुआ, क्योंकि इसने मुझे अपने जीवन की सारी यादें आपसे बांटने का मौका दिया। वे सारे पल जो मुझे याद हैं, मेरे सामने आ गए। मेरी 80 से अधिक वर्षों की जिंदगी एक बार फिर से मेरी आंखों के सामने उभर आई।"

"अब मुझे बहुत खुशी हो रही है। ऐसी अवसर सभी को नहीं मिलते, लेकिन चाहे किडनैप न भी किया जाए, आप में से कोई भी, खासकर वृद्ध लोग, एक बार इस तरह की यात्राएं जरूर करें। यह अच्छा होता है, क्योंकि आपकी पुरानी यादें आपकी आंखों के सामने फिर से ताजा हो जाती हैं। मीठी यादें फिर से जीवंत हो उठती हैं। उन यादों में कुछ दुःख भी हो सकते हैं, लेकिन उनमें भी एक तरह की खुशी होती है। असली खुशी का मतलब तभी समझ में आता है, जब आप दुःख से बाहर निकलते हैं।

रवि और मैंने 15 दिन यात्रा की, और अगर इसे एक तरह से कहना हो, तो वह यात्रा एक एडवेंचर फिल्म जैसी रही। इसमें बहुत कुछ हुआ, जिसे आपने पढ़ा है। टूर से घर लौटने के बाद, अब मेरा बेटा मुझे महत्व दे रहा है, मेरे लिए समय निकाल रहा है। मेरे पोते मेरे साथ रहते हैं और अपनी बातें मुझसे साझा कर रहे हैं। शायद उन्हें लगा कि मैं फिर से कहीं चला जाऊंगा, लेकिन फिलहाल सभी मेरे साथ अच्छा व्यवहार कर रहे हैं और मेरी देखभाल कर रहे हैं।

जो कुछ भी मैंने अपने बेटे और पोते से चाहा था, वह अब मुझे मिल रहा है। इसके लिए मुझे रवि को धन्यवाद कहना चाहिए। लेकिन मेरे दिल में पूरी तरह से...!"
*****

रवि को राधिका की याद आती है, और वह कुछ देर के लिए दुखी हो जाता है। थोड़ी देर बाद, वह खुद से सोचता है, "हाँ, दुखी क्यों होना? उसे कॉल कर लूं, बस हो जाएगा।"

राधिका के फोन पर रिंग जाती है... दूसरी ओर, रवि कहता है, "आखिर इंसान बदलते हैं, मैं भी बदल गया हूँ, तो अब और देरी किस बात की?"

राधिका बिना कुछ कहे फोन काट देती है।.
*****

कुछ दिनों बाद...

दादाजी को खोजने के लिए उनका पोता आता है। जब उन्हें नहीं पाता, तो घबराकर चिल्लाते हुए अपने पिता के पास जाता है और कहता है, "पिताजी, दादाजी कहीं दिखाई नहीं दे रहे हैं।" यह सुनकर घर के सभी लोग चिंता में पड़ जाते हैं।

सुबह रवि अपने घर के बाहर सो रहा होता है, तभी उसकी माँ आकर उसे जगाती है और कहती है, "कोई लड़की तुमसे मिलने आई है, देखो ज़रा।"

रवि आंखें खोलता है और सामने राधिका को खड़ी देखता है। जैसे ही रवि उसे देखता है, तुरंत कहता है, "मैंने पैसे नहीं रखे, सारे पैसे दादाजी को लौटा दिए।" यह सुनकर राधिका मुस्कुराते हुए एक तरफ हट जाती है, और सामने दादाजी खड़े होते हैं।

रवि उन्हें देखकर खड़ा हो जाता है और सिर झुका लेता है। तब दादाजी कहते हैं...

दादाजी: "तुम्हें सिर झुकाने की कोई ज़रूरत नहीं है। हां, तुमने मुझे कुछ चालाकी से ले जाने का सोचा था, लेकिन मैं खुद अपनी मर्जी से तुम्हारे साथ आया था। जब तुम मुझे ले जाने आए थे, तब मैं केवल तुम्हारे कहने पर नहीं आया, इसमें मेरी भी मर्जी थी। यहां रहकर मेरे पास कुछ खास करने को नहीं था, इसलिए जो हुआ, उसे स्वीकार करके मैं तुम्हारे साथ आ गया। लेकिन तुमने मेरी उम्मीदों से परे मेरी बहुत अच्छी देखभाल की, मुझे अपनी पलकों की तरह संभाला। तुम्हारा व्यक्तित्व अच्छा है, और इसीलिए आज मैं इतनी खुशी से तुम्हारे सामने खड़ा हूं।"

इतना कहते ही दादाजी का परिवार वहां पहुंच जाता है।

बेटा: "सॉरी, पिताजी।"

पोता: "सॉरी, दादाजी।"

दादाजी (भावुक होकर): "क्यों बेटा, सॉरी क्यों? तुम तो मेरी कमाई को कई गुना बढ़ाने में व्यस्त थे। तुमने मेरे लिए केयरटेकर रखा, लेकिन वह भी अपने काम में व्यस्त था। (अपने बेटे की ओर देखते हुए) जब तुम छोटे थे और तुम्हारे सिर में घाव हो जाते थे, तो यह हाथ उन्हीं घावों को साफ करता था। मुझे कभी घिन नहीं आई। लेकिन अब, मैं तुम्हें घिनौना लगने लगा हूँ? जब तुम छोटे थे, मैं तुम्हारे लिए बहुत बड़ा था, और आज भी मुझे तुम्हारे लिए वही होना चाहिए। लेकिन ऐसा नहीं है। जैसे ही तुमने पैसे कमाए, तुमने केयरटेकर को रखकर अपनी जिम्मेदारी पूरी कर ली। अगर तुम मुझसे स्नेहपूर्वक पूछते कि 'पिताजी, आप कैसे हैं,' तो मेरा दिल बहुत खुश हो जाता।"

(अपने पोते की ओर मुड़ते हुए) "अगर तुम, दादाजी कहकर मुझे कुछ कदम चलाते, तो मुझे बहुत खुशी होती। तुमने तो मेरे नाखून काटने के लिए नौकरों से कह दिया। लेकिन देखो, यह लड़का (रवि की ओर इशारा करते हुए), वह मेरे नाखून काट रहा था। बेटे की जगह उसने ले ली, पोते की जगह उसने ले ली। जो स्नेह और देखभाल मैंने तुमसे चाही थी, वह मुझे इससे मिली। अब मैं कुछ दिन अपने नए पोते के पास रहकर

आऊंगा।"

यह कहकर दादाजी जाने लगते हैं, और परिवार सहमति में सिर हिलाता है।

दादाजी (रवि की ओर मुड़ते हुए): "मुझे नहीं पता कि मैं और कितने दिन जीऊंगा। अगर तुम्हें कोई आपत्ति न हो, तो मैं अपने बचे हुए दिन तुम्हारे साथ ही बिताना चाहता हूँ।"

रवि: "अरे, इसमें क्या है? आप यहीं रहिए। मेरे दादाजी तो मेरे बचपन में ही गुजर गए थे, इसलिए दादाजी का स्नेह मैंने कभी अनुभव नहीं किया। आप यहीं रहिए।"

यह सुनकर रवि की माँ खुश हो जाती है, और राधिका भी खुशी महसूस करती है।

(आखिरकार, झूठे रिश्ते ने सच्चाई का रूप ले लिया... रिश्ते के लिए खून का रिश्ता होना जरूरी नहीं है। सामने वाले के प्रति हमारा व्यवहार ही हमारे बीच एक रिश्ता बना देता है। इसी वजह से दादाजी को उनका पोता मिल गया, और पोते को उनका दादाजी मिल गए।)
*****

16

अध्याय... सरिगमा पदनिस (जीवन सलाहें)

<u>**222 जीवन सलाहें**</u>

मेरे 82 साल के जीवन सफर में, जो मैंने सीखा, सुना, देखा, अनुभव से अनुभव किया, और सीखा... वे 222 जीवन सलाहें जो मैं आपको बताना चाहता हूँ।.

*****

1. जैसे-जैसे इंसान आगे बढ़ता है, उसे सलाह देने वाले कम होते जाते हैं... और अगर कोई सलाह दे भी दे, तो अहंकार में उसे सुना नहीं जा सकता। हमें सही रास्ते पर चलने की सलाह देने वाला सच्चा मित्र है... किताब। जो लोग किताबें पढ़ते हैं, वे निश्चित रूप से एक उच्च स्तर पर होते हैं।.

*****

2. मोटिवेशन...!

एक फसल को उगाने के लिए मौसम बहुत जरूरी है, और एक इंसान को बदलने के लिए वजह (रिज़न) बहुत जरूरी होती है... वही वजह मोटिवेशन होती है।

एक उदाहरण... एक व्यक्ति अपनी पत्नी और बच्चे को लेकर बाइक पर जंगल से गुजर रहा था, तभी उन पर एक चीता हमला कर देता है। इस हमले में वे बाइक से गिर जाते हैं, एक तरफ वह व्यक्ति और दूसरी तरफ उसकी पत्नी और बच्चा गिरते हैं। चीता पत्नी और बच्चे पर हमला करने लगता है। अचानक वह व्यक्ति उस चीते पर कूदकर, हाथ में आई एक छोटी सी पत्थर से चीते को मार डालता है।

उस समय उस व्यक्ति को यह सोचकर डर नहीं लगा कि वह चीता है, बल्कि उसके मन में सिर्फ यह था कि उसकी पत्नी और बच्चे की जान खतरे में है। यही सोच उसके साहस का कारण बनी। वह वजह (रिज़न) थी कि उसने चीते का सामना किया और उसे मार डाला।

मोटिवेशन एक शब्द से आ सकता है या किसी घटना से... इसे इंस्पिरेशन भी कहा जाता है।

जो लोग इस तरह प्रेरित होते हैं, उनमें से 100 में से लगभग 40 लोग उसे अमल में लाने की कोशिश करते हैं, और उन 40 में से केवल 6 से 7% लोग ही उसे लगातार करते रहते हैं, यह एक अध्ययन से पता चला है। पहले की तुलना में अब उन लोगों का प्रतिशत बढ़ा है, जो इसे निरंतर जारी रखते हैं। मैं उम्मीद करता हूँ कि आप उन्हीं लोगों में से एक बनें जो इसे निरंतर जारी रखते हैं।

चाहे वजह (रिज़न) छोटी हो या बड़ी, जब वह आपको अधिक तीव्रता (इंटेंसिटी) से मिलती है, तो स्वाभाविक रूप से आपके भीतर हर बाधा को तोड़ने की शक्ति आ जाती है, जैसा कि ऊपर के उदाहरण में है। तब आप अपने निर्धारित लक्ष्य तक पहुंच जाते हैं। जैसे-जैसे आपके शक बढ़ते जाते हैं, वह वजह कमजोर होती जाती है। यदि आप अपने संदेह को छोड़ देते हैं, तो जो भी वह तीव्र वजह है, वह आपकी मदद करेगी, वह आपको शक्ति देगी और आप वह हासिल करेंगे जो आपने सोचा है, आप बदलने के लिए तैयार हो जाएंगे। यह वजह किस रूप में आपके पास आती है, इसे पहचानना ही काफी है।

जहां तक मेरी बात है, हर इंसान की जिंदगी में एक मोड़ (टर्निंग पॉइंट) होता है, यह कब और कहां होगा, किसी को नहीं पता। इसे तब समझा जा सकता है जब आप उस पल का सामना करते हैं। मेरे लिए, मेरा टर्निंग पॉइंट तब आया जब मेरे बेटे ने मुझे रेलवे ट्रैक पर देखा।.

*****

3. हमारा काम हमें खुद देखना चाहिए - एक छोटी कहानी।.

एक नग्न लड़की टैक्सी में बैठी थी। टैक्सी ड्राइवर उस नग्न लड़की को घूर-घूरकर देखना शुरू कर देता है, जिससे वह लड़की न केवल चिढ़ जाती है बल्कि असहज होकर टैक्सी ड्राइवर से पूछती है, "तुम्हारी जिंदगी में कभी नग्न औरतें नहीं देखी क्या?" तब टैक्सी ड्राइवर जवाब देता है, "मैं तुम्हें नग्न देखकर नहीं देख रहा हूँ, बल्कि यह देख रहा हूँ कि तुम टैक्सी से उतरने के बाद मेरे पैसे कैसे दोगी।"

इस कहानी की शिक्षा यह है कि उस टैक्सी ड्राइवर की तरह हमें प्रलोभनों या बाहरी दिखने वाली चीज़ों से आकर्षित हुए बिना अपने काम पर ध्यान केंद्रित करना चाहिए।.
*****

4. स्वयं की गलती...!

एक मोटिवेशनल स्पीकर अपने पास आए लोगों से कहता है, "आपके आगे बढ़ने में साजिश रचने वाला कोई है, जो आपको दबाए रख रहा है, और मैंने उसे पकड़ लिया है। उसे मैंने उस कमरे में बंद कर दिया है। आप सभी एक-एक करके अंदर जाकर देख सकते हैं।"
तब वहां मौजूद लोग एक-एक करके उस कमरे में जाते हैं, और जब बाहर आते हैं, तो सिर झुकाए हुए आते हैं। इस तरह सभी अंदर जाकर, सिर झुकाकर वापस आते हैं। आखिरी व्यक्ति जब अंदर जाता है, तो कमरे में कोई नहीं होता। वहां एक बड़ा आईना होता है, जिसमें वह खुद को देखता है। इसका मतलब यह होता है कि इस दुनिया में आपका सबसे बड़ा दुश्मन आप ही हैं, इस दुनिया में आपका सबसे अच्छा मित्र कोई और नहीं बल्कि आप खुद हैं, और इस दुनिया में आपका सबसे बड़ा शुभचिंतक भी आप ही हैं।
अगर आप कोई काम सफल नहीं कर पाते, तो इसका कारण स्वयं की गलती होती है। जब आप दूसरों पर आरोप लगाना बंद कर देंगे, तभी आपके आगे बढ़ने का मौका निश्चित रूप से मिलेगा।.
*****

5. एक स्टेज के बाद दोस्त भी एक आदत (कमजोरी) बन जाते हैं।
हर महत्वपूर्ण बात को दोस्तों से ही कहना, उनके साथ डिस्कस करना – इस कमजोरी से बाहर निकलना अच्छा है। खुद पर विश्वास रखें, आपमें ही एक अच्छा आलोचक (क्रिटिक) होता है, आपमें ही एक अच्छा न्यायाधीश (जज) होता है, और आपमें ही एक अच्छा वकील होता है। उस वकील को काम दें, वह आपकी ओर से दलील देगा; आलोचक को काम दें, वह आलोचना करेगा; और न्यायाधीश को काम दें, वह निर्णय सुनाएगा। कुछ बातें ऐसी होती हैं जिन पर निर्णय हमें खुद ही लेना चाहिए।.
*****

6. इंसान के आगे बढ़ने के लिए जरूरी चीजें पैसा, अवसर, स्थान, या सहयोगी नहीं होते... बल्कि सबसे महत्वपूर्ण चीज है मानसिकता (माइंडसेट)। अगर माइंडसेट सही नहीं है, तो चाहे कितना भी बड़ा अवसर हो, वह बर्बाद हो सकता है। लेकिन अगर माइंडसेट सही है, तो रत्ती भर का अवसर भी वटवृक्ष के समान बन सकता है।.

माइंडसेट...!

इस माइंडसेट पर एक प्रयोग किया गया, यह समझने के लिए कि इसका प्रभाव कैसा होता है। एक कॉलेज में 30 छात्रों को चुना गया और उसी कॉलेज के तीन शिक्षकों को भी चुना गया। इन तीन शिक्षकों से कहा गया कि ये 30 छात्र बेस्ट स्टूडेंट्स हैं, और आप भी बेस्ट टीचर्स हैं। अब, इन तीन शिक्षकों को यह जिम्मेदारी दी गई कि वे इन 30 छात्रों को टॉपर्स बनाएंगे।
मगर सच्चाई यह थी कि ये 30 छात्र बेस्ट स्टूडेंट्स नहीं थे, और ये तीनों शिक्षक भी सर्वश्रेष्ठ शिक्षक नहीं थे। लेकिन उनमें यह विश्वास जगाया गया कि वे बेस्ट हैं। और उन्होंने इस पर यकीन किया। उसी यकीन के अनुसार इन शिक्षकों ने उन 30 छात्रों को पढ़ाया, और जैसा सोचा गया था, वे 30 छात्र वास्तव में टॉपर्स बन गए।
इससे यह सिद्ध होता है कि हर किसी में क्षमता होती है, बस उसे खुद पर विश्वास होना चाहिए।.
*****

7. इंसान का व्यक्तित्व नीम के पेड़ की तरह होना चाहिए।
नीम के पेड़ की खासियत यह है कि उसमें एक फ्रेंडली नेचर होता है, यानी नीम के पेड़ के नीचे कोई भी पौधा आसानी से उग सकता है और बढ़ सकता है। जबकि बरगद के पेड़ के नीचे कोई पौधा नहीं उगता।.

एटीट्यूड (वृति)

एक व्यक्ति रेलवे स्टेशन पर देर से पहुंचता है, और देखता है कि जिस ट्रेन में उसे सफर करना था, वह प्लेटफार्म से चल पड़ी है। वह दौड़ते हुए ट्रेन में चढ़ता है, लेकिन इस प्रक्रिया में उसके पैरों में पहना हुआ एक चप्पल प्लेटफार्म पर गिर जाता है। तब वह अपनी दूसरी चप्पल भी उतारकर प्लेटफार्म पर फेंक देता है। यह देखकर ट्रेन में मौजूद एक व्यक्ति पूछता है, "तुमने ऐसा क्यों किया?"

तब वह व्यक्ति कहता है, "मेरे पास इस एक चप्पल का अब कोई फायदा नहीं है, लेकिन अगर यह दूसरी चप्पल भी वहीं रहे, तो जिसे वह मिले, वह दोनों चप्पलें पहन सकेगा और उसका उपयोग कर सकेगा।"

इस तरह का सकारात्मक एटीट्यूड (वृति) रखना भी इंसान की उन्नति में बहुत सहायक होता है। यानी जो चीज आपके लिए उपयोगी नहीं है, वह किसी और के काम आ सके – यह सोच और यह सकारात्मक गुण आपको आगे बढ़ाने में मदद करता है।

*****

8. अनावश्यक भार, जितना आप उसे ढोते रहेंगे, वह उतना ही भारी होता जाएगा।

उदाहरण के लिए, अगर आप 100 ग्राम की कोई वस्तु उठाकर खड़े रहें, तो समय के साथ, आपको अनजाने में ही वह वजन बढ़ता हुआ महसूस होने लगेगा। अब इसे अपने दिमाग से जोड़कर देखें – अगर आप अनावश्यक बातों, अनावश्यक विचारों, या अनावश्यक लोगों को अपने दिमाग में ढोते हैं, तो उसका प्रभाव आपके काम पर ज़रूर पड़ेगा।

*****

9. कहा जाता है कि बरगद के पेड़ के नीचे कोई और पेड़ नहीं पनपता... यह सच है।

चाहे वह कंपनी हो या व्यक्ति, यह देखना जरूरी है कि वह बरगद के पेड़ की तरह है या नहीं। अगर वह बरगद के पेड़ जैसा है, तो शालीनता से वहां से हट जाना ही बेहतर है।.

*****

10. अगर आप एक मेंढक को गर्म पानी में डालते हैं, तो वह गर्मी सहन नहीं कर पाएगा और असहज होकर तुरंत बाहर कूद जाएगा।

लेकिन अगर आप उसे ठंडे पानी में डालते हैं, तो वह आराम महसूस करेगा। अब अगर आप उस बर्तन के नीचे हल्की आग जलाना शुरू करते हैं और धीरे-धीरे पानी को गर्म करते हैं, तो मेंढक महसूस करेगा कि पानी गर्म हो रहा है, लेकिन वह इसे नजरअंदाज करेगा, यह सोचकर कि थोड़ी सी गर्मी से कोई फर्क नहीं पड़ेगा। धीरे-धीरे, वह मेंढक उस गर्म पानी में उबल जाता है।

इसी तरह, हमारे जीवन में भी छोटी-छोटी बातें, जैसे कर्ज या प्रगति न होना, बिना ध्यान दिए बड़ी समस्याओं में बदल जाती हैं। दिन, महीने, और साल बीत जाते हैं और हमें पता भी नहीं चलता कि हमने समय व्यर्थ गंवा दिया है।

*****

11. एक दिन हमारे लेक्चरर ने कहा कि अगर आपकी इच्छा में सच्चाई है, तो वह पूरी हो जाएगी।

एक उदाहरण... अगर आप चाहते हैं कि एक बिजली का खंभा झुक जाए, और आप रोज उसे देखकर यही इच्छा करते रहें, तो एक दिन वह जरूर झुकेगा। कैसे? कोई न कोई आकर उसे टक्कर मार देगा।

इसका मतलब यह है कि आपकी इच्छा किस कारण पर आधारित है, इस पर आपकी कामयाबी निर्भर करती है। अगर आपको यह लगता है कि वह खंभा वहीं रहने से कोई दुर्घटना हो सकती है, तो आपकी इच्छा में सच्चाई होगी, और इसलिए वह पूरी होगी।

किसी भी इच्छा को पूरा करने के लिए, वह आपकी सीमा में होनी चाहिए और आपकी क्षमताओं पर आधारित होनी चाहिए। जब ऐसा होगा, तो आपकी इच्छा 100% पूरी होगी।.

*****

12. मेरे अनुभव से मैंने सीखा... सामने वाले को बदलने की कोशिश मत करो, खुद बदलो (उन्हें बदलने के विचार से)।

अगर कोई व्यक्ति आपके अधीन काम करता है और आप उसे बदलना चाहते हैं, तो उसे हटाकर किसी और को रख लो। लेकिन उनके जीवन में उजाला लाने की कोशिश मत करो, इसका कोई फायदा नहीं है, सिवाय समय की बर्बादी के।

जब मैंने पहली बार लुंगी पहनी थी, तो वह बार-बार ढीली हो जाती थी। मैं अपने मामा के पास जाकर लुंगी ठीक से बांधने के लिए कहता था। तब उन्होंने कहा, "अरे! अगर तुम अपनी लुंगी खुद बांधोगे, तो यह ठीक से बंधी रहेगी।" मैंने कोशिश की, और यह सही रहा।

इसी तरह, सुधारने की लालसा हर किसी को खुद में होनी चाहिए, न कि यह भ्रम पालना चाहिए कि हम किसी और को सुधार सकते हैं।

*****

13. भगवान... मेरे प्रिय देवताओं में से, मुझे श्रीकृष्ण सबसे अधिक प्रिय हैं।

वे मेरे आदर्श हैं क्योंकि वे हमेशा मुस्कान के साथ रहते हैं। चाहे उनके पीछे कितनी भी समस्याएं क्यों न हों, उनके चेहरे से वह मुस्कान कभी नहीं मिटती। वे हमेशा शांति से दिखाई देते हैं।

*****

14. मैंने कहा कि मुझे श्रीकृष्ण बहुत पसंद हैं, और इसके पीछे एक और कारण है।

वह कारण यह है कि भगवद्गीता में श्रीकृष्ण परमात्मा कहते हैं, "मैं ही यह हूँ, मैं ही वह हूँ," यानी वह खुद को हर चीज में बताते हैं। धीरे-धीरे, वह खुद पीछे हट जाते हैं और जो इसे पढ़ रहे होते हैं, वे उस स्थान पर आ जाते हैं। इससे बड़ी सेल्फ-मोटिवेशन की बात इस दुनिया में कहीं और मिल सकती है क्या?

*****

15. एक बार मैंने अपने पड़ोसी से स्कूटर मांगा, लेकिन उसने नहीं दिया।

कुछ महीनों बाद मैंने अपना स्कूटर खरीदा। एक दिन, जब उसका स्कूटर खराब हो गया और वह ऑफिस जाने के बारे में सोच रहा था, तब मैंने उसे अपना स्कूटर दिया और कहा, "आप जाइए, आज मुझे कोर्ट नहीं जाना है।" उस दिन से मैंने उसकी व्यवहार में बदलाव देखा, और उसने मेरे प्रति वफादारी दिखानी शुरू कर दी।

कभी-कभी, जब कोई आपको मना करता है, तो इसके पीछे उनके अपने कारण हो सकते हैं। इसका यह मतलब नहीं है कि हमें उनके प्रति द्वेष रखना चाहिए।.

*****

16. अगर तुम अपने से छोटे व्यक्ति से तुलना करोगे, तो तुम अपने आप को महान समझोगे...

अगर तुम अपने समकक्षों से तुलना करोगे, तो तुम सही जगह पर दिखोगे। लेकिन अगर तुम्हें यह जानना है कि तुम वास्तव में क्या हो, तो अपने से बड़े लोगों के पास जाओ, वहीं तुम्हें पता चलेगा कि तुम कौन हो।.

*****

17. जब आप में प्रगति नहीं हो रही हो, तो क्या करना चाहिए...!

जीवन में जिनके पास कोई प्रगति नहीं है, वे दूसरों को भी अपने जैसा देखना चाहते हैं। अगर ऐसे लोग आपसे मिलें, तो उन्हें छोड़ दें और उनसे दूर रहें।

इसी तरह, अगर आपके पास अपना घर नहीं है और आप किराये के मकान में रहते हैं, तो हर चार-पांच साल में उस जगह को छोड़कर किसी और स्थान पर जाएं।

नया स्थान आपको नए परिचय और नए अवसर प्रदान करेगा। अगर यह अच्छी बात है, तो यात्रा करें, और अगर बुरी है, तो उसे छोड़ दें।

कभी-कभी नए स्थान पर जाने से नए परिचय, नए दोस्त बनते हैं, और इससे आपके जीवन में अच्छे बदलाव आने के अवसर बढ़ जाते हैं।.

*****

18. सामान्य रूप से, अगर कोई हमारी मदद करता है, तो हम उन्हें धन्यवाद कहते हैं, यह सामान्य बात है।

लेकिन अगर वास्तव में किसी ने आपकी मदद की है, तो वह व्यक्ति कौन है? वह व्यक्ति जिसने आपकी मदद नहीं की। जिस व्यक्ति ने आपकी मदद की, उसे आप एक बार धन्यवाद कह सकते हैं, लेकिन जिस व्यक्ति ने आपकी मदद नहीं की, उसे मन में 100 बार धन्यवाद कहें।

क्योंकि उसने आपके विकास में मदद की, उसने आपको सोचने पर मजबूर किया कि उस समस्या का समाधान कैसे किया जाए, उसने आपको खोजने के लिए प्रेरित किया कि आपको अवसर कहां मिल सकता है, उसने आपका ज्ञान विकसित किया और आपको सक्रिय किया। इस तरह, वह व्यक्ति जिसने आपकी मदद नहीं की, वह आपके लिए इतने तरीकों से फायदेमंद साबित हुआ।.

*****

19. एक ही जाति के दो पौधों को लें – एक को घर के बगीचे में लगाएं और दूसरे को जंगल में।

कुछ वर्षा बाद, यदि आप घर के बगीचे में लगे पौधे को नीचे से ठोकर मारें, तो वह ऊपर तक हिल जाएगा। लेकिन अगर आप जंगल में लगे पौधे को ठोकर मारें, तो उसकी जड़ें इतनी गहरी और मजबूत होंगी कि वह नहीं हिलेगा।

इसका कारण यह है कि बगीचे में पौधे को हम नियमित रूप से पानी देते हैं, जिससे उसकी जड़ें अधिक फैलती नहीं हैं, वे एक ही जगह पर संकुचित रहती हैं। इसलिए ठोकर मारने पर वह हिल जाता है।

वहीं, जंगल में लगे पौधे को हम पानी नहीं देते, इसलिए वह अपने आप पानी खोजने की प्रक्रिया में अपनी जड़ें गहराई तक फैलाता है और मजबूत बनता है। इसी वजह से जंगल का पौधा अधिक स्थिर और मजबूत होता है।

इंसान भी ऐसा ही होता है। जिसने कठिनाइयों का सामना किया है और उन कठिनाइयों से सीखा है, उसके खड़े रहने की संभावना 99% होती है। कोई विपत्ति आने पर भी उसे कोई समस्या नहीं होगी।.

*****

20. हमारे भीतर का खजाना।

एक व्यक्ति समुद्र तट पर टहलते हुए जा रहा था, तभी उसे एक थैली दिखाई देती है। वह उस थैली को उठाकर देखता है कि उसमें केवल मिट्टी के ढेले भरे हुए हैं। वह उन ढेलों को एक-एक करके समुद्र में फेंकते हुए आगे बढ़ता जाता है।

ऐसे ही चलते-चलते, एक ढेला उसके हाथ से छूटकर जमीन पर गिरता है और टूट जाता है। जब वह देखता है, तो उस ढेले के अंदर एक कीमती रत्न होता है। यह देखकर वह थैली में बचे सभी ढेलों को तोड़ता है और पाता है कि उनमें से हर एक में रत्न छिपा हुआ है।

तब वह दुखी हो जाता है और सोचता है, "अरे, मैंने 50-60 ढेलों को यूं ही समुद्र में फेंक दिया। अगर वे मेरे पास होते, तो मैं करोड़पति बन सकता था।"

इस कहानी से हमें यह सीख मिलती है कि हर व्यक्ति के भीतर कोई न कोई प्रतिभा होती है। अगर हम उस प्रतिभा को पहचान लें, तो हर व्यक्ति अपने आप में एक खजाना है।.

*****

21. मेरे दृष्टिकोण में भगवान का मतलब है सकारात्मक ऊर्जा।

अगर तुम भगवान पर विश्वास करते हो, तो इसका मतलब है कि तुम्हारे भीतर एक सकारात्मक संकेत है। कभी भी विश्वास मत खोना, क्योंकि विश्वास खोना ही नकारात्मकता है, और वह इंसान को आगे बढ़ने नहीं देती।

आज जो काम नहीं हुआ, वह कल हो सकता है, कल नहीं हुआ तो परसों हो सकता है, परसों नहीं हुआ तो उसके बाद के दिन हो सकता है, एक हफ्ते बाद हो सकता है, और अगर हफ्ते बाद नहीं हुआ, तो एक महीने में हो सकता है। अगर एक महीने में भी नहीं हुआ, तो एक साल में हो सकता है। तब तक तुम्हें डटे रहना चाहिए, और इसके लिए तुम्हारे भीतर वह सकारात्मक गुण होना चाहिए।

वह गुण कितना होना चाहिए?

(भिक्षु) एक भिक्षु का नियम होता है कि वह भिक्षा के लिए सिर्फ 5 घरों में ही जा सकता है। अगर वे भिक्षा देते हैं, तो उसे लेना होता है, अगर नहीं देते, तो कुछ नहीं मिलता।

एक दिन एक भिक्षु 5 घरों में भिक्षा मांगने गया, लेकिन किसी ने भी भिक्षा नहीं दी। तब वह अपने गुरु के पास जाकर कहता है, "गुरुजी, आज 5 घरों में से किसी ने भी भिक्षा नहीं दी।"

तब गुरु भगवान को धन्यवाद देते हैं। यह देखकर शिष्य को समझ नहीं आता और वह गुरु से पूछता है, "आज हमें बिना भोजन के उपवास करना पड़ेगा, फिर आप भगवान को धन्यवाद क्यों दे रहे हैं?"

तब गुरु कहते हैं, "भगवान ने हमें आज उपवास करने का अवसर दिया है, इसके लिए हमें उनका धन्यवाद करना चाहिए।"

सकारात्मक दृष्टिकोण का मतलब इतना गहरा होना चाहिए।.

*****

22. जब हमारा बुरा समय (बैड टाइम) होता है, तो हम कुछ लोगों के पास जाते हैं, और कुछ लोग हमारे पास आते हैं, यह कहते हुए कि वे हमें डुबो देंगे या किनारे तक ले जाएंगे।

इसी तरह, जब हमारा अच्छा समय आता है, तो हम कुछ लोगों के पास जाते हैं और कुछ लोग हमारे पास आते हैं। यह वैसा ही तर्क है जैसे 'पहले बीज था या पेड़'।

जीवन में कोई भी जानबूझकर बुराई की ओर नहीं जाता। जीवन यात्रा में कुछ चीजें ऐसी होती हैं जिनका सामना करना ही पड़ता है। हम इनसे बच नहीं सकते। हर किसी के जीवन में, किसी न किसी मोड़ पर, ऐसी परिस्थितियों का अनुभव करना पड़ता है।

*****

23. किसी भी संबंध, रिश्ते, या नाते को तब तक महत्व देना चाहिए जब तक वे तुम्हें नुकसान न पहुंचाएं।

अगर तुम्हें लगता है कि वे तुम्हें नुकसान पहुंचा रहे हैं, तो उन्हें महत्व देने की कोई आवश्यकता नहीं है। यह मेरी राय है।.

*****

24. अगर आप लोगों को पढ़ सकते हैं, तो आधी सफलता आपकी हो चुकी है...! कुछ लोग होते हैं जो बाहर से दिखाई नहीं देते, ये होते हैं हमारे मौन शत्रु (साइलेंट एनिमीज)। जैसे ही वे सामने आते हैं, ये लोग हमारे आसपास ही होते हैं, हमारे पास होते हैं। ये लोग हमें एक शब्द भी नहीं कहते, बल्कि सही मौके का इंतजार करते हैं, और जब उन्हें मौका मिलता है, तो वे हमें नुकसान पहुंचाने में जरा भी देर नहीं करते। इनमें से कुछ दोस्त हो सकते हैं, जान-पहचान वाले हो सकते हैं, या फिर रिश्तेदार भी हो सकते हैं... इन्हें पहचानने के साथ ही आपकी बाकी की आधी सफलता छिपी होती है। और बाकी आधी...? वो तो आपके काम में निपुणता बढ़ाने से पूरी हो सकती है।

*****
25. मौन शत्रु को पहचानना ही सफलता की निशानी है, ऐसा कहा जा रहा है। आप सोच रहे होंगे कि ऐसा क्यों कहा जा रहा है... क्योंकि हमारी सफलता और असफलता में इन दोनों की बहुत बड़ी भूमिका होती है। जो नुकसान हम खुद को पहुंचाते हैं, उससे ज्यादा नुकसान ये लोग पहुंचाते हैं... ये लोग हमारे साथ रहते हुए पीठ में छुरा घोंप सकते हैं, या फिर जो सलाह देते हैं, वो नुकसानदायक हो सकती है, और भी बहुत कुछ हो सकता है।.
*****
26. जब तुम्हें कठिनाई का सामना करना पड़े, तो अपने से नीचे पोज़ीशन वाले लोगों को याद करो, तब तुम्हें लगेगा कि तुम महान स्थिति में हो... यह उस समय तुम्हें सांत्वना देगा।

समस्या को पहचानो, फिर उसे हल करने के लिए अपनी सारी शक्तियों को झोंक दो। यहाँ तुम्हारी सारी शक्तियों का मतलब सिर्फ तुम्हारी ऊर्जा नहीं है, बल्कि तुम्हारे जान-पहचान वालों की, तुम्हारे दोस्तों की, तुम्हारे रिश्तेदारों की, और जो भी तुम्हारी मदद करना चाहते हैं, उनकी शक्ति भी शामिल है। यह किसी भी रूप में हो सकती है।
******
27. अगर एक बीज को अच्छी मिट्टी में बोकर उसकी थोड़ी देखभाल की जाए, तो वह मजबूत नींव के साथ बड़ा होकर हजारों पेड़ों के लिए स्रोत बन सकता है। इंसान भी पेड़ की तरह होता है, भले पेड़ जितना न हो, लेकिन थोड़ा बहुत तो उतना ही होता है।.
*****
28. अगर कोई आपको कहे तो अपने लक्ष्य को निर्धारित करने के बजाय, अच्छा होगा कि आप खुद ही तय करें कि आपका लक्ष्य क्या है, क्योंकि आपको अपनी क्षमता के बारे में पता है, दूसरों को नहीं। आप उनसे केवल सलाह लें जब आपको ज़रूरत महसूस हो, लेकिन अपने लक्ष्य को तय करने का अधिकार कभी भी उन्हें न दें।
*****
29. अपने काम पर 90% ध्यान केंद्रित करें, और बाकी 10% उन अन्य तरीकों पर लगाएं जिससे आप पैसा कमा सकते हैं। कभी-कभी जो हमने सोचा होता है, उसमें परिणाम आने में देर हो सकती है। तब ये 10% आपको 100% की तरह काम आ सकते हैं।
*****
30. मेरी नजर में अद्भुत प्रेम का मतलब है "देना"। मैं दुनिया को जो कुछ भी देता हूं, वही दुनिया मुझे वापस देती है, चाहे वह प्रेम हो, नफरत हो, या कुछ और।.
*****
31. जब हमारे एक रिश्तेदार का निधन हुआ, तो मैं उन्हें देखने के लिए घर से निकल रहा था और मैंने उन्हें फोन किया। मैंने कहा कि मैं आ रहा हूँ, भले थोड़ी देर हो सकती है, लेकिन उन्हें दफनाने से पहले इंतजार करने के लिए कहा। लेकिन जब मैं वहां पहुंचा, तब तक उन्होंने उन्हें दफना दिया था। तब मुझे समझ में आया कि जब इंसान के पास वज़न (weight) नहीं होता (अर्थात आर्थिक और सामाजिक रूप से उसकी कोई कीमत नहीं होती), तो कोई भी उसके लिए इंतजार (wait) नहीं करता।
*****
32. आज आप कहाँ हैं, यह मायने नहीं रखता। अमेरिकी राष्ट्रपति भी बचपन में एक बच्चे की तरह रोया था। जितनी भी बड़ी इमारत हो, वह पहले कागज पर खींची जाती है। बीते हुए समय का कोई मतलब नहीं, कल क्या होगा, वही महत्वपूर्ण है।
*****
33. जीवन का मतलब ही अच्छाई, बुराई, दुःख, खुशी, और आनंद का मिश्रण है। कोई भी इंसान इन सबको पार करके नहीं जा सकता। लेकिन अगर किसी इंसान के जीवन में दुःख और बुराई कम मात्रा में हो, तो वह न केवल अपनी ऊँचाई पर पहुंचेगा, बल्कि समाज और दुनिया के लिए भी बहुत उपयोगी साबित होगा। हमें इन दोनों से बचने का प्रयास करना चाहिए। इस विशाल दुनिया में अनगिनत अवसर हैं, और उन अवसरों को पहचानने में ही हमारी सफलता छिपी है।.
*****
34. अगर कोई व्यक्ति किसी क्षेत्र में सफल हुआ है, तो उस व्यक्ति के सफल होने के कारणों को जानें। अगर आप कम से कम 20% भी उनके तरीके को अपना सकते हैं, तो आपकी अपनी रचनात्मकता के साथ जब आप जो सीखा है उसे जोड़ेंगे, तो आपको भी उस क्षेत्र में सफल होने का अवसर मिलेगा।
*****
35. एक तितली बाहर निकलने की कोशिश कर रही थी। एक बच्चा देखना चाहता था कि वह कैसे बाहर आएगी, इसलिए वह बैठकर देख रहा था। तितली को छोटे से छेद से बाहर आने में बहुत संघर्ष करते देख, बच्चे ने उसकी मदद करने का सोचा और उसने तितली के खोल को थोड़ा

काट दिया। तितली बाहर निकल आई, लेकिन उसका शरीर सूजा हुआ था और उसके पंख पूरी तरह से नहीं खुले थे। तितली इधर-उधर रेंगती रही, लेकिन कभी उड़ नहीं सकी। असल में, अगर तितली खुद संघर्ष करके बाहर आती, तो वह पूरी तरह से विकसित होकर सुंदर तितली बनती और उड़ पाती, लेकिन यह बात उस बच्चे को नहीं पता थी। हमारे जीवन में भी हमें कई कठिनाइयों, समस्याओं और संघर्षों का सामना करना पड़ता है। ये जीवन की लड़ाइयाँ हमें भी शक्ति, शारीरिक बल और एक महान जीवन देकर हमें उन्नति की ओर ले जाती हैं।.
*****

36. एक बार समुद्र किनारे एक केकड़ा रेत पर इठलाते हुए अपने पैरों के निशान देखकर खुश हो रहा था, और सोच रहा था, "ये कितने सुंदर हैं।" तभी समुद्र की लहरें आईं और उन पैरों के निशानों को मिटा कर चली गईं। केकड़ा समुद्र की ओर देखकर बोला, "मैंने तुम्हें अपना अच्छा मित्र माना था, लेकिन तुम्हारी लहरों ने मेरे सुंदर पैरों के निशान मिटा दिए। क्या यह सही है?" समुद्र ने उत्तर दिया, "पगली, एक मछुआरा तुम्हारे पैरों के निशान देखकर तुम्हें पकड़ने आ रहा था, इसलिए मैंने तुम्हें बचाने के लिए तुम्हारे निशान मिटा दिए, बस इतना ही।"

सामान्य तौर पर, हम अक्सर दूसरों को देखकर उनके बारे में अपनी राय बना लेते हैं और तरह-तरह की बातें कहते हैं। बिना दूसरों की क्रियाओं को समझे उनके बारे में फैसले लेना सही नहीं है। किसी व्यक्ति के बारे में राय व्यक्त करना वास्तव में यह बताना नहीं है कि वह व्यक्ति कौन है, बल्कि यह बताता है कि हम कौन हैं और हमारा व्यक्तित्व क्या है।.
*****

37. इंसान की प्रगति को समय और कर्मफल निर्धारित करते हैं... माँ, पिता, और गुरु की भूमिका थोड़ी कम होती है। यह सोचना कि मेरी असफलता के लिए वह या यह व्यक्ति जिम्मेदार है, किसी काम का नहीं है। जैसे लकड़ी में आग उसे पूरी तरह जलाकर राख कर देती है, वैसे ही समय भी इंसान को जलाकर नष्ट कर देता है। हम बीते हुए कल को नहीं बदल सकते, और हमें यह भी नहीं पता कि कल क्या होगा। इसलिए आज के दिन को ऐसी बेकार सोच में बर्बाद मत करो।.
*****

38. एक व्यक्ति गाँव के मुखिया से पूछता है, "मेरा परिवार ईमानदार नहीं है। मेरी पत्नी और बच्चे, और यह दुनिया भी सभी स्वार्थी हैं।" तब गाँव का मुखिया मुस्कुराते हुए एक कहानी सुनाता है।

एक गाँव में 1000 शीशों वाला एक कमरा था। एक छोटी लड़की उस कमरे में खेलती थी, और अपने चारों ओर 1000 बच्चों को खेलते देख, बहुत खुश हो जाती थी। वह सोचती थी कि यह दुनिया का सबसे सुंदर और खुशहाल स्थान है, और बार-बार वहाँ खेलने जाती थी। एक दिन, एक व्यक्ति जो अपने दुखों में डूबा था, गुस्से में उस शीशों वाले कमरे में गया। वहाँ उसने 1000 लोगों को अपने जैसे दुखी और गुस्से में देखा। उसने उन्हें मारने के लिए हाथ उठाया, तो 1000 हाथ भी उठ गए। वह सोचने लगा कि इससे बुरा स्थान और कोई नहीं हो सकता, और वहाँ से चला गया।

यह दुनिया भी 1000 शीशों वाले कमरे की तरह है। यह दुनिया स्वर्ग हो सकती है या नरक... इसे स्वर्ग बनाना है या नरक, यह हमारे हाथों में है।.
****

39. तुम्हें अपने जीवन को खुद ही संवारना होगा। तुम्हें संवारने के लिए भगवान के पास समय नहीं है, क्योंकि पूरी दुनिया की देखभाल करने की ज़िम्मेदारी उन्हीं की है।
*****

40. जब मैं अपने से बड़े लोगों के पास जाता हूँ, मतलब उम्र में नहीं, बल्कि पद में, तो मैं उनके साथ ज्यादा समय नहीं बिताता था। मैं जिस काम के लिए गया होता, उसे पूरा करके तुरंत वापस आ जाता था। क्योंकि अगर मैं वहाँ ज्यादा देर रुकता, तो हो सकता है कि उन्हें किसी न किसी रूप में मैं पसंद न आऊँ। जैसे मंदिर में दर्शन के बाद हम तुरंत वापस आ जाते हैं, उसी तरह मैं भी जल्दी लौट आता था।
*****

41. मेरे पिता हमेशा कहते थे, "तू एक विद्वान है।" ये शब्द मुझ पर गहरा असर करते थे। माता-पिता को हमेशा अपने बच्चों के बारे में सकारात्मक बातें ही कहनी चाहिए।.
*****

42. अगर किसी को यह पता चल जाए कि आप उस पर निर्भर हैं, तो वह आपको जीवनभर अपने ऊपर निर्भर रखने की कोशिश करेगा, इसमें कोई शक नहीं है। अगर आप अपनी राह खुद तय करते हैं और आपकी काबिलियत किसी को समझ आती है, तो वह आपको जरूर बुलाएगा और आपको आपकी कद्र देगा। किसी भी परिस्थिति में अपनी आर्थिक समस्याओं के बारे में न बताएं... यहां कोई किसी के लिए मुफ्त में कुछ नहीं करता।

*****

43. जब कोई बाहरी व्यक्ति हमारे बारे में कुछ कहता है, तो जब भी हम उस व्यक्ति को देखते हैं, वह बात हमें याद आ जाती है। और अगर वही बात हमारे परिवार के सदस्य कहते हैं, तो वह हमारे जीवनभर याद रहती है।

*****

44. सफलता के पीछे और पैसों के पीछे दौड़ना सही नहीं है। एक सीमा होती है, और उस सीमा से आगे नहीं जाना ही अच्छा है। इच्छाएं होनी चाहिए, लेकिन लालच नहीं होना चाहिए, क्योंकि वह हमारी मानसिक सेहत को नुकसान पहुंचाता है। सफलता और पैसों की एक सीमा तय करना ही बेहतर है। अगर उससे आगे जाने की सोचते हैं, तो चाहे कोई कितना भी समझदार क्यों न हो, नुकसान उठाने की स्थिति में आ जाता है। अगर छोड़ने का मन बना सकते हैं, तो कोई तकलीफ नहीं होती। लेकिन जितना ज्यादा आप यह मेरा है, मेरा है कहकर पकड़ते हैं, उतनी ही ज्यादा तकलीफ होती है। जरूरत से ज्यादा संपत्ति के लिए संघर्ष करते हुए, यह सोचते हुए कि यह सब मेरा ही है, अपनी जिंदगी को खो देना सही नहीं है।.

*****

45. ज्यादा बोलने की आदत होने से हमें अन्य चीजों को जानने का मौका नहीं मिलता। हमारा खाता (account) तो आउटगोइंग होता है, लेकिन दूसरों के खाते से इनकमिंग नहीं होती। यहाँ खाता से मेरा मतलब ज्ञान से है। मेरी नज़र में बिना किसी वजह के बात करना भी एक बुरी आदत है।

*****

46. हमें ग्रहण करने की क्षमता होनी चाहिए, लेकिन वह ज्ञान कहीं से भी मिल सकता है, चाहे वह किताबों से हो या किसी के द्वारा बताए जाने से।

*****

47. हमने जो किया है, वह कभी व्यर्थ नहीं जाता। जब मैंने अमृता जी के परिवार को खड़ा करने के लिए प्रयास किया, तो वहीं से वकील की सोच आई। जब हम कुछ अच्छा करते हैं, तो वह किसी न किसी दिन हमारे काम आता है। अगर हम बुरा करते हैं, तो उसका परिणाम तुरंत होता है। अच्छा करने में समय लग सकता है, लेकिन बुराई का परिणाम कभी देर से नहीं आता। यह सब इस पर निर्भर करता है कि हम क्या करते हैं।

*****

48. अपने दिमाग को हमेशा तरह-तरह की चीज़ों से भरते रहो। जितना भरोगे, वह उतना ही उपयोगी साबित होगा जब उसकी ज़रूरत पड़ेगी। ऐसा हो सकता है कि कहीं और किया गया प्रयास बेकार चला जाए, लेकिन आपके दिमाग पर किया गया प्रयास कभी बेकार नहीं जाता।.

*****

49. मैं खुद को बचा सकता हूँ... इसका क्या मतलब है?
हर इंसान के अंदर तीन लोग होते हैं: पहला एक खलनायक, दूसरा एक हीरो, और तीसरा एक शुभचिंतक।
इन तीनों का इंसान पर कैसे प्रभाव होता है और उनके काम कैसे होते हैं?

खलनायक: अगर इंसान के अंदर यह ज्यादा हावी हो जाए, तो उसकी ज़िंदगी बर्बाद हो जाती है।
हीरो: इंसान की रक्षा करता है, और कैसे करता है, वो मैं नीचे समझाऊँगा।
शुभचिंतक: अगर इंसान के अंदर यह हो, तो उसकी ज़िंदगी अच्छी हो जाती है।

उदाहरण के तौर पर:

जैसा कि मैंने ऊपर कहा, मेरे अंदर का खलनायक मुझे गलत रास्ते पर जाने की सलाह देता रहता है। वह मुझे हमेशा बुरी आदतों की ओर आकर्षित करता है और यह देखता रहता है कि मुझे कैसे बर्बाद किया जाए। वह मुझे आत्महत्या के लिए प्रेरित करता है। तब मेरे अंदर का शुभचिंतक कहता है, "ऐसा मत करो, यह गलत है," और मुझे सही रास्ते पर ले जाने की कोशिश करता है। जब खलनायक मेरे शुभचिंतक पर हमला करने की कोशिश करता है, तो मेरे अंदर का हीरो बाहर आता है और खलनायक से मेरे शुभचिंतक की रक्षा करता है। इसका मतलब है कि मेरा हीरो मेरे दुश्मन से मेरे दोस्त को बचा लेता है।.

*****

50. हर किसी के अंदर एक हीरो होता है, और जब कठिनाइयाँ आती हैं, तो सही समय पर वह हीरो बाहर आता है। यह सिर्फ मेरे अंदर नहीं, आप में भी और हर किसी में होता है। बस इतना करना है कि आत्महत्या जैसे विचारों से खुद को दूर रखें, तब वह हीरो बाहर आएगा और आपको एक सफल व्यक्ति बना देगा।

*****

51. किसी भी उद्धरण (quote) को लेकर यह सोचें कि वह क्यों आया है। उसके पीछे क्या कारण है, उससे पहले और बाद में क्या हुआ होगा, इस पर विचार करें। आपको उसका उत्तर मिलेगा। उसमें वह ज्ञान छिपा होता है जो कोई शिक्षक या लेक्चरर नहीं सिखाता। यह ज्ञान बाहर से नहीं, बल्कि आपके भीतर से आता है, इसलिए आप इसे कभी नहीं भूलेंगे। यह हमेशा आपके दिमाग में रहेगा, और इससे आपको कोई समस्या या विषय को स्वयं सोचने और समझने की क्षमता मिलेगी। यह आपके विकास के लिए बहुत फायदेमंद होगा।

*****

52. हमें जो चाहिए, उसे खुद ही तलाशना बेहतर है। हमारी जिंदगी में रोशनी लाने के लिए कोई और नहीं आएगा। किसी और पर भरोसा मत करो, खुद पर विश्वास करो। तलाश करो, कहीं न कहीं कोई खाली जगह जरूर होगी, और वह खाली जगह ही तुम्हारा रास्ता है।.

*****

53. कहते हैं, "पता नहीं चलता कि पैसा कैसे आता है और कैसे चला जाता है।" लेकिन जब पैसा आता है, तो हमें एहसास होता है। एक उदाहरण है... अगर आप इसे अपना भाग्य मानते हैं, तो उस भाग्य का कारण जानें, और उसे समझदारी से इस्तेमाल करें, तो वह पैसा आपके पास बना रहेगा। लेकिन अगर आप उस भाग्य को नजरअंदाज करते हैं, यानी उसे पहचानने में लापरवाही करते हैं, तो वह पैसा धीरे-धीरे बिना आपके जाने चला जाता है।

*****

54. चाहे इंसान हो या मशीन, हमें उसे समझना जरूरी है। अगर हम उसे समझते नहीं हैं, तो वह हमारा साथ नहीं देती। आप सोच रहे होंगे, मशीन को समझना क्या होता है? इसका मतलब है, उसे किस तरह इस्तेमाल करना है, किस विधि से उसे चलाना है, यह जानना ही उसे समझना है। अगर हम मशीन को मनमर्जी से चलाते हैं, तो वह खराब हो जाती है। उसी तरह इंसान के साथ भी ऐसा ही है। हमें उस इंसान की मानसिकता को समझना चाहिए, तभी हम उसके साथ तालमेल बिठा पाएंगे, वरना संबंध नहीं टिकेंगे।

******

55. इंसान का जीवन कई घटनाओं का समूह होता है, और उन घटनाओं में से 90% उसके नियंत्रण में नहीं होते। लेकिन 10% जरूर उसकी पसंद के अनुसार होते हैं। वह उन विकल्पों को कैसे चुनता है और उनका कैसे इस्तेमाल करता है, उसी पर उसका जीवन निर्भर करता है।.

*****

56. अगर पूछा जाए कि अनुभव बड़ा है या ज्ञान, तो कुछ परिस्थितियों में अनुभव बड़ा होता है, और कुछ परिस्थितियों में ज्ञान। किसे कहाँ उपयोग करना है, यह परिस्थिति के अनुसार तय करना चाहिए।

*****

57. भले ही आप अपनी कमियों को बाहर से न कहें, लेकिन अपने अंदर की कमियों को पहचानें। उन्हें कैसे दूर किया जाए, इस पर विचार करें और उसे अमल में लाएँ। आपकी सफलता की अंतिम बाधा भी हट जाएगी।

*****

58. आज का दिन कल से बेहतर होना चाहिए, और कल आज से बेहतर होना चाहिए। यह ज़रूर होगा, लेकिन हमें उसी दिशा में सोचना चाहिए। दुनिया हमेशा आगे बढ़ती रहती है, और अगर हम उसे इस नजर से देखें, तो यह हमें भी दिखाई देगा।.

*****

59. यह कहते हैं कि हमारे सोचे गए या कल्पना किए गए सभी कार्य पूरे नहीं होते, यह सच है, लेकिन कुछ होते हैं। जब वे होते हैं और कोई समस्या आती है, तो आपको क्या करना चाहिए? कुछ ट्रिगर पॉइंट्स लिखें। ऐसा लिखने से आप मानसिक रूप से मजबूत होते हैं और सही कदम उठाने में मदद मिलती है। जब समस्या अचानक एक तूफान की तरह आती है, तो उसे कैसे सामना करें, इसके लिए आपको पहले से तैयारी करने का मौका मिलता है। इसका लाभ यह होता है कि हम बिना सोचे-समझे निर्णय लेने से बच जाते हैं।

*****

60. दुनिया के बिलियनेयर्स में से 85% लोग पहली पीढ़ी के हैं, बाकी 15% लोग दूसरी पीढ़ी के हैं। जब इन पहली पीढ़ी के लोगों से पूछा गया कि उन्होंने इतनी जल्दी इतना पैसा कैसे कमाया, तो उनका जवाब एक ही था: किताबें पढ़ने से। कितनी किताबें? हर हफ्ते एक किताब, यानी साल में 50 किताबें। जब कोई एक किताब लिखता है, तो उसमें उसकी पूरी ज़िंदगी होती है, चाहे वह 50 साल हो या 80 साल। अगर आप एक हफ्ते में एक किताब पढ़ सकते हैं, तो इसका मतलब है कि आपने किसी की पूरी ज़िंदगी पढ़ ली। उस व्यक्ति के पूरे जीवन की कमाई हुई जानकारी और अनुभव को वह आपके साथ एक किताब के माध्यम से साझा करता है, जो किसी न किसी तरह से आपके विकास के लिए सहायक हो सकता है।.

*****

61. युद्ध को सहानुभूति से नहीं जीता जा सकता... यहां युद्ध का मतलब पेशा हो सकता है या व्यवसाय। किसी भी चीज़ में सफलता प्राप्त करने के लिए क्षमता होनी चाहिए।।

*****
62. हमें जो भी काम करते हैं, उसमें लगातार सुधार देखना चाहिए, और नई चीज़ों को आजमाना चाहिए। जब हम नई चीज़ें करना और सोचना बंद कर देते हैं, तो हम दुनिया के लिए पुराने हो जाते हैं, और कोई और हमारी जगह ले लेता है।।
*****
63.किसी इंसान को कमजोर करने के लिए कुल्हाड़ी से काटने की जरूरत नहीं है, छोटी-छोटी बातें भी बड़े घाव कर सकती हैं। उदाहरण के लिए, अगर सुई जैसी छोटी चीज़ को एक ही जगह बार-बार चुभोया जाए, तो चाहे सुई कितनी भी छोटी क्यों न हो, दर्द बड़ा होगा। इसी तरह, छोटी-छोटी बातें अनजाने में बड़े घाव कर देती हैं।।
*****
64. जरूरत से ज्यादा आत्म-सम्मान भी इंसान को आगे बढ़ने से रोकता है।।
*****
65. कभी भी खुद की तुलना किसी और से मत कीजिए। यदि आपने तुलना की, तो इसका मतलब है कि आपने खुद का अपमान किया। क्या पता, आप जिस व्यक्ति से तुलना कर रहे हैं, उससे कहीं ज्यादा आप आगे बढ़ सकते हैं, एक बार सोचिए।
*****
66. असफलता का मुख्य कारण यह है कि आप उस दिशा में सही से नहीं सोचते या आप आलसी हो जाते हैं। जब ऐसा होता है, तो हार आपके पास आ जाती है।।
*****
67. हार से डर ज्यादा होता है, इसलिए वह अकेली नहीं आती। वह किसी को साथ लेकर आती है, यानी वह कारण जिससे आप हारते हैं, उसे भी साथ लेकर आती है (और बताती है)।।
*****
68. न तो किसी इंसान को और न ही लोहे को कोई और नष्ट कर सकता है। लोहे को जंग लगने की उसकी अपनी विशेषता नष्ट करती है। इसी तरह, इंसान की कुछ आदतें उसे खुद नष्ट करती हैं।।
*****
69. अगर एक आम आदमी कोई अच्छी बात कहे, तो हम उसे नहीं सुनते। वही बात अगर कोई उच्च पद पर बैठे व्यक्ति कहे, तो हम सुनते हैं। इसका कारण है उनका स्थान या स्थिति। हर बार अच्छी बात कहने के लिए कोई उच्च पद पर बैठा व्यक्ति हमारे पास नहीं आ सकता, हो सकता है वही अच्छी बात कोई आम आदमी भी कहे। अगर हम उस बात को सुनने में सक्षम हो जाएं, तो हमारा समय बच सकता है।।
*****
70. जब मैं छोटा था और गलती से किताब को पैर लग जाता था या हाथ से गिर जाती थी, या पैसे गिर जाते थे, तो उठाते समय आंखों से छूने को कहा जाता था। उस समय मुझे इसका अर्थ नहीं पता था, लेकिन बाद में समझा कि अगर हम उसे महत्व नहीं देंगे, तो वह हमारी मदद नहीं करेगा। इसी तरह, अगर हम अपने काम को पसंद नहीं करेंगे, तो वह काम भी हमें सहयोग नहीं करेगा। अगर हम उस काम से प्रेम करेंगे, तो उसे जल्दी से पूरा कर सकेंगे।
*****
71. किसी व्यक्ति को यह नहीं सोचना चाहिए कि उसके पास कोई बैकग्राउंड नहीं है या उसे समर्थन देने वाला कोई नहीं है, क्योंकि आपके अंदर ही एक योद्धा है। वह योद्धा कोई और नहीं, बल्कि आपका आत्म-सम्मान है। उसमें आपको किसी भी हद तक ले जाने की शक्ति, साहस, धैर्य, और क्षमता है। आपको बस उस पर विश्वास करना है, बस इतना ही।।
*****
72. इंसान के शरीर में कहीं भी चर्बी हो सकती है, इससे कोई बड़ी समस्या नहीं होती, लेकिन दिमाग में चर्बी नहीं होनी चाहिए। दिमाग में चर्बी होने का मतलब है अहंकार और घमंड। ये दोनों चीजें विकास के लिए अच्छी नहीं हैं। और अगर ये हमेशा एक ही स्थान पर रहेंगे, ऐसा नहीं होता। एक न एक दिन उनका पतन होता है, और जब पतन होता है, तो इसका मतलब है कि हमने उसकी कीमत चुका दी।।
*****
73. इंसान खुद को कम आंकता है, और कोई और नहीं।
*****
74. कहा जाता है कि इंसान की तरक्की दो तरह से होनी चाहिए: एक आर्थिक रूप से और दूसरी मानसिक रूप से। ये दोनों एक-दूसरे से जुड़े होते हैं। अगर कोई आर्थिक रूप से बढ़ता है, लेकिन मानसिक रूप से नहीं, तो जो कमाया गया है, वह टिक नहीं पाता।।
*****
75. एक बार रतन टाटा जी जब एक कॉलेज गए, तो वहां एक लड़की ने उनसे पूछा: लड़की: "सर, आप इस मुकाम तक कैसे पहुंचे?" तब टाटा

जी ने बिना कोई जवाब दिए, एक चेक लिखा और कहा, "यह चेक ले लो।" लड़की ने संकोच करते हुए कहा, "नहीं सर, आप बस बताइए कि आप इस स्तर तक कैसे पहुंचे?" तब रतन टाटा जी ने चेक को मोड़कर अपनी जेब में रखते हुए कहा, "मैंने इस चेक पर एक करोड़ रुपये लिखकर हस्ताक्षर किए। मैं ऐसे ही मिले हुए हर मौके का फायदा उठाकर इस स्तर तक पहुंचा हूं। अगर तुम मिले हुए अवसरों का फायदा उठाओगी, तो तुम भी मेरी तरह इस मुकाम तक पहुंचोगी।"
*****

76. इंसान ज्यादातर नुकसान कहां करता है? जब वह अपनी ताकत को कमजोरी समझता है। दूसरों द्वारा किए गए नुकसान से ज्यादा, इस तरह खुद को पहुंचाया गया नुकसान अधिक होता है।
*****

77. जो व्यक्ति खुद से प्यार नहीं कर सकता, उसकी स्थिति सूर्य ग्रहण जैसी होती है... यानी उसकी शक्ति बाहर से दिखाई नहीं देती।
*****

78. अगर हम ध्यान से देखें, तो हमारी समस्याओं में ही मौके छिपे होते हैं।.
*****

79. मुझे नहीं पता कि भगवान हैं या नहीं, लेकिन कभी-कभी लगता है कि शायद हैं। कैसे? इंसान को नियंत्रित करने और संतुलन में रखने में। जैसे कि आर्थिक, सामाजिक, और भावनात्मक रूप से। इन तीनों में से अगर दो में भी संतुलन न हो, तो बड़ी समस्या नहीं है, लेकिन भावनात्मक रूप से नियंत्रण होना एक बड़ी कृपा लगती है। क्योंकि अगर हम किसी व्यक्ति के प्रति अत्यधिक प्रेम या प्रशंसा रखते हैं, और वह व्यक्ति हमें दुखी करता है या उसकी मृत्यु हो जाती है, तो उसे सहन करने की ताकत हमें मिलती है जब उसके प्रति कोई विपरीत भावना कभी न कभी हमारे अंदर उत्पन्न हो जाती है। यह विपरीत भावना उस व्यक्ति के प्रति हमारी भावनाओं को संतुलित करती है, और उसी संतुलन से हम उस व्यक्ति के जाने के बाद भी संभल सकते हैं।
*****

80. अगर हम बैंक में पैसे जमा करते हैं, तो ब्याज मिलेगा या नहीं, यह निश्चित नहीं है। अगर हम किसी व्यक्ति को पैसे देते हैं, तो उस पर ब्याज वापस मिलेगा या नहीं, यह भी पता नहीं। लेकिन एक चीज पर ब्याज जरूर मिलेगा, वह है हमारे कर्म। अगर हम अच्छा करेंगे, तो अच्छा मिलेगा, और अगर बुरा करेंगे, तो बुरा मिलेगा। यही कर्म कहलाता है, और इस पर मूलधन, ब्याज, चक्रवृद्धि ब्याज सब कुछ मिलेगा।.
*****

81. समस्या को पहचानो, फिर उसे हल करने के लिए अपनी सारी शक्ति झोंक दो। यहां "सारी शक्ति" का मतलब सिर्फ तुम्हारी ऊर्जा नहीं है, बल्कि तुम्हारे जानने वालों की, तुम्हारे दोस्तों की, तुम्हारे रिश्तेदारों की, और उन सभी की जो तुम्हारी मदद करना चाहते हैं, उनकी भी शक्ति शामिल है। यह शक्ति किसी भी रूप में हो सकती है।
*****

82. जैसे ही हमें नुकसान होता है, हम उस नुकसान के बारे में ही सोचते रहते हैं। लेकिन आगे बढ़ने के लिए हमें यह सोचना चाहिए कि हमें क्या हासिल करना है। जब हम इस पर ध्यान देंगे, तो हमें एक रास्ता दिखाई देगा। उस रास्ते से हम अपने हुए नुकसान की भरपाई कर सकते हैं और अपनी जिंदगी को आगे बढ़ा सकते हैं।
*****

83. अगर आपके भीतर यह दृढ़ संकल्प और जिद है कि आपको वह पाना है जो आपने सोचा है, तो आपकी आखिरी सांस भी आपकी पहली सांस बनकर आपकी मदद करेगी।.
*****

84. अगर आप इंसानों को समझ सकते हैं और उनके स्वभाव को देख सकते हैं, तो समझिए कि आप जीवन में आधी सफलता पा चुके हैं।.
*****

85. कभी-कभी भगवान हमारी प्रगति को रोकते हैं, चाहे हम कितनी भी मेहनत करें, वह जल्दी परिणाम नहीं देते। इसका कारण यह है कि वह हमारे व्यक्तित्व के आधार पर निर्णय लेते हैं। उन्हें यह पता होना चाहिए कि हमारे अपने कौन हैं, पराए कौन हैं, दोस्त कौन हैं, रिश्तेदार कौन हैं, और साथ चलने वाले कौन हैं। जब तक हमें इन सभी लोगों का असली चेहरा नहीं दिखता, तब तक वह हमारी प्रगति नहीं होने देते। यह भी एक सच्चाई है।.
*****

86. किसी भी चीज़ में एक हद होती है। जब वह हद पार हो जाती है, तो अनिवार्य रूप से एक निर्णय लिया जाता है। वह निर्णय ऐसा होता है कि फिर कभी उस हद से अधिक बढ़ने का अवसर नहीं मिलता।.
*****

87. मेरी सफलता या असफलता के लिए मैं किसी और को ज़िम्मेदार नहीं ठहराता। ये दोनों मेरे अंदर हैं, और इसके लिए मैं ही ज़िम्मेदार हूँ,

कोई और नहीं। किसी और को ज़िम्मेदार ठहराने से कोई फ़ायदा नहीं होता, यह अप्रत्यक्ष रूप से असफलता को स्वीकार करने के समान है।.
*****

88. किसी बात में साहसी होना सीखना है, तो इसका मतलब जंगल में अकेले रहना या किसी सुनसान जगह पर अकेले रहना नहीं है। इसका अर्थ है, इस दुनिया में अगर तुम्हारे सारे लोग भी नहीं रहे, तो भी तुम मानसिक रूप से इतना मज़बूत होना चाहिए कि अकेले खड़े रह सको। जन्म के समय गलती से कोई (जुड़वा बच्चे) साथ आ भी जाए, पर जाते समय तुम्हारे साथ कोई भी नहीं जाता।.
*****

89. जब किसी को आपकी ज़रूरत हो और आपके पास मौका हो, तो उसे इस्तेमाल करें। अगर वह हाथ से निकल गया, तो वह दोबारा नहीं आएगा। इसी तरह, मूर्खों से बहस नहीं करनी चाहिए और न ही सूअरों से लड़ाई करनी चाहिए। मूर्ख से बहस करोगे तो वह अज्ञानता की लाठी से मारेगा, और सूअरों से लड़ाई करोगे तो उनके पास की सारी गंदगी तुम पर लग जाएगी।.
*****

90. काम की कीमत समझनी है, तो मेहनत की कीमत समझनी होगी। बिना मेहनत की कीमत समझे, सिर्फ़ काम के ज़रिए सफलता पाना, जितना मुझे पता है, मुमकिन नहीं है। अगर दादा-परदादा या पिता ने कुछ कमाकर रखा हो, तो उसके सहारे खड़े हो सकते हो, लेकिन जो लोग अपनी मेहनत से आगे बढ़ना चाहते हैं और सफल व्यक्ति बनना चाहते हैं, उन्हें मेहनत की अहमियत ज़रूर समझनी होगी।
*****

91. मेरे पिता हमेशा कहते थे, "जहाज़ गाड़ियाँ बन जाती हैं और गाड़ियाँ जहाज़ बन जाती हैं," यानी कभी निराश मत हो, अपने काम पर ध्यान दो। एक दिन तुम्हारी मनचाही चीज़ तुम्हारे पास आएगी। मेरे जीवन में यह सच साबित हुआ।.
*****

92. बहुत से लोग कहते हैं कि जीवन एक संघर्ष है, यह एक युद्ध है, और उसे जीतने के लिए लड़ना ही पड़ेगा। जब हम अपने दिमाग को यह संकेत देते हैं, तो हर काम हमें संघर्ष और युद्ध जैसा ही महसूस होता है। वहां घटने वाली छोटी-छोटी घटनाएं भी हमें घाव जैसी लगती हैं। मेरी नज़र में, जीवन एक खेल है। खेल में कभी जीत सकते हैं, कभी हार सकते हैं, लेकिन मजा जरूर आता है।
*****

93. बड़े लोग कहते हैं, "आपके पास सब कुछ है, लेकिन देरी क्यों हो रही है?" इसका कारण यह है कि आपका मन घड़ी की घंटी बजाने में ही देर कर रहा है।
*****

94. अगर कुत्ता पागल हो जाए, तो उसे सोने नहीं दे सकते। इसे अगर आप अपनी "बढ़ने की इच्छा" से जोड़कर देखेंगे, तो यह अच्छा लगेगा।
*****

95. हमारे अंदर ईमानदारी होनी चाहिए और हमारे काम में भी ईमानदारी होनी चाहिए। तभी, चाहे जीवन में हो या व्यापार में, सफलता पाने का मौका होता है। भले ही थोड़ी देर हो जाए, लेकिन सफलता ज़रूर मिलेगी।.
*****

96. माता-पिता जो कहते हैं, उसे मानें, लेकिन बाकी लोग चाहे कुछ भी कहें, उन पर इतनी जल्दी विश्वास नहीं करना चाहिए।
*****

97. अगर कोई अवसर या संबंध खत्म हो जाता है, तो निश्चित रूप से कोई दूसरा दरवाजा खुलता है। बस थोड़ा इंतजार करें, वह दरवाजा कहां खुलेगा, यह पता चल जाएगा। इस बीच जल्दीबाजी नहीं करनी चाहिए और यह नहीं सोचना चाहिए कि मेरे पास कोई नहीं है या मैं अकेला हो गया हूँ, या अवसर नहीं आएंगे। कभी निराश नहीं होना चाहिए।.
*****

98. कमजोर इच्छा, कमजोर परिणाम देती है। इसका मतलब है, हम जो चाहते हैं, हमें उतना ही मिलेगा।.
*****

99. कभी-कभी हम जीत जाते हैं, लेकिन अगर हमें यह नहीं पता कि हमने कैसे जीता, तो असफलता हमारे पास आकर बैठ जाएगी। जिस दिन आपको जीतने का कारण पता चलेगा, उस दिन आप असफलता को दूर रख सकते हैं।
*****

100. कहते हैं कि सफलता कुछ संकेत छोड़ती है। अगर आप उन संकेतों को समझ सकते हैं, तो आप उस सफलता को बार-बार दोहरा सकते हैं।
*****

101. इस दुनिया में इंसान का सबसे बड़ा दुश्मन कौन है? अगर वह खुद को उससे अमीर लोगों से तुलना करता है, तो इससे होने वाला नुकसान उसे और ज्यादा हानि पहुँचाता है।

*****

102. भविष्य के प्रति उम्मीद रखनी चाहिए, जितनी उम्मीद होगी, उतना ही डर भी होना चाहिए। तभी आर्थिक और सामाजिक रूप से सोच-समझकर कदम उठाने का मौका होगा।

*****

103. हम किस चीज़ को पकड़ते हैं, उसी पर हमारा भविष्य और हमारी प्रगति निर्भर करती है। अगर हम एक अच्छे व्यक्ति से दोस्ती करते हैं, तो वह हमारे लिए फायदेमंद होता है। लेकिन अगर हम किसी बुरे व्यक्ति से दोस्ती करते हैं, तो उसका प्रभाव हम पर भी पड़ेगा। उदाहरण के लिए, अगर लोहे को आग में रखा जाए, तो उससे एक हथियार या कोई उपयोगी वस्तु बनाई जा सकती है। लेकिन अगर वही लोहा पानी के संपर्क में आए, तो वह जंग लग जाएगा, और हम उसे छूना भी पसंद नहीं करेंगे, क्योंकि छूने से चोट लग सकती है।.

*****

104. माता-पिता अपने बच्चों को कई तरह के भोजन बनाकर उनकी स्वाद की पहचान कराते हैं। उसी तरह, उन्हें दो चीजों का स्वाद भी चखाना चाहिए: एक तो पैसे कमाने का, और दूसरा किसी एक लक्ष्य को प्राप्त करने या आगे बढ़ने की इच्छा। अगर ऐसा नहीं होता, तो उस जीवन का कोई अर्थ नहीं रहेगा।

*****

105. इंसान चाहे कितने भी दबाव में क्यों न हो, उस तनाव को दूर करने वाला सबसे पहले उसका परिवार होता है, और उसके बाद ही बाकी दुनिया।

*****

106. जो भी काम आप कर रहे हैं, उस पर कम से कम 1% उम्मीद रखें। कौन जानता है, वही 1% उम्मीद 100% बन सकती है।

*****

107. इस किताब को पढ़ने वाले लोगों से मेरी व्यक्तिगत विनती है कि जब आप अपने बच्चों के नाम रखें, तो अच्छे नाम रखें। चाहे वह गाँव का नाम हो या बच्चों का, अगर नाम अच्छा होता है, तो उनका भविष्य भी अच्छा रहेगा, ऐसा मेरा दृढ़ विश्वास है। एक शब्द को बार-बार दोहराने से वही उनके जीवन में प्रतिबिंबित होता है।.

*****

108. इंसान आराम के दायरे में रहकर जी सकता है, लेकिन वह तरक्की नहीं कर सकता। ज़िंदगी सिर्फ़ जीने का नाम नहीं, बल्कि आगे बढ़ने का भी नाम है। वही पौधा मजबूत होता है जो धूप और तूफ़ान को सहकर खड़ा रहता है।

*****

109. जैसे कई चीज़ें आपस में जुड़ी होती हैं, वैसे ही संपत्ति को भी समझने के लिए कड़ी होती है। जितना समझेंगे, उतना पैसा कमा सकते हैं। यह ज्ञान आप किताबों से लें या किसी अन्य माध्यम से, यह आपकी इच्छा पर निर्भर करता है।

*****

110. चाहे हमारे भले की चाह रखने वाले लोग हों या न हों, यह कोई समस्या नहीं है। लेकिन हमें आलोचक जरूर चाहिए, और हमें उन्हें आलोचना करने का मौका देना चाहिए। तभी हमें पता चलेगा कि हम कहां गलती कर रहे हैं। जब आप समानांतर खड़े होते हैं, तो छेद दिखाई नहीं देते, लेकिन जब ऊपर से देखते हैं, तो छेद साफ दिखाई देते हैं।

*****

111. किसी व्यक्ति की सफलता में दूसरों की भूमिका बहुत सीमित होती है, और असफलता में भी ऐसा ही होता है। किसी और पर आरोप लगाना और उन्हें असफलता के लिए दोषी ठहराना सिर्फ़ अपनी अक्षमता को छिपाने का एक तरीका है, इससे कभी सकारात्मक परिणाम नहीं मिलेगा।.

*****

112. जैसे बुराई खतरनाक होती है, वैसे ही ज़रूरत से ज़्यादा अच्छाई भी आपको नुकसान पहुँचा सकती है। परिस्थितियों का सामना करने में कभी-कभी "बुरा लड़का" बनना ही सही होता है।

*****

113. इंसान के लिए डर ज़रूरी है। अगर डर न हो, तो जो चीज़ पहले उसे सक्रिय रखती थी, वह उसे भूल जाएगा, क्योंकि इंसान की याददाश्त बहुत छोटी होती है।

*****

114. जो भी आपके काम की बात कहे, उसे स्वीकार करें, चाहे वह आपसे छोटा ही क्यों न हो। क्योंकि जो विचार आपके पास नहीं आया, वह उसके पास आ सकता है। हर बार अहंकार में आना भी सही नहीं है।.

*****

115. कहते हैं कि हर इंसान की ज़िंदगी में एक बार अप्रत्याशित घटना होती है। चाहे वह स्वास्थ्य संबंधी हो, वित्तीय समस्या हो, या कुछ और। इसके लिए मानसिक और आर्थिक रूप से पहले से तैयार रहना अच्छा होता है।.

*****

116. इंसान का सबसे बड़ा दुश्मन उसका खुद का डर है।

*****

117. किसी भी चीज़ पर चर्चा करें, लेकिन बहस न करें। अगर आप बहस कर रहे हैं, तो इसका मतलब है कि आप किसी बेकार चीज़ को पकड़कर झूल रहे हैं।

*****

118. सभी ब्लैकमेल में सबसे खतरनाक होता है भावनात्मक ब्लैकमेल।

*****

119. किसी बाहरी व्यक्ति पर विश्वास करने या व्यापार करने से पहले, एक बार अपने परिवार के सदस्यों की बात ज़रूर सुनें।

*****

120. किसी और से सलाह मांगने से पहले, समस्या की जड़ के बारे में खुद सोचें।

*****

121. जो व्यक्ति खुद से प्यार नहीं कर सकता, वह सूर्यग्रहण जैसा है... यानी उसकी शक्ति बाहर से दिखाई नहीं देती।.

*****

122. अगर आप अपने परिवार के सदस्यों को समझ सकते हैं, तो स्वर्ग आपके घर में ही है। अगर आप समझ नहीं पाते, तो नरक भी आपके घर में ही होगा।.

*****

123. मेरी इस कहानी का कॉन्सेप्ट है पत्थर को भी सोना बना देना। इसका मतलब है कि जो भी अवसर मिले, उसे एक हीरे की तरह समझकर यदि आप उसे निखारते हैं, तो वह आपके हाथों में सचमुच हीरा बन जाएगा।.

*****

124. इंसान के शरीर का सबसे अच्छा अंग जीभ है, और सबसे बुरा अंग भी वही है। समाज में हमारी स्थिति को वही तय करती है, इसलिए जीभ का सम्मान करना चाहिए और उसके साथ सतर्क भी रहना चाहिए। जीभ की हड्डी नहीं होती, लेकिन अगर वह चाहे, तो हड्डियों को भी तोड़ सकती है।

*****

125. समझौता करने वाली मानसिकता तरक्की नहीं करने देती। अगर इसकी आदत पड़ जाती है, तो लोग वहीं रह जाते हैं, जहां वे हैं। हालांकि, कभी-कभी समझौता न करना भी ठीक नहीं होता।

*****

126. पुराने दिनों में लोग किसी व्यक्ति के गुणों के आधार पर उसकी कद्र करते थे, लेकिन आजकल उसकी संपत्ति के आधार पर। अगर आपके पास संपत्ति नहीं है, तो पहला तिरस्कार घर से ही शुरू होगा, आपके अपने लोग ही आपको नकारने लगेंगे।

*****

127. जो लोग आपको छोड़कर जाते हैं, वे बस यूं ही नहीं जाते, बल्कि आपको दुखी करके जाते हैं।

*****

128. जब आप अपना काम निष्ठा से करते रहते हैं, तो कभी-कभी उसका परिणाम तुरंत दिखाई नहीं देता। जैसे तरबूज के अंदर का रंग बदलता है, लेकिन बाहर से दिखाई नहीं देता, वैसे ही कभी-कभी हमारे परिणाम हमें नजर नहीं आते। लेकिन हमें अपना काम लगातार करते रहना चाहिए। परिणाम में थोड़ी देर हो सकती है, लेकिन एक दिन वह जरूर आएगा।

*****

129. अगर आपने किसी से कुछ कहा और वह व्यक्ति बिना कुछ बोले चला गया, तो इसका मतलब यह नहीं है कि वह डर गया या उसने आपको सम्मान दिया। बल्कि, उसके दिमाग में एक कहानी चल रही होती है, और वह कहानी यह है कि जब भी उसे मौका मिलेगा, वह अपने स्तर पर आपसे बदला लेगा।

*****

130. कहते हैं कि जब जान पर बन आए, तो सांप को भी पकड़ लो, क्योंकि जान की कीमत सबसे बड़ी होती है। यहां सांप का मतलब आपका दुश्मन हो सकता है, कोई ऐसा व्यक्ति जिसे आप पसंद नहीं करते, लेकिन जो आपको बचाने के लिए जरूरी हो। जिद और अहम से ज्यादा कीमती जान होती है।.

*****

131. किसी भी चीज़ को उतना ही अपनाना चाहिए जितना जरूरी हो। अगर आप जरूरत से ज्यादा उसे अपना लेते हैं, तो आखिर में वह न सिर्फ आपको तकलीफ देती है, बल्कि नुकसान भी पहुँचाती है।

*****

132. जब आप अपने लक्ष्य की ओर बढ़ते हैं, तो कई बाधाएं उत्पन्न होती हैं – आलोचनाएं, निराशाजनक बातें, ताने, और घृणित नजरें। ये सब आएंगे और कहेंगे "हम हैं।" इन सबको आप अपने रास्ते में पैरों से लगी धूल की तरह समझें।

*****

133. बेकार का काम न करें। एक छोटा उदाहरण – जब सड़क पर कोई वाहन जा रहा होता है, तो कुता उसके पीछे दौड़ता है, कुछ दूर भागकर रुक जाता है। वह रोज़ ऐसा करता है, चाहे कोई भी वाहन हो। लेकिन अंत में, उसे इससे कोई फायदा नहीं होता, बस समय और मेहनत की बर्बादी होती है।

*****

134. दुनिया को आप जो भी देते हैं, वही दुनिया आपको वापस देती है। अच्छा देंगे तो अच्छा मिलेगा, बुरा देंगे तो बुरा।

*****

135. एक शक्तिशाली व्यक्ति असफलता को स्वीकार करता है और सफलता को सबके साथ साझा करता है। यही एक शक्तिशाली मानसिकता वाले लोगों की विशेषता है।.

*****

136. जब हम किसी चीज़ के लिए प्रयास कर रहे होते हैं और वह हमें नहीं मिल रही, या उसमें देरी हो रही है, तो इसका मतलब यह नहीं है कि हमें वह कभी नहीं मिलेगी। इसका अर्थ है कि उससे भी बड़ी कोई चीज़ हमारे लिए होने वाली है, और वह बड़ी चीज़ वही है जो आपने चाहा है, बस उसका बेहतर रूप।

*****

137. हर 15 दिनों में या महीने में एक बार, घर में या दुनिया में क्या हो रहा है, इसे एक तरफ रखकर देखें कि आपके अंदर क्या हो रहा है। आपके अंदर यानी आपकी सेहत, आपके मन में क्या चल रहा है? आपका मन क्या चाहता है? आपके मन के अंदर हो रहा संघर्ष क्या है? इसे एक बार समझें, यह आपके स्वास्थ्य और आपकी संपत्ति के लिए बहुत फायदेमंद है।

*****

138. ज्ञान किसी एक व्यक्ति की संपत्ति नहीं है। जैसे एक सफल व्यक्ति के पास होता है, वैसे ही एक असफल व्यक्ति के पास भी होता है। यह इस बात पर निर्भर करता है कि हम उस ज्ञान का उपयोग कैसे करते हैं।

*****

139. अवसर सबके पास आता है, लेकिन वही सफल होते हैं जो उस अवसर को पकड़ लेते हैं।

*****

140. अगर आपने जो लक्ष्य तय किया है, उस ओर कठिनाई और नुकसान के बावजूद आप उसी दृढ़ता के साथ कदम बढ़ाते रहते हैं, तो यह दुनिया भी अपना हिस्सा निभाते हुए आपको सहयोग देगी और आपको आपके लक्ष्य तक पहुंचने में मदद करेगी। इस दुनिया पर विश्वास रखें।.

*****

141. ज़िंदगी में चाहे आप किसी की बात सुनें या न सुनें, अपने मन की बात जरूर सुनें, क्योंकि वह वही कहता है जो ईमानदारी से कहना चाहता है।

*****

142. क्या मैं आपको दुनिया की सबसे अद्भुत बात बताऊं? और वह है "जीना"। जीना अच्छा होता है।

*****

143. हीरो की उपस्थिति कितनी देर तक होती है? जब तक विलेन है, हीरो की जरूरत है। अगर विलेन न हो, तो हीरो की कोई ज़रूरत नहीं। वैसे ही, अगर समस्याएं न हों, तो आपकी कद्र कहां है? समस्या आपको पहचान दिलाती है, इसलिए समस्या का स्वागत करें।

*****

144. अपने मन को समय-समय पर मुक्त करें। किससे? बेकार की सोच, बेकार की चिंताओं और सबसे महत्वपूर्ण, बेकार की भावनाओं से। यह आपके स्वास्थ्य और आपकी प्रगति के लिए अच्छा होगा।.

*****

145. नकारात्मक सोच और तर्क-वितर्क करने की आदत रखने वाले लोगों के लिए आगे बढ़ना मुश्किल होता है। यह मानसिकता व्यक्ति को

आगे बढ़ने नहीं देती। वे हर चीज़ में कमी खोजने में आगे रहते हैं, लेकिन दुनिया आगे बढ़ती रहती है, किसी के लिए रुकती नहीं। जो लोग खुद को सक्षम बनाते हैं, वे हमेशा आगे बढ़ते रहते हैं। कोई कह सकता है, "क्या सिर्फ डोसे बनाने से कोई महान बन सकता है?" एक बार बाहर निकलकर देखिए, बहुत से लोग छोटे-छोटे होटलों से शुरू करके ब्रांचों तक का विस्तार कर, बड़ी ऊंचाइयों तक पहुंचे हैं। यह इस पर निर्भर करता है कि आप चीज़ों को कैसे देखते हैं। अगर आप इसे सकारात्मक रूप से लेंगे, तो आप बहुत छोटे स्तर से एक अच्छे स्तर तक जा सकते हैं। (यह सिर्फ उन लोगों के लिए है जो नकारात्मक सोचते हैं।)

*****

146. मेरी नज़र में, हर उस व्यक्ति के पास एक व्यक्तिगत 'ब्लू प्रिंट' होना चाहिए जो आगे बढ़ना चाहता है। यह ब्लू प्रिंट आपको आपकी स्थिति बताएगा, कि आप किस स्तर पर हैं।

*****

147. भविष्य की ओर देखो, अद्भुत चीजें सिर्फ बातें करके नहीं होतीं। कौन जानता है, शायद तुम खुद एक चमत्कार बन सकते हो।

*****

148. समस्या को अपनी प्रगति का ईंधन समझो, तभी यात्रा मजेदार होगी।.

*****

149. कभी-कभी भगवान बनिए। कैसे? कहा जाता है कि इंसान लेता है और भूल जाता है, जबकि भगवान देता है और माफ कर देता है। हर बार इंसान की तरह न रहकर, कभी-कभी भगवान की तरह बनना आपके लिए और समाज के लिए बहुत अच्छा है।

*****

150. कोई भी लक्ष्य तय करते समय, उसे उतना ही बड़ा रखें जितना आप हासिल कर सकते हैं। अगर आप अपनी पहुंच से बाहर का लक्ष्य तय करेंगे, तो वह आपको प्रेरित करने के बजाय निराश कर सकता है। इसलिए पहले यह देखें कि आप कितनी दूर जा सकते हैं, और फिर वहां से एक और कदम आगे बढ़ाएं।

*****

151. हमें सबसे ज्यादा संतोष तब मिलता है, जब कोई और हमारे बारे में महान बातें कहता है। और वह ऐसा तभी कहेगा जब हमारे पास एक व्यक्तिगत ब्रांडिंग होगी। इसका मतलब है कि आपको उस स्थिति तक पहुंचना होगा।

*****

152. कभी समाज को दोष न दें। आपके लक्ष्य तक न पहुंचने का कारण समाज नहीं है। आपने दूसरों से राय ली और उन्हें अवसर दिए, जिससे आपके बारे में एक अविश्वास का घेरा बना, और वही समस्या उत्पन्न हुई।.

*****

153. अपने लक्ष्यों को हासिल करने के बाद भी सीखना बंद न करें, इसे जारी रखें। सीखने की यह आदत आपको ऐसा आत्मविश्वास देगी, जिसकी कोई कीमत नहीं लगाई जा सकती। अगली बार जब आप कोई और लक्ष्य निर्धारित करेंगे, तो यह सीखने की आदत आपको उस तक पहुंचने का रास्ता दिखाएगी।

*****

154. अगर आप बड़े होकर उस विश्वास को खो रहे हैं जो आपके बचपन में था, तो इसका कारण है कि आपने अपने आसपास के लोगों को अहंकार की वजह से खो दिया है।

*****

155. एक व्यक्ति जन्म से लेकर मृत्यु तक इस दुनिया से बहुत कुछ लेता है, उसका उपयोग करता है और बढ़ता है। इसी तरह, उस व्यक्ति का भी कर्तव्य है कि वह दुनिया को कुछ वापस दे या कुछ करे, जैसे संपत्ति का निर्माण करना या अपनी संतानों को उच्च स्थान पर पहुंचाना। तभी उसका जीवन सार्थक होता है।

*****

156. जब आप आगे बढ़ते हैं, तो सबसे पहले जो आपका सामना करेगा वह आपकी भाषा और आपका पहनावा होगा, और इन पर टिप्पणियां की जाएंगी। इन बातों की परवाह न करें और अपने काम पर ध्यान दें। तब आपका बाहरी सौंदर्य गौण हो जाएगा और आपके आंतरिक सौंदर्य की कद्र बढ़ेगी।.

*****

157. हमें तब लगता है कि हम परिपक्व हो गए हैं जब हम केवल उन चीज़ों के बारे में सोचते हैं जो वास्तव में ज़रूरी हैं। अगर हम अभी भी अनावश्यक चीज़ों को महत्व दे रहे हैं और उनकी परवाह कर रहे हैं, तो इसका मतलब है कि हम अभी भी अपरिपक्व हैं।

*****

158. कठिनाइयां, समस्याएं, दुख, आंसू – ये सभी भावनाएं भी सफलता का हिस्सा हैं। इनमें से कुछ भी व्यर्थ नहीं जाता।

*****

159. अविश्वास की भी एक सीमा होती है, और हर चीज़ की एक सीमा होती है। हमें अविश्वास के दायरे में ही नहीं रहना चाहिए।

अगर आपके जीवन में आपके भले चाहने वाले दोस्त न हों, तो भी कोई बात नहीं, लेकिन कुछ लोग जो आपको अपमानित करते हैं, ऐसे जरूर होने चाहिए। वे आपके आगे बढ़ने के लिए प्रेरणा बनते हैं।

*****

160. अगर आपको किसी किताब को पढ़ने या किसी काम को करने में रुचि नहीं हो रही है और आप आलसी महसूस कर रहे हैं, तो उस किताब या काम को कुछ समय के लिए बस देखते रहिए। इसे एक सप्ताह या दस दिनों तक बीच-बीच में थोड़ा-थोड़ा देखें, और आपका दिमाग यह विचार लेगा कि इसे करना चाहिए। दस दिनों के बाद आप उस काम को दिलचस्पी के साथ करेंगे। अगर वह किताब है, तो आप पढ़ेंगे, और अगर वह काम है, तो आप उसे करेंगे।.

*****

161. अगर पौधों के पास इंसान की तरह सोचने की क्षमता होती, तो वे दस फीट से ज्यादा नहीं बढ़ते। लेकिन पौधे हमारी मानसिक सीमाओं से ऊपर उठ चुके हैं, तो हम उन्हें आदर्श क्यों नहीं मान सकते? हम क्यों ऊंचाइयों तक नहीं बढ़ सकते?

*****

162. इंसान के जीवन स्तर में पांच तरह के अंतर देखे जा सकते हैं: पहला, अत्यंत गरीब; दूसरा, गरीब; तीसरा, मध्यम वर्ग; चौथा, अमीर; और पांचवा, सुपर अमीर। इनमें से पहले तीन वर्ग के लोग सोचते हैं कि उन्हें ऐसे ही जीना है, और उनकी किस्मत की लकीरें उन्हें ऐसा बनाती हैं। लेकिन सच्चाई यह है कि उनका सोचने का तरीका ही उनकी स्थिति को निर्धारित करता है। अगर आप 100 अंक पाने की कोशिश करेंगे, तो कम से कम 60 अंक मिलेंगे। लेकिन अगर आप सोचेंगे कि बस जीना है, तो आप सिर्फ़ जी पाएंगे, पर प्रगति नहीं होगी।

*****

163. कहते हैं कि विकास उगते सूरज की तरह या तेज़ी से बढ़ती गर्मी की तरह नहीं होना चाहिए, बल्कि शाम की धूप की तरह होना चाहिए – ज्यादा आक्रामक नहीं, क्योंकि तभी यह विकास लंबे समय तक टिका रहेगा।.

****

164. जब आप कोई काम करते हैं और वह असफल हो जाता है, तो अगला काम शुरू करने से पहले इस बात का विश्लेषण करें कि वह क्यों असफल हुआ। जब कोई हवाई जहाज़ दुर्घटनाग्रस्त होता है, तो उसके कारणों का पूरी तरह से विश्लेषण किया जाता है और उन गलतियों को बाकी सभी विमानों में ठीक किया जाता है। इसी वजह से हवाई दुर्घटनाएं बहुत कम होती हैं।

*****

165. कहते हैं कि अकेलापन दुख देता है, यह सच है। लेकिन कभी-कभी जब आप अकेले होते हैं, तो अपने काम पर खुद सवाल उठाएं और अपने ही जवाब ढूंढें। इससे अगर कहीं कोई गलती होगी, तो आपको पता चल जाएगा। इसलिए, कभी-कभी अकेलापन भी अच्छा होता है।.

*****

166. जिस क्षेत्र में आप सफल होना चाहते हैं, उस क्षेत्र में पहले से निपुण लोगों की तस्वीरें अपने घर या ऑफिस में ऐसी जगह लगाएं जहां आप उन्हें देख सकें। धीरे-धीरे आप उनकी तरह सोचने लगेंगे, और उनका प्रभाव आप पर जरूर पड़ेगा।

*****

167. अपने शरीर के हर कण को अपने लक्ष्य से भर दें। तब आपको उस लक्ष्य तक पहुंचने के कई रास्ते दिखाई देंगे।

*****

168. उस काम के लिए गुलाम बन जाएं, जिसे आप कर रहे हैं, और उस स्तर के लिए जिसे आप हासिल करना चाहते हैं।.

*****

169. एक नोटबुक में अपनी सभी योग्यताओं को लिखें। अपने दोस्तों, रिश्तेदारों, माता-पिता, और भाई-बहनों से भी पूछें कि क्या उनके अनुसार आपके पास कोई ऐसी गुणवता है जो आपको नहीं पता। जो वे बताते हैं, उसे भी नोटबुक में लिखें। जब कभी आप डिप्रेशन में हों, तो उस नोटबुक को खोलें और अपनी योग्यताओं को पढ़ें। इससे आपको अपने आप हिम्मत मिलेगी, और आप सोचेंगे, "इतनी सारी योग्यताओं के होते हुए मुझे डिप्रेशन में जाने की ज़रूरत ही नहीं है।"

*****

170. इंसान का सबसे पहला दुश्मन कहां होता है? वह उसके भीतर ही होता है। और वह दुश्मन कौन है? वह व्यक्ति जो खुद पर विश्वास नहीं करता। अगर किसी को खुद पर भरोसा नहीं है, तो वह पहला दुश्मन है। दूसरा दुश्मन कौन है? वह बाहरी लोग जो आपको निराश करते हैं और यह विश्वास दिलाते हैं कि वे जो कह रहे हैं, वह सच है। इन दोनों के मिलन से इंसान कोई काम नहीं करता, क्योंकि उसे खुद पर विश्वास नहीं होता। इनसे उबरने का तरीका है कि आप खुद पर विश्वास करें।.

*****

171.चाहे आप मानसिक रूप से मजबूत होना चाहते हों, शारीरिक रूप से मजबूत होना चाहते हों या संपत्ति के मामले में मजबूत होना चाहते हों, आपको एक चीज़ के लिए दूसरों पर ज़्यादा निर्भर नहीं होना चाहिए, और वह है सहानुभूति।
*****

172.विश्वास की एक कीमत होती है, जैसे कि आप जो काम कर रहे हैं, उसकी कीमत क्या है?
आपका विश्वास उस कीमत पर आधारित होता है। अगर किसी कारणवश आपको अपने काम का सही परिणाम नहीं मिलता है, तो भी आपको अपना विश्वास नहीं खोना चाहिए। आप विश्वास उतना ही खोते हैं, जितनी उस काम की कीमत होती है। इसलिए, बचे हुए विश्वास के साथ आप फिर से आगे बढ़ सकते हैं।
*****

173.जो लोग सोचते हैं कि वे सब कुछ जानते हैं, वे वहीं रुक जाते हैं। लेकिन जो समय के साथ लगातार सीखते रहते हैं, वे आगे बढ़ते जाते हैं।.
*****

174.मित्र, तुम्हारे बारे में एक बात... किसी और के बारे में सोचते हुए खुद को मत भूलो। अपने स्वास्थ्य का ख्याल रखो। अगर तुम ठीक हो, तो तुम्हारे परिवार के सदस्य भी ठीक रहेंगे, और यह अप्रत्यक्ष रूप से दूसरों की भी मदद करेगा।
*****

175.जो व्यक्ति सिद्धांतों का पालन करता है, वह जरूर परीक्षाओं का सामना करेगा, लेकिन सफलता भी उसी तरह उसकी होगी।
*****

176.कभी-कभी समस्या भी व्यक्ति की मदद करती है, क्योंकि यह उसकी अंदर की प्रतिभा को बाहर लाती है।
*****

177.अज्ञानता और अहंकार दोनों साथ-साथ चलते हैं। एक दूसरे को बढ़ावा देते हैं, और अंत में ये दोनों व्यक्ति को पतन की ओर ले जाते हैं।.
*****

178.इस दुनिया में इंसान का सबसे बड़ा डर क्या है? यह कि मैं जिस काम को कर रहा हूँ, उसमें असफल हो जाऊँगा।
*****

179.मूल रूप से एक कहावत है, अगर किसी काम में सफलता पाना है, तो हमारी प्रतिभा का 20% और बाकी 80% हमारा सही मानसिक दृष्टिकोण होना चाहिए। अगर स्किल्स न भी हों, तो सही माइंडसेट के साथ उन्हें विकसित करके सफलता पाई जा सकती है। लेकिन अगर स्किल्स हों और मानसिक दृष्टिकोण सही न हो, तो सफलता पाना कठिन हो जाता है।
*****

180.जैसे डाक टिकट चिट्ठी से तब तक चिपका रहता है जब तक वह अपनी मंजिल पर नहीं पहुँचती, वैसे ही आपको अपने लक्ष्य तक पहुँचने तक दृढ़ रहना चाहिए।
*****

181.चाहे परिवारिक रूप से, सामाजिक रूप से, या आर्थिक रूप से कोई व्यक्ति विकास नहीं कर रहा है, तो उसे यह जांचना चाहिए कि इसकी वजह क्या है। समस्या दुनिया में नहीं, बल्कि उसके अंदर है। शायद उसके अंदर ईमानदारी की कमी है। उसे इस कमी को पहचानकर ठीक करना होगा, तभी दुनिया उसका साथ देगी और वह दुनिया को हासिल कर सकेगा।.
*****

182.दुनिया में मौजूद हर जीव को जीने के लिए उसके शरीर में एक अंग को मजबूत बनाया जाता है। वैसे ही इंसान का सबसे मजबूत अंग उसका मस्तिष्क है। इसी कारण बाकी जीव तब भी और अब भी वैसे ही हैं, लेकिन इंसान इस ऊँचाई तक पहुँच सका है... इसका कारण है उसका मस्तिष्क।.
*****

183.अगर कोई आरामदायक स्थिति का आदी हो जाए, तो उससे बाहर निकलने में कितना कठिन महसूस होता है, इस पर एक छोटी कहानी:

बारिश न होने के कारण जंगल का अधिकांश हिस्सा सूख गया था, और पानी मिलना मुश्किल हो गया था। लेकिन एक पहाड़ी के नीचे एक छोटा सा हरा-भरा जंगल था। उस जंगल में चार चींटियाँ खुशी-खुशी जीवन का आनंद ले रही थीं। उन्हें जो चाहिए था, वह खातीं, जंगल में बिना किसी रुकावट के इधर-उधर घूमतीं, और एक तालाब में तैरतीं, मजे से अपना जीवन जीती थीं।
एक दिन, ये चार चींटियाँ तालाब में तैर रही थीं, तभी जंगल में एक बड़ा हाथी प्यास बुझाने के लिए तालाब के पास आता है। तालाब में तैर रही चींटियाँ हाथी को देखती हैं और सोचती हैं, "बेचारा, लगता है कि वह पानी पीने आया है। ठीक है, पीने दो, आखिर वह कितना पानी पिएगा?"
हाथी पानी पीने के बाद तैरने की इच्छा करता है और एक ही छलांग में तालाब में कूद जाता है। तालाब में तैर रही चार चींटियों में से तीन हवा में उड़कर तालाब के पास के पेड़ की पत्तियों पर गिर जाती हैं, और एक चींटी हाथी की पीठ पर गिर जाती है।

पत्तियों पर गिरी तीन चींटियाँ गुस्से में कांपने लगती हैं और हाथी की पीठ पर बैठे अपने साथी से चिल्लाकर कहती हैं, "अरे, उसे पानी में दबा कर मार डालो! उसे खत्म कर दो!"

तभी हाथी की पीठ पर बैठी चींटी कहती है, "बच्चे ने गलती से उत्साह में ऐसा किया है, आज उसे छोड़ दो। अगर वह कल फिर से यही करता है, तो तुम्हें मुझे कुछ कहने की जरूरत नहीं पड़ेगी। मैं खुद उसे पानी में एक दबा कर उसकी सांस रोककर मार दूँगी और उसे तालाब से बाहर फेंक दूँगी ताकि पानी साफ रहे।"

यह सुनकर बाकी चींटियाँ सहमति में सिर हिलाती हैं।

जैसे हर रोज़, चार चींटियाँ तालाब में तैरते हुए और आनंद लेते हुए थीं, तभी एक आवाज सुनाई देती है। वे सोचती हैं, "यह क्या है?" जब वे देखती हैं, तो इस बार एक हाथी नहीं, बल्कि हाथियों का झुंड आया हुआ था। उन्हें देखकर चींटियाँ किनारे पर पहुँच जाती हैं। सभी हाथी तालाब में पानी पीते हैं और एक-एक करके तालाब में उतरने लगते हैं। इस पर एक चींटी कहती है, "कल हमने गलती की, उस हाथी को छोड़कर। वही अब इन सभी को लेकर आया है। हमारी गलती अब एक बड़ी गलती बन गई।" यह सोचते हुए, वे तालाब और जंगल दोनों से दूर जाने का फैसला करती हैं क्योंकि एक झुंड है, और उनके बीच रहना उनके लिए सही नहीं है। असलियत उन्हें पता है... कि अगर वे उनके पैरों के नीचे आ गईं, तो अपनी जान से हाथ धो बैठेंगी।

(सोचने के लिए कोई योग्यता नहीं चाहिए, है ना? आप कुछ भी सोच सकते हैं और किसी भी तरह से सोच सकते हैं।)

वैसे भी, आरामदायक स्थिति को छोड़ना बहुत दुखद होता है, है ना?

आरामदायक स्थिति में इंसान जी सकता है, लेकिन वह आगे नहीं बढ़ सकता। जीवन सिर्फ जीने का नाम नहीं है, बल्कि आगे बढ़ने का भी है... वही पौधा मजबूत होता है, जो धूप और तूफान का सामना करता है।**

*****

184.कठिनाई किसी एक की संपत्ति नहीं है, इसका सब पर अधिकार है। यह हर किसी से किसी न किसी समय मिलती है। यह सोचना ज़रूरी नहीं है कि सिर्फ मुझे ही कठिनाई आई है।.

*****

185.दुनिया के सबसे अमीर कुछ लोग कहते हैं कि हमें इस मुकाम तक पहुँचने और इतनी सफलता पाने की प्रेरणा कुछ किताबों से मिली है, और वे उन किताबों की सूची भी बताते हैं। लेकिन जो किताबें एक अमीर व्यक्ति ने पढ़ी हैं, वे किताबें किसी और अमीर व्यक्ति की सूची में नहीं होतीं। आखिरकार बात यह है कि वे किताबें पहले ही लाखों, करोड़ों लोगों द्वारा पढ़ी जा चुकी हैं। तो क्या उन सभी ने वही ऊँचाई हासिल की? या क्या वे उस स्तर के आस-पास भी पहुँचे? इसका जवाब एक बड़ा सवालिया निशान है।

रात के समय, दुनिया के करोड़ों लोग आसमान में सितारों को देखते रहते हैं। जब वे सितारों को देखते हैं, तो एक व्यक्ति के दिमाग में कहीं न कहीं एक छोटी सी चिंगारी उत्पन्न होती है, और उससे एक विचार जन्म लेता है। वह विचार बड़ा हो जाता है और उस व्यक्ति के लिए फायदेमंद साबित होता है। इसके बाद, वह व्यक्ति एक के बाद एक प्रगति करता है और एक महान मुकाम तक पहुँच जाता है। जब वह अंततः सफल हो जाता है, तो कहता है, "उस दिन जब मैंने उस सितारे को देखा था, मुझे एक विचार आया था।"

लेकिन कुछ लोग ऐसे भी होते हैं जो कहते हैं, "मैं भी रोज़ वही सितारा देखता हूँ, लेकिन मुझे कोई विचार नहीं आया और मैं प्रगति नहीं कर पाया।" यह ठीक वैसे ही है जैसे सभी किताबें पढ़ने वाले लोग एक ही स्तर तक नहीं पहुँचते, वैसा ही जवाब यहाँ भी मिलता है।

अंत में, जो मैं निष्कर्ष के रूप में कह रहा हूँ वह यह है कि किस किताब से, कब, किसे, कहाँ, और किस प्रकार का विचार या आइडिया आएगा, यह कोई नहीं जानता। हमारा कर्तव्य क्या है? पढ़ते जाना है। यह कहना कि इस किताब से आइडिया आएगा और उस किताब से नहीं, सही नहीं है। किस बिल में कौन सा सांप है, यह किसी को नहीं पता।

किताब कुछ लोगों के लिए जुड़ाव ला सकती है और कुछ लोगों के लिए नहीं, लेकिन किताब में एक छोटा सा वाक्य भी कई लोगों को प्रभावित करके उनकी ज़िंदगी बदल चुका है।

अगर किताब आपके लिए फायदेमंद होनी है, तो...?

हर शब्द को किताब से अध्ययन करना चाहिए। किताब को एक बार नहीं, दस बार पढ़ना चाहिए और उसमें मौजूद सार को गहराई से समझना चाहिए। उसके बाद ही किताब को एक तरफ रख देना चाहिए। तभी वह आपके लिए उपयोगी होगी, ऐसा बुजुर्ग कहते हैं।

एक बार, अल्बर्ट आइंस्टीन से पूछा गया कि मानव सृष्टि की सबसे महान चीज़ क्या है? उन्होंने कहा, "किताब।"

लेनिन कहते हैं, कि बंदूक से बड़ा हथियार है "किताब।"

चार्ली चैपलिन अपने हर फिल्म के बाद मिलने वाले पहले 100 डॉलर किताबें खरीदने के लिए इस्तेमाल करते थे।

विंस्टन चर्चिल कहते हैं, अगर आप किसी बच्चे को कोई महान उपहार देना चाहते हैं, तो वह किताब ही होनी चाहिए।

मार्टिन लूथर किंग से जब युद्ध में सबसे खतरनाक हथियार क्या है, पूछा गया, तो उन्होंने कहा, "किताबें।" उनका मानना था कि किताबें जागरूकता ला सकती हैं।

भगत सिंह जी... उन्हें फांसी देने के अंतिम क्षण तक भी वे किताबें पढ़ते रहे।

इन महान व्यक्तियों ने किताबों और उनके महत्व को कितना अधिक महत्व दिया, यह हमें सीखना चाहिए।

पहले अमेरिकी राष्ट्रपति अब्राहम लिंकन ने कहा था, "जो व्यक्ति मुझे एक किताब लाकर देता है, वह मेरा सच्चा मित्र है।"

जूलियस सीज़र ने कहा, "मुझे वह व्यक्ति दिखाओ जिसने हज़ार किताबें पढ़ी हों, वही मेरा मार्गदर्शक होगा।"

डेसकार्टेस ने कहा, "अगर तुम्हारे अंदर पूरी दुनिया के हर कोने में जाने की इच्छा है, तो तुम्हें पुस्तकालय जाना चाहिए और वहाँ की किताबें पढ़नी चाहिए।"

महान मनोवैज्ञानिक सिग्मंड फ्रॉयड ने कहा, "जैसे व्यायाम शरीर के लिए स्वास्थ्यप्रद होता है, वैसे ही किताब पढ़ना मन के स्वास्थ्य के लिए होता है।"

नेल्सन मंडेला ने जेल में रहते हुए, जब उनसे पूछा गया कि आपको किस स्वतंत्रता की आवश्यकता है, तो उन्होंने कहा, "मुझे और किसी स्वतंत्रता की आवश्यकता नहीं है, मुझे जेल में किताबें पढ़ने की अनुमति दीजिए।"

इंगरसॉल... जब भी जीवन में कभी उदासी या निराशा हो, या मन में एक नई जिंदगी की शुरुआत करने का विचार आए, तो उनका सुझाव है कि एक नई किताब पढ़ो।

एक व्यक्ति के जीवन में किताब पढ़ने का कितना महत्व होता है, यह हमें समझना चाहिए।

इसीलिए कहा जाता है कि यदि संभव हो, तो हर घर में एक छोटा पुस्तकालय होना चाहिए। कौन सी किताब मन में नई रोशनी जला दे, यह हमें नहीं पता होता, इसलिए पढ़ते रहना ही हमारी जिम्मेदारी है।.
*****
186.अगर हमारे पास आत्म-सम्मान सही तरीके से नहीं है, तो भले ही दूसरों को हम पर विश्वास हो, लेकिन हमें खुद पर भरोसा नहीं होगा। इसे ठीक करने के लिए, हमें अपने मन को यह बताना होगा कि "मैं इसे कर सकता हूँ।"
*****
187.कहा जाता है कि हार कई रास्ते दिखाती है। इसका मतलब यह नहीं है कि उस काम को छोड़कर किसी और रास्ते पर चलें, बल्कि उसी काम में छिपे हुए अन्य रास्तों का पता लगाना है।
*****

188.आपके दिमाग में शक, डर, गलत विश्वास, "मैं यह नहीं कर पाऊँगा" या "मैं असफल हो जाऊँगा" जैसी कई प्रकार की ट्रैफिक जाम्स अधिक समय तक नहीं टिकते। एक न एक दिन वह ट्रैफिक जरूर साफ हो जाएगा। अगर आप चाहते हैं कि वह दिन जल्दी आए, तो आपको खुद पर विश्वास करना होगा।.
*****

189.उड़ना सीखने वाली छोटी मच्छर एक होम टूर पर गई। टूर खत्म करके वापस आई, तो उसकी माँ ने पूछा, "तुम्हारा टूर कैसा रहा?"

छोटी मच्छर ने कहा, "बहुत अच्छा रहा, मैं जब उड़ रही थी, तो इंसान इतने खुश हो गए कि सबने ताली बजाई।"

माँ मच्छर ने कहा, "वे तुम्हें उड़ता देख खुशी से ताली नहीं बजा रहे थे, बल्कि तुम्हें मारने के लिए बजा रहे थे।"

छोटी मच्छर हैरान होकर बोली, "सच में?"

माँ मच्छर ने कहा, "हाँ।"

छोटी मच्छर ने कहा, "लेकिन मैंने उनके चेहरों पर खुशी देखी।"

माँ मच्छर ने कहा, "आजकल नाश करने वाले लोग तलवार या खंजर लेकर नहीं आते, बल्कि चेहरे पर मुस्कान लेकर आते हैं। इसलिए याद रखना, जो लोग तुम्हारी प्रशंसा करते हैं, वे सभी तुम्हारे शुभचिंतक नहीं होते और जो लोग तुम्हारी आलोचना करते हैं, वे सभी तुम्हारे दुश्मन नहीं होते।"

छोटी मच्छर ने पूछा, "क्या इंसान ऐसे होते हैं, माँ?"

माँ मच्छर ने कहा, "हाँ, बेटा। इसलिए उनकी तालियों के पास मत जाओ।"

छोटी मच्छर (उदास होकर) बोली, "ठीक है।"
*****

190.हर इंसान की जिंदगी एक सफेद कागज की तरह होती है। उस सफेद कागज पर हम क्या लिखते हैं, वही हम हैं, वही हमारा भविष्य है।
*****

191.जब हमें भूख लगती है, तो हम कहीं न कहीं भोजन की तलाश करते हैं और हमें भोजन मिल ही जाता है, जिससे हमारी भूख मिटती है। अगर आपके अंदर सफलता की भूख है, तो वह भूख भी कभी अधूरी नहीं रहेगी, वह जरूर पूरी होगी।
*****

192.कभी-कभी हम सुनते हैं कि कुछ लोग कहते हैं, "अगर मैं खड़ा हुआ, तो कोई इंसान नहीं बचेगा।" जब वह ऐसा कहते हैं, तो बाकी लोग कहते हैं, "यह कुछ नहीं करेगा, यह कभी नहीं उठेगा।" लेकिन अगर वह व्यक्ति वास्तव में खड़ा हो जाए, तो काम जरूर होता है, चाहे वह कुछ भी हो।

अगर उसे सही तरीके से इस्तेमाल किया जाए, तो जो सोचा है, वह जिंदगी में जरूर होता है। हर इंसान में वह क्षमता होती है, और उसे बाहर लाने के लिए किसी न किसी तरह से एक ट्रिगर होना चाहिए। जब ऐसा होता है, तो उसकी छिपी हुई क्षमता सामने आती है।
*****

193.आपके पास कौन सी प्रतिभा है, यह आपको पता न हो, लेकिन एक दिन कोई न कोई आपको सीधा या अप्रत्यक्ष रूप से आपकी प्रतिभा का एहसास कराएगा। जब आप उस पर काम करेंगे, तो सफलता पाएंगे। लेकिन उस सफलता के लिए सिर्फ प्रतिभा ही काफी नहीं है, आपका दृष्टिकोण और आपका व्यवहार भी मिलना चाहिए। जब यह सब सही होगा, तो आप उस सफलता को कायम रख पाएंगे।.
*****

194.मनुष्य के जीवन में, अधिकतर लोग वही काम सालों तक करते रहते हैं, लेकिन कोई प्रगति दिखाई नहीं देती। ऐसे में 10, 20, या 30 साल भी गुजर जाते हैं। जैसे-जैसे समय बीतता है, उस व्यक्ति को अपने काम के प्रति अरुचि होने लगती है, और वह उस पर ध्यान देना छोड़ देता है। तब कुछ लोग वहीं रुक जाते हैं... लेकिन कुछ और लोग वहाँ से चार कदम और आगे बढ़ने का सोचते हैं। वे जब वहाँ पहुँचते हैं, तो और चार कदम आगे बढ़ने का विचार करते हैं, और इसी तरह आगे बढ़ते रहते हैं। तब उन्हें वह सब कुछ मिल जाता है, जो वे इतने सालों में हासिल नहीं कर पाए थे, बल्कि मूल के साथ ब्याज और चक्रवृद्धि ब्याज भी मिलता है। यह सच है, क्योंकि समय आपको उस परिपक्वता तक पहुँचाकर एक बार में सबकुछ देता है। इस मौके पर मेरे दोस्त की कही बात याद आती है, "भगवान जब भी किसी को कुछ देना चाहते हैं, तब सही समय पर ही देते हैं। अगर एक छोटे बच्चे को तलवार दी जाए, तो वह खुद को घायल कर लेगा, लेकिन वही तलवार अगर बड़े व्यक्ति को दी जाए, तो वह उसे समझदारी से इस्तेमाल करेगा।"
*****

195.मेरे अनुभव से एक और बात... बैंकों के साथ अच्छे संबंध बनाए रखें, वे मुश्किल समय में आपकी मदद करेंगे।.
*****

196.अगर कोई व्यक्ति अतीत में जीता रहता है, तो उसे कभी सफलता नहीं मिलेगी, क्योंकि वह अतीत में ही फंसा हुआ है।

*****
197.धोखा देना कहीं भी अच्छा नहीं होता। अगर आप खुद को धोखा देते हैं, तो सफलता भी आपके पास नहीं आएगी। क्योंकि सफलता हमेशा ईमानदारी चाहती है, और सबसे पहले वह उसे आप में देखती है।
*****
198.इस धरती पर पैदा होने वाला हर व्यक्ति एक हीरा होता है, लेकिन उस हीरे पर गंदगी चिपकी होती है, जैसे शक और अज्ञानता की गंदगी। जब वह गंदगी हट जाती है, तभी असली हीरा दिखाई देता है, और वह गंदगी तब हटेगी जब आपको यह पता चल जाएगा कि आप कौन हैं।
*****
199.जैसे तितली को यह नहीं पता कि वह कितनी सुंदर है, वैसे ही हर इंसान खास होता है। इसलिए कभी भी मजाक में भी खुद को नीचा नहीं दिखाना चाहिए, खुद को कमतर नहीं समझना चाहिए, और खुद का अपमान नहीं करना चाहिए।
******
200.कुछ लोग कहते हैं, "मुझे कोई क्यों पसंद नहीं करता?" हर इंसान को सबको पसंद आना चाहिए, ऐसा कोई नियम नहीं है और न ही इसकी जरूरत है। अगर आप किसी को पसंद नहीं आते, तो किसी और को जरूर पसंद आएंगे। उदाहरण के लिए, जब आप कपड़ों की दुकान पर जाते हैं, तो हर कपड़ा आपको पसंद नहीं आता। जो कपड़ा आपको पसंद नहीं है, वह किसी और को पसंद आता है। यह भी वैसा ही है।.
*****
201. बड़े लोग कहते हैं कि यदि कोई व्यक्ति आपके चरित्र, आपके व्यक्तित्व या आपकी आर्थिक स्थिति को ठेस पहुँचाता है, तो उससे दोबारा दोस्ती नहीं करनी चाहिए। क्योंकि जब सांप अपनी केंचुली छोड़ता है, इसका मतलब है कि वह और बड़ा हो रहा है।
*****
202. कल नहीं कर पाए इसका पछतावा करने की जरूरत नहीं है, आज करो। क्योंकि आज कल से बेहतर है। इसका मतलब है कि तुम मानसिक और भावनात्मक रूप से परिपक्व हो चुके हो। अतीत से जो अनुभव मिला है, उसका उपयोग करके आज काम करो।.
*****
203. एक अविश्वसनीय सच... दुनिया में जितनी भी तरह की स्किल्स हैं, जैसे डॉक्टर, इंजीनियर, आदि, हर इंसान में उनमें से कुछ हिस्सा यानी कम से कम 20% इनबिल्ट होता है।

कुछ बातें सुनने में अविश्वसनीय लगती हैं, लेकिन उनमें सच्चाई होती है, जो हमें तभी पता चलता है जब हम उन्हें देखते हैं। कैसे?

एक व्यक्ति जिसे मैं जानता हूं, जब जा रहा था, तो ड्राइविंग सीट के बगल में बैठा था, और जब वापस आया, तो खुद ड्राइव करके आया। इसका मतलब है कि उसके अंदर ड्राइविंग से संबंधित कुछ स्किल्स इनबिल्ट नहीं होतीं, तो वह इतनी जल्दी ड्राइव नहीं कर पाता, है न?
*****
204. नदी में बहने वाले व्यक्ति में अगर जीने की चाह होती है, तो वह घास का तिनका पकड़कर अपनी जान बचाकर बाहर आ जाता है। इसी तरह, अगर किसी व्यक्ति में आगे बढ़ने की ललक हो, तो उसे कोई भी छोटा मौका या विचार मिल जाए, या किसी की सलाह मिल जाए, तो वह उसे पकड़कर आगे बढ़ जाता है। लेकिन जिसके अंदर वह ललक नहीं होती, उसे कितनी भी मोटिवेशन या सलाह दी जाए, वह उसे एक कान से सुनकर दूसरे कान से बाहर निकाल देता है। ऐसे व्यक्ति के लिए दुनिया में कोई कुछ भी नहीं कर सकता, न कुछ कह सकता है।.
*****
205. अगर आप अपने सपनों को साकार नहीं करेंगे, तो कल कोई और आपका इस्तेमाल करके अपने सपनों को साकार कर लेगा।
*****
206. जब भी कोई चुनौतीपूर्ण स्थिति आए, उसे सम्मान दें, क्योंकि वह सम्मान व्यर्थ नहीं जाएगा, बल्कि आपको और ऊँचाइयों पर ले जाएगा (सकारात्मक तरीके से)। जब कोई आपकी कमजोरियों या आपकी आर्थिक स्थिति की ओर इशारा करता है, तो यदि आप उस चुनौती का सम्मान करेंगे, तो आपके भीतर छुपी हुई प्रतिभा बाहर आ जाएगी।
*****
207. कहते हैं कि इंसान को अगर कुछ मुफ्त में मिले, तो उसे उसकी कीमत समझ में नहीं आती। यह सच है। इंसान के शरीर में सबसे कीमती चीज उसका दिमाग है और सबसे शक्तिशाली चीज भी वही है, लेकिन क्योंकि वह मुफ्त में मिला है, इसलिए उसकी ज्यादा कदर नहीं करते। यही कारण है कि अधिकतर लोग वहीं रह जाते हैं जहाँ वे होते हैं।
*****
208. इंसान बड़े शरीर के साथ जीता है, लेकिन छोटे दिमाग से। अगर वह उस छोटे दिमाग को महत्व दे सके, तो वही बड़ा शरीर को भी महत्व दिला सकता है।.

*****
209. अपने दिमाग को धो लें, यानी बिना किसी गलत धारणा के।
*****
210. जब हम अपने पसंदीदा काम को करते हैं, तो हम उसमें पूरी तरह से डूब जाते हैं। उस काम को कैसे करना है, यह बुद्धि बताती है, और कितनी एकाग्रता से करना है, यह दिल बताता है। अगर हम इन दोनों का समान रूप से उपयोग कर सकें, तो किसी भी काम में सफलता प्राप्त कर सकते हैं।
*****
211. हर व्यक्ति के जीवन में दो दुनियाएँ होती हैं – एक बाहरी दुनिया और दूसरी उसकी अपनी दुनिया। अपनी दुनिया यानी दिमाग, और दिमाग ही एक दुनिया है।
*****
212. जब हमें कुछ चाहिए और सामने वाला नहीं देता, तो हम उसे मनाने की कोशिश करते हैं, है न? इसी तरह हमें अपने दिमाग को भी उसी तरह मनाना पड़ता है ताकि वह हमारे अनुसार काम करे। इसमें कोई चारा नहीं है।.
*****
213. ज्ञान को दिव्य कहा जाता है, यह सच है। चाहे आपको उसकी आवश्यकता हो या न हो, किसी भी जानकारी को सुनें और उसे याद रखने की कोशिश करें। जब सही समय आएगा, तो वह जानकारी आपका अवचेतन मन आपको याद दिलाएगा।
*****
214. इस दुनिया में आप किसी पर भरोसा करें या न करें, कोई फर्क नहीं पड़ता, लेकिन अपने अवचेतन मन पर जरूर भरोसा करें। क्योंकि जो आप कहते या सोचते हैं, उसे बाहरी लोग सुन सकते हैं या नहीं, लेकिन आपका अवचेतन मन जरूर सुनता है। और जो आप गहराई से चाहते हैं, वह उसे पूरा करने की कोशिश करता रहता है।
*****
215. हमारे बुजुर्ग कहते हैं कि नकारात्मक न बोलें और नकारात्मक न सोचें, क्योंकि "तथास्तु देवता" होते हैं। यहाँ तथास्तु देवता कोई और नहीं, बल्कि आपके भीतर का अवचेतन मन है। जब आप अच्छा बोलते हैं, तो वह अच्छा सुनता है, और जब आप बुरा बोलते हैं, तो वह बुरा सुनता है। जो आप बार-बार कहते हैं, उसे वह सच मान लेता है। इसलिए, चाहे आप अपने बारे में नकारात्मक सोचें या किसी और के बारे में, वह आपको नुकसान पहुँचा सकता है।.
*****
216. अवचेतन मन से मुझे जो लाभ मिला...! मेरा अनुभव...!

हमारे घर के पीछे किसी और की जमीन है, जिसमें राम सरीफा का पेड़ है। उस पेड़ पर बहुत सारे फल थे। मैंने बहुत समय से राम सरीफा नहीं खाया था, और हर बार उन फलों को देखकर सोचता था कि जब ये पके हुए हों, तो एक तोड़कर खा लूँ। लेकिन वे वहाँ नहीं होते। जब मैंने पड़ोसियों से पूछा, तो उन्होंने कहा कि कुछ बच्चे उन्हें तोड़कर ले जाते हैं। यह विचार 5-6 बार आया। ऐसे ही एक दिन शाम को, एक बुजुर्ग महिला मेरे पास आई और पूछा, "बेटा, तुम्हें फल चाहिए?" मैंने पूछा, "कौन सा फल?" तब उस महिला ने दिखाया कि वह राम सरीफा था। आम तौर पर मैं मना कर देता, लेकिन क्योंकि मुझे उसे खाने की इच्छा थी, मैंने उसे बिना मना किए ले लिया और बदले में उसे अपने पास के केले दे दिए।

मैं यह क्यों बता रहा हूँ?

जब हम किसी चीज के बारे में बार-बार सोचते हैं, तो वह हमारे अवचेतन मन में दर्ज हो जाती है, और इससे पहले हमने जो चीजें नहीं देखीं, उन्हें देखने में सक्षम हो जाते हैं। उदाहरण के लिए, अगर हम एक कार या बाइक के बारे में सोचते हैं, तो वह पहले भी हमारी आँखों के सामने कई बार गुजर चुकी होती है, लेकिन हम उसे पहचान नहीं पाते। जब हम बार-बार उसके बारे में सोचते हैं, तो वह हमें नजर आने लगती है। यहाँ पर मेरे अवचेतन मन ने मुझे राम सरीफा की पहचान कराई और उसे लेना या न लेना मेरी पसंद पर छोड़ दिया।

हम जो भी खोज रहे होते हैं, उसे अवचेतन मन हमारे ध्यान में लाता है। आप कह सकते हैं, अगर मुझे एक लाख रुपये चाहिए तो क्या वह दे देगा? नहीं, वह एक लाख रुपये सीधे नहीं देगा, लेकिन वह आपको उन अवसरों की ओर ले जाएगा जिनसे आप वह रकम कमा सकते हैं, और उन्हें कैसे लेना है, यह आपके फैसले पर निर्भर करता है।.

कहते हैं कि किसी के प्रति हमारी धारणा या किसी और की हमारे प्रति धारणा किसी न किसी समय सामने आ ही जाती है। ऐसा क्यों होता है? क्योंकि हम उनके बारे में बार-बार जो सोचते हैं, उसे हमारा अवचेतन मन याद रखता है, और जब वह सही समय आता है, तो वह हमें याद दिलाता है और हम उसे व्यक्त करते हैं। इस तरह वह धारणा बाहर आ जाती है।

तो यह सब इसलिए होता है क्योंकि हमने उनके बारे में जो सोचा, चाहे अच्छा हो या बुरा, उसी वजह से ऐसा हुआ। क्योंकि अवचेतन मन भावनाओं और संवेदनाओं पर आधारित होकर काम करता है।.

अवचेतन मन के बारे में जानने के बाद, मैंने कुछ लोगों के प्रति द्वेष या विरोध की भावना को बार-बार याद करना कम कर दिया, यहाँ तक कि पूरी तरह से छोड़ दिया। क्योंकि यह मुझे ही नुकसान पहुँचा रहा था। जब हमें लगता है कि किसी व्यक्ति की जरूरत नहीं है, तो उसके साथ यात्रा करना हमारी जानबूझकर की गई गलती है। जब वह व्यक्ति हमारे जीवन में जरूरी नहीं होता, तो उसके साथ यात्रा करना, उसके बारे में सोचना या उसका नाम लेना जैसी चीजों से बचना ही बेहतर होता है। ऐसा करने से मुझे ऐसा लगा जैसे मेरी आधी परेशानियाँ खत्म हो गईं।

ध्यान करने के लिए कहा जाता है, और ध्यान के समय कुछ भी न सोचने को कहा जाता है। इसका कारण यह है कि किसी भी नकारात्मक विचार को थोड़े समय के लिए भी जगह न मिले। अगर हम बिल्कुल भी न सोचें, तो समस्या ही नहीं रहेगी। विष बीजों को बोने से कैसे रोका जाए और उन्हें बढ़ने न दिया जाए, इस दिशा में सोचना छोड़ने के बाद मेरा मन बहुत शांत हो गया। हिमालय की बर्फ में बैठकर ध्यान करने जैसा महसूस हुआ। इससे मुझे अपने काम पर 100% ध्यान केंद्रित करने का अवसर मिला।

किसी भी तरह से, अवचेतन मन इंसान के लिए एक बड़ी देन है। अगर भगवान ने इसे दिया है, तो भगवान का धन्यवाद करना चाहिए।.

जब हम टॉयलेट जाते हैं और अपना काम खत्म करने के बाद फ्लश करते हैं, फिर बाहर आ जाते हैं, हम यह नहीं सोचते कि हमने जो छोड़ा है, वह पाइपलाइन में क्या झेल रहा है, या उसमें कितनी मुश्किलें आ रही हैं। इसी तरह, जो बातें या लोग आपको पसंद नहीं हैं, उन्हें भी वैसे ही छोड़ दें। इससे आपके दिमाग पर से सारी नकारात्मकता और बोझ दूर हो जाएगा।.
*****
217. इंसान के शरीर में कहीं भी चर्बी जमा हो सकती है, इससे ज्यादा समस्या नहीं होती, लेकिन दिमाग में चर्बी नहीं जमनी चाहिए। दिमाग में चर्बी जमने का मतलब है अहंकार और घमंड। ये दोनों चीजें विकास के लिए अच्छी नहीं हैं। अगर मान लें कि इनका स्थान हमेशा वही रहेगा, तो ऐसा नहीं है। एक न एक दिन इनका पतन होगा। और पतन का मतलब है कि इसकी कीमत चुका दी गई है।.
*****
218. मैं उन लोगों के बारे में कुछ नहीं कह सकता, जो चाहे जो भी सुनें, हमेशा नकारात्मक रूप से सोचते हैं। अगर किसी में सकारात्मक गुण होता है और वह कही गई बातों की सच्चाई को समझ सकता है, तो उसके आगे बढ़ने का मौका होता है और उसे रास्ता दिखता है। यहाँ मैंने जो कहा है, उसमें कोई रॉकेट साइंस नहीं है, मैंने सिर्फ यह कहा है कि कोई भी आगे बढ़ सकता है। मौके सभी के लिए होते हैं, चाहे पढ़े-लिखे हों या नहीं। हर किसी का आगे बढ़ना मतलब यह नहीं कि वे टाटा या बिड़ला बन जाएँगे। आगे बढ़ने का मतलब है उस स्तर से ऊपर उठना, जहाँ आप अभी हैं। जब आप एक स्तर पर पहुँच जाते हैं, तो आप अगले स्तर पर जा सकते हैं। बस कदम बढ़ाने की शुरुआत करनी चाहिए, चाहे मंजिल कितनी भी दूर हो।.
*****
219. उम्र सिर्फ एक संख्या है। हर काम के लिए उम्र का होना जरूरी नहीं है। आपके उम्र के अनुसार काम होते हैं। एक कहावत है, "जब आप जवान होते हैं, तो शारीरिक काम करना चाहिए, और उम्र बढ़ने पर दिमाग से काम करना चाहिए।" तो यही सही तरीका है। शारीरिक रूप से कमाने से ज्यादा, आप मानसिक रूप से अधिक कमा सकते हैं।
*****
220. अगर आप भविष्य की कल्पना कर सकते हैं, तकनीक को अपना सकते हैं और लगातार मेहनत करते रहेंगे, तो जो सफलता आप चाहते हैं, वह आपके पास ही होगी।.
*****
221. अगर भगवान मेरे सामने आकर कहते कि मैं तुम्हें एक वरदान दूंगा, तो जानते हैं मैं क्या वरदान मांगता?

मैं मांगता कि दुनिया का सबसे समृद्ध श्मशान स्थल मुझे मिल जाए। आप सोच रहे होंगे, श्मशान में कैसी समृद्धि होगी? हाँ, बहुत से लोग

अपनी प्रतिभा का इस्तेमाल किए बिना अपने जीवन को समाप्त कर देते हैं और यूँ ही चले जाते हैं। उनकी कलाएं, उनकी इच्छाएं, जिनमें से कई को पूरा किया जा सकता था, वे सभी अधूरी रह जाती हैं, और वे वहीं श्मशान में दफन हो जाती हैं। अगर उन सभी की प्रतिभा, उनकी इच्छाएं, उनके सपने मुझे मिल जाएं, तो बताइए, इस दुनिया में मुझसे ज्यादा धनी, मुझसे ज्यादा ज्ञानी और मुझसे बड़ा कोई और होगा? इसलिए मैं श्मशान की समृद्धि चाहता हूँ।.
*****

222. यह दुनिया बुरी नहीं है... एक छोटी सी कहानी।

एक व्यक्ति सड़क पर चल रहा था, और उसने देखा कि एक बिजली के खंभे पर एक पत्र चिपका हुआ है। उसने जिज्ञासावश वह पत्र पढ़ा, जिसमें लिखा था: "बेटा, मैंने इस इलाके में 50 रुपये खो दिए हैं, लेकिन मेरे शरीर की हालत इतनी अच्छी नहीं है कि मैं उन्हें खोज सकूं। मेरी आंखों की रोशनी भी चली गई है। जो भी महानुभाव को यह 50 रुपये मिलें, कृपया इस पते पर लाकर मेरी मदद करें।"

वह व्यक्ति उस पते पर गया, जहाँ एक झोपड़ी के सामने एक बूढ़ी महिला बैठी थी। उसने जाकर कहा, "माँ, आपके खोए हुए 50 रुपये मुझे मिल गए, इन्हें ले लीजिए," और उसके हाथ में 50 रुपये रख दिए। तब वह बूढ़ी महिला रोते हुए कहने लगी, "मैंने 50 रुपये नहीं खोए हैं। इसी तरह, अब तक 40-50 लोग मेरे पास आकर 50 रुपये दे चुके हैं। मुझे नहीं पता कि किसने यह पत्र लिखा है। मुझे पढ़ना नहीं आता, और मेरी आंखों की रोशनी भी नहीं है। बेटा, कृपया उस खंभे से वह पत्र हटा दो। कोई तो होगा जिसने मेरे लिए यह मदद करने की मंशा से यह काम किया है। उस महानुभाव का धन्यवाद।"

इस दुनिया में कुछ गिने-चुने लोग बुरे हो सकते हैं, लेकिन आपकी बाहों से भी ज्यादा अच्छे लोग हैं। सकारात्मक सोच के साथ आगे बढ़ते रहिए।.
*****

17

अध्याय ... समापन वचन -1

अनुभव बड़ा है या ज्ञान बड़ा है? अधिकतर मामलों में अनुभव ही बड़ा होता है। उम्र बढ़ने के साथ ज्ञान के साथ-साथ अनुभव भी आता है। इस संदर्भ में मैं आपको एक कहानी सुनाता हूँ।

एक राज्य में अकाल पड़ा, और खाने के अनाज की कमी हो गई। राजा को समझ नहीं आ रहा था कि क्या किया जाए। राजा सोच में पड़ गया। उसने मंत्रियों से विचार-विमर्श किया, अर्थशास्त्रियों से चर्चा की, और कई लोगों से सलाह ली। अंत में, राजा ने एक निर्णय लिया, और वह निर्णय क्या था...

छोटे बच्चे जरूरी हैं क्योंकि वे भविष्य में काम आएंगे। नौजवान चाहिए सेना में काम करने के लिए। मध्यम उम्र के लोग चाहिए क्योंकि उनके पास काम में कुछ अनुभव होता है। लेकिन 60 साल से ऊपर के लोग क्यों? उनका क्या फायदा है? वे तो घर पर पैर फैलाकर बिस्तर पर या चबूतरे पर बैठकर बिना काम के सिर्फ पुराने दिनों की बातें करते रहते हैं। "तब हमने ये हासिल किया, वो हासिल किया, हमने ऐसे किया, वैसे किया। तब चीजें ऐसी थीं, वैसी थीं," और इस तरह की कई बेबुनियाद बातें करके समय गुजारते रहते हैं। अगर उन्होंने सच में कुछ हासिल किया होता, तो आज राज्य इस हालत में क्यों होता? इसलिए उनकी सारी बातें सिर्फ समय बर्बाद करने वाली हैं, इसमें कोई शक नहीं है। उनका कोई फायदा नहीं है। इसलिए, मैं इस राज्य से 60 साल से ऊपर के सभी लोगों को निष्कासित करता हूँ। कोई भी बुजुर्ग इस राज्य में नहीं रहना चाहिए। हर परिवार अपने माता-पिता और दादा-दादी को कहीं दूर ले जाकर छोड़ दे। रहेंगे तो रहेंगे, नहीं तो नहीं।.

राजा की आज्ञा सुनकर उस राज्य के लोगों को समझ नहीं आया कि वे क्या करें। वे दुखी होकर रोए, लेकिन उनके पास कोई चारा नहीं था। उन्होंने अपने माता-पिता और दादा-दादी को राज्य के बाहर ले जाकर छोड़ दिया, उन्हें उनके मरने के लिए अकेला छोड़ दिया।

राजा ने अपने सैनिकों को भेजकर यह सुनिश्चित किया कि हर घर में जाँच हो और यह पक्का किया कि कहीं कोई बुजुर्ग नहीं बचा है। जब यह सुनिश्चित हो गया कि राज्य में कहीं भी कोई बुजुर्ग नहीं है, तब राजा ने अपने राज्य के लोगों को आदेश दिया: "तुम्हारे पास जो अनाज है, उसे बहुत ध्यान से इस्तेमाल करो। वैज्ञानिकों ने मुझे बताया है कि इस साल बारिश होने की संभावना नहीं है, इसलिए तुम लोग खेत जोतने, बीज बोने जैसे बेकार के काम मत करो। अगर वह थोड़ी सी अनाज भी बर्बाद हो गई, तो भूखे मरने के अलावा कोई चारा नहीं होगा। इसलिए खेत का काम छोड़ दो।"

लोगों ने सोचा कि राजा के वैज्ञानिकों ने जो कहा है, वह सही होगा। इसलिए किसी ने भी खेत जोतने या बीज बोने का काम नहीं किया, क्योंकि उन्हें डर था कि राजा सख्त सजा देगा। कोई भी किसान अपने बीजों को बर्बाद करने का जोखिम नहीं लेना चाहता था, इसलिए उन्होंने खेती छोड़ दी।

लेकिन...!

उस राज्य के एक छोटे से किसान ने अपने पास के दो एकड़ खेतों की जुताई शुरू कर दी। जब लोगों ने उससे पूछा, "राजा ने मना किया है, फिर भी तुम खेत क्यों जोत रहे हो?" उसने जवाब दिया, "मुझे समझ में नहीं आ रहा कि क्या करना है। घर पर खाली बैठने से अच्छा है कि खेत की जुताई कर लूँ, बस इसके अलावा कुछ भी नहीं।" लोगों ने उसकी बात सुनकर कहा, "ठीक है," और चले गए।

किसी तरह यह बात राजा तक पहुँची। राजा ने आदेश दिया, "किसी ने मेरी आज्ञा का उल्लंघन किया और खेत जोत दिया, जाओ और देखो कि वह कौन है।" सैनिक गए और देखा कि उसने खेत की जुताई की थी, लेकिन उसमें बीज नहीं बोए थे। सैनिकों ने किसान की बात सुनकर राजा को बताया, "वह कह रहा है कि वह सिर्फ समय बिताने के लिए जुताई कर रहा था।" राजा ने सोचा, "ठीक है, छोड़ो।"

लेकिन, अनहोनी हो गई। राजा के अपडेटेड वैज्ञानिकों की भविष्यवाणी के विपरीत, एक रात अचानक बारिश हो गई। राजा के साथ-साथ लोग भी आश्चर्यचकित थे, "हमारे वैज्ञानिकों ने तो कहा था कि बारिश नहीं होगी, फिर ये बारिश कैसे हो गई?"

राजा ने अपने वैज्ञानिकों से पूछा, "यह क्या है? आपने कहा था कि बारिश नहीं होगी, फिर बारिश क्यों हुई?" तब वैज्ञानिकों ने जवाब दिया, "राजा साहब, जो बादल ऊपर जा रहे थे, वे गलती से अपने गंतव्य का पता भूल गए और यहाँ बरस गए। और फिर, रात का समय था, इसलिए हमें दिखाई नहीं दिया। बस इसके अलावा कुछ और नहीं।" इस पर राजा ने कहा, "ठीक है," और बात को वहीं खत्म कर दिया।.

तीन महीने बाद राजा को पता चला कि राज्य के एक गाँव में फसल उगी है। इससे वह गुस्से में आ गया और कहा, "उस किसान को यहाँ लाओ जिसने फसल उगाई है।" सैनिक गए और उस किसान को लेकर आए। वह वही किसान था, जिसने पहले कहा था कि वह बस समय बिताने के लिए खेत जोत रहा था।

राजा ने उस किसान से पूछा, "तुमने मेरी आज्ञा का उल्लंघन किया। मैंने कहा था कि फसल मत बोओ, फिर भी तुमने बोई। तुम्हारा उत्तर क्या है?"

किसान ने कहा, "राजा साहब, मेरी फसल उगाने से किसी को कोई नुकसान नहीं हुआ। मेरी दो एकड़ की जमीन पर उगी हुई थोड़ी-बहुत फसल आज कुछ लोगों का पेट भर रही है। आपकी आज्ञा न मानना मेरी गलती है, लेकिन अगर इससे कुछ लोगों का पेट भर रहा है, तो कृपया मुझे माफ कर दीजिए।"

तब राजा ने पूछा, "तुम्हें यह विचार कैसे आया? तुम्हें कैसे लगा कि बारिश होगी? तुम्हें किसने बताया कि पहले से सोचकर खेत जोतना चाहिए और बीज बोना चाहिए? इतने लोगों को यह विचार नहीं आया, लेकिन तुम्हें क्यों आया? बताओ।"

यह सुनकर किसान डरते हुए राजा के पैरों पर गिर पड़ा और कहने लगा, "मुझे माफ कर दीजिए, महाराज," और उसने अपनी कहानी बतानी शुरू की।.

किसान ने कहा, "आपने राज्य से सभी बुजुर्गों को निष्कासित कर दिया। सभी ने अपने माता-पिता, दादा-दादी को राज्य के बाहर छोड़ दिया, लेकिन मेरे पास केवल मेरे पिता थे। उन्हें छोड़ने का मेरा मन नहीं हुआ, इसलिए मैंने उन्हें अपने घर में ही छिपा लिया और घर से बाहर नहीं जाने दिया। एक दिन उन्होंने मुझसे कहा, 'अरे, खेत को खाली मत छोड़ो, जाकर जुताई कर लो।' बड़े बुजुर्ग का कहा कैसे टालता, इसलिए जाकर जुताई कर दी। उसी रात उन्होंने मुझसे फिर कहा, 'अरे, जब गाँव सो रहा होगा, तो हमारे पास जो थोड़े से बीज हैं, उन्हें लेकर खेत में बो दो और बीजों को छुपाकर फिर से जुताई कर दो।' उनके कहे अनुसार, मैं गया और बीज बोकर लौट आया।

दो दिन बाद बारिश हुई, और उस बारिश से बीज अंकुरित हो गए। फिर बीच-बीच में रात के समय होने वाली छोटी-छोटी बारिश और ओस की वजह से वे धीरे-धीरे बढ़ते गए। हालांकि पूरी फसल नहीं आई, लेकिन करीब तीन-चौथाई फसल उग आई। अब वह फसल सिर्फ मेरा ही पेट नहीं भर रही है, बल्कि हमारे गाँव के कई लोगों का पेट भर रही है, महाराज," यह सुनकर राजा गहरी सोच में पड़ गया।

"हाँ, जो मैंने किया वह गलत था। मैंने सोचा कि बुजुर्गों का कोई उपयोग नहीं है, लेकिन आज उनके अनुभव ने काम आकर दिखाया। मैं अपनी गलती मानता हूँ," यह कहकर राजा ने आदेश जारी किया, "अपने माता-पिता, दादा-दादी को, जो जहाँ भी हैं, वापस ले आइए और उनका अच्छे से ख्याल रखिए। हो सकता है कि वे शारीरिक काम न कर सकें, लेकिन उनका अनुभव बहुत मूल्यवान है। वही अनुभव आने वाली पीढ़ियों के लिए फायदेमंद होगा। जो बातें वे समय बिताने के लिए करते हैं, उनमें सच्चाई छिपी होती है, यह बात मुझे अब समझ में आई है। बच्चों, युवाओं और मध्यम आयु वालों के साथ-साथ बुजुर्गों की भी जरूरत है। उनका महत्व बहुत है। जैसे हाथ की पाँच उंगलियाँ छोटी-बड़ी होती हैं, वैसे ही सभी का होना जरूरी है। तभी यह समाज और जीवन अच्छा होगा," यह समझते हुए राजा ने बुजुर्ग के लिए जितनी मदद कर सकता

था, की।.

कहानी से मिली सीख यह है कि वैज्ञानिकों ने जो कहा, वह सही था कि बारिश नहीं होगी, लेकिन यहाँ सूझबूझ और अनुभव का होना जरूरी है। जब दोनों मिलते हैं, तभी कोई भी चीज आगे बढ़ सकती है। इसलिए उम्र बढ़ गई, अब मैं कुछ नहीं कर सकता, मैं असहाय हूँ, इस तरह से सोचना जरूरी नहीं है। उम्र सिर्फ एक संख्या है।

एक सर्वेक्षण के अनुसार, अमेरिका में यह देखा गया कि 60 साल से ऊपर के लोग एंटरप्रेन्योर के रूप में सबसे ज्यादा सफल होते हैं। बाकी उम्र के लोगों की तुलना में 60 साल से ऊपर के लोगों में तीन गुना ज्यादा सफलता का अवसर होता है।

आपकी ज़िंदगी में अब तक आप जो नहीं कमा पाए, वह पैसा हो सकता है, लेकिन उससे कहीं ज्यादा मूल्यवान आपका अनुभव है। अगर आप अपने अनुभव का सही उपयोग कर सकें, तो जीवन में जो पैसा या प्रतिष्ठा आपने खोई है, वह सब आप ब्याज समेत कमा सकते हैं। ऐसे कई लोग हैं जिन्होंने उम्र बढ़ने के बाद भी सफलता हासिल की है। अगर आप सोच सकते हैं, तो आप भी उनमें से एक बन सकते हैं।

इसके लिए आपको एक अमूल्य निवेश करना होगा, और वह है "ईमानदारी।" अगर आप में ईमानदारी है और आपके काम में ईमानदारी है, तो सफलता आपके पास ही रहेगी। सफलता मिलने के बाद पैसा खर्च करें और फिर से कमाएँ। अपने जीवन को एक सर्कल की तरह समझें।.
*****

समापनवचन -2.
*****

"जीवन में हर कदम नई चुनौतियाँ ला सकता है, लेकिन दृढ़ निश्चय और सही दृष्टिकोण के साथ उन चुनौतियों को पार करने में महान सफलताएँ छिपी होती हैं। उम्र केवल एक संख्या है, असली शक्ति हमारे जुनून, कड़ी मेहनत करने की इच्छा, और लगातार सीखने में निहित है।

सफलता हमेशा मंजिल नहीं होती; यह एक निरंतर यात्रा है। आपका अनुभव आपके लिए सबसे मूल्यवान संपत्ति है, इसे इस्तेमाल करके आप अपने जीवन को इच्छानुसार से भी बेहतर बना सकते हैं। हमेशा आगे बढ़ें, हर बाधा को एक नए अवसर के रूप में देखें, क्योंकि आपकी आशाएं, आपके लक्ष्य हमेशा प्राप्त करने के लिए हैं।"
*****

"इतने सालों की जीवन यात्रा में मुझसे पूछा जाए कि मेरी सीख क्या है, तो मैं यही कहूंगा... एक बड़ी चट्टान के नीचे उगने वाला पौधा उस चट्टान को हटा नहीं सकता, लेकिन वह वहीं रुककर नहीं रह जाता। वह अपनी राह चुनकर चट्टान के बगल से बढ़ता है और जीवित रहता है। इस कारण से वह पौधा मुड़ा हुआ दिखता है, और उस मुड़े हुए पौधे को देखकर हम प्रेरित हो सकते हैं। वह जिस तरह से कठिनाई का सामना करता है, वह हमें याद दिलाता है कि कठिनाइयों को कैसे पार किया जाता है। चाहे वह पौधा हो या इंसान, नियम एक ही है। पौधे के लिए चट्टान मुश्किल होती है, और इंसान के लिए परिस्थितियाँ। अंत में, अगर हम डटकर खड़े रहते हैं और बाधाओं को दूर कर आगे बढ़ते हैं, तभी पौधे और इंसान दोनों का असली मूल्य होता है।"
*****

"कहने वाले (मोटिवेट करने वाले) बहुत कुछ कहते हैं... लेकिन खेल में जो होता है, उसी के कपड़े फटते हैं। 'खेल कर देखो' ऐसा कहा जाता है। कहने वाले कहते हैं कि अपने खेल में कौशल बढ़ाओ, और यह भी बताते हैं कि वह कौशल कैसे बढ़ाया जाए। उसे मानना या न मानना, खेल में खेलने वाले की मर्जी है।

अगर किसी इंसान में सकारात्मक मानसिकता भर दी जाए, तो वह चमत्कार कर सकता है, यह सच्चाई है जिसे कई लोगों ने साबित किया है। मैं चाहता हूँ कि आप भी उन्हीं में से एक हों जिन्होंने इसे साबित किया।"
*****

बड़ोंकीबात...!
*****

"सम्पत्ति उत्तराधिकारियों को दी जाती है, लेकिन ज्ञान जनता को देना चाहिए," ऐसा कहा गया है। इसमें ज्ञान है या नहीं, यह मुझे नहीं पता...!

मैंने माँ और पिता की तरह अच्छाई कहने की कोशिश की, गुरु की तरह अपने पास के ज्ञान को साझा करने की कोशिश की, व्यापारी की तरह

सफलता के रहस्यों को बताने की कोशिश की, और जीवन का अनुभव करने वाले व्यक्ति की तरह यह बताने की कोशिश की कि आपका जीवन कैसा हो, जिससे वह बेहतर हो।

सभी कुछ हम खुद अनुभव करके जानना चाहें, तो एक जीवन पर्याप्त नहीं होगा। अगर कोई गलती करता है, तो उसकी गलती से सीखकर दूसरे को सावधान होना चाहिए, तभी वह नुकसान नहीं होगा। अगर दुनिया इतनी आगे बढ़ गई है, तो उसका कारण है कि किसी की गलती को दोहराने से बचा गया और किसी के अनुभव और ज्ञान को विरासत के रूप में अपनाया गया। इसीलिए दुनिया ने इतनी प्रगति की है।.

अनुकरण...बड़े लोगों को देखकर बच्चे उनका अनुकरण करते हैं। इसी तरह, किसी घर में या गली में अगर कोई व्यक्ति कोई वस्तु खरीदता है और कहता है कि वह अच्छी है, तो बाकी लोग भी वही वस्तु खरीदते हैं। इसी तरह अनुकरण को किसी इंसान की भलाई में भी लागू किया जा सकता है। कहा जाता है कि अगर आत्महत्या को एक मिनट के लिए भी टाला जा सके, तो उस जीवन को बचाया जा सकता है।

अगर मेरे जीवन का अनुभव किसी की आत्महत्या रोक सकता है, तो मैं बहुत खुश हूँ। अगर मेरी ज़िंदगी किसी को प्रेरित करके उसे सुधार सके, तो मैं उससे बहुत संतुष्ट रहूंगा।

आपका,
सीताराम

*****
"पास के व्यक्ति को जो आप सोच रहे हैं, वह इस तरह से समझा देना कि उसे स्पष्ट हो जाए, यही ज्ञान है।"
 - माओ

"मैंने आपको समझ में आने वाला तरीके से बताया है, ऐसा मुझे लगता है।"
 - किरण

*****
प्रियपाठक,
अगर आपको मेरी रचना पसंद आई हो, तो कृपया रेटिंग और टिप्पणी करें... यह मेरे लिए बहुत प्रोत्साहन का काम करेगा। धन्यवाद!